路面施工与养护机械

杨林江　朱文天　主编

人民交通出版社股份有限公司
China Communications Press Co.,Ltd.

内 容 提 要

本书共分17章，主要介绍了常用的路面施工机械、部分路面养护机械的结构特点、工作原理及总体设计等内容，有些机械的结构中还介绍了国外相关专利技术。此外，本书还介绍了路面施工机械化、公路养护机械化等相关内容。

本书可供从事路面施工及养护机械管理、使用、设计等工作的人员参考。

图书在版编目(CIP)数据

路面施工与养护机械／杨林江，朱文天主编．—北京：人民交通出版社股份有限公司，2015.3

ISBN 978-7-114-12084-8

Ⅰ．①路… Ⅱ．①杨…②朱… Ⅲ．①路面施工机械②公路养护—养路机械 Ⅳ．①U415.52 ②U418.3

中国版本图书馆CIP数据核字(2015)第037392号

书　　名：路面施工与养护机械
著 作 者：杨林江　朱文天
责任编辑：富砚博　郭红蕊
出版发行：人民交通出版社股份有限公司
地　　址：(100011)北京市朝阳区安定门外外馆斜街3号
网　　址：http://www.ccpress.com.cn
销售电话：(010)59757973
总 经 销：人民交通出版社股份有限公司发行部
经　　销：各地新华书店
印　　刷：北京市密东印刷有限公司
开　　本：787×1092　1/16
印　　张：23.5
字　　数：566千
版　　次：2015年3月　第1版
印　　次：2015年3月　第1次印刷
书　　号：ISBN 978-7-114-12084-8
定　　价：100.00元
(有印刷、装订质量问题的图书由本公司负责调换)

致　谢

本书在编写过程中得到了浙江兰亭沥青技术有限公司、浙江友工机械装备有限公司、浙江兰亭新材料有限公司、浙江中青建设有限公司、浙江中能建设有限公司、绍兴宝拯建材有限公司的大力协助，在此谨致谢意。

前　言

公路是国家经济生活和社会活动中必不可少的公共基础设施。公路运输具有机动灵活、周转速度快、可实现直达运输等优点，是陆上客货运输的主要方式，对国民经济和国家安全起着十分重要的作用。从20世纪80年代末期以来，我国公路建设进入快速发展期。至2014年底，我国公路总里程已达到435.6万公里，建成高速公路10.44万公里。我国公路事业的快速发展，为筑养路机械的发展提供了良好的条件，公路建设促进了筑路机械制造行业和公路施工机械化学科的发展，我国筑养路机械的技术水平在不断地提高。公路建设和养护的实践已证明，路面机械是公路施工和养护的重要保障条件，先进的路面施工和养护机械是公路施工和养护工程的质量保证。经过多年的发展，国产路面机械的技术水平不断提高，但与国外发达国家相比仍有一定的差距。国内公路养护机械处于起步阶段，公路养护用设备大都用汽车底盘进行改装，产品的品种和数量也很有限，公路养护用机械仍有很大的发展空间。公路养护的任务日趋繁重，如何提高养护效率、加快公路养护机械化已是当务之急，这也为公路养护机械的发展提供了极好的机遇。

根据我国的公路发展规划，高速公路的建设速度在未来的几年内将会有所下降，但总体的公路建设在相当一段时期内仍将快速发展，因此，路面施工和养路机械还将伴随着我国公路建设的发展而同步发展，路面施工和养路机械的市场需求也将不断增长。为了适应路面施工和养路机械发展的需要，并为从事路面施工和养路机械开发及使用人员提供一本较为详细的参考书，我们在搜集国内外相关资料的基础上编写了本书。希望本书的出版，能起到抛砖引玉的作用，并希望我国的路面施工和养路机械快速发展、走向世界。

本书共17章，主要介绍常用的路面施工机械、部分路面养护机械和路面施工、养护的机械化，并对各种机械的结构特点、工作原理及总体设计等进行详细介绍，有些机械的结构中还介绍了编者认为有参考价值的国外相关专利技术。本书中提供了相关机械的设计计算方法，可供有关人员参考。在本书编写过程中,有很多企业和相关人员提供了宝贵的资料及帮助,在此特表示衷心的感谢。

由于本书内容较广,加之编者经验不足、水平所限,难免有错漏不足之处,欢迎读者批评指正。

编　者

2014 年 12 月 8 日

目　　录

第1章

综　　述

1　概述

路面机械是指在公路建设中完成路面材料的生产与施工的机械设备。由于路面是用多种材料铺筑成的多层建筑物，以及公路等级及地理位置的不同造成采用的筑路材料种类繁多，加之施工方法多样，因此路面工程施工机械的品种多种多样，其范围涉及大多数工程建设机械、运输车辆、化工和发电设备，甚至农业机械等。本书所介绍的路面机械主要是公路路面工程专用机械，即主要用于修建路面的机械。

2　公路路面结构

一般来说，公路是由路基和路面两大部分组成的，而构成路面的各种铺筑层，按其所处的层位和作用，又主要分为面层、基层和垫层。面层是直接承受车辆荷载及自然因素的作用，并将荷载传递到基层的结构层，它除了满足强度要求外，还应有足够的平整度和防滑性能，以保证行车舒适和安全；基层是设在面层以下的结构层，主要承受由面层传递的载荷，并将荷载分布到垫层或土基上，它是路面的主要承重层，因此基层本身也应具有足够的强度，能抵抗行车载荷的各种应力；垫层是设于基层以下的结构层，主要作用是隔水、排水、防冻以及改善基层和

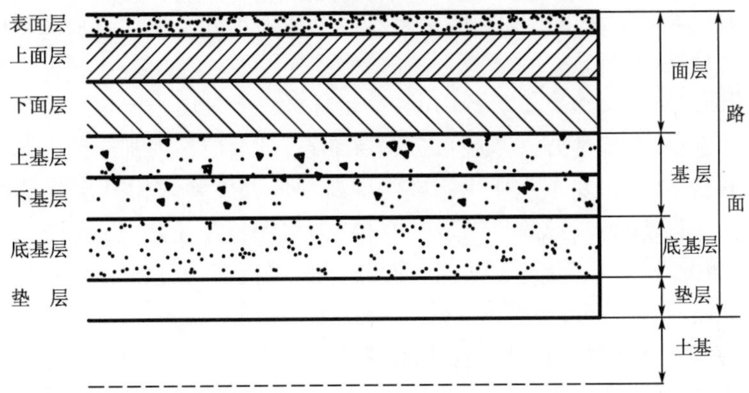

图 1-1　沥青路面结构层

土基的工作条件。

根据面层材料的构成，目前公路路面主要分为沥青路面和水泥混凝土路面两大类，其结构层示意图见图 1-1 及图 1-2。

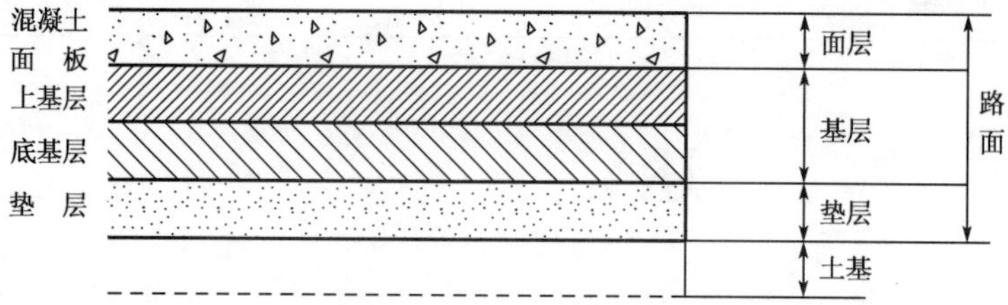

图 1-2　水泥混凝土路面结构层

3　路面各结构层常用材料、施工方法及施工机械

3.1　垫层

垫层是介于基层与土基之间的层次。并非所有的路面结构中都需要设置垫层，只有在土基处于不良状态，如潮湿地带、湿软土基、北方地区的冻胀土基等，才应该设置垫层，以排除路面、路基中滞留的自由水，确保路面结构处于干燥或中湿状态。当垫层起排水作用时采用透水性良好的材料，起隔水作用时采用不透水的材料，起防冻作用时采用导温性低的材料。垫层的常用材料有砂砾、炉渣、灰土等，且要求密实均匀。

垫层的施工方法和土基相同，所采用的施工机械多属于通用机械，如推土机、平地机、压路机等。当采用灰土材料作不透水层时，往往和底基层合并设计，其施工方法和机械同基层的相同。

3.2　基层

基层位于面层之下，垫层或路基之上。基层主要承受面层传递的车轮垂直力的作用，并把它扩散到垫层和土基，基层还可能受到面层渗水以及地下水的侵蚀。故需选择强度较高，刚度较大，并有足够水稳性的材料。

基层宽度较面层宽度每边宽 20～50cm。基层材料一般采用当地容易得到的廉价材料，要求密实性好，孔隙率小，水稳性好。基层可分两层铺筑，其上层称为基层或上基层，起主要承重作用，下层则称底基层，起次要承重作用。底基层材料的强度要求比基层略低些，可充分利用当地材料，以降低工程造价。一般可作基层的材料为水泥稳定土类、石灰稳定土类、石灰工业废渣、级配碎石、级配砾石、填隙碎石等。目前，我国采用较多的材料是水泥稳定土类、石灰稳定土类、石灰工业废渣、稳定砂砾等。

基层施工有许多方法，目前国内外采用最多而又有成效的方法可分成两种，一种是路拌法，一种是厂拌法。

路拌法的特点是将各种筑路材料分层摊铺在土基层或下承层上，用拌和机将各层材料就地拌和均匀，然后压实成型。路拌法使用的主要机械设备有：粉料撒铺机、稳定土拌和机、洒水车、平地机、压路机等。在我国，许多地方采用人工撒布粉料，使用农用铧犁、圆盘耙或平地机拌和，在质量和效果方面存在一些问题。为此，应提倡使用专用的稳定土拌和机进行拌和。

厂拌法的特点是先将各种有关的筑路材料集中在拌和厂混合搅拌均匀，然后运送到现场摊铺、碾压成型。厂拌法对材料配比的精度，特别是对稳定剂和水分的控制精度，远比路拌法准确得多，在拌和均匀性和节省材料方面也比路拌法好。厂拌法使用的主要配套设备有：稳定土拌和设备、自卸汽车、稳定材料摊铺机（或借用沥青混凝土摊铺机）、压路机、平地机、装载机等。

填隙碎石基层施工时不需要拌和，而是先铺单一尺寸的粗碎石做为主集料层，再撒铺石屑填满碎石间的孔隙，适当洒水并碾压成型。使用的机械设备有：碎石摊铺机、石屑撒布机、压路机、洒水车、自卸汽车等。

3.3　面层

面层分沥青混凝土面层和水泥混凝土面层，由于材料的构成和特性均不相同，故所采用的施工方法和施工设备也不一样。

1）沥青面层施工方法

沥青面层的施工方法可分为拌和法、贯入法、上拌下贯法 3 种。

（1）拌和法用于高等级路面，其特点是将各种沥青混合料所需原材料集中在拌和厂，用专用设备混合搅拌均匀，然后运送到施工现场摊铺、碾压、成型（见图 1-3），全过程都需要严格地控制温度。拌和法采用的主要配套设备有：沥青混凝土搅拌设备、沥青混凝土摊铺机、自卸汽车、压路机、装载机等。

图 1-3　沥青路面施工图

(2)贯入法用于次高级路面,其特点是将不同粒径的石料按规定分层铺撒在基层上,并在每层石料铺撒后碾压,使石料嵌挤紧密。每层碾压完成后再在上面浇洒沥青,最后封层料铺撒碾压后即成型。贯入法使用的主要配套设备有:碎石摊铺机、石屑撒布机、沥青洒布机、压路机,如图1-4所示。

图1-4　贯入沥青路面施工工艺过程图

(3)上拌下贯法是拌和法与贯入法相结合的施工方法,采用的机械也是两者所用施工机械的组合。

2)水泥混凝土面层施工方法

水泥混凝土面层施工时都是先拌制水泥混凝土,然后运送到现场摊铺。根据摊铺方法不同可分为固定模板法、滑动模板法、碾压混凝土法3种。

(1)固定模板法是最早采用的施工方法(图1-5),而且一直沿用到现在,其特点是根据路面厚度和宽度立好模板,将水泥混凝土倒入模板内摊铺成型,在混凝土基本固结后拆除模板。该法所用混凝土含水率较大,坍落度大,一般称作塑性混凝土。固定模板法使用的主要配套设备有:水泥混凝土搅拌设备、自卸汽车、水泥混凝土搅拌运输车、轨道式水泥混凝土摊铺机机组(摊铺、捣实、整平、抹光、拉毛)、水泥混凝土切缝机、水泥混凝土清缝机、水泥混凝土填缝机等。

图1-5　固定模板法水泥混凝土面层施工

(2)滑动模板法(简称滑模法)是当今世界上先进的施工方法,如图 1-6 所示,其特点是模板随摊铺机一起移动,所用混凝土含水率较低、坍落度小,一般称为半干性混凝土。滑模法适合于大面积摊铺,摊铺速度可达 18m/min,是固定模板法的数倍。该法主要配套设备有:强制式水泥混凝土搅拌设备、水泥混凝土搅拌运输车、自卸汽车、滑模式水泥混凝土摊铺机、水泥混凝土拉毛机、水泥混凝土切缝机、水泥混凝土清缝机、水泥混凝土填缝机等。

图 1-6 滑动模板法水泥混凝土面层施工

(3)碾压混凝土法是 20 世纪 70 年代复活并于近几年发展起来的一种施工方法。该方法首先被应用于路面的基层,并取得了非常好的效果。

近年来,世界各国都在大力研究直接用该法铺筑面层的技术。该方法所用混凝土含水率较低,坍落度几乎为零,一般称干性混凝土。施工特点是用沥青混凝土摊铺机摊铺,用振动压路机强力碾压成型。主要配套设备有:强制式水泥混凝土搅拌设备、自卸汽车、高密实度摊铺机和压路机等。

4 路面机械的分类

根据路面机械的结构、性能、用途可以有多种分类方法。本书是根据路面结构层,按照机械用途,将路面机械分成:面层施工机械、基层施工机械、沥青材料加工处理设备、石材集料加工处理设备等 4 类,如图 1-7 所示。

5 路面机械的发展趋势

路面机械的发展和路面施工新技术、新工艺、新材料的发展密切相关,两者相辅相成,均在不断地发展。20 世纪 60～70 年代,国外路面机械发展的主要特点是大型化。到 80 年代初期,各种路面机械都已形成规格齐全的系列化产品。之后,虽然新机种时有出现,但主要发展特点是对已有机械的局部构件进行不断的改进和提高。主要表现在广泛采用液压传动技术、电子技术，实现机电液一体化，提高自动化控制程度，提高机械操作性能及舒适性，提高施工质量，减轻环境污染。

- 路面机械
  - 面层施工机械
    - 沥青面层施工机械
      - 拌和法
        - 沥青混凝土搅拌设备
        - 沥青混凝土摊铺机
        - 沥青混合料路缘铺筑机
        - 沥青碎石摊铺机
      - 贯入法
        - 沥青洒布机
        - 石屑撒布机
    - 水泥混凝土面层施工机械
      - 固定模板法——轨道式摊铺机组
      - 滑动模板法——滑模式摊铺机组
      - RCC法——高密实度摊铺机
      - 共用机械
        - 水泥混凝土搅拌设备
        - 多功能路缘铺筑机
        - 切缝机
        - 填缝机
  - 基层施工机械
    - 厂拌法
      - 稳定土厂拌设备
      - 稳定材料摊铺机
    - 路拌法
      - 粉料撒布机
      - 稳定土拌和机
    - 路面切削整平机
  - 沥青材料加工处理设备
    - 导热介质加热炉
    - 沥青熔化加热器
    - 沥青储罐
    - 沥青乳化设备
    - 沥青脱桶设备
    - 沥青液态运输车
    - 沥青软包装设备
  - 石材集料加工处理设备
    - 破碎、筛分联合设备
    - 石粉加工机械

图 1-7　路面机械分类

公路建筑行业由于其工程的特殊性，具有艰苦、脏、危险等特点（国外称 3K 现象），逐渐变成不太吸引人的行业。加之原有筑路工人的老龄化、技术熟练工人的减少，使该行业发展出现了不少的困难。为改变这一境况，各国更加重视路面机械自动化和智能化。这主要表现在，普遍采用激光、超声等非接触传感技术和计算机技术，使操作更加省力、容易、舒适。不仅大型机械实现自动控制，小型机械也实现自动化，并且增加随机质量自动检测控制系统，既能保证工程的质量，又能提高施工效率。

6　公路养护

公路是国家经济生活和社会活动中必不可少的公共基础设施。公路运输具有机动灵活、周转速度快、可实现直达运输等优点，是陆上客货运输的主要方式，对国民经济和国家安全起着至关重要的作用。然而，公路在修建时要耗费巨大投资，公路在建成后，路面等结构在使用过程中，在车轮和轴载的作用下，在风沙雨雪、日光温度等气候变化的作用下，会产生不同程度的退化，不断削弱公路的性能，限制公路运行的通畅，直至中断公路的交通。因此，公路在建成后，必须对其进行适当的养护，使公路网持久地保持良好状况，减少使用者的营运费用，保持公路随时都可以安全、正常通行。

6.1 养护的目的与任务

公路养护的目的与任务，就是及时消除病害，修复坏损，保持公路完好状态。主要包含以下几方面内容：

按公路工程项目分，有路基养护；路面养护；桥涵与涵洞；隧道；公路的防洪、防冰、防雪和防沙；沿线设施；公路绿化等分部工程、分项工程的养护。

按养护工程性质及规模大小、技术难易程度划分：

(1)小修保养工程。对管养范围内的公路及其工程设施进行预防性保养和修补其轻微损坏部分，使之经常保持完好状态。它通常是由养护工区(站)在年度小修保养定额经费内，按月(旬)安排计划，经常进行的工作。

(2)中修工程。对管养范围内的公路及其工程设施的一般性磨损和局部损坏进行定期的修理加固，以恢复原状的小型工程项目。它通常是由基层公路管理机构，按年(季)安排计划组织实施的工作。

(3)大修工程。对管养范围内的公路及其工程设施的较大损坏进行周期性的综合修理，以全面恢复到原设计标准，或在原技术等级范围内进行局部改善和个别增建，以逐步提高公路通行能力的工程项目。它通常是由基层公路管理机构或在其上级机构的帮助下，根据批准的年度计划和工程预算来组织实施的工作。

(4)改善工程。对公路及其工程设施因不适应交通量和载重需要而分期逐段提高技术等级，或通过改善显著提高其通行能力的较大工程项目。它通常是由省级公路管理机构或地(市)级公路管理机构，根据批准的计划和设计预算，来组织实施或招标完成的工作。

6.2 公路养路机械

公路养路机械是保养维护现有公路的机械，通过公路的养护以保证公路路面的完好，保持公路的畅通，如对已有公路进行部分修补和普遍改善性的施工、公路日常小修保养工程、大中修及技术改造工程、水毁雪阻工程等。公路建设促进了筑路机械制造行业和公路施工机械化学科的发展；同样地，公路养护也促进了公路养护机械制造行业和养护机械化学科的发展。伴随公路通车里程的增加，公路运输负荷加重、公路养护任务日趋繁重，公路养护机械的种类、数量和物化在机械中的科技含量也在日益增多。如何管好、用好这些公路养护机械，使其发挥更好的作用，越来越引起业内人士的关注。公路养护机械化学科的任务是：研究公路养护施工中如何优化配置和合理运用这些机械，以达到高效率、低消耗和长寿命。该学科起源和发展于公路养护实践，进而又指导和规范公路养护实践，是一门实践性很突出的学科。

养护机械分类表，如图1-8所示。

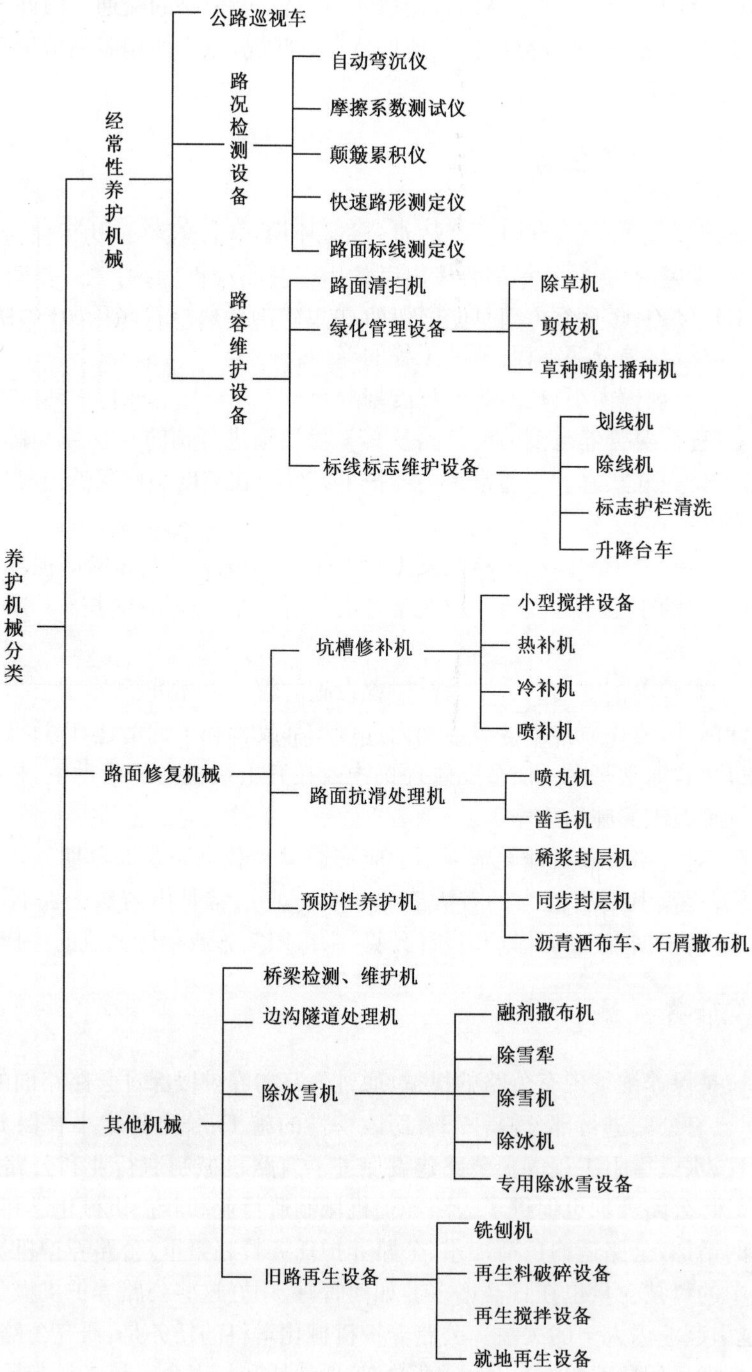
养护机械分类
经常性养护机械
公路巡视车
路况检测设备
自动弯沉仪
摩擦系数测试仪
颠簸累积仪
快速路形测定仪
路面标线测定仪
路容维护设备
路面清扫机
绿化管理设备
除草机
剪枝机
草种喷射播种机
标线标志维护设备
划线机
除线机
标志护栏清洗
升降台车
路面修复机械
坑槽修补机
小型搅拌设备
热补机
冷补机
喷补机
路面抗滑处理机
喷丸机
凿毛机
预防性养护机
稀浆封层机
同步封层机
沥青洒布车、石屑撒布机
其他机械
桥梁检测、维护机
边沟隧道处理机
除冰雪机
融剂撒布机
除雪犁
除雪机
除冰机
专用除冰雪设备
旧路再生设备
铣刨机
再生料破碎设备
再生搅拌设备
就地再生设备

图 1-8　养护机械分类

7 国内外养护机械的发展

7.1 国外养护机械的发展

从第二次世界大战之后，特别是20世纪60年代以来，发达国家为了发展经济的需要，都致力于完善本国干线公路网的建设，提高公路技术水平，大力修建高速公路，使公路运输率先实现现代化。国外经济发达国家公路建设早，对公路养护工作十分重视，为了保持良好的公路状况，充分发挥公路设施的功能，每年都要拨出巨款用于公路维修养护。如，美国每年用于公路养护的费用达150亿美元之多，美国早期修建的高速公路虽然已有40～50年历史，但由于重视养护，至今仍在使用。国外的经验早已证明，完好的公路必须装备有先进的公路管理及养护系统。发达国家的公路管理部门实现计算机管理，配备有先进的公路检测设备，定期对管辖范围内的公路进行检测，发现问题及时进行养护处理，一般购置养护机械设备所用的资金要占养护费的20%以上。随着机械工业技术水平的提高，机电液一体化的新技术也普遍应用于公路养护，公路养护机械新产品和新材料不断出现。国外在不断加强公路养护部门的物质基础和技术力量的同时，公路养护机械及技术在不断完善和发展，而且十分重视公路养护新工艺和新材料的研究。

国际上不少国家采用养护工程招标制，即公路管理部门针对公路状况提出养护工程计划，采用招标方式，具体的养护作业由承包人中标来完成。这样一来，公路管理部门只需要装备公路检测设备，公路养护作业由承包人来完成，作业机械由承包人来配置。

国外公路养护机械类型繁多，日常养护机械主要有路况巡视检测设备、扫路车、洒水车、清障车、清洗机、除雪机、剪草机等，用于路面养护修补的机械有铣刨机、综合修补车、破碎机、加热机、小型压实机等。日常养护机械一般选用汽车或轮式拖拉机作为基础车或自行设计生产专用底盘。多功能养护车专用底盘，如德国生产的乌尼莫克、慕迪卡等，采用全轮驱动，通过能力好，有独立悬挂装置，设有机械式和液压式传动装置，可安装和悬挂多种作业机具(图1-9)。

图1-9 多功能养护车

预防性养护是国外公路养护较成功的养护方法。在路面未发生损坏前采取预防性养护措施，改善和提高路面的性能，从而延长路面的使用寿命，是一种经济、有效的养护方法。沥青路面早期病害通常是开裂、麻面、松散、坑槽、波浪等初起时，如不及时处理，必将使病害扩大。预防性养护是指在这些病害即将发生或发生之前，采取薄层罩面等方式防止病害的发生。稀浆封层法是国外运用较多的预防性养护方法之一。路面稀浆封层养护方法是利用沥青能够乳化的特性，消除沥青路面早期病害，防止损坏，提高沥青路面的防水、防滑、平整、耐磨性能的一种先进的路面维修方法。国外公路养护机械种类很多，如路面抗滑用的路面凿毛机（图 1-10）、绿化草种喷射播种机等，在保持公路良好的状况、充分发挥公路设施的功能等方面不断地有新机型出现。

图 1-10　路面凿毛机

7.2　我国养护机械的发展

回顾我国公路的发展，20 世纪 50～60 年代是砂石路面时代，以后逐渐发展渣油路面、沥青路面到今天的高速公路，公路建设取得了很大的成就。目前，公路工程基本上已实现了机械化施工，但公路的养护，特别是普通公路的养护，仍是以人力为主的养护作业方式。公路里程在逐年增长，交通运输的繁忙更加重了公路养护的任务，不少省区在公路机械化养护方面作了不少努力，但由于公路养护机构的设置、养护设备分散使用的管理模式，决定了当机械设备与养护工程冲突时，机械设备成为牺牲品，导致设备失养，资金缺口更增加设备更新的困难，缺乏发展后劲。在公路发展过程中，重建设轻养护的现象不利于公路养护机械化。目前，机械的配置也重于大中修用工程机械，真正用于日常养护者实为少数，因而形成公路养护设备不配套、产品质量差、技术水平低，从而阻碍了公路养护机械化的发展。国产养护机械品种少，规格不全，技术水平低，目前使用的养护机械以拖拉机或农用汽车为主，可靠性差、效率低、寿命短，严重影响着公路养护机械化的发展。

随着我国高速公路建设的发展，高速公路管理部门对其养护机械化问题普遍较重视，多用底盘、清扫车、清障车、铣刨机、修路王等养护机已在各地高速公路养护工程中得到应用，国内民营养护机械制造企业逐渐在增加。总之，我国公路养护机械的发展出现了好的势头，但与公路建设快速发展相比，公路养护机械的发展严重滞后，迅速发展我国的公路养护机械实现公路养护机械化已迫在眉睫。

我国自行开发高等级公路养护机械始于 20 世纪 70 年代初，到了 80 年代以后才有较快的发展。随着我国高等级公路，特别是高速公路的发展，公路技术等级不断提高，交通量日益增加，对公路养护的要求越来越高，实现养护机械化是公路养护现代化必由之路，已成为人们的共识。改革开放以来，从国外引进了公路建设技术与机械设备，促进了我国养护机械的发展。主要表现在以下几方面：

(1)注重路面修补机械的研制。我国路面修补机械的研制已有 20 多年的历史，从小型单机发展到大中型多功能综合作业的修补车，有拖式的，有自行式的；有液压传动、电传动和气压传动以及综合传动；有沥青路面、水泥路面修补机械，也有砂石路面维修机械。目前生产各种类型路面修补车有 20 多个厂家，10 多种类型产品，有的已批量生产，并进入国际市场。

(2)小型路面压实机械发展较快。养护使用的压实机械不仅要保证达到要求的密实度，还要携带转移方便。我国各地方研制出不少类型的适合养护用的小型、高效压实机械，除了蛙式打夯机和冲击夯外，主要是小型振动压实机械。

(3)大力推广节能新技术。公路养护与筑路一样耗能很大。在养护生产中应用节能先进技术方面，我国处在领先水平。公路部门普遍推广了太阳能加热、红外辐射加热、导热油加热、热能综合利用技术等，都取得了良好节能效果。

(4)积极开发新型养护机械。近些年来，为适应公路养护的需要，有关部门和一些厂家积极开发新型养护机械，诸如清扫车、清洗机、清障车、稀浆封层机、路面再生机等，为使我国养护机械增加品种和进一步发展打下了基础。

但是，我国公路养护机械仍然较落后，与发达国家相比有很大的差距，适应不了公路发展的需要。主要表现在以下几方面：

(1)养护机械品种少，且不配套，管理跟不上，还没有实现机械化养路作业。

(2)品种类型不全、生产量少。现在有不少种类的养护机械在我国还是空白，或者处在研制阶段，没有定型批量生产，制约了养路机械化的实现。缺少的养护机械主要有：小型清扫机械、公路设施清洗机械、组合式路面再生机械、桥涵养护机械等。尽管生产养护机械的厂家和单位不少，但生产总量不多，与公路养护的实际需要相差很大。许多养护机械产品长时间处在试制阶段，没有形成专业化批量生产。

(3)技术水平低。在养护机械结构设计、制造工艺、零部件供应、使用管理等方面都存在技术水平低的问题,致使养护机械可靠性差、故障多、效率低、寿命短、成本高,严重影响了养护机械的发展。

8 沥青路面再生技术

沥青路面旧料再生技术是从20世纪70年代发展起来的,实践证明旧料再生具有很大的优越性:节省能源、减少沥青和砂石料的消耗;避免旧料废弃的污染,利于环保;旧料再生利用可使路面再建的成本降低约1/3。再生的方法有厂拌再生和就地再生,就地再生可分为热再生、冷再生,不同的工艺有相应不同的再生设备,大致有铣刨机、破碎机、再生搅拌机、就地再生机组、远红外路面加热机等。沥青路面的再生技术是一项综合性技术,需要材料、工艺、设备的最佳配合才能取得好的效果。国际上再生工艺和设备已发展到较成熟的阶段。

就地再生工艺分为就地热再生和就地冷再生,就地热再生也称为整体热再生,适用于高速公路,就地整体热再生机组包括加热、切削、搅拌、摊铺,整机走过后即完成全部再生过程。就地整机热再生机组有两种作业方式,旧路面加热铣刨后再和添加的新料(恢复沥青性能)搅拌、摊铺成再生新面层;另一种方式是新旧料加热搅拌铺筑后,再加铺新的沥青混合料薄面层。上述再生工艺是将各种作业机械组合在一起,从原路面的铣削、旧料回收加工、掺拌新料到摊铺、压实成型一次完成。但该工艺国外采用者不多。

就地冷再生时无须对路面进行加热,直接将路面切削破碎,切削时和路面下层材料同时切削并均匀拌和作基层用,适用于旧沥青路面的改造,并提高旧路的等级。该方法从20世纪80年代后期开始,已在国际上很多国家和地区使用,作业时不损坏路基,工期短,成本低。

厂拌再生可利用强制间歇式沥青混合料搅拌设备进行再生,先由路面铣刨机对旧路面进行铣削破碎,并用运输车辆将旧料运到搅拌厂内,再由沥青混合料搅拌设备进行再生搅拌,搅拌后的再生成品料再运到路上进行摊铺。传统强制间歇式沥青混合料搅拌设备进行再生搅拌时,可将旧料直接从热料提升机加料口处加入,新旧料在提升、筛分、储存过程中吸收热量;另一种方法是直接加入搅拌锅。这两种方法再生时旧料的比例均不能超过20%,比例过高时筛网易堵塞。为了提高强制间歇式沥青混合料搅拌设备再生时旧料的比例,采用另加旧料加热滚筒的方法,旧料加热后直接加入搅拌锅,这样再生时旧料比例可达40%。再生搅拌也可用连续滚筒式沥青搅拌设备进行再生搅拌。连续滚筒式搅拌设备由于其结构、工艺的特点,采用滚筒中部加料及套筒式结构等,能避免旧料和火焰直接接触,进而避免沥青的老化。连续滚筒式搅拌设备一般再生时旧料比例可达50%,但实际应用中由于过高的旧料比例再生混合料的质量达不到要求,因此国外常用的再生比例为20%~30%。

第2章

沥青混合料搅拌设备

1 概述

1.1 功能用途及工作对象

沥青混合料搅拌设备是生产拌制各种沥青混合料的机械装置，适用于公路、城市道路、机场、码头、停车场、货场等工程部门。沥青混合料搅拌设备的功能是将不同粒径的集料和填料按规定的比例掺和在一起，用沥青作结合料，在规定的温度下拌和成均匀的混合料。沥青混合料搅拌设备是沥青路面施工的关键设备之一，沥青混合料搅拌设备、沥青混合料摊铺机和压路机组成沥青路面的机械化施工。因此，沥青混合料搅拌设备的性能直接影响到沥青路面的质量。

1.2 国外水平及发展趋势

沥青混合料搅拌设备在国外有着很久的历史，早在20世纪初就已问世。经过长期的发展，特别是随着电子技术的日益完善以及计算机技术和信息处理技术的突飞猛进，沥青混合料搅拌设备在发达国家已经达到很高的技术水平，并仍在不断改进，产品更新换代较快。

国外总的技术水平可归纳为以下几点：

1)生产能力系列化

目前，国际市场沥青混合料搅拌设备型号规格十分齐全，有小时产量几吨的小型设备，也有小时产量上千吨的大型设备，使用较多的是350t/h以下的各种中小型设备，结构形式有固定式、移动式等。但是，随着沥青混合料材料的商品化，沥青混合料的制备朝着专业工厂化方向发展，沥青混合料搅拌设备的生产能力也日趋大型化，个别强制间歇式搅拌设备生产能力最高已达700t/h，连续滚筒式搅拌设备生产能力最高可达1200t/h。

2)技术性能先进化

为适应工程对于成品质量的需要，满足社会对于节能、环保的要求，设备的各项技术指标越来越高。目前，集料和粉料的计量精度，强制间歇式搅拌设备达0.5%，连续滚筒式搅拌设备达1%；沥青计量精度，强制间歇式搅拌设备达0.33%，连续滚筒式搅拌设备达0.5%；热效率可达80%～85%；粉尘排量都可控制在50mg/m^{3}以内；操作工人对沥青烟气接触限值为

0.5mg/m^3。

3)控制操作自动化

不论是强制间歇式还是连续滚筒式搅拌设备,其控制系统均采用计算机管理,并设置微机程控与手动相结合的控制方式;设备的工艺流程可在显示器屏幕上模拟显示,且具有故障自动诊断报警功能;具有生产过程中的各种数据显示打印功能。另外,还可储存大量的级配配方,以供需要时更换。

国外总的发展趋势可归纳为以下两个方面:

(1)强制间歇式沥青混合料搅拌设备发展至今,其技术已趋于成熟。随着科学技术的发展,今后还将在如何进一步提高产品性能、减少混合料的离析、降低能耗、减轻公害、实现生产过程全自动化等方面展开竞争。

(2)连续滚筒式沥青混合料搅拌设备,由于其许多优点深受人们重视,于近年上升到一个新的高度,并在道路施工中获得广泛应用。尤其在旧沥青路面再生工程中,连续滚筒式搅拌设备更是独占鳌头。据有关资料介绍,美国从1996年开始流行连续滚筒式沥青混合料搅拌设备,在新增加的沥青混合料搅拌设备中有85%是连续滚筒式沥青混合料搅拌设备,仅有10%是强制间歇式沥青混合料搅拌设备,而且70%～90%的设备燃用天然气。在日本,也已核准连续滚筒式搅拌设备可用于高等级公路施工。综上所述,随着科学技术的日益进步,连续滚筒式搅拌设备将会有更加迅速的发展。

1.3 国内水平及发展方向

我国沥青混合料搅拌设备的发展是从20世纪60年后期起步的,当时由交通部组织开发研制援外工程用的LB30(30t/h)强制间歇式沥青搅拌设备,从此开创了我国沥青混合料搅拌设备的制造业,LB30沥青搅拌设备在我国的公路建设中发挥了一定的作用。进入20世纪80年代后期,在国家"八五"规划中,交通部把1000型沥青搅拌设备的引进作为重点攻关项目,通过引进、消化、吸收逐步发展和提高沥青混合料搅拌设备的技术水平,之后西安筑路机械厂又于1995年引进技术并生产了PARKER3000型沥青混合料搅拌设备,使我国沥青混合料搅拌设备的生产又上了一个新的台阶。在引进技术的基础上,国内企业通过技术的引进、消化、吸收和技术合作等形式,成功地研制开发了2000和3000型沥青混合料搅拌设备。进入21世纪,很多企业都成功地研制开发了4000、5000型沥青混合料搅拌设备。我国加入WTO后,特别是最近几年,加大了对行业先进技术的跟进力度,在电子技术、智能技术方面取得一定突破,涌现了一批优秀企业。国内沥青搅拌设备的制造企业,高峰时发展壮大达到60多家,初步实现了产业的规模化和普及化。产品已形成系列,小型的有小时产量十几吨,大型的有小时产量达400t,产品性能也在不断提高,国产沥青混合料搅拌设备的技术性能已经达到当代国际水平,在高速公路建设中发挥了一定的作用。

随着我国公路建设的快速发展,对沥青混合料搅拌设备的需求量不断增加,国际品牌纷纷进入中国市场,意大利的玛连尼(Marini)、阿曼(AMMANN)、日本的日工(NIKKO)和英国的GENCOR(原ACP公司)、新加坡的林泰格等公司都已在中国设立配套加工厂。外国品牌公司入驻我国,一方面提高了我国沥青搅拌设备的整体设计和制造水平,另一方面引起了国内市场的激烈竞争。

目前,国内沥青搅拌设备的主要生产厂家有:西安筑路、吉林公路、河南陆德、无锡雪桃、锡通科技、无锡华通、无锡筑机、辽阳筑机、镇江华晨华通、徐工科技、德基机械、北京加隆、南方路机、三一重工、泰安岳首等。

我国的沥青混合料搅拌设备就整体而言,尤其是在沥青搅拌设备的生产规模、制造工艺、产品可靠性与耐久性等方面,与发达国家相比仍有一定的差距。不足的领域是:控制系统等关键零部件的设计、制造方面有差距,该领域的零部件仍依赖进口,因此在高速公路施工过程中仍在引进国外先进的沥青搅拌设备。

我国沥青混合料搅拌设备的发展应重点考虑以下问题:

1)注重产品技术水平的提高

为满足公路建设的需要,国产设备应特别注重技术水平的提高,在技术上应有一个高的起点。不论在计量、控制、操作、节能、环保,还是在原材料、加工工艺、零部件配套等各方面都要瞄准国际高水平,不断使国产设备的各种技术性能接近和达到国际先进水平。

在控制技术方面,随着人们对人性化、自动化控制、智能化控制要求的提高,在控制系统中将大量应用人机工程学设计、机电一体化技术,进一步提高搅拌设备的计量精度;控制程序将具有自诊断、自修复、自动检测故障、实时报警功能;将热料仓的仓储状态与冷料供给建立数据连接,将干燥滚筒内负压值与除尘器引风机建立数据连接,将干燥滚筒出料温度与燃烧器供油量建立数据连接,形成闭环控制;建立设备运行数据库,建立用户数据库;设备具有订单功能,预设配比和产量,根据订单实施自动化生产。建立远程故障诊断,实现远程会诊、故障排除等功能。初步实现无人值守自动化生产,有效提高搅拌设备控制的舒适性、直观性和操作的简易性。

2)注重开发节能、环保型产品

随着国家对环保要求的提高,对设备噪声、粉尘排放、有害气体(沥青烟雾)的排放、节能降耗等控制越来越严格,对强拌设备的技术发展提出更高的要求,节能型、环保型产品将大量普及。

3)有针对性地推出经济实用的新型产品

考虑用户最根本的需要,有针对性地推出经济实用的新型产品,如开发紧凑型、集装箱型、简易快装型等结构新颖的沥青混合料搅拌设备等。

4)注重滚筒连续式搅拌设备技术的进步

连续滚筒式搅拌工艺于20世纪70年代传入我国,由于设备结构简单、经济性好,很快得到普及和发展,目前我国已拥有小时产量10～120t的各种规格产品,并在修建普通沥青路面中得到越来越广泛的应用。但是,由于开发研制的力度不够,产品的性能和水平与国外产品相比尚有差距。目前,我国的连续滚筒式搅拌设备还无法与强制间歇式搅拌设备相匹敌,公路工程管理部门对其还深存疑虑,因而我国现行施工规范尚不允许使用这种设备修筑高等级公路的沥青路面。但是,纵观国外目前的水平和今后的发展趋势,特别是根据我国国情及沥青再生技术的发展,连续滚筒式搅拌设备在我国的前景是广阔的。因此,必须注重连续滚筒式搅拌设备的技术进步,加大开发力度,不断提高我国连续滚筒式搅拌设备的技术水平和使用性能。

2　分类、特点及适用范围

沥青混合料搅拌设备的分类、特点及适用范围见表 2-1。

设备分类、特点及适用范围　　表 2-1

分类形式	分　类	特点及适用范围
生产能力	小型	生产能力 60t/h 以下
	中型	生产能力 80～350t/h
	大型	生产能力 400t/h 以上
搬运方式	移动式	装置在拖车上，可随施工地点转移，多用于公路施工
	半固定式	装置在几个拖车上，在施工地点拼装，多用于公路施工
	固定式	不搬迁，又称沥青混合料工厂，适用于集中工程、城市道路施工
工艺流程	强制间歇式	强制间歇式搅拌设备用于高等级公路建设
	连续滚筒式	连续滚筒式搅拌设备用于普通公路建设

3　工艺流程及主要结构

3.1　工艺流程

强制间歇式沥青混合料搅拌设备发展到今天，其工艺流程已相对稳定，不同国家生产的产品结构也大体相同。强制间歇式沥青混合料搅拌设备的主要作业内容包括：

(1)冷集料的准备和级配、输送、烘干加热、热料提升、筛分储存、计量；

(2)石粉的储存输送、计量；

(3)沥青的熔化、脱水、加热保温、输送、计量；

(4)集料、石粉、沥青计量后放入搅拌器搅拌；

(5)搅拌后的沥青混合料直接装入运输车或输送到成品料仓储存；

(6)除尘系统的配置确保生产过程中的环保要求。

图 2-1 为强制间歇式沥青混合料搅拌设备工艺流程方块图，图 2-2 为强制间歇式沥青混合料搅拌设备工艺流程示意图。

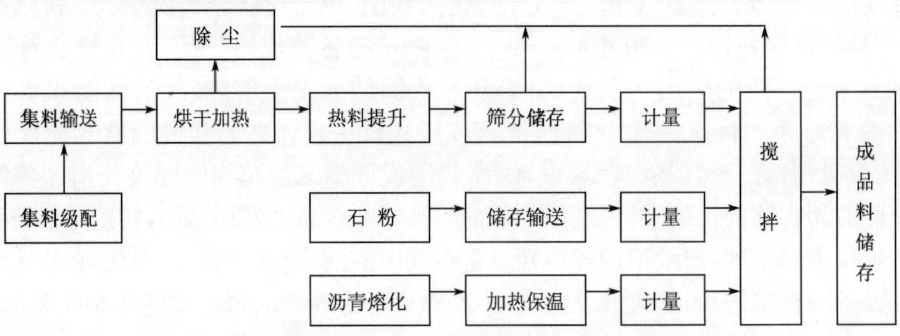

图 2-1　强制间歇式沥青混合料搅拌设备工艺流程方块图

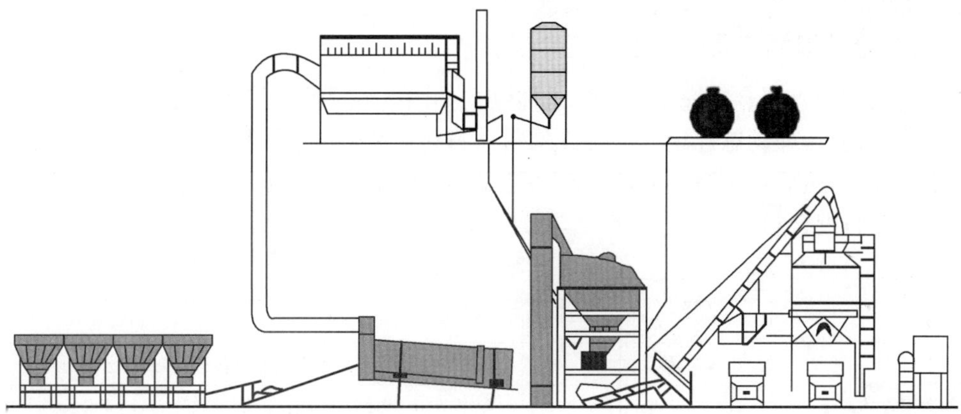

图 2-2　强制间歇式沥青混合料搅拌设备工艺流程示意图

3.2　总体结构及特点

3.2.1　强制间歇式沥青混合料搅拌设备

强制间歇式沥青混合料搅拌设备总体结构如图 2-3 所示。其特点是初级配的冷集料先在干燥滚筒内采用逆流加热方式烘干加热，然后经筛分计量（质量）在搅拌器中与按质量计量的石粉和热态沥青搅拌成沥青混合料。

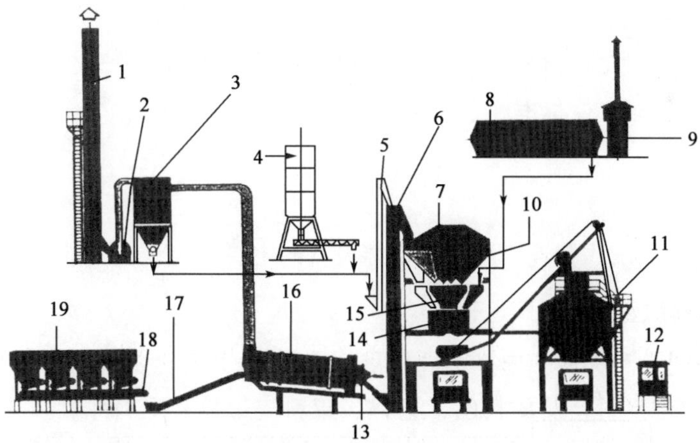

图 2-3　强制间歇式沥青混合料搅拌设备总体结构图

1-烟囱；2-引风机；3-除尘系统；4-粉料罐；5-粉料提升机；6-热料提升机；7-振动筛分系统；8-沥青供给系统；9-导热油供给系统；10-热集料贮料仓；11-成品料仓；12-中心控制室；13-燃烧系统；14-搅拌器；15-计量系统；16-干燥滚筒；17-上料倾斜皮带机；18-集料皮带机；19-冷料供给系统

由于结构的特点，强制间歇式搅拌设备既能保证矿料的级配，矿料与沥青的比例可达到相当精确的程度，也易于根据需要随时变更矿料级配和油石比，所以拌制出的沥青混合料质量好，可满足各种施工要求。因此，这种设备在国内外使用较为普遍。其缺点是工艺流程长、设备庞杂、建设投资大、耗能高、搬迁困难、对除尘设备要求高（有时所配除尘设备的投资高达整套设备费用的 30%～50%）。

3.2.2 连续滚筒式沥青混合料搅拌设备

连续滚筒式沥青混合料搅拌设备的总体结构如图 2-4 所示。其特点是沥青混合料的制备在烘干滚筒中进行，即动态计量级配的冷集料和石料连续从干燥滚筒的前部进入，采用顺流加热方式烘干加热，然后在滚筒的后部与动态计量连续喷洒的热态沥青混合，采取跌落搅拌方式连续搅拌出沥青混合料。

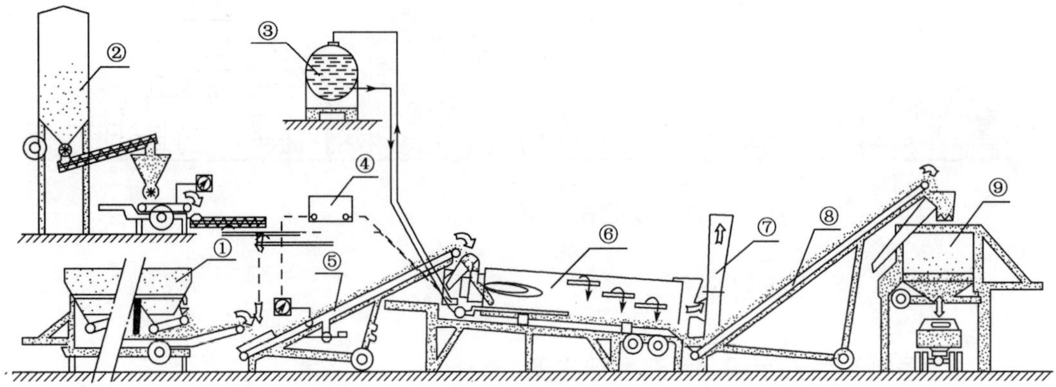

图 2-4　连续滚筒式沥青混合料搅拌设备总体结构图

1-冷集料储存和配料装置；2-石粉供给系统；3-沥青供给系统；4-油石比控制仪；5-冷集料带式输送机；6-干燥滚筒；7-除尘装置；8-成品料输送机；9-成品料储存仓

与强制间歇式搅拌设备相比，连续滚筒式搅拌设备工艺流程大为简化，设备也随之简化，不仅搬迁方便，而且制造成本、使用费用和动力消耗可分别降低 15%～20%、5%～12%和 25%～30%；另外，由于湿冷集料在干燥滚筒内烘干、加热后即被沥青裹覆，使细小粒料和粉尘难以逸出，因而易于达到环保标准的要求。

3.3 主要结构

这里只介绍强制间歇式和连续滚筒式搅拌设备的主要结构。

3.3.1 冷集料供给系统

冷料供给系统是一种存放一定量不同规格的冷集料，并将冷集料进行初级配再输送到干燥滚筒的装置，由多个冷料仓及放料门、给料机、集料皮带机和上料倾斜皮带等组成。图 2-5 是五料仓组成的固定式冷料供给系统的结构图；图 2-6 是移动式冷料供给系统的结构图。

1）冷料仓

冷料供给系统是为沥青搅拌设备按量供给满足级配要求集料的装置，不同用途的沥青混合料有不同的级配要求，冷料供给系统所供给的集料必须要满足工程级配的要求。冷料供给系统均由多个料仓组成，一般有 3～6 个冷料仓，以分别储存不同规格的集料。不同型号沥青搅拌设备的单仓容量应与其生产能力相匹配，在《强制间歇式沥青混合料搅拌设备》（JT/T 270—2002）标准中规定 1000 型不小于 6m³；2000 型不小于 8m³；3000 型不小于 10m³；4000 型不小于 12m³。每个料仓的上口应有一定的宽度，以便于装载机上料。料仓的形状是四壁倾斜的棱锥体，符合出料整体流动规律，料仓下部有皮带给料机，出料端有一可调高度的出料门。料仓的结构如图 2-7 所示，料仓下出料口应为梯形结构，下出料口形状如图 2-8 所示，给料机出料时料从宽度小的一端向宽度较大一端运动，这样有助于减小出料阻力和皮带的磨损，并可减小传动扭矩，使料仓长度范围内均匀出料，减少供料时出现料的离析现象，出料门安装在出料口宽度较大一端。

图 2-5　固定式冷料供给系统

图 2-6　移动式冷料供给系统

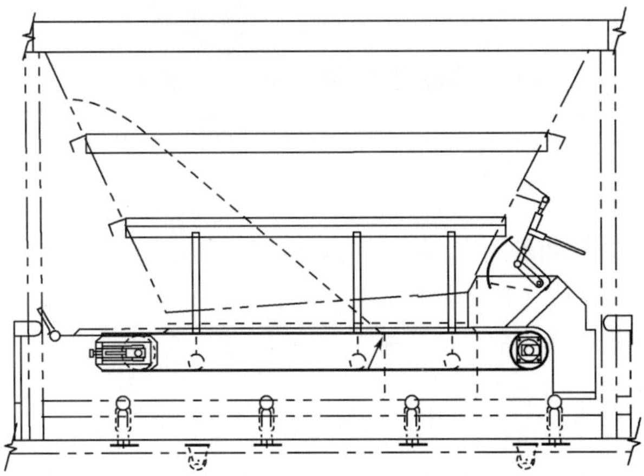

图 2-7　冷料仓结构示意图

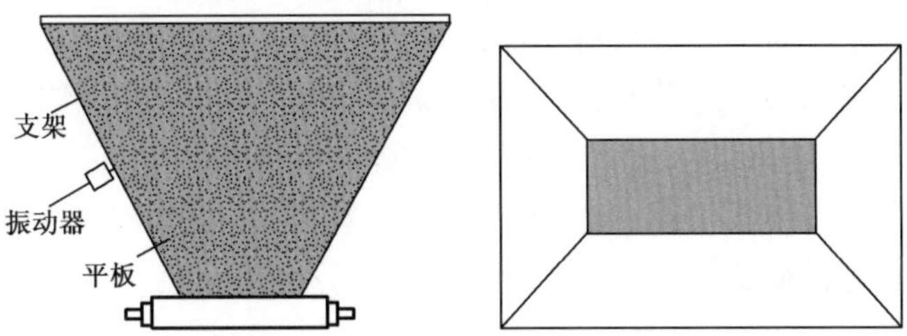

图 2-8　冷料仓下出料口结构形状图

每个冷料仓均有一个可调高度的出料门，用来调节出料的流量。料门开度能按需要调节，每个门有一个独立的调节机构，配有控制杆及锁定机构，以保持供料量的稳定。调节机构有齿轮齿条式及杠杆机构等不同形式，一般为手动操作，也可配置其他机械如液压或气动控制。沥青混合料的配比中有粗集料和细集料及填料等组成，细集料包括天然砂、机制砂、石屑等，天然砂如河砂等一般含水率较高，易于起拱而影响供料的连续性。因此，细砂料仓必须配置有仓壁振动器，防止料湿而结拱，如图 2-8 所示料仓安装有仓壁振动器。

2)给料机

给料机位于冷料仓的下部，是一种长度比较短的输送设备，给料机工作时它将料仓内的料从冷料仓底部排出集料，出料口安装有可调开度的出料门，可通过出料门的开度和给料机输送速度的调节控制出料量。目前应用较多的给料机是皮带给料机，也有板式给料机，如图 2-9 所示。出料门前端有一料流传感器，当无料流时传感器将信号发送到控制器。早期的沥青搅拌设备的给料机使用过振动给料机，但由于振动给料机不能直接从料仓中取出物料、供料量的调节较困难和供料精度低而被弃用。

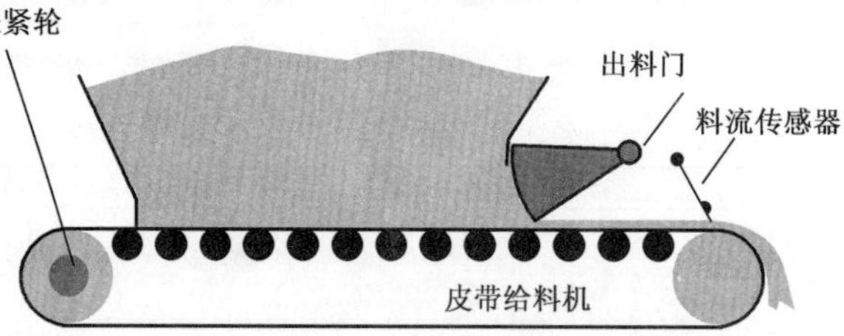

图 2-9　冷料仓皮带给料机结构示意图

皮带给料机由机架、驱动滚、张紧滚、张紧调整装置、电机及传动装置、输送带等组成，输送带设有自洁装置，刮除粘在输送带上的料，输送带上粘料会影响给料机的正常工作。也可设计防粘驱动滚，国外有这类专利技术介绍。输送带最好用带裙皱边的胶带，可防止集料的散落，输送带须运转平稳、不跑偏，不得有漏料现象。

带式给料机的运行速度一般控制在 0.125～0.15m/s，最大不得超过 0.28m/s，运行速度过高将导致磨损加剧。运行速度的调节通过电机的调速来实现，目前均采用变频调速方式调节。为了精确控制皮带机的速度，可在张紧滚轴端安装一个转速传感器，转速传感器将转速信号输送到控制器，与设定值有误差时及时纠正，以保证给料的正确性；也可在电机上直接输出转速信号，通过控制器控制转速。

工程中集料的含水率对沥青混合料搅拌设备的生产能力影响很大，特别是连续滚筒式沥青混合料搅拌设备，工作时必须要严格控制集料的含水率。国外已在实际工程中用含水率检测仪测定集料的含水率，将微波含水率检测仪传感器直接插入待检料流中检测集料的含水率。微波含水率检测仪易于安装和操作，但由于不同的物料对微波的吸收系数是不相同的，因此事前必须对不同的物料进行检测标定。检测集料的含水率也可利用自动干燥系统测定集料的含水率。

3)集料皮带机、上料倾斜皮带机

集料皮带机是收集各给料机供给的集料，并向前输送物料的装置，其结构和普通的皮带输送机一样，由机架、驱动滚、张紧滚、改向滚、托滚、张紧装置、输送带、清扫刮板等组成。驱动滚应能产生最大的摩擦力以驱动输送带，其结构应以鼓形滚或挂胶滚为佳，鼓形滚有自动防止输送带跑偏的功能。集料皮带机应有足够的输送能力，输送带要有足够的拉伸强度和厚度(输送带的层数决定其拉伸强度)覆盖层应有足够的厚度及质量来保护芯层，并具有耐刮削、耐磨损、耐老化的性能。

上料倾斜皮带机是将集料皮带机送来的集料输送到干燥滚筒的装置。为筛除超规格的料以免进入搅拌器等损坏机件，在集料皮带机和上料倾斜皮带机之间增加一个振动筛(如图2-10所示)，剔除大料以保证搅拌设备的正常工作。

有的搅拌设备，为了加快输送来的集料进入滚筒，增加一个水平短皮带机，其运转速度大于倾斜皮带机，使集料快速进入滚筒，同时可减小进料口的面积，降低滚筒的漏气量。

冷料供给系统应装备有紧急停车装置，一般安装在皮带输送机的侧面。当供料系统工作不正常时，可以随时停机排除故障，以避免发生不必要的事故。

4)提高集料级配的自动取样器

皮带输送机集料自动取样器安装在皮带输送机上，能从皮带输送机上自动获取输送带上的物料样品。图 2-11 即为皮带输送机集料自动取样检测器的外形图。当皮带输送机正常工作时，皮带输送机集料自动取样器可随时取样，取样器工作时，畅口的料斗快速从输送带的一侧移动到另一侧，快速从皮带机输送带上刮取物料。由于料斗清扫的速度很快，对皮带输送机的工作无影响。该取样器早已在其他行业中得到应用，如矿山工业物料输送过程中物料的取样。因此，皮带输送机集料自动取样器是一项成熟的技术。皮带输送机集料自动取样器获取的料样直接进入自动干燥系统或试验机的特定容器内，然后对集料进行加热、烘干、筛分和称量试验，很快得到集料的含水率和级配的数据，与给定值进行对比并及时输送到控制器修正给料量。取样器的取样量决定于皮带的宽度，即从输送带上截取某一断面的物料，一般取料量为9～15kg。

图 2-10 剔除大料的振动筛

图 2-11 皮带输送机集料自动取样检测器

3.3.2 冷集料烘干加热系统

集料烘干加热系统的功能是将集料加热到一定温度并充分脱水，以保证计量精确和结合料(沥青)对它的裹覆，使成品具有良好的摊铺性能。集料的加热温度一般为 160～180℃，对连续滚筒式搅拌设备可略低一些，一般为 140～160℃。无论何种形式的沥青混合料搅拌设备，集料的烘干加热系统都是不可缺少的重要组成部分。

冷集料烘干加热系统，包括干燥滚筒和加热装置两大部分。

3.3.2.1　干燥滚筒

干燥滚筒是对冷集料进行烘干加热的装置，干燥滚筒是强制间歇式沥青混合料搅拌设备的主要部件之一。图 2-12 是干燥滚筒的结构图，它由滚筒、滚圈、支撑滚轮、止推滚轮、驱动装置、进出料箱和机架等组成。冷料供给系统的上料倾斜皮带机将冷集料送到干燥滚筒进行烘干加热，烘干加热后的热集料经热集料提升机输送到搅拌塔。

图 2-12　干燥滚筒结构图

1)滚筒

沥青混合料搅拌设备的滚筒是倾斜安置的长圆柱形构件，一般倾斜角度为 3°～5°，滚筒用耐热耐磨钢板如锅炉钢板等焊接而成，滚筒前后有两个支承大滚圈，滚圈支承在支撑滚轮上，如图 2-12 所示。由于滚筒是倾斜安置的，因而在滚筒自重及筒内集料重力的作用下，滚筒产生一向低端滑动的力，用止推滚轮阻挡滚筒的下滑，也可通过支撑滚轮的调节，补偿滚筒向下运动的趋势。滚筒的不同区域安装有不同形状的提料叶片，可从图 2-12 中清楚地看出。

滚筒的驱动方式有两种：机械驱动和摩擦驱动。机械驱动又分为齿圈驱动和链条驱动，机械驱动方式则在滚筒两滚圈之间安装一个驱动齿圈。齿圈驱动和链条驱动一般在中小型设备中运用。摩擦驱动依靠支撑滚轮和滚圈之间的摩擦力驱动滚筒，因而要求有一定的摩擦力，摩擦驱动由电机驱动支撑滚轮，依靠支撑滚轮和滚圈之间的摩擦力来驱动滚筒，大中型沥青搅拌设备的滚筒驱动采用摩擦驱动较多。

滚筒内壁安装有提料叶片，滚筒转动时集料在提料叶片的作用下被提升和跌落形成一定的料帘，如图 2-12 所示。由于滚筒的倾斜，集料在提升和跌落的过程中前进了一段距离，使集料从进料端向卸料端移动。滚筒不同区间的叶片有不同的形状和要求，在滚筒的燃烧区，为保证燃料的充分燃烧，该区域内不允许有料帘存在。如滚筒的燃烧区有料帘存在，则易使火焰熄灭或发生燃料喷附于集料的现象，从而造成燃料的不完全燃烧，不完全燃烧的燃料随烟气进入布袋除尘器，燃油黏附布袋后易使布袋着火烧毁。滚筒燃烧区的叶片有多种形式，如早期使用的反扣槽钢做叶片，也有一定的效果。该区域的叶片除保证滚筒燃烧区无料帘外，还应使燃烧的热能得到充分的利用，尽可能将热量传导给集料，同时尽量减少辐射热传导给滚筒壁。这样一来，既能使热能得到充分的利用，又使滚筒得到保护。图 2-13 是两种燃烧区叶片的结构形式，国内进口国外的沥青搅拌设备滚筒燃烧区叶片有多种形式，不同的结构形式可得到相同的效果。滚筒的其他区域的叶片应有利于集料的干燥和加热，燃烧热气和集料在滚筒内的对流运动进行热交换，热气流穿过料帘时将热量传递给集料。在滚筒的不同区域应有不同的叶片，以形成不同的料帘密度。料帘密度过小时，热气流通过的速度则快，这样易使排烟温度升高，高的排烟温度将影响到布袋除尘器；料帘密度过大时，热气流通过的速度则慢，这样虽然热的利用率高，但降低了排烟温度，也将影响到布袋除尘器的使用，产生布袋结露现象。滚筒内一定的料帘密度既要使热能得到充分地利用，又要符合搅拌设备布袋除尘器等的正常使用要求。因此，滚筒内叶片的设计是十分重要的，可通过理论计算及试验方法等取得最佳的效果。国外的产品及相关的资料都有介绍，如图 2-14 所示的可调式叶片，图 2-15 所示是一种叶片的不同安装方式所得到的不同结果。

a）　　b）

图 2-13　干燥滚筒燃烧区叶片图

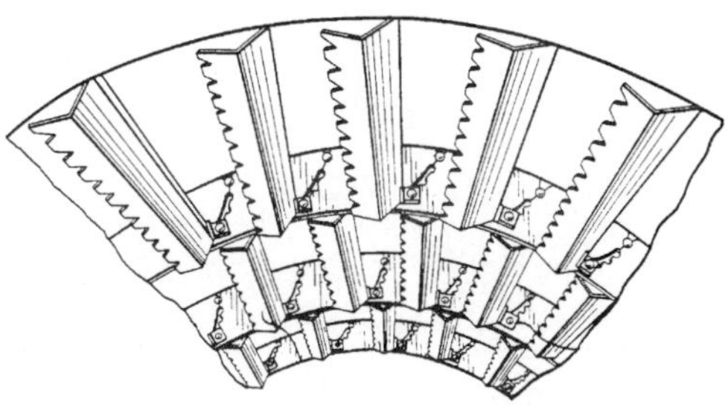

图 2-14　干燥滚筒可调叶片图

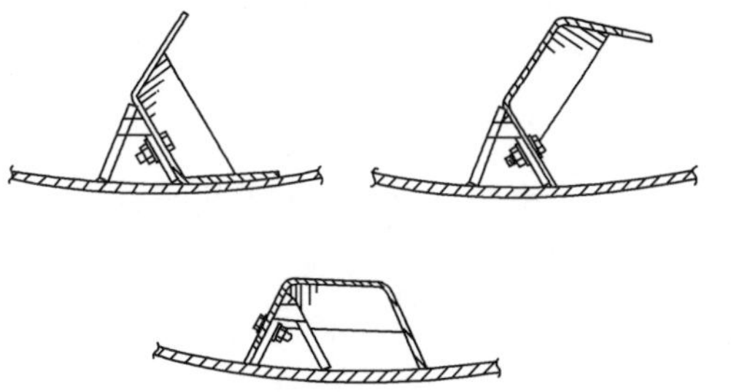

图 2-15　干燥滚筒叶片不同安装方式图

2)滚圈和支撑滚轮

滚圈是滚筒的支撑元件，在滚筒两端各一个，滚圈通过托架固定在滚筒外壁上，并支承在 4 个支撑滚轮上，如图 2-16 所示。由于滚筒工作时在不断地转动，滚圈应有足够的强度和耐磨性能，燃烧器端的滚圈托架一般采用弹性支撑结构，以补偿滚筒的热胀冷缩。支撑滚轮是滚筒的支撑部件，支撑滚轮固定在机架上，每个支撑滚轮均有调节螺栓调节其横向位置，通过支撑滚轮的调节能补偿滚筒向下滑动的趋势。

3)止推滚轮

干燥滚筒是倾斜安置于滚筒机架上的，在滚筒自身重力的作用下，存在下滑的现象，工作时加上滚筒内料的重力，增加了滚筒下滑的力，有的设备采用止推滚轮(图 2-17)，用止推滚轮作为干燥滚筒的定位机构，使斜置滚筒定位于某一固定位置；也可以通过对支撑滚轮轴向位置的调节，使倾斜的滚筒处于平衡状态。干燥滚筒位置的稳定，有利于和进出料箱的紧密配合。

4)进出料箱

图 2-12 所示的斜置滚筒的低端安装有燃烧器，通过燃料的燃烧对集料进行加热，干燥滚

筒的高端为进料箱,冷供料系统送来的集料从进料箱进入滚筒。进料箱也是滚筒的排气箱,燃烧的烟气从进料箱上部排出经管道进入除尘器。斜置滚筒的低端有出料口,经滚筒烘干加热的集料从出料口排出进入热集料提升机,滚筒的出料箱处安装燃烧器。

图 2-16 滚圈和支撑滚轮安装图

图 2-17 止推滚轮安装图

5)机架

机架是干燥滚筒的承载体,图 2-12 所示干燥滚筒的机架由框架和支腿组成,机架用型钢焊接制造,通过机架支腿高度的调节能改变滚筒的倾角。在机架上安装行走车轮后,即成为移动式干燥滚筒的结构。

3.3.2.2 燃烧系统

燃烧系统为干燥滚筒提供热源,是对冷集料进行烘干加热的热源装置。它由燃烧器、燃油供给系统、控制系统等组成。由于液体燃料使用方便,在国内外沥青搅拌设备中被普遍采用,燃油燃烧器有轻油燃烧器和重油燃烧器之分。性能好的燃烧器可实现燃气、轻油、重油互换,无需更换喷嘴即可燃烧重油,燃烧重油时只需增加重油加热装置。

燃烧器的核心是燃烧喷嘴,其功能是使燃油充分雾化成细小的油滴,并使其均匀地和空气混合,以利燃料的完全燃烧。使燃油雾化的方法有三种:低压、高压和机械雾化。机械雾化依靠机械的高速旋转而使油液雾化;低压喷嘴将所需空气作为雾化剂,一般空气压力为 0.3~0.8kPa;高压喷嘴利用压缩空气对燃油进行冲击和摩擦使油液雾化,压缩空气的压力为0.3~0.7MPa。目前使用较多的是高压喷嘴。好的燃烧器应是点火容易、燃烧稳定、具有一定的调节比、短火焰、低噪声。沥青搅拌设备拌制的混合料必须要满足沥青路面的需要,按工程的要求经常需要改变拌料的品种和规格,集料的粗细和其含水率大小影响着燃料的消耗量,加之每天开机时要先进行暖机等作业,因此要求沥青搅拌设备用燃烧器具有一定的调节比,一般燃烧器的调节比不低于 1∶4。图 2-18 是目前最好的燃烧火焰形状图。由于干燥滚筒的长度是有一定限度的,为使干燥滚筒的长度得到充分利用,干燥滚筒的火焰燃烧区应尽量缩短,有利于干燥滚筒对集料的干燥和加热。沥青搅拌设备用燃烧器的结构形式很多,图 2-19 是燃烧器和风机组成一个整体的轴流风机燃烧器。燃烧器是沥青搅拌设备的噪声源之一,环保对噪声有一定的要求,目前沥青搅拌设备的制造商均在追求低噪燃烧器,图 2-20 是美国公司研制的低噪声高效燃烧器。

燃料燃烧时需要一定量空气,供给空气量的多少对燃烧有很大的影响,沥青搅拌设备在使用时其燃油量是随着集料含水率和生产因素的变化而随时调整的，早期燃烧器风油比的调节采用机械连杆调节方式，其变化曲线是直线性的，实际上风油比的变化是曲线形的，新型燃烧器风油比的调节已采用变频调节方式，风油比的调节达到实际需要的曲线形式，使燃烧更完善，提高了燃烧效率而且达到节油的目的。北京蒂吉博纳科技有限公司生产了 ZZR 数控燃烧机，最近研制成功了更为先进的第二代 ZZR 燃烧机也已推向市场，新机型实现了开机前系统的自检测、自整定、滚筒负压数显、引风机变频控制、燃油闪点自动判断、烧渣油断火自动清理油路等一系列先进功能。图 2-21 是 ZZR 数控燃烧机的外形图。

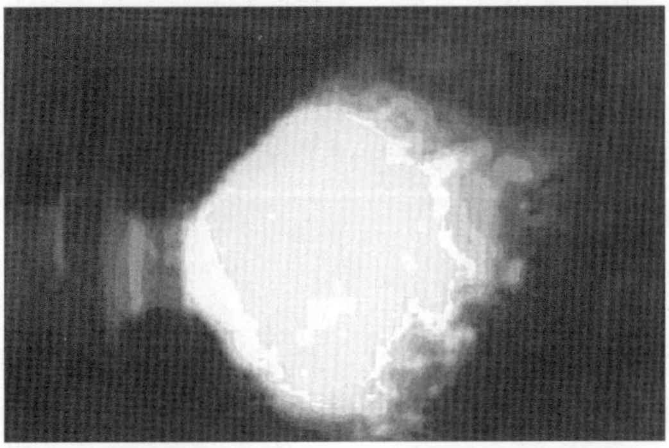

图 2-18　最佳燃烧火焰的形状图

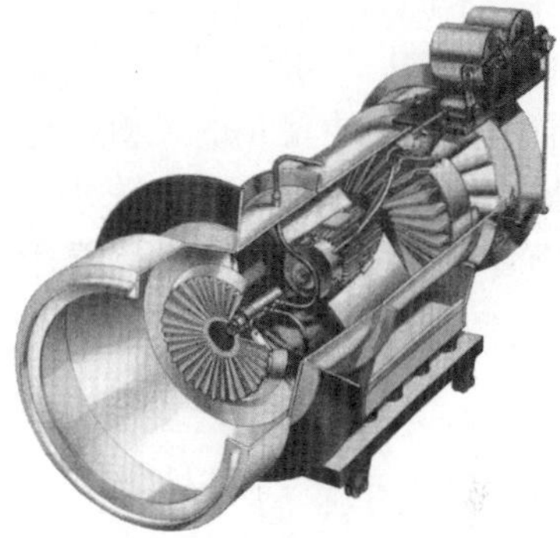

图 2-19　轴流风机燃烧器

图 2-20　低噪声高效燃烧器

图 2-21　ZZR 数控燃烧机

沥青再生时为防止沥青的老化，旧沥青混合料的加热温度受到一定的限制，因此沥青混合料再生用燃烧器必须要控制加热温度，沥青混合料再生用燃烧器和集料加热烘干用燃烧器有区别，有的在火焰外围喷冷空气、有的喷水，用来降低火焰及热气流的温度，以保证沥青混合料再生的质量。

沥青混合料搅拌设备燃烧器的发展趋势是在提高热效率、降低噪声、减低废气污染等方面展开竞争。随着环保要求的提高，对沥青搅拌设备废气的排放提出了更高的要求，燃料中一般均含有一定量的硫，燃烧时会生成 SO_2 再与水气相遇生成硫酸，硫酸有很大的腐蚀性，这是众所周知的问题。另外，国外对燃烧废气中氮氧化物气体的含量提出了要求，因为燃料燃烧时空气中的氮和氧化合生成 NO，进一步氧化后生成 NO_2，NO_2 气体对人体有强烈的刺激作用，对人的肺有很大的影响,浓度达到 100mg/N·m^3 时,1 分钟内人的呼吸开始异常,浓度再增大到 2～3 倍时,人在半小时至 1 小时内就会死亡。国外对燃烧器技术已进行了多方面的研究,低污染的燃烧器已有多个相关的专利技术报道。

沥青搅拌设备用煤粉燃烧器是在 20 世纪 70 年代开始发展起来的,由于当时国际能源危机的出现,从资源和经济性考虑,以煤作燃料可降低使用成本,但煤粉燃烧器需增添磨煤设备、煤粉储罐及供粉装置等,如图 2-22 所示,机构较复杂。煤粉燃烧器需要将磨煤、煤粉收集、供粉、供风、风粉的比例调节、混燃等多种设备组合成一个整体,此外煤中含有硫分,燃用时需考虑脱硫等技术问题。在 20 世纪 80 年代末期到 90 年代末期,交通部公路科学研究所也曾进行过研究,研制成功 300kg/h 煤粉燃烧系统,由给煤、磨煤、喷嘴和预燃室等组成。目前,国内在小型沥青搅拌设备中使用的煤粉燃烧器均是在此基础上发展起来的,但在国外使用的也并不多见。随着国际石油价格的上涨,以煤为燃料的问题又引起了注意。图 2-22 所示的是配置较完整的沥青搅拌设备用煤粉燃烧器,已有较详细的专利技术报道。

3.3.3 热集料提升机

热集料提升机将经干燥滚筒烘干加热的集料提升到搅拌塔的顶部,并将热集料送入筛分装置。热集料提升机通常采用链斗式提升机,一般用板式链作为提升链,因其链板为机加工件易保证节距,其安装位置和结构如图 2-23、图 2-24 所示,它由主动链轮、从动链轮、链条、装于链条上的多个运料斗、提升机外罩壳、驱动装置、张紧机构等组成。提升机卸料方式通常采用混合式卸料。在提升机的驱动装置中必须附有止逆机构,当提升机运转中途停机时,止逆机构可防止链条有载侧在集料重力作用下的倒转,以免停机时集料回落到提升机底部而造成提升机再次启动的困难。

图 2-22 煤粉燃烧装置

图 2-23 搅拌塔上部结构图

提升机的张紧机构用来调节链条的松紧度。由于链条在工作过程中的磨损而被拉长,工作一定周期后用张紧机构调节松紧度,以保证提升机的正常工作,否则易产生打滑、冲击等现象,张紧机构有螺杆调节和配重自动张紧等方式。

热集料提升机固定在搅拌塔的一侧,如图 2-24 所示。热集料提升机的卸料方式一般采用离心和重力组合卸料方式,也有的采用重力卸料方式。

3.3.4 振动筛分系统

振动筛分系统是将热集料提升机输送来的热集料按粒径大小进行分级的装置，使集料在搅拌之前对不同规格的集料进行筛分以便于进行精确计量，图 2-25 是筛分过程示意图。振动筛分系统由振动器、筛箱、筛网、减振弹簧、驱动装置等组成。振动筛安装在搅拌塔的顶部，如图 2-23、图 2-24 所示。

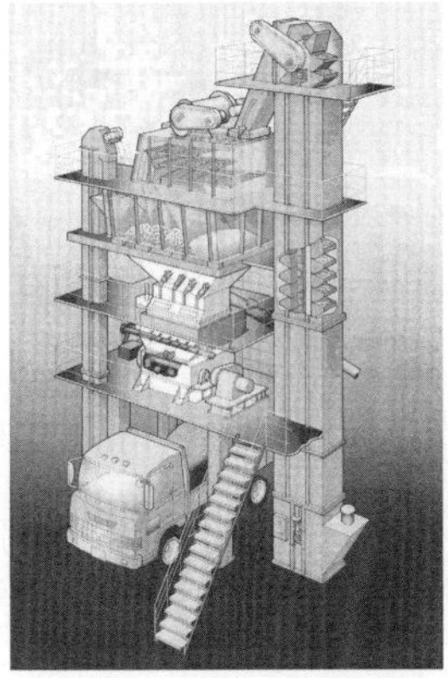

图 2-24 搅拌塔安装结构图

振动筛有平面筛和斜面筛两种结构形式。斜面筛有利于集料的运动，在沥青搅拌设备中应用较多。筛网为快换式结构，用压板固定于筛箱框架上，便于筛网磨损后的更换。振动器目前一般采用双轴自激式振动器，如图 2-26 所示。也有采用振动电机的结构形式，但由于振动电机易损坏，目前使用者尚少。早期搅拌设备的振动轴安装在筛箱中部，该型结构由于振动轴承始终处在高温环境中工作，因而振动轴承易损坏，损坏后维修更换很不方便，必须待机内冷却后才能进行更换。现在国内外的沥青搅拌设备均将振动轴移至振动筛的顶部，这样振动轴置于大气环境中，便于振动轴承的散热，也便于振动轴的检修和维护。顶置式双轴振动器一般为自同步自激振动系统，两个轴之间无机械同步连接，由两个电机分别带动两根轴朝相反方向旋转，当电机的转速差达到某一定值时，电机的特性转速俘获，使两电机的转速完全相同，达到两电机的自同步。

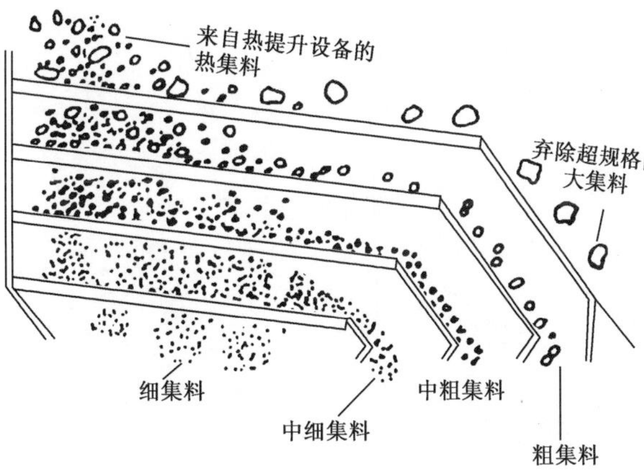

图 2-25 筛分过程示意图

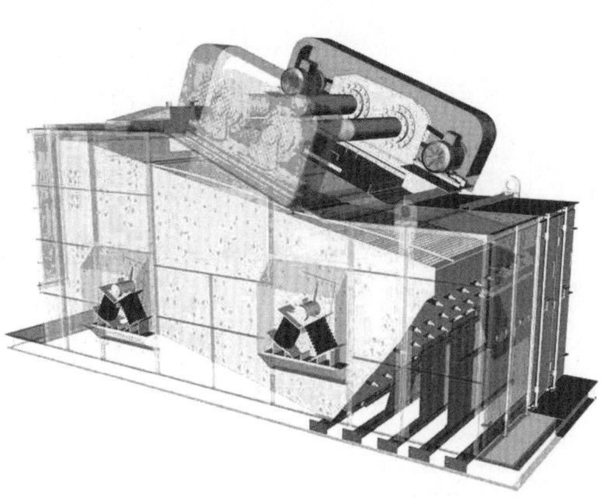

图 2-26 外置双轴式振动筛图

为了使振动筛面得到充分利用，热集料被提升机送入时应尽量均匀分散于整个筛面，使整个筛面得到充分利用，有利于提高筛分效率，同时要减小热集料的落料高度，以防止落料对筛面的冲击。另外,要求振动筛两侧面振幅相差不大于 0.5mm,而且要求有良好的减振性能。

3.3.5 热集料储料仓

热集料储料仓的位置在振动筛的下方,分别用来储存砂子、细碎石以及中粒度和大粒度碎石,料仓的数量和筛网数相对应。如图 2-25 所示,每层筛网下对应有一种规格的热集料仓,每个料仓为分隔的独立体,其下部有能迅速启闭的料门,料门的启闭用气缸操作,每个料仓设有料位传感器,当仓内料位过高或过低时能发出信号,通知控制系统或操作人员迅速采取必要的措施。料仓的上部有溢料口,当料过量满仓时,料从溢料口排出,以免流入邻近料仓而形成窜仓,一旦发生料的窜仓现象,混合料的级配就很难保证。为使设备保持正常工作状态,热集料仓的容积必须达到一定容量值,否则将影响到计量的正确度。从图 2-24 中可看到热集料储料仓在搅拌塔上的安装位置,图 2-27 是热集料储仓示意图。热集料储仓的制造钢板应有一定的厚度,否则将影响热集料储料仓的强度、刚度和使用寿命。储料仓内应设置落料的防冲击机构,如挡料角钢等,特别是细砂料等在放料门的上方应有挡料缓冲机构,以减少料的冲量。

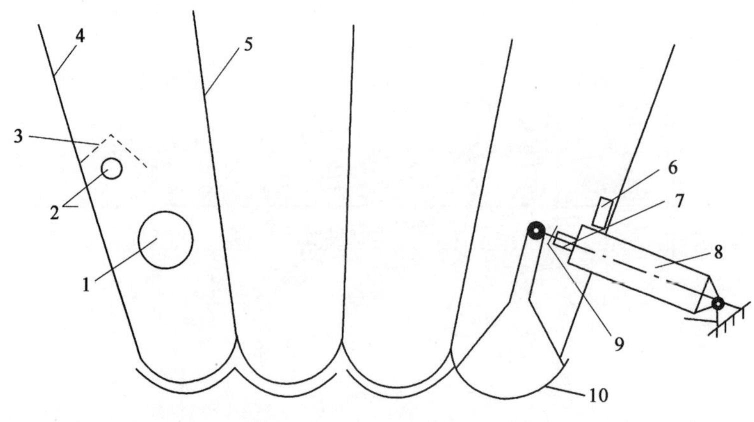

图 2-27 热集料储仓示意图

1-料位器;2-温度传感器;3-挡料角钢;4-仓壁;5-隔板;6-快放阀;7-调节套;8-气缸;9-缓冲垫;10-放料门

3.3.6 粉料供给系统

沥青混合料级配设计中含有一定量的粉料(填料)。粉料供给系统是在沥青混合料拌制时加入一定量粉料的机构,它包括粉料储仓和输送机等。粉料储仓一般为筒式结构,筒的下部是倒圆锥形,其下部有供粉阀或叶轮给料器,用来控制粉料的输出量。锥体部分设有破拱装置,以防止粉料结拱而影响粉料的输出,一般采用气力喷吹破拱。粉料输送机多数采用螺旋输送机。由于干粉料的流动性强,粉料的输送机构必须要有较高的密封性,否则易漏粉并影响粉料的计量精度。一般沥青混合料搅拌设备设有两个粉料罐,一个装新粉料,另一个装回收粉料;也可制成上下料罐的结构形式。回收粉料能否使用决定于回收粉的含土量,对不用的回收粉料应加以处理,否则易形成再次污染。

粉仓内的加粉可采用斗式提升机或气力输送方式,当使用气力输送方式加粉时,粉罐顶部必须配置有除尘装置,以防止粉尘的飞扬污染环境。

3.3.7　沥青供给系统

沥青供给系统为沥青混合料搅拌设备提供一定温度、一定数量的沥青，按工程的要求拌制出一定油石配比的混合料。沥青供给系统主要由沥青罐、沥青泵、输送管道、阀等组成。由于沥青的升温较慢，一般配置数个沥青罐交替使用。沥青罐分为储存罐和加热罐，储存罐存放一定数量的沥青，一般至少存放一天的沥青用量。沥青在进行搅拌时必须要加热到一定温度，沥青的加热用加热罐进行加热，一定温度的沥青先输送到计量罐，然后进入搅拌器。沥青罐必须是双层结构，外包保温层以减少热损失，罐内有导热油加热管，利用导热油对沥青进行加热和保温。国内沥青罐均为卧式储存罐，国际上沥青罐已开始使用立式储存罐，立式储存罐和卧式储存罐相比，一是立式储存罐占地面积小，再者减少了沥青与空气的接触面积，即减少了沥青与氧气的接触机会，有利于保证沥青的质量，另外国外沥青的加热方式开始采用电加热方式。

3.3.8　计量系统

强制间歇式沥青混合料搅拌设备的计量系统分为集料计量系统，粉料计量系统和沥青计量系统，分别对集料、粉料和沥青进行计量，如图 2-28 所示。

1)集料计量系统

集料计量系统设置在热集料储仓正下方，位于热集料储仓和搅拌器之间，由集料计量斗、称重传感器和放料机构等组成。

工作时通过控制系统使热集料按一定的级配要求使不同规格的热集料先后按量放入计量斗，集料的总量达到预定值后，开启计量斗的放料门使热集料进入搅拌器。

计量斗的称重传感器有拉式或压式传感器。传感器将信号输送到控制系统，控制系统按预先编好的设定值及程序进行工作。计量斗的称重传感器有三点测力及四点测力两种结构形式，三点式安装调节较方便，四点式安装要求较高、调节也较困难。图 2-29 为计量传感器安装图。

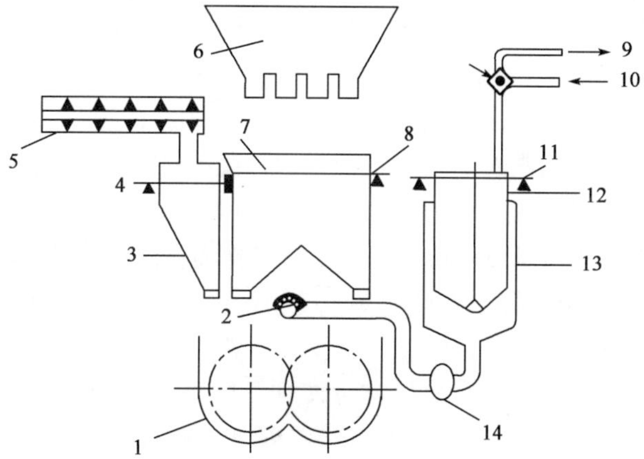

图 2-28　强制间歇式沥青混合料搅拌设备计量系统简图

1-搅拌器；2-喷洒沥青；3-粉料计量斗；4-粉料计量传感器；5-粉料输送机；6-热集料仓；7-集料计量斗；8-集料计量传感器；9-沥青回流；10-沥青输入；11-沥青计量传感器；12-沥青计量筒；13-沥青保温筒；14-沥青泵

图 2-29　计量传感器安装图

2)粉料计量系统

粉料计量系统位于集料计量系统的旁侧,由粉料输送机、粉料计量斗、称重传感器和放料门等组成。

粉料由粉料输送机从粉料罐输送给粉料计量斗,经计量后再放入搅拌器。粉料计量斗有称重传感器,传感器同样将信号输送到控制系统,使粉料按设定的量和要求的程序加入搅拌器。

干燥的粉料易于流动,因此要求粉料计量斗的放料门必须有良好的密封性,不然泄漏过多必将影响计量的准确性。

3)沥青计量系统

沥青计量系统位于集料计量系统的另一旁侧,由沥青计量筒、输送管道、三通阀、喷射泵、称重传感器等组成。

沥青由输送泵从沥青罐输送到计量筒,经计量后由喷射泵喷入搅拌器,有的设备采用沥青自流方式。沥青计量筒、输送管道、泵、阀等均需有导热油保温才能正常工作,管路的连接必须可靠无泄漏。

进入沥青计量筒的沥青是由三通阀控制,称量时沥青经三通阀流向计量筒,当沥青达到预先设定值后,三通阀转向沥青回流位置,使沥青回流到沥青罐。

3.3.9 搅拌器

搅拌器是强制间歇式沥青混合料搅拌设备的重要组成部分,其功能是把按一定配比称量好的集料、粉料和沥青均匀拌和成需要的成品沥青混合料。

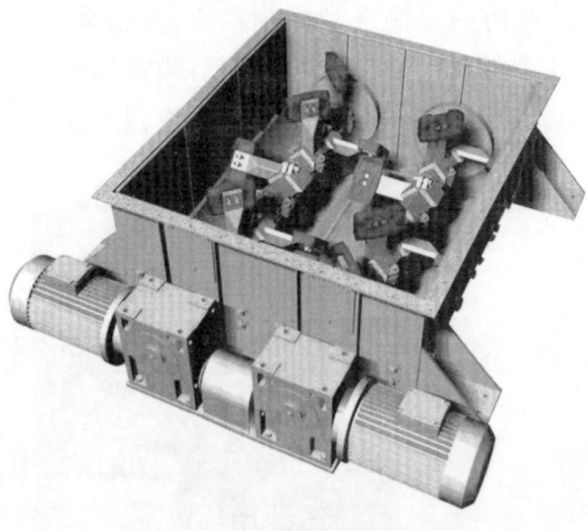

图 2-30 强制间歇式沥青混合料搅拌设备的搅拌器

图 2-30 是强制间歇式沥青混合料搅拌设备的搅拌器结构图,它由壳体、衬板、搅拌轴、搅拌臂、拌浆头、卸料门、同步齿轮及驱动机构等组成。搅拌臂固定在搅拌轴上,两搅拌轴通过同步啮合结构反向旋转,有的设备采用齿轮同步啮合,新型的搅拌器采用高速端同步啮合,图 2-30 中所示为蜗杆高速同步啮合结构。搅拌器壳体内侧有耐磨材料制成的衬板,搅拌器底部有卸料门。卸料门的结构形式有拉门、旋转门和摆动门等几种,通过气动或其他动力启闭。图 2-31 为搅拌器的摆动卸料门,图 2-32 为搅拌器的旋转卸料门。

沥青搅拌设备搅拌器的容积必须满足整机额定生产率的需要,每套搅拌设备要达到其额定生产率,锅的容量必须要达到一定的容量。集料在搅拌器内的充盈程度将影响其拌和均匀性及所需的搅拌时间,由于同样的料在大搅拌器内比在小搅拌器内更易于拌匀,而所用的搅拌时间可缩短,因此"小锅快拌,大锅慢拌"之说是错误的。不同沥青搅拌设备搅拌器的充盈率是不一样的,国内进口较多的某公司产品由于搅拌器充盈率过大而达不到其额定生产能力。为保证沥青搅拌设备的生产能力,沥青搅拌设备搅拌器的有效容积必须要满足一定的要求,即搅拌器的充盈程度要适宜,否则沥青搅拌设备是达不到额定生产能力的。

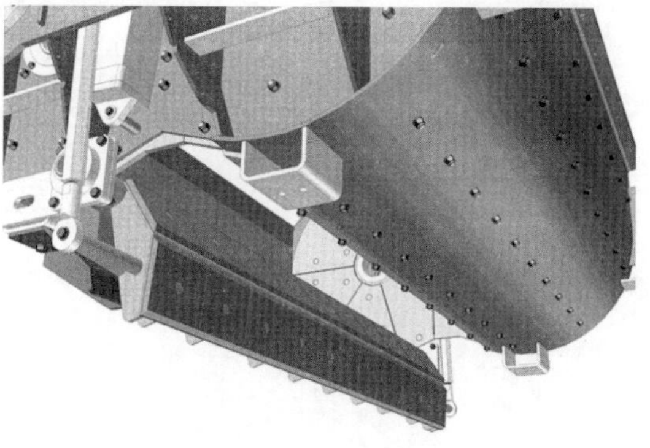

图 2-31　搅拌器的摆动卸料门

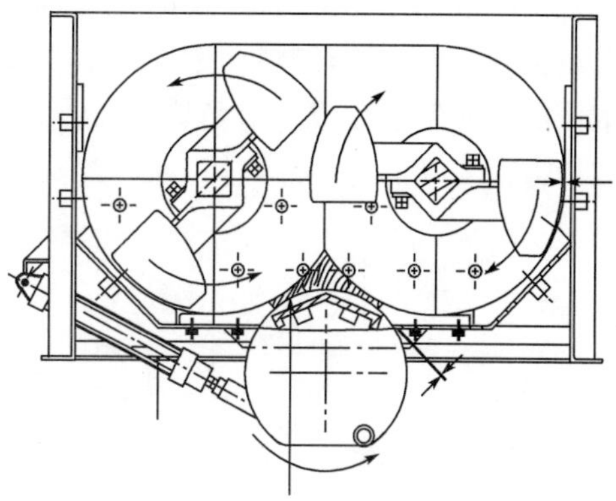

图 2-32　搅拌器的旋转卸料门

3.3.10　导热油供给系统

为了保证沥青路面在施工过程中一定的摊铺和碾压温度，在沥青混合料搅拌的过程中，需要将沥青加热到 150～180℃，目前沥青搅拌设备上采用导热油供给系统对沥青系统进行加热和保温。

导热油供给系统是以煤、油或可燃气体为燃料，经过充分燃烧后产生的火焰和高温烟气进入炉体，以辐射传热和对流传热的方式与炉管有机热载体换热，有机热载体在系统内由循环油泵闭路强制循环；同时在炉内获得热量的热载体，作为换热介质输送到用热设备，从而实现热载体炉对用热系统的供热。

导热油供给系统的工作原理如图 2-33 所示。它主要由燃烧器、加热炉体、膨胀罐、循环泵、阀门、管道、仪表及控制系统等组成，导热油炉的外形及结构见图 2-34，国内产品均配备有高位油罐。

导热油炉是一种低压高温的加热炉，通常导热油的工作温度在 200～350℃。因此，导热油炉的运行安全是十分重要的，导热油炉的制造必须是有生产许可证的企业完成。

导热油供给系统的工作过程：有机热载体由循环油泵输出→加热炉→热用户（即用热设备）→油气分离器→循环油泵。这是一个循环管路，在正常供热时，有机热载体就是沿着这样一个环形管路，不断循环流动，将热能从加热炉送到热用户，其他部分如膨胀槽、储油槽、注油泵等都是不可缺少的辅助设备，正常供热时，它们都不参与有机载热体的循环流动，但是它们在整个供热管路中起着重要作用，是不可缺少的。有机载热体，常用的种类是导热油，有机载热体在有机热载体炉中的作用，相当于水在蒸汽锅炉里的作用，是热能的载体与媒介。由于有机热载体（即导热油）与水的性质有很大不同，从而使有机载热体炉与蒸汽炉的特性有很大的不同。由于导热油不像水那样来源丰富且价廉，因此导热油供给系统必然是一个循环管路系统，导热油在炉内被加热、升温，再由管道输送到用热设备，导热油放出热能，温度降低再由回程管道输回加热炉，再加热、升温、被输送出去。

有机热载体燃油（燃气）炉，通常由无缝钢管盘成数组受热面，燃料油（或燃料气）被喷嘴雾化喷入炉内燃烧，产生高温火焰与烟气，在受热面之间流动，有机热载体在炉管内以设计规定的流速流动，燃料产生的热能通过炉管壁传给有机热载体，使其升温，并向炉外输出。

有机热载体燃煤炉通常可分为燃烧室和上部的炉本体两大部分，燃烧室与通常的蒸汽锅炉燃烧室基本上相同，燃料在燃烧室里燃烧产生高温火焰与烟气，被送入位于上部的炉本体，炉本体由无缝钢管盘成数组受热面，高温火焰与烟气在受热面之间流动，将热能通过炉管壁传给在炉管里流动的有机热载体，使其升温，并向炉外输出。

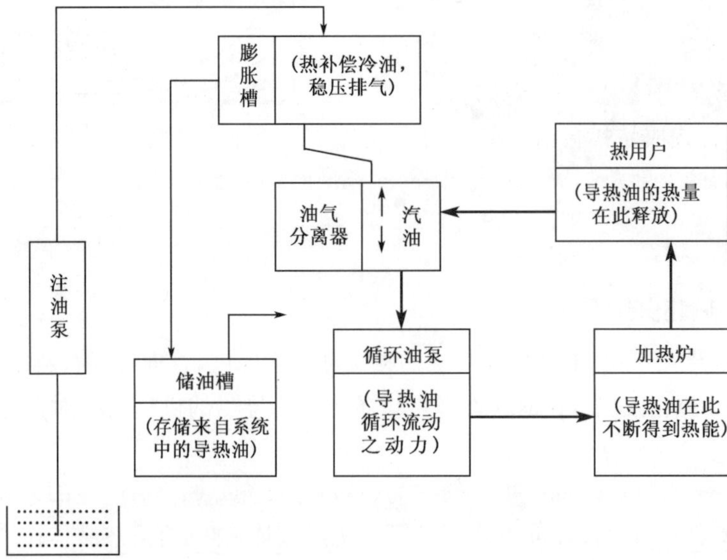

图 2-33　导热油供给系统工作原理图

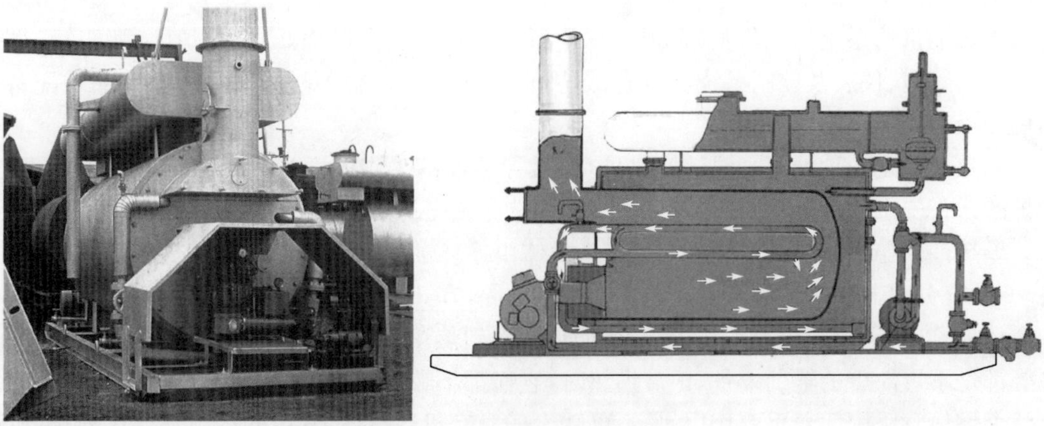

图 2-34　导热油炉的外形及结构图

要使导热油炉安全运行，必须严格遵守一系列规程。压力表、温度表、液位表，都是确保其安全运行的监测手段，应严格遵守，油炉不能超压、断油，否则，就会造成严重的事故。

3.3.11　成品料仓

沥青搅拌设备的成品料仓主要是用来暂时储存拌制好的成品沥青混合料，调节运输车辆的不协调，减少设备的频繁开机和停机，以提高搅拌设备的生产率。成品料仓的结构一般采用立式筒体结构，外包有保温层，卸料口处有加热保温层，可用导热油或电加热装置，若需较长时间的储存混合料则应通入惰性气体，以防止沥青的氧化变质。成品料仓有旁置式、下置式和侧下置式三种结构形式。成品仓结构虽然比较简单，一般只在仓体外侧设保温层，或者在卸料口处安装电加热器，以利于卸料。如果储存仓用于较长时间储存成品料时，则除了设保温层外，还应采用导热油加热，仓内应设有防混合料离析装置。

旁置式位于搅拌塔的旁侧，是一种常见的结构调整形式，要求有一定的占地空间，图2-35是旁置式成品料仓结构图，可有单仓或多仓结构。旁置式成品料仓成品料的输送采用导轨提升滑车输送或刮板机连续输送。下置式位于搅拌器下方，搅拌好的成品沥青混合料直接进入下置成品料仓，该结构形式必须要提高搅拌塔的高度，料仓容积越大提升高度越高。图2-36是下置式和侧下置式成品料仓结构图，侧下置式是在下置成品料仓的基础上再向搅拌塔外伸展，既位于搅拌器的下部及侧部，多仓结构需配备横向移动输送小车。

a) b)

图2-35 旁置式成品料仓结构图

图2-36 下置式和侧下置式成品料仓结构图

成品料进入储仓时会产生一定的离析现象，即料在下落过程中大粒料易滚落到边缘处，细料集中堆落在中部。为此，成品料仓顶部须设有防离析的机构，如小存仓、格栅及其他防离析装置以消除离析现象的发生。成品料仓的截面有矩形和圆形两种，图 2-35a）为矩形仓，图 2-35b）为圆形仓。矩形仓四角易产生混合料离析现象，大料易集聚在四角，图 2-35b）所示的圆形仓结构较好，可减少混合料离析现象。

3.3.12 除尘装置

沥青混合料搅拌设备在石料的加热、烘干、筛分等过程中会产生一定量的粉尘，这些粉尘的直接排放将严重污染周围的环境，经常引起搅拌设备周围居民和农作物主的控告。随着公路建设的快速发展，沥青混合料搅拌设备的数量在不断增加，特别是在城市和居民区的沥青混合料搅拌设备，更应注意粉尘的排放。随着对环保问题的重视，减少沥青混合料搅拌设备粉尘的排放，保护环境是十分重要的。沥青混合料搅拌设备的除尘系统均采用两级除尘方式，初级除尘先分离大颗粒的粉尘，也可减轻二级除尘器的负荷；二级除尘滤除小颗粒粉尘，使排气达到环保要求。湿式除尘器的主要问题是含尘废水引起二次污染，水在使用过程中会酸化，对钢铁产生腐蚀，因此在沥青混合料搅拌设备中已很少使用。以下分别说明不同形式除尘器的结构及工作原理。

1）旋风除尘器——初级除尘

旋风除尘器是沥青混合料搅拌设备除尘系统的初级除尘器，其主要优点是结构简单，本身没有相对运动的部件，维护工作量小，工作时烟气阻力较低，对于粒径大于 5μm 的粉尘除尘效率较高，但对微尘的除尘比较困难，因而旋风除尘器只能作为沥青混合料搅拌设备的初级除尘器。由于二级除尘器的性能发展和效能的提高，一级除尘器的结构趋于简单化，其结构有卧式或立式等不同的形式，目前国内采用多管式结构。图 2-37 为旋风一级除尘器，一级除尘器滤除的粗粒尘送回到热集料中，微尘随气流进入布袋二级除尘器继续滤除灰尘。国外有一种卧式旋风除尘器直接和布袋除尘器箱体相连接的结构。为便于运输，移动式布袋除尘器的一级除尘器可以伸缩，运输时可以缩回箱体，工作时伸出，一般和小型设备配套。

2）袋式除尘器——二级除尘

袋式除尘器是一种利用有机纤维或无机纤维为过滤布袋，将气体中的粉尘过滤出来的净化设备，是一种高效的除尘器，可捕集 0.3μm 以上的粉尘，除尘效率为 95%～99%，其排出烟气的含尘浓度可达到 $100mg/N \cdot m^3$ 以下。

袋式除尘器的发展已有 100 多年的历史，早期只是简单地挂一些袋子，上口导入烟尘气，定时人工拍打，从下口收集粉尘，以后逐渐发展为机械振动清灰、逆气流清灰等。袋式除尘器和旋风式除尘器组合成为沥青混合料搅拌设备的除尘系统，其排尘浓度低于环保标准的要求。旋风除尘器同时还可以充当一个很好的散热器，使高温烟气降低温度后再进入布袋，可防止滤袋被烧毁。图 2-38 是沥青混合料搅拌设备的一种布袋式除尘器。

袋式除尘器的捕集粉尘作用是一个综合效应：包括筛分、格栅、惯性碰撞、拦截、扩散和静电吸引等。新布袋开始使用时除尘效果差，须在新布袋上形成多孔状原始粉尘层后，利用粉尘层内发生的布朗运动效应来捕集后续粉尘，从而达到极高的除尘效果。但当粉层达到一定厚度时，又阻碍气流的流动，因此必须及时清灰以恢复上述效应的产生。袋式除尘器上的差压计就是用来控制烟气流速，使滤袋始终处于最佳状态除尘。

滤袋是袋式除尘器的主要构件，由于过滤烟气温度较高，而且布袋长时间处在该温度下工

图 2-37 旋风一级除尘器

作，这就要求滤袋材料能承受较高的温度。一般袋式除尘器的工作温度为 120～180℃，温度过高滤袋将烧毁，温度过低烟气中的水蒸气易结露，特别是烟气中的 SO_2 等气体易形成酸露，加速除尘器布袋及构件的腐蚀。目前，国内外沥青搅拌设备的布袋用 NOMEX 材料制作的较多。滤袋的形状有圆袋和扁袋两种，在同样面积内扁袋形状比圆袋可布置更多的过滤面积，使除尘器占地面积小，结构紧凑。袋式除尘器的布袋进风方式一般采用下进风外滤方式。下进风时粗粒可直接沉入灰斗，一般只是小于 3μm 的微尘接触滤袋，可减少对滤袋的磨损，并可延长清灰间隔时间。

图 2-38 沥青混合料搅拌设备脉冲布袋式除尘器

目前，国内沥青混合料搅拌设备用的袋式除尘器结构不同，但其工作原理大致相同，主要区别是清灰方式，有脉冲喷吹、风机喷吹和大气反吹等几种。工作过程中烟气在风机的抽吸作用下进入除尘器箱体内，经滤袋过滤的净气由风机送到烟囱排出。这样布置可减少粉尘对风机的磨损，延长风机的使用寿命。

(1)脉冲喷吹袋式除尘器

脉冲喷吹袋式除尘器是利用压缩空气脉冲喷吹清除滤袋上的粉尘，其结构组成及工作原理如图 2-39 所示，有箱体、折流板、滤袋、滤袋骨架、文氏管、座板、喷吹管、脉冲阀、控制器、差压计和螺旋输送机等。工作时，含尘烟气经初级旋风除尘器分离粗尘粒后进入袋式除尘器箱体，在折流板的拦截下分散流动，分别从各滤袋外侧进入袋内。滤袋骨架可防止滤袋被负压吸瘪。烟气中的微尘被滤袋筛滤、碰撞、勾附、扩散等效应截留黏附于滤袋外侧，净气从袋中上升

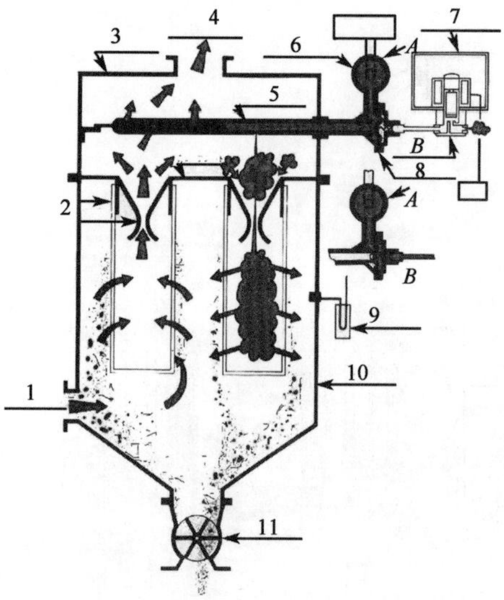

图 2-39 脉冲喷吹袋式除尘器工作原理图

1-含尘气；2-布袋喷吹管；3-箱盖；4-净气；5-喷吹管；6-高压气管；7-控制器；8-脉冲阀；9-压差表；10-箱体；11-转阀

到箱体上部被风机抽吸排出。当粉尘在滤袋上黏附一定厚度时，除尘器滤袋滤气性能下降，差压计指示压差增大，此时由控制器发出信号，脉冲阀开始工作，使压缩空气经脉冲阀进入到喷吹管，高压空气从喷口在滤袋上方与烟气反向喷入，在文氏管诱导作用下和周围空气一起喷吹，滤袋产生抖动，滤袋上的粉尘跌落到箱底，粉尘由螺旋输送器输送到箱外。箱体内滤袋呈多排排列，每排有一个脉冲控制阀，作业时各排依次清灰，由于喷吹时间为0.1～0.15s，几乎对过滤气无影响。脉冲阀的工作是频繁交替进行的，因此，脉冲阀的性能特别是可靠性非常重要。脉冲喷吹袋式除尘器的布袋过滤面积一般要小，另外含尘烟气的流速也略大一些。

(2)大气反吹袋式除尘器

大气反吹袋式除尘器利用除尘器箱体内负压的原理，直接吸入大气逆向反吹布袋，而使滤袋清灰，这种结构较简单，不需配备高压风机及压缩空气系统，主要由箱体、座板、滤袋、滤袋骨架、隔板、排气道、螺旋输送机和配气机构等组成，如图2-40所示。以数个布袋为一组，分别用隔板隔开，每组为一独立单元。除尘工作过程中烟气由箱体下部进入，布袋滤尘后的净气上升，并经配气转阀背侧进入排气道。配气转阀中心部分的上部与大气相通，其中部配气嘴工作时可以旋转，当需要清灰时配气嘴正对着需清灰的滤袋单元组，则该单元组滤袋和外界大气相通，在箱体内负压的作用下，大气被吸入箱内，大气反向进入滤袋，使布袋扩张抖动而清灰。其工作原理如图2-41所示。清灰作业也是各单元组依次进行。清灰时由于受大气压力的限制，为了增加空气的进入量，必须相应地延长清灰时间，因此与脉冲袋式除尘器相比需适当增加过滤面积，布袋的结构形式可选用圆袋或扁袋，扁袋结构可使箱体不至于过分庞大。

图 2-40 大气反吹袋式除尘器

3.3.13 操作室及控制系统

1)操作室

沥青混合料搅拌设备一般都是露天作业，大部分时间工作于炎热季节，另外沥青混合料搅拌设备有燃烧器和风机等噪声源，沥青混合料搅拌设备的工作环境条件较差，因而需要有一个环境舒适的操作室。操作室须配有空调及密封性能较好的室内环境，也有利于计算机和电器的工作，图 2-42 是带有空调的操作室。

沥青混合料搅拌设备以电为动力，操作室内有电器柜及操纵台，电器柜内有电源开关、强电控制系统等，操纵台上有计算机和操作按钮，整套沥青混合料搅拌设备的各动力系统通过传感器将信号传输到操作室，由控制系统按设定要求使设备进行有效的工作。

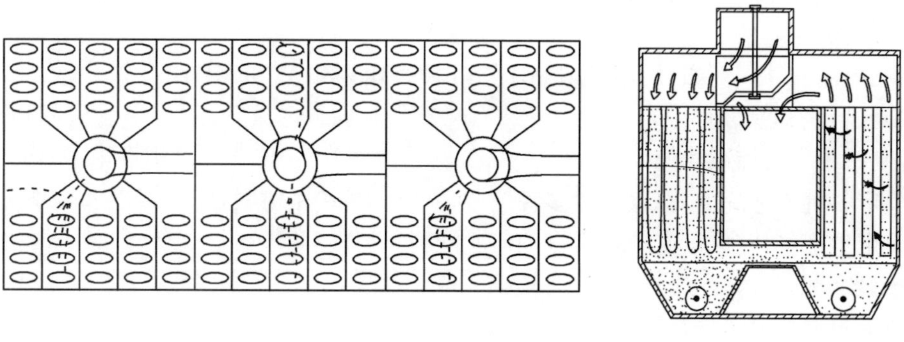

图 2-41　大气反吹袋式除尘器工作原理图

图 2-42　带有空调的操作室

2)控制系统的组成

由于不同公司的沥青混合料搅拌设备控制系统的产品各有差异，因此只能作一概要的介绍。计算机控制系统的一般构成(图 2-43)分为四个部分：检测部分、控制机部分、执行机构部分、控制软件部分。

(1)传感器检测

①拉力传感器；

②温度传感器；

③料位开关；

④接近开关。

(2)控制机

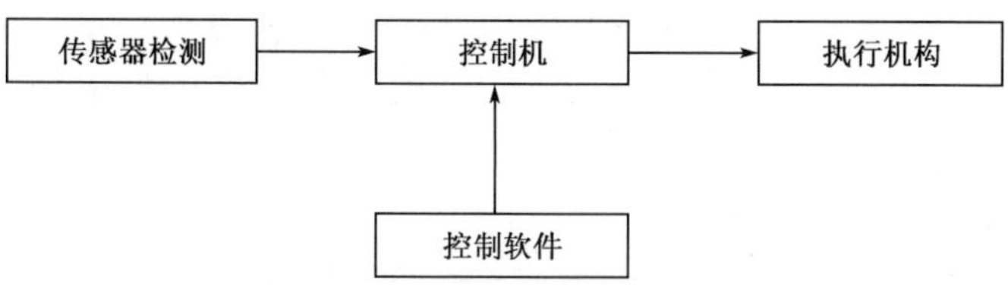

图 2-43　计算机控制系统的一般构成图

①工控机。操作系统使用WINDOWS 98或WINDOWS 2000。

②PLC。PLC包括A/D、D/A、D/I、D/O等。

(3)执行机构

①电磁阀;

②变频器或滑差调速控制器。

(4)控制软件

①组态控制软件。例如:使用美国AB公司RSVIEW32 WORKS组态软件等。

②VB设计的控制软件。

3)控制系统主要控制功能

(1)设定各种工艺配方,保存任意多种配方,并自动校验配方数据;

(2)设定生产量,完成设定产量后自动停止配料;

(3)按设定配方进行配比控制;

(4)故障报警并显示报警原因;

(5)集料计量仓超重自动停止配料;

(6)沥青计量仓超重自动停止配料;

(7)布袋除尘器反吹机构自动控制;

(8)程序启动及停止设备;

(9)烟气温度过高自动打开冷风门;

(10)烟气温度超高自动停止燃烧器;

(11)无需操纵按钮,可用鼠标在计算机上对每个设备启停;

(12)温度报警;

(13)热料仓、粉料仓、成品仓料位指示及报警;

(14)冷料上料开环控制;

(15)保存多年生产数据,可查询打印任何时间生产数据。

4)沥青搅拌站控制系统的自动保护

(1)集料计量仓超重,自动停止配料

由于热料仓阀门关不死等原因有可能会出现集料计量仓超重,如2000型拌和机,集料总量一般不会超过2000kg,那么出现集料计量仓达到2200kg以上,如继续配料会塞死拌缸,出现损坏拌缸现象,所以应立即停止配料。计量仓里的料不会放入拌缸,也就不会出现上述损坏设备的现象。

(2)沥青计量仓超重,自动停止配料及沥青泵的运转

由于沥青进油阀关不死等原因,可能会出现沥青计量仓超重,但沥青用量一般不会超过200kg(2000型拌和机),如果实际已达到250kg,停止沥青泵的运转配料以免沥青溢出造成严重浪费及事故。

(3)烟气温度超高关闭燃烧器

如果烟气温度达到200℃以上,布袋将会被烧坏,所以一般情况下,烟气温度达到220℃关闭燃烧器,达到保护布袋的目的。

(4)某台设备停机连锁

系统的某台设备故障停止后，后面设备如果继续运行，物料将继续输送过来，形成物料集中堆积停留在故障设备里，增加故障清理的困难。为保护设备，将后面设备全部停止工作。

5)常见故障处理

(1)冷配系统

如果皮带给料机不工作，应做如下检查：

①控制板的输出电压是否符合要求。

②输出电压正常，则检查直流调速电机是否有故障。

③无输出电压，则检查调速板可控硅、二极管是否烧坏。

④调节电压是否正常，检查触发部分。

(2)燃烧器系统

①点火后，风机不转，则：

a. 检查风机电源；

b. 检查程控器风机输出点是否有输出。

②燃烧器不点火，则：

a. 检查点火变压器是否工作；

b. 检查煤气阀是否打开，压力开关是否闭合，燃油泵是否动作。

③自动点火完成后总是锁定，则：

a. 检查压力开关；

b. 检查紫外镜头是否工作正常；

c. 气阀工作是否正常，燃油泵工作是否正常。

(3)成品料仓系统

手动按小车上，小车无动作，则：

a. 检查小车电源是否正常；

b. 检查 PLC 输入点在按小车上时是否动作；

c. 检查 PLC 小车上输出点有无输出；

d. 检查小车仓门限位开关是否正常(PLC 上小车仓门信号是否有输入)；

e. 检查高极限开关是否正常。

(4)导热油系统

①点火开关启动后，风机不动，则：

a. 检查循环泵启动信号是否进入；

b. 检查温控表的温度设定是否正确；

c. 检查风机启动有无输出；

d. 检查故障输出点是否有输出。

②燃烧器工作后总是锁定，则：

a. 检查光电眼工作是否正常；

b. 检查油位、油压是否正常；

c. 检查极限温度设定开关是否工作正常。

4 总体设计及主要参数确定

4.1 总体设计

沥青混合料搅拌设备由各种功能不同的工作装置组成。各工作装置的组合是否合理,直接影响到整个设备的技术性能、使用可靠性和经济性。因此,各工作装置结构形式的选择及它们之间能力的匹配是总体设计的主要任务。

1)设备机型的选择

沥青混合料搅拌设备机型(生产能力、生产工艺、搬运方式)的选择,主要根据其用途(制备成品的品种、施工工程的规模等)和作业场合(固定工厂、临建工厂、施工现场)进行选择和确定。

2)动力的选择和匹配

搅拌设备的所有工作装置都必须由一定的动力来驱动,而不同的动力,其传动方式也不一样。因此,在机型确定之后,重要的问题就是确定动力。

用于固定工厂或临建工厂的设备,均以电作为动力。用于施工现场的设备,由于电网覆盖面越来越大,一般也以电作为动力。但考虑到设备的使用适应性,对小型的连续滚筒式搅拌设备,可用内燃机为动力。

不论采用何种动力,功率匹配必须得当。既不能“小马拉大车”,影响设备的正常工作;也不能“大马拉小车”,造成不必要的动力浪费。

3)各工作装置结构形式的选择

沥青混合料搅拌设备的主体结构已越来越趋于成熟。因此,在进行结构选型时,可根据所设计的设备的实际情况,在现有结构形式中选择,并根据同类产品的使用经验,加以改进完善,以提高整机的技术性能。

4)各工作装置的能力匹配

由于设备的额定生产能力是指在标准工况下的生产率,考虑现实工况存在优于标准工况的可能,因此,在设计时要留有充分的储备能力。

为保证工作装置的协调运作,它们的工作能力应合理匹配。根据实际经验,在设计中应以搅拌器的生产能力为基础来确定其他的工作装置的生产能力。其匹配关系应该是:干燥滚筒的最小生产能力应大于给料机的最小生产能力,干燥滚筒的最大生产能力应大于搅拌器的最大生产能力。

搅拌设备各工作装置均应保证搅拌设备设计生产能力的实现。为此,各工作装置的参数确定、结构设计以及选配动力和配套零部件,都必须满足本工作装置为实现搅拌设备设计生产能力而进行相应运作的需要。

4.2 主要参数确定

4.2.1 干燥滚筒主要参数的确定

1)干燥滚筒容积的确定

干燥滚筒的任务是对集料烘干加热，而集料脱水乃是完成这一任务的关键。为使集料脱水彻底，又应具有足够的空间进行水分蒸发。故干燥滚筒必须保证一定的容积 V，其值可按下式计算：

$$V = W/A = 1000\omega G/A \tag{2-1}$$

式中：W——蒸发水分的重量，kg/h；

ω——冷集料的含水率，%；

G——干燥滚筒的设计生产能力，t/h；

A——干燥滚筒的蒸发率，$(\mathrm{kg/m^3})/\mathrm{h}$。

因为设计生产能力是指一定工况条件时和设备性能正常下的生产能力，故冷集料的含水率一般取 $\omega=5\%$，干燥滚筒蒸发率应取通风良好状态的平均值 $A=235(\mathrm{kg/m^3})/\mathrm{h}$。这样，式(2-1)便可简化为：

$$V = 0.21G \tag{2-2}$$

2)干燥滚筒直径的初选

干燥滚筒的直径和长度变化均对其生产能力产生影响，但前者的影响远大于后者。考虑滚筒直径确定的因素复杂，为简化计算，可先参考表2-2所列经验数据对滚筒直径 D 进行初选，待滚筒长度确定后再重新验证。

干燥滚筒直径与生产能力的关系 表2-2

生产能力 G(t/h)	25	50	100	200	400
滚筒直径 D(m)	1.10	1.40～1.60	2.00～2.20	2.40～2.60	2.80

为使集料不因速度过高而影响料帘的形成，滚筒的转速 n 与滚筒直径 D 的关系近似为：

$$n = \frac{15}{\pi}\sqrt{\frac{g}{D}} \tag{2-3}$$

式中：n——滚筒转速，r/min；

g——重力加速度，$g=9.8\mathrm{m/s^2}$。

3)干燥滚筒长度的确定

考虑集料在滚筒中停留时间和形成料帘次数之后，整理出如下滚筒长度 L 的计算公式：

$$L = 4nD\tan\alpha \tag{2-4}$$

式中：α——干燥滚筒安置角(相对水平线倾角)，(°)，一般为3°～5°。

4)干燥滚筒直径的确定

干燥滚筒的直径 D 可按式(2-5)计算：

$$D = \sqrt{\frac{4V}{\pi L}} \tag{2-5}$$

如用式(2-5)计算的 D 值与初选相差不大，只要将 L 和 D 值归整即可；如误差较大，则须给出新的初选值，重复计算，直至确定。

最后再根据滚筒直径确定值，利用式(2-3)换算出滚筒的转速。

容积 V、长度 L 和直径 D 是保证干燥滚筒设计生产能力得以实现的结构条件。但在 V 确定之后，D 与 L 的比例也非常重要。根据长期的生产实践，D 与 L 的比例通常取 $D/L=1/5～1/3$。

对于连续滚筒式搅拌设备，因搅拌过程在同一滚筒内完成，故应考虑搅拌所需长度。据统计，国内外连续滚筒式搅拌设备集料搅拌的前进速度为集料烘干加热前进速度的25%～27%，集料搅拌时间为集料在滚筒中总停留时间的42%～50%。据此，连续滚筒式搅拌设备干燥滚筒的长度L'可为：

$$L' = (1.2 \sim 1.25)L \tag{2-6}$$

4.2.2 搅拌器主要参数的确定

搅拌器是强制间歇式搅拌设备的核心，合理确定其主要参数对达到搅拌设备设计生产能力意义重大。

搅拌器的主要参数包括：容量、壳体内部尺寸和拌桨轴转速、搅拌时间。

1)搅拌器容量的确定

搅拌器容量m是指为完成搅拌设备设计生产能力G(t/h)时，搅拌器工作部分每批必须容纳的混合料量，其值可用式(2-7)计算：

$$m = \frac{Gt}{3600k} \tag{2-7}$$

$$t = t_1 + t_2 + t_3$$

$$t_2 = t'_2 + (3 \sim 5)$$

式中：G——设计生产能力，t/h；

t——搅拌器工作循环时间，s，$t=t_1+t_2+t_3$；

t_1——进料时间，s，一般取5；

t_2——每批混合料设计搅拌时间，s，$t_2=t'_2+(3\sim5)$；

t'_2——每批混合料实际搅拌时间，s，见公式(2-12)；

t_3——卸料时间，s，取决于卸料闸门结构形式，一般取5；

k——时间利用系数，一般取0.85。

2)搅拌器壳体各尺寸的关系

目前国内外的搅拌器，通常都采用横向布置方案，其壳体如图2-44所示。

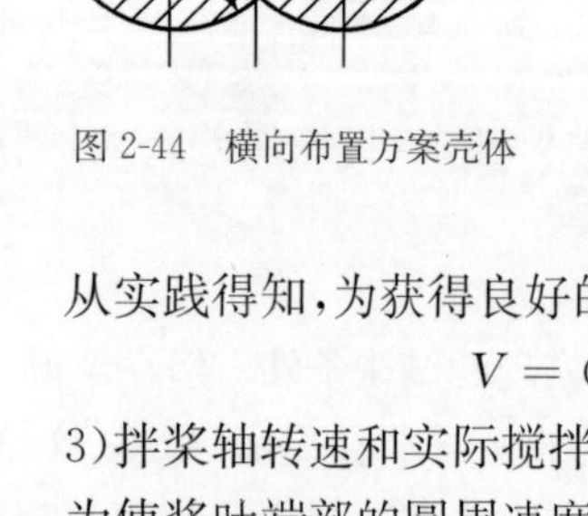

图2-44 横向布置方案壳体

搅拌器的半径R(m)是壳体的基本参数，两拌缸的中心距A、壳体的宽度b_k、壳体的长度L_k及壳体工作部分(其横截面系图2-44的阴影)的容积V均与R相关。

$$A = 2R\cos\varphi$$

$$b_k = 2R(1+\cos\varphi)$$

$$L_k = b_k\psi = 2R(1+\cos\varphi)\psi$$

式中：ψ——搅拌器壳体形状系数，$\psi=0.7\sim1.4$，通常取$\psi=0.85\sim1.0$。

$$V = 2R^3\psi(1+\cos\varphi)\left[\pi - 0.5\left(\frac{\pi\varphi}{90} - \sin\varphi\right)\right] \tag{2-8}$$

从实践得知，为获得良好的搅拌效果，φ值一般取40°～45°，此时式(2-8)可简化为：

$$V = (9.7474 \sim 10.3653)R^3\psi \approx 10R^3\psi(\mathrm{m}^3) \tag{2-9}$$

3)拌桨轴转速和实际搅拌时间的确定

为使桨叶端部的圆周速度利于混合料搅拌时“沸腾层”的形成，以获得最佳搅拌效果，拌桨

轴的转速 n 应为：

$$n = (15.3 \sim 16.5)\sqrt{\frac{g}{R}} \tag{2-10}$$

式中：R——桨叶外缘半径，m。

此时，桨叶端部的圆周速度为：

$$v = 2\pi Rn/60$$

代入 n，则：

$$v = (1.61 \sim 1.73)\sqrt{gR} \tag{2-11}$$

试验表明，当用式(2-11)计算出来的 v 值大于 3m/s 时，将会因在拌锅底部和桨叶端部间隙中产生过多的碎石楔住现象，而导致集料二次破碎的概率增加、搅拌功率上升和搅拌器磨损加剧。为克服上述弊端，并提高搅拌器的适应性，采用双速传动。拌桨轴除了具有搅拌砂质和细粒混合料时按式(2-10)计算的标准转速外，另设一挡取 $v \leqslant 2.7$m/s 时用式 $v = 2\pi Rn/60$ 计算的转速 n，以用于搅拌中粒和粗粒混合料。

实际搅拌时间 t'_2 与拌桨轴的转速密切相关，它可由下式求得：

$$t'_2 = \frac{60[\lg 0.03 - \lg(1 - i_A)]}{n \times \lg(1 - 2k)} \tag{2-12}$$

式中：i_A——混合料原始相对浓度。

4)壳体内部尺寸的确定

将按式(2-12)求出的实际搅拌时间 t'_2 代入式 $t_2 = t'_2 + (3 \sim 5)$ 求得 t_2，再将 t_2 代入 $t = t_1 + t_2 + t_3$ 便可确定搅拌器工作循环时间 t，然后根据式(2-7)求得搅拌器容量 m。再按下式计算拌缸半径 R：

$$m = V\beta\rho = 10R^3\psi\beta\rho \tag{2-13}$$

$$R = \sqrt[3]{\frac{m}{10\psi\beta\rho}} \tag{2-14}$$

式中：β——搅拌器的充满系数；

ρ——混合料的密度，$\rho = 1.6 \sim 1.7$t/m^3。

按式 $A = 2R\cos\varphi$ 计算中心距 A，按式 $b_k = 2R(1 + \cos\varphi)$ 计算壳体宽度 b，按式 $L_k = b_k\psi = 2R(1 + \cos\varphi)\psi$ 计算壳体长度 L。设计时需反复修正、校核，也可参照同类产品进行设计。

4.2.3 热力参数的确定

对集料烘干加热，是沥青混合料搅拌设备生产沥青混合料的重要工序。为了最经济地完成这一工序，并保证沥青混合料的制备质量，除应合理设计干燥滚筒外，还必须合理确定有关热力参数。

1)干燥滚筒的耗热量

干燥滚筒耗热量 Q 包括干燥滚筒的有效利用热量 Q_1 和经筒壁散失在大气中的热量 Q_2，即：

$$Q = Q_1 + Q_2 \tag{2-15}$$

集料烘干加热的过程，不论是采取逆流加热方式(燃气和被烘干加热的集料反向运动)的强制间歇式搅拌设备，还是采取顺流加热方式的连续滚筒式搅拌设备，都可分为集料及其所含水分的预热、集料烘干（水分蒸发）和干集料加热升温三个阶段，这三个阶段的耗热量分别是：

（1）集料和水分的预热所耗热量 Q_{1a} 按下式计算：

$$Q_{1a} = 1000G[C_g(1-\omega)(T_1 - T_0) + C_S(T_1 - T_0)] \tag{2-16}$$

式中：C_g——集料比热，kJ/kg·℃，常取 0.84；

ω——冷集料的含水率，%，常取 5%；

T_1——水分蒸发温度，℃，取 20；

T_0——冷集料进入滚筒前的环境温度，℃，取 20；

C_S——水的比热，kJ/kg·℃，取 4.81。

（2）水分蒸发所耗的热量 Q_{1b} 按下式计算：

$$Q_{1b} = 1000G\omega[\gamma + C_z(T_2' - T_1)] \tag{2-17}$$

式中：γ——汽化热，kJ/kg，取 2269；

C_z——水蒸气比热，kJ/kg·℃，取 1.93；

T_2'——预热并蒸发完水分后的烟气温度，℃，常取 200。

（3）干集料加热所耗热量 Q_{1c} 按下式计算：

$$Q_{1c} = 1000GC_g(1-\omega)(T_2 - T_1) \tag{2-18}$$

式中：T_2——集料加热终止温度，℃，强制间歇式搅拌设备常取 160～180℃，连续式搅拌设备常取 140～160℃。

对于强制间歇式搅拌设备其干燥滚筒的有效利用热量：

$$Q_1 = Q_{1a} + Q_{1b} + Q_{1c} \tag{2-19}$$

将有关参数代入得：

$$Q_1 = (2.54 \sim 2.86) \times 10^5 G \tag{2-20}$$

对于滚筒连续式搅拌设备，由于其搅拌工序也在干燥滚筒内进行，故干燥滚筒的有效利用热量还应加上石粉加热所耗热量 Q_{1d} 和沥青吸收热量 Q_{1e}，即：

$$Q_1 = Q_{1a} + Q_{1b} + Q_{1c} + Q_{1d} + Q_{1e} \tag{2-21}$$

在式(2-21)中：

$$Q_{1a} + Q_{1b} + Q_{1c} = (2.38 \sim 2.54) \times 10^5 G \tag{2-22}$$

经干燥滚筒筒壁散失的热量 Q_2 可按下式计算：

$$Q_2 = 3600\pi DL(t_\delta - t_0)h \tag{2-23}$$

式中：t_δ——筒壁平均温度，℃，常取 250；

t_0——空气平均温度，℃，常取 20；

h——筒壁的传热系数，kW/m²·℃，

$$h = \frac{9.211(t_\delta - t_0)^{5/4} + 16.747\left[\left(\frac{t_\delta + 273}{100}\right)^4 - \left(\frac{t_0 + 273}{100}\right)^4\right]}{3600(t_\delta - t_0)} \tag{2-24}$$

经干燥滚筒筒壁散失的热量也可按 $Q_2 = 0.025Q_1$ 近似计算。这样，干燥滚筒的耗热量为：

$$Q = Q_1 + Q_2 \approx 1.025Q_1 \tag{2-25}$$

2)燃料燃烧时的空气耗量

沥青混合料搅拌设备在制备沥青混合料时，对集料进行烘干加热所需热量必须由某种燃料燃烧提供。而为使燃料充分燃烧，又应保证足够的空气，即鼓风量。

目前，国内外沥青混合料搅拌设备所采用的燃烧的空气理论耗量 V_k（标准状态下）可用下式计算：

$$V_k = 8.87C_P + 26.53H_P + 3.31S_P - 3.68O_P \tag{2-26}$$

式中：C_P、H_P、S_P、O_P——分别为碳、氢、硫、氧等成分在燃料中的含量百分数，数值见表 2-3。

燃料中各成分的含量(%) 表 2-3

燃料种类	C_P	H_p	S_P	O_P	N_P	W_e(水分)	灰分
柴油	86.3	13.8	0.1	0.2	0.03	≯3	0.03
重油	81~87	10~14	0.17	0.2	0.3~1	≯4	<1

注：N_P 为氮在燃料中的含量百分数。

1kg 料燃烧时所需的实际空气耗量 V'_k 应高于理论空气耗量，其值可按下式求得：

$$V'_k = \alpha V_k \tag{2-27}$$

式中：α——燃料完全燃烧时的过量空气系数。

对轻质液体燃料(柴油)，α=1.1~1.2；对蒸气喷雾的重油 α=1.3；对空气喷雾和短火焰燃烧的重油，α=1.05~1.10。

3)燃料燃烧废气排量

为使燃料充分燃烧，除应保证足够的空气外，还应有合理的引风能力。为此，必须计算出燃料燃烧时的废气排量 V_f：

$$V_f = \left[m\left(\frac{m_1}{\rho_1}+\frac{m_2}{\rho_2}+\frac{m_3}{\rho_3}+\frac{m_4}{\rho_4}+\frac{m_5}{\rho_5}\right)+\frac{G_S}{\rho_2}\right]\left(1+\frac{t_2}{273}\right) \tag{2-28}$$

式中： m——燃料小时耗量，kg/h；

m_1——1kg 燃料燃烧产物二氧化碳气的质量，kg/kg；

$$m_1 = 3.67C_P$$

m_2——1kg 燃料燃烧产物水蒸气的质量，kg/kg，对空气喷雾燃料燃烧时的水蒸气，$m_2=9H_P+W_P$（对蒸气喷雾燃料燃烧时的水蒸气 $m_2=9H_P+W_P+W_\varphi$）

W_φ——喷雾 1kg 燃料时的蒸气耗量，kg/kg，常取 0.4~0.8；

W_P——燃料中水分的百分含量；

m_3——1kg 燃料燃烧产物氮质量，kg/kg，

$$m_3=(8.8C_p+2.63H_p+3.28C_P-3.76O_P)\alpha+N_P$$

m_4——1kg 燃料燃烧产物过量氧的质量，kg/kg，

$$m_4=(\alpha-1)(2.27C_p+8H_P+S_P-O_P)$$

m_5——1kg 燃料燃烧产物二氧化硫的质量，kg/kg，

$$m_5=2S_P$$

G_S——从集料中每小时排除水分的质量，kg/h；

ρ_1、ρ_2、ρ_3、ρ_4、ρ_5——燃气密度，kg/m³，各值分别为：

二氧化碳 CO_2 $\rho_1=1.977$

水蒸气 H_2O $\rho_2=0.805$

氮气 N_2 $\rho_3=1.251$

氧气 O_2 $\rho_4=1.429$

二氧化硫气 SO_2 $\rho_5=2.926$

在确定引风能力时，除燃料燃烧时的废气排量外，还应考虑设备漏气吸入的空气量，实际所需引风能力 V_Y，可用下式计算：

$$V_Y = V_1 K + 3600 \sum A_H v_H \tag{2-29}$$

式中：K——通过卸料槽和烟箱吸入空气系数，取 1.2～1.3；

$\sum A_H$——缝隙不严处和检查口的总面积，m^2；

v_H——通过不严密处检查口的空气流速，m/s；

$$v_H = K_P \sqrt{2P_{PH}/\rho_B} \tag{2-30}$$

式中：K_P——空气耗量系数，取 0.6～0.8；

P_{PH}——防止空气通过不密处隙漏所需的负压（低于大气压），Pa，取 2～5；

ρ_B——空气密度，kg/m^3，取 1.29。

4）其他热损失量

要合理确定沥青混合料搅拌设备所需供热能力，除了干燥滚筒的耗热外，还应充分考虑其他热损失。

（1）废气带走的热损失

废气带走的热损失 Q_f 可用下式计算：

$$Q_f = m[\sum m C_{CP}(t_f - t_0) + m_2(J_1 - J_2)] \tag{2-31}$$

式中：$\sum m$——1kg 燃料燃烧产物总和，kg/kg，$\sum m = m_1 + m_2 + m_3 + m_4 + m_5$；

C_{CP}——在温度 t_1 时燃烧产物的平均比热，kJ/kg·℃，

$$C_{CP} = (m_1C_1 + m_2C_2 + m_3C_3 + m_4C_4 + m_5C_5)/\sum m \tag{2-32}$$

式中：C_1、C_2、C_3、C_4、C_5——燃气中各产物的比热；

$C_1 = 0.87253 + 0.000240615t_f$

$C_2 = 1.8334 + 0.00031108t_f$

$C_3 = 1.0241 + 0.00008855t_f$

$C_4 = 0.9182 + 0.00010651t_f$

$C_5 = 0.6314 + 0.00015541t_f$

t_f——废气温度，℃，常取 150～200；

J_1——在废气温度时，1kg 水蒸气的热能，kJ/kg，取 2850；

J_2——1kg 水的热能，kJ/kg，取 84。

（2）火箱的热损失

火箱的热损失，一般以总供热量的 3%计。

（3）化学不完全燃烧的热损失

化学不完全燃烧的热损失，当蒸汽喷雾燃油时，一般为总供热量的 2%～3%；当高压空气喷雾燃油时，基本为零。

（4）机械不完全燃烧的热损失

机械不完全燃烧的热损失，当蒸汽喷雾燃油时，一般为总供热量的3%～5%；当高压空气喷雾燃油时，基本为零。

(5)未被考虑的热损失

一般取总供热量的1%～3%。

4.3　主要部件设计

4.3.1　干燥滚筒的设计

1)功率计算

干燥滚筒工作时，需克服3个阻力，即滚筒内材料的提升阻力W_1、滚筒旋转时滚圈沿支承托轮的滚动摩擦阻力W_2、支承托轮销轴内的摩擦阻力W_3。

为克服上述阻力而正常工作，干燥滚筒的驱动功率P可按下式计算：

$$P = \sum Wv/\eta \tag{2-33}$$

式中：$\sum W$——为克服3种阻力，换算到驱动元件(齿圈、链条、摩擦轮)上的总力，kN，

$$\sum W = W_1 + W_2 + W_3 \tag{2-34}$$

v——驱动元件的圆周速度，m/s；

η——驱动机构的机械效率。

干燥滚筒旋转时，滚筒内叶片提升材料的阻力W_1，可根据材料提升时作用在滚筒上的力矩平衡式求得(图2-45)：

$$M_1 = G_m b - W_1 R_q \tag{2-35}$$

式中：M_1——材料提升力矩，kN·m；

G_m——筒内材料的重力，kN；

b——筒内材料重心相对滚筒中心垂直轴线的距离，m；

R_q——驱动元件半径，m。

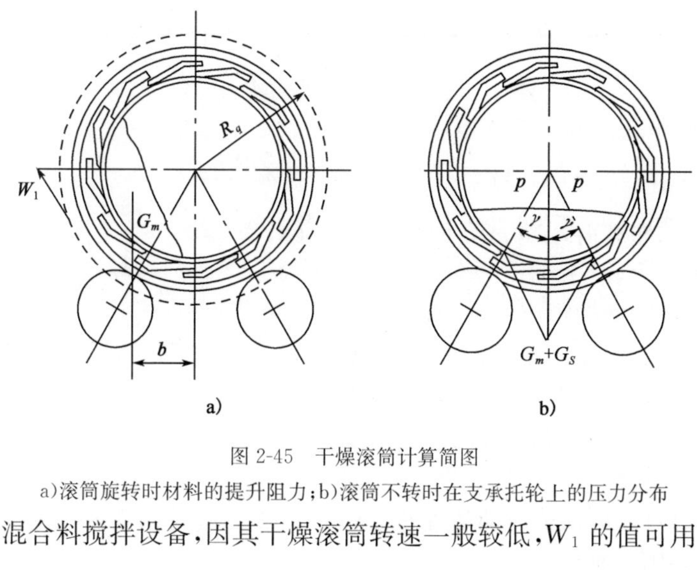

图2-45　干燥滚筒计算简图

a)滚筒旋转时材料的提升阻力；b)滚筒不转时在支承托轮上的压力分布

对大型沥青混合料搅拌设备，因其干燥滚筒转速一般较低，W_1的值可用下式求得：

$$W_1 = 0.75G_m \cdot b/R_q \tag{2-36}$$

W_2 和 W_3 按常规计算方法计算。

表 2-4 为干燥滚筒驱动功率的经验值，可供设计时参考。

干燥滚筒驱动功率经验值 表 2-4

生产能力(t/h)	30	60	100	120	150	200	250	300	400
驱动功率(kW)	15	22	40	50	60	90	100	120	150

2)强度计算

为保证干燥滚筒的使用寿命，在设计时应对其筒体进行强度和挠度计算，对滚圈进行弯曲和挠度计算。

(1)筒体的强度计算

干燥滚筒筒体受载情况如图 2-46 所示。

滚筒筒壁应力 σ：

$$\sigma = M_P/1000W_\delta \leqslant [\sigma] \tag{2-37}$$

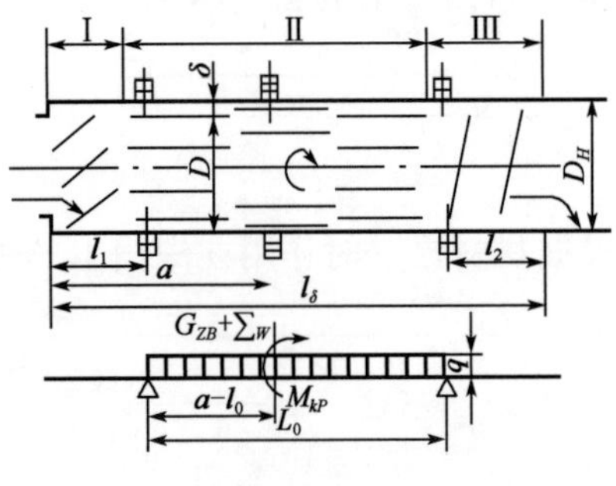

图 2-46 滚筒筒体受载简图

式中：M_P——由弯矩和扭矩作用的总计算力矩，kN·m；

W_δ——滚筒的抗弯截面模量：

$W_\delta=\pi(D_H^2-D_\delta^2)/32D_H$，或 $W_\delta=\pi D_H^2\delta/4$；

D_H——滚筒的外直径，m；

D_δ——滚筒的内直径，m；

δ——滚筒筒壁的厚度，m，其值取决于滚筒的直径(表 2-5)；

$[\sigma]$——滚筒筒体的许用应力，MPa，取值不应大于 25。

滚筒筒壁厚度与直径的关系 表 2-5

D_δ(m)	1	1.4	1.8	2.4
δ(mm)	8	10	12	16

$$M_P = 0.35M + 0.65\sqrt{M^2 + M_k^2} \tag{2-38}$$

式中：M——在垂直平面内的筒的弯矩，kN·m。

$$M = \frac{qL_0^2}{8} + \frac{G_q L_0}{4} + \frac{\sum W L_0}{4} \tag{2-39}$$

式中：q——滚筒的均布载荷，kN/m，$q=(G_m+G_\delta)/L_0$；

G_δ——滚筒的重力，kN；

L_0——滚筒两滚圈间的距离，m；

M_k——由圆周力 $\sum W$ 引起的滚筒的扭矩，kN·m；$M_k=\sum W \cdot R_q$；

为了避免滚筒的局部变形，尤其在与滚圈架接触段上的筒体变形，必须在该区段的筒体上装设垫(衬)板，其厚度应为筒壁厚度的 1.5～2 倍。

(2)筒体的挠度计算

为避免滚筒的弯曲，以保证传动装置的正常工作，筒体受均布荷载和集中荷载作用产生的挠度 f 不应大于许用值，即：

$$f=f_1+f_2\leqslant[f_0]L_0 \tag{2-40}$$

式中：f_1——由均布荷载产生的挠度，m；

f_2——由集中荷载产生的挠度，m。

$$f_1=\frac{5}{384}\cdot\frac{G_M L_0}{1000EJ} \tag{2-41}$$

$$f_2=\frac{1}{48}\cdot\frac{(\sum W+G_{ZB})L_0^3}{1000EJ}$$

式中：G_{ZB}——齿圈重力，kN；

E——钢的弹性模量，MPa，其值视滚筒的温度而定（表2-6）；

J——滚筒截面的轴惯性矩，m^4；$J=\pi(D_H^4-D_\delta^4)/64$；

$[f_0]$——每米筒长的许用挠度，m/m，取0.0003。

钢在不同温度下的弹性模量 表2-6

温度（℃）	20	100	200	300	400
E值（MPa）	210000	197200	191000	184500	175500

（3）刚性胀缩件的（滚动架）计算

为保证干燥滚筒的热膨胀，滚筒和滚圈架之间的间隙α为：

$$\alpha=\zeta(t_1-t_2)D_H \tag{2-42}$$

式中：ζ——钢的线胀系数，m/m·℃，取11.5×10^{-5}；

t_1——滚筒筒体的最高温度，℃；

t_2——滚筒筒体与滚圈在装配时的温度，℃。

滚圈的外径$D_{\delta H}$为：

$$D_{\delta H}=D_H+2h_k+\alpha \tag{2-43}$$

式中：h_k——圈架的高度，m。

滚圈的宽度$b_{\delta H}$为：

$$b_{\delta H}=P/q_k \tag{2-44}$$

式中：P——作用在托轮上的压力，kN；

$$P=(G_m+G_\delta)/Z_p\cos\gamma \tag{2-45}$$

Z_p——支承托轮数，取4；

γ——滚圈中心和托轮中心的连线与垂直方向的夹角，（°）。

滚圈和托轮在接触面的挤压应力σ_{cm}为：

$$\sigma_{cm}=0.59\sqrt{\frac{q_g}{1000}\,\frac{E_1E_2}{E_1+E_2}\,\frac{R_{\delta H}+r}{R_{\delta H}r}}\leqslant[\sigma_{cm}] \tag{2-46}$$

式中：q_g——实际线压力，kN/m，根据所选取的滚圈宽度求得，对慢速干燥滚筒不大于2000；

$R_{\delta H}$——滚圈半径，m；

r——支承托轮半径，m；

E_1、E_2——滚圈和托轮所用材料的弹性模量,MPa;

$[\sigma_{cm}]$——许用挤压应力,MPa,不同材料的值见表 2-7。

常用材料的许用挤压应力　　表 2-7

材　　料	普通碳钢	铸　　钢	铁
$[\sigma_{cm}]$值(MPa)	390～590	290～490	340

为保证滚圈的足够的寿命,托轮直径 d_P 不宜过小,其值应为:

$$d_P = (0.15 \sim 0.33)D_{\delta H} \tag{2-47}$$

对于采用摩擦传动的干燥滚筒(由托轮向滚筒传递转动),挤压应力应降低 20%～25%,并适当增加滚圈的宽度,而托轮的直径不变。在实际中,考虑到滚筒的热胀伸长和不精确安装的误差,托轮的宽度 b_P 应比滚圈的宽度 $b_{\delta H}$ 大 20～30mm,即 $b_P = b_{\delta H} + (0.02 + 0.03)$。

滚圈的径向厚度 $h_{\delta H}$ 用下式计算:

$$h_{\delta H} = \sqrt{6M_H/1000b_{\delta H}[\sigma]} \tag{2-48}$$

式中:M_H——滚圈的弯矩,kN·m,$M_H = Pl_k/4$;

l_k——两滚圈架之间的距离,m;

$$l_k = \pi D_{\delta H}/Z_k = \pi D_{\delta H}\alpha_k/360 \tag{2-49}$$

$D_{\delta H}$——滚圈的内径,m;

α_k——滚圈架的角距,(°),取 10～20;

Z_k——滚圈架的个数,视滚筒直径大小而定,取 8～16;

$[\sigma]$——滚圈的许用弯曲应力,MPa,普通碳钢取 100,铸钢件取小于等于 60。

3)干燥滚筒内部叶片的设计

干燥滚筒内部叶片的设计应满足下列要求:

(1)集料能在滚筒进料区段快速移动;

(2)可强化滚筒对流区段内燃气和集料之间的换热过程;

(3)在燃烧区段内,集料不应阻挡喷燃器的火焰,以使燃料在滚筒内具有较好的燃烧条件;

(4)集料加热后,能与填料和结合料在滚筒内充分搅拌,均匀混合。

根据强制间歇式搅拌设备的工作特点(干燥滚筒采取逆流加热方式,仅对集料烘干加热),其干燥滚筒内部分 4 个区段装置不同结构的叶片(图 2-47)。

第Ⅰ区段为进料区段。这一区段的叶片系接料叶片,其用途是将集料接入滚筒内并快速向前移动。为此,这一区段的叶片采用多头螺旋带。螺旋带的升角取 45°～60°或螺距 $S=(3.14\sim1.8)D_\delta$,其头数和长度视滚筒的直径而定(表 2-8)。

螺旋带头数与直径的关系　　表 2-8

滚筒直径 D_δ(m)	Ⅰ区直径螺旋带头数	Ⅰ区的长度(m)
1～1.4	8～10	$(0.4\sim0.8)D_\delta$
18	10～12	
2.4	16	

第Ⅱ区段为滚筒对流区,为强化燃气和集料之间的换热过程,叶片的设计应使集料在这里多次提升和自由撒落,并达到均匀分散,使燃气充分与集料进行热交换。该区段的叶片形式如

图 2-48 所示，可供设计时选择参考。安装时应分段错开布置。

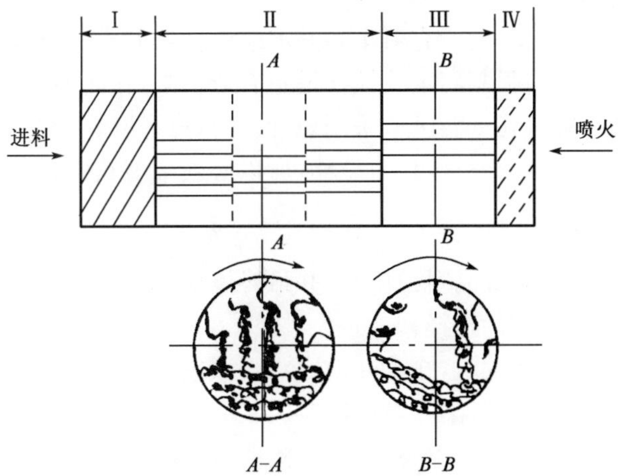

图 2-47 强制间歇式搅拌设备干燥滚筒叶片形式

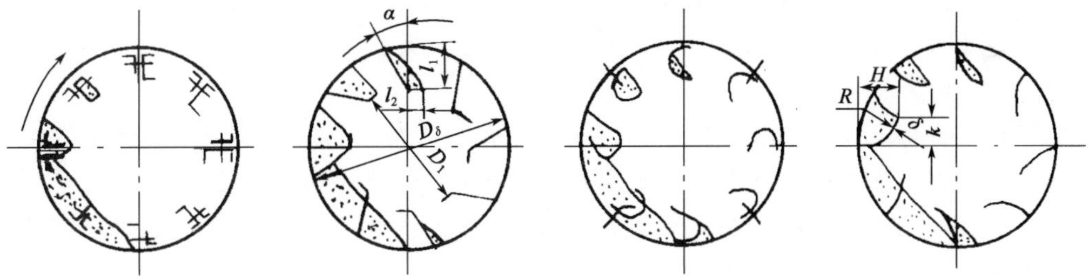

图 2-48 Ⅱ区段叶片简图

a)浅槽式；b)深槽式；c)勺式；d)曲线式

曲线式升料叶片的尺寸列于表 2-9 中。

深槽式升料叶片的具体尺寸是：

$L_1 = 0.2D_\delta$；

$L_2 = 0.085D_\delta$；

$D_1 = 0.6D_\delta$；

$\alpha = 25° \sim 30°$。

曲线式升料叶片尺寸 表 2-9

滚筒直径 D_δ(m)	叶片数量	H(mm)	k(mm)	R(mm)	δ(mm)
1000	8	180	140	160	4
1200～1400	8	200	160	180	5
1600	12	200	160	180	6
1800	12	240	195	220	6
2000～2200	16	240	195	220	8

第Ⅲ区段为滚筒燃烧区，为使燃料能充分燃烧，该区段的集料在向前移动中不能阻挡火焰，而应保证始终沿着叶片围成一周。这样，还可减少由于燃油滴被集料撞落造成的机械不完

全燃烧的损失；减少通过滚筒壁散热的损失，减轻热辐射对滚筒壁的损害。为此，该区段的叶片可设计成盒形(参见图 2-47 的 B—B 截面)。

对于连续滚筒式搅拌设备，由于它对集料采取顺流加热方式，另外搅拌工序也在干燥滚筒内实现。所以，其叶片设置与强制间歇式搅拌设备有所不同，在此不作详细讨论。

干燥滚筒内叶片的固定，在低温区或采用短叶片时，可采取焊接方法固定；而在高热区，由于叶片和滚筒不均匀受热变形会产生相对位移，所以必须采用螺栓固定。

4.3.2 搅拌器的设计

搅拌器的设计直接决定着成品料的质量，并最终体现整个搅拌设备的技术性能。

1)桨叶安装角和排列方式的选择

当桨叶在搅拌混合料中运动时，在桨叶前面将形成密实的核心(图 2-49)。为使混合料既发生纵向又发生横向的循环搅拌，桨叶对转轴应成某一角度 α 安装。经分析计算得知，在获得最大的搅拌强度时，桨叶的安装角 α 和密实核心侧棱与转轴之间的夹角 γ 有如下关系：

$$\sin^2\gamma = 2\sin^2\alpha\cos^2\alpha + \sin^2\alpha \tag{2-50}$$

式(2-50)表明，当 $\gamma=55°\sim70°$时，$\alpha=31°\sim40°$为最佳安装角。但对长搅拌器，安装角 α 可取 45°，因为此时，横向循环速度较小，而纵向循环速度较大。按上述范围选择桨叶安装角，能使结合料分布均匀。

搅拌器中的混合料在桨叶的作用下，除了产生在与转轴垂直的平面内围绕转轴的主要运动外，还将产生在两转轴桨叶相遇或重叠部位从转轴的一个旋转平面到另一个旋转平面的辅助运动。目前，大多数搅拌器桨叶的排列都不是按照产生一种有规则的辅助运动设计的。但有的搅拌器，已开始通过适当的桨叶排列方式来使混合料产生有规则辅助运动。

试验表明，按照可使混合料产生有规则辅助运动的旋转方式排列叶片，即 1、5，2、6，3、7，4、8 和 1′、5′，2′、6′，3′、7′，4′、8′分别在各自同一相位内排列相同，角度对称(图 2-50)时，可缩短搅拌时间。

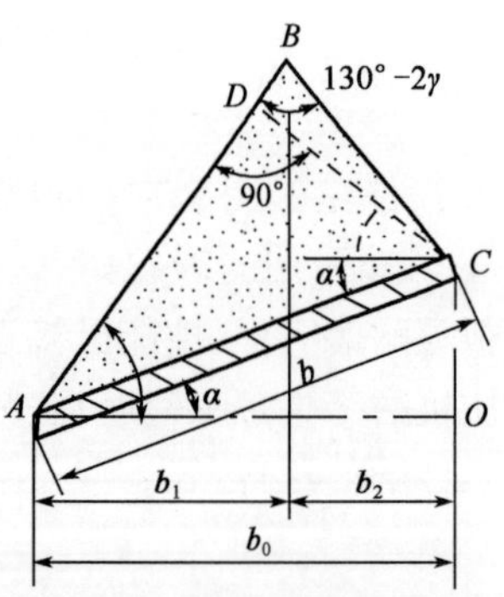

图 2-49　桨叶前面的密实核心

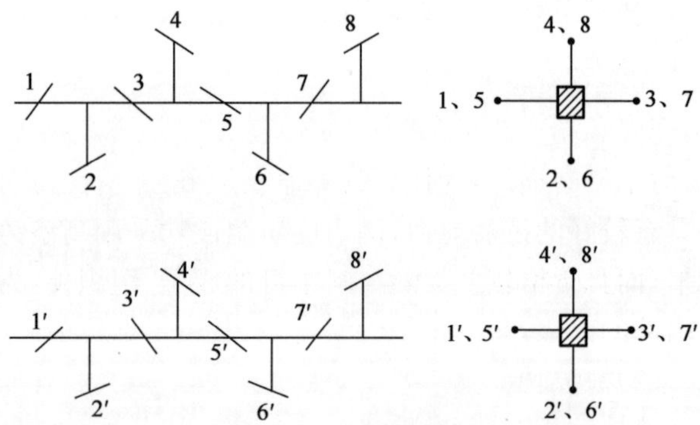

图 2-50　旋转排列桨叶

2)搅拌驱动功率计算

搅拌器驱动功率 P 可按下式计算：

$$P = A_1 A_\varphi \frac{F}{d^2}\left(\frac{l}{d}\right)^{0.31} \frac{M_a}{M_z} Z\cos\alpha d^{1.9} n\rho^{-0.4} g^{0.3} \mu^{1.4} \tag{2-51}$$

式中：A_1——与所取计量单位制有关的无因次常数；

A_φ——桨叶形状影响系数，取 0.85～1.3；

F——1 个桨叶的面积，m^2；

l——桨叶与桨叶之间的距离，m；

M_a——装入搅拌器内混合料的质量，kg；

M_z——每份搅拌料的计算质量，kg；

z——埋入搅拌器内的桨叶数，取总桨叶数的 1/2；

α——桨叶对转轴的倾角，(°)；

n——转轴的转速，r/min；

ρ 和 μ 的值见表 2-10。

ρ 和 μ 的值　　表 2-10

混合料形式	$\rho(kg/m^3)$	$\mu(Pa \cdot s)$
干混合料	1600～1900	11000～12000
带沥青的混合料	1280～1800	9500～10000

注：低限值对细粒混合料。

除式(2-50)外，下列经验公式也广泛应用于计算搅拌器的驱动功率：

当 $M_z \leqslant 1400$kg 时，

$$P = 0.0353 M_z v_L / 2.3 \tag{2-52}$$

当 $M_z > 1400$kg 时，

$$P = (29.1 + 00173 M_z) v_L / 2.3 \tag{2-53}$$

式中：v_L——桨叶端部的圆周速度，m/s。

另外，还可参照成熟机型，用类比法确定功率。

3）强度计算

（1）搅拌器壳体和桨叶

搅拌器的壳体通常用 8～15mm 的钢板制成。圆柱形底、焊接端壁和搅拌器的壳体架保证了壳体具有很高的强度和刚度。一般对这些部件不需要进行强度计算。由于摩擦磨损的原因，壳底和端壁要装有 8～20mm 厚的可换耐磨衬板保护。桨叶往往也是因磨损而报废。所以，对于易磨损件，为提高其寿命及经济性，应注意材质的选择。国外采用的镍硬铸铁抗磨零件具有较好的抗磨能力，国内已研制成功采用高铬铸铁制造衬板等耐磨零件，性能已接近国际水平，而且价格较低。除材料本身的成分、组织外，为了获得优质抗磨零件，还必须设法减少零件内部的缺陷，提高零件的精度，以避免局部提前磨损，延长抗磨件的使用寿命。

（2）搅拌轴

搅拌轴具有两种受载，即桨叶楔住集料受载和所有桨叶均匀受载。当集料楔在桨叶和搅拌器衬板间的缝隙时，搅拌轴的工作条件最为恶劣，驱动机的全部功率将由一个桨叶承受。

由集中作用力产生的挠度 f_D 为：

$$f_D = T_D l_3^2 l_4^2 / 3000 E J_D l_B \tag{2-54}$$

式中：T_D——集中作用力，kN；

$$T_D = P K_D / R_L \omega \tag{2-55}$$

P——驱动机的功率，kW；

K_D——功率系数，取1.2；

R_L——桨叶半径，m；

ω——搅拌轴旋转角速度，r/s，$\omega=0.105n$（n 为转轴转速，r/min）；

E——钢的弹性模量，MPa（参见表2-6）；

l_B——轴支承间的距离，m；

l_3、l_4——自轴两支承到受载桨叶固定中心的距离，m，当桨叶对数为奇数时，$l_1=l_2=l_B/2$。当桨叶对数为偶数时，

$$l_3 = l_B/2 - b(\cos\alpha + l_B)/2 \tag{2-56}$$

$$l_4 = l_B/2 + b(\cos\alpha + l_B)/2 \tag{2-57}$$

J_D——方形轴惯性矩，m；

$$J_D = T_D l_3^2 l_4^2 / 3E l_B^2 \tag{2-58}$$

b——桨叶宽度，m；

δ——相邻桨叶的间隙，m；

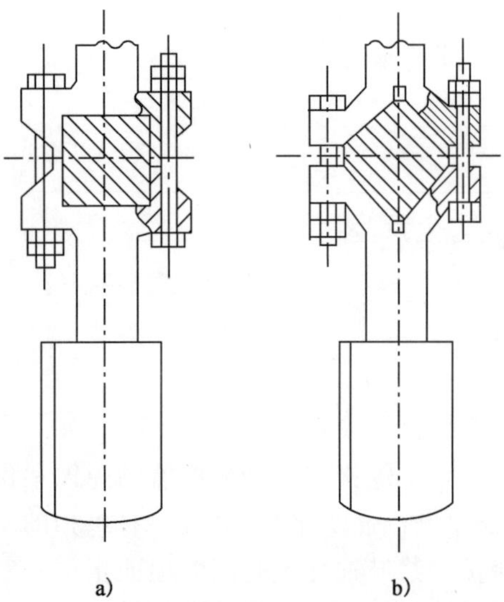

图2-51　桨臂在拌桨轴上的固定方法

a)直角固定；b)对角固定

转轴的挠度 f_D 不应大于许用挠度，即 $f_D \leqslant [f]$。

搅拌轴许用挠度一般取$[f_D]=0.001l_B$(m)。

叶桨转轴多用碳素钢40、45、50制成，很少采用40Cr钢。

搅拌臂在搅拌轴上的固定方式如图2-51所示，有两种方式，在考虑搅拌臂固定方式的情况下，应对搅拌轴进行弯曲强度验算。

搅拌轴的弯曲应力 σ_m 用下式计算：

$$\sigma_m = M_M/1000W_M = T_D l_B/4000 \leqslant [\sigma] \tag{2-59}$$

式中：M_M——弯矩，kN·m；

W_M——抗弯截面模量，m^3，对于直角固定搅拌臂的轴，$W_M=a^3/6$；对于对角固定搅拌臂的轴，$W_M=a^3/8.5$；

a——方形转轴截面边长，m。

$$A=\sqrt[4]{12J\Psi_\varphi}\text{（无倒角轴 }\Psi_\varphi=1\text{，有倒角轴 }\Psi_\varphi=1.2\text{）}$$

搅拌轴的扭转应力 τ_{kp}，用下式计算：

$$\tau_{kp} = M_{kp}/1000W_{kp} \leqslant [\tau] \tag{2-60}$$

式中：M_{kp}——由楔住力引起的轴的扭矩，kN·m；

W_{kp}——抗扭截面模量，m^3，取$0.208a^3$。

按轴的材料承载能力确定总强度安全系数 η_T，用下式计算：

$$\eta_T = \frac{\eta_{T\sigma}\eta_{T\tau}}{\sqrt{\eta_{T\sigma}^2 + \eta_{T\tau}^2}} > \eta_{\min} \tag{2-61}$$

式中：$\eta_{T\sigma}$——正应力强度安全系数，$\eta_{T\sigma}=\sigma_{\tau}/\sigma_m$；

$\eta_{T\tau}$——切应力强度安全系数，$\eta_{T\tau}=\tau_T/\tau_{kp}$；

$\eta_{\min}$——最小的强度安全系数，取 1.5～2。

搅拌臂的弯曲应力 σ_{ukp} 用下式计算：

$$\sigma_{ukp}=M_{ukp}/1000W_{ukp}\leqslant[\sigma_u] \tag{2-62}$$

式中：M_{ukp}——搅拌臂危险截面处的弯矩，kN·m，$M_{ukp}=T_DL_{kp}$；

L_{kp}——桨叶外缘到搅拌臂危险截面处的距离，m。

若搅拌臂截面为圆形，则其抗弯截面模量 W_{Ukp} 和危险截面的直径 d_{kp} 可由下式确定：

$$W_{Ukp}=0.1d_{kp}^3 \tag{2-63}$$

$$d_{kp}=\sqrt[3]{\frac{M_{ukp}}{100[\sigma_u]}} \tag{2-64}$$

式中：$[\sigma_u]$——搅拌臂的许用弯曲应力，MPa。

第3章

沥青路面再生机械

1 概述

作为沥青路面再生技术的一部分，再生沥青路面机械化设备的研究与开发无疑是关键。沥青路面再生设备的发展，是随着沥青再生技术的发展需要逐步发展起来的，同时世界装备制造技术和沥青再生设备的不断发展，也不断推动着沥青再生技术的发展。

沥青路面机械化设备的运行状况直接影响着施工质量与速度，历来为公路施工单位所重视。对于沥青再生路面来说，也同样如此。研究旧沥青路面的回收和再生，都离不开设备的支持，而且不同设备产生的经济效益也会有明显的差别。

1.1 用途及工作对象

沥青路面中的沥青在使用过程中由于环境因素及荷载等因素，特别是在水分、紫外线、沥青拌和、铺筑、使用的过程中，受到氧化作用、挥发作用、聚合作用、触变作用、胶体的脱水收缩作用、分离和析出作用等因素的影响逐渐老化。沥青的老化是一个逐渐发生的过程，在整个路面的使用期内，随着路龄的增长，路面逐渐出现裂缝等病害，如不及时处理容易扩展造成路面的结构性破坏，缩短路面的使用寿命。沥青路面再生机械是对旧沥青路面材料进行再加工，使其恢复性能并重复利用的机械设备，适用于产生裂缝、车辙、各种变形及磨耗的沥青路面的修复工程，是道路养护的专用机械之一。

1.2 国外水平及发展趋势

旧沥青路面材料的再生利用技术是从20世纪70年代开始发展起来的，由于当时能源危机的出现，从资源和经济性考虑，旧沥青路面材料的再生利用引起了人们的关注，从此旧沥青路面材料的再生技术及相关设备得到了迅速的发展。多年来世界很多国家的实践证明，旧沥青路面材料的再生利用具有很大的优越性：旧料的再生利用避免了废料堆弃的污染；旧料的利用减少了新材料的使用量，降低了能源的消耗；旧料再生利用后，使工程的成本可降低30%左右。旧沥青路面材料的再生利用在国际上已被广泛使用，再生技术、工艺、设备日趋成熟。

1985年，美国再生沥青混合料的用量就猛增到2亿t，几乎占全部路用沥青混合料的一半。并且在再生剂开发、再生混合料的设计、施工设备等方面的研究也日趋深入。沥青路面的再生利用在美国已是常规实践，目前其重复利用率高达80%，相比全部使用新沥青材料的路面，节约成本10%～30%。

西欧国家也十分重视这项技术，德国是最早将再生料应用于高速公路路面养护的国家，1978年已将全部废弃沥青路面材料加以回收利用，并以法律形式加以执行。芬兰几乎所有城镇都组织旧沥青路面材料的收集和储存工作。法国现在也已开始在高速公路和一些重交通道路的路面修复工程中推广应用这项技术。

日本从1976年到现在，路面废料再生利用率已超过70%，并于1984年制订了《路面废料再生利用技术指南》，对路面废料的应用与设计、再生用材料、配合比设计、拌和厂、施工与质量检测等方面均做出了一些指导性的建议与规定，该课题仍在不断地开展。2000年，日本再生沥青混合料占全年沥青混合料产量的58%，每个拌和站都具备生产再生混合料的能力。

沥青路面的再生技术及其机械设备的技术，在国外工业发达国家发展较快，这种发展可分为两个阶段。

1)基本采用厂拌再生

20世纪80年代之前，沥青路面的再生基本采用厂拌再生工艺，即将旧的沥青路面切削回收，集中运到再生拌和厂，根据旧料物化性能的变化，掺入不同的添加材料，然后拌和成符合路面性能的再生混合料，运到施工现场，摊铺并碾压成为新的沥青路面。采用这种工艺，其机械为多台功能单一的再生设备配合完成作业。如路面铣刨机(或冲击镐)、破碎筛分机、再生拌和机、运输设备、路面摊铺机及压路机等设备，其中运输设备多采用自卸车辆完成作业。

2)厂拌再生和就地再生并存

20世纪80年代后，随着路面加热设备和就地材料试验检测技术的逐步完善，路面就地再生技术开始受到各国的重视。这种工艺是将旧路面的加热、铣削、新材料的定量掺配、拌和、铺筑和碾压作业在道路上就地完成。目前，有些国家已逐步采用这种工艺方法。应当指出的是，就地再生工艺虽具有施工速度较快的特点，但较厂拌再生工艺而言，其再生混合料的拌制质量控制难度较大，因而厂拌再生仍是目前路面再生的主要方法。

总之，国外沥青路面再生技术已日趋成熟，不同的再生工艺形成了不同的再生机械设备，实现了全套机械化作业。今后的发展方向是向再生机械的大功率、高效率、低成本和综合功能的方向发展，并通过机械设备的技术优化不断提高再生路面的技术水平。

1.3　国内水平及发展趋势

我国在沥青路面旧料的再生利用方面也进行了多年的研究，早在1984年，中国公路学会召开了“旧油路材料再生利用技术讨论会”，当时我国已修建了约800km的再生路，1985年交通部将“沥青路面旧料再生设备的研究”列为部重点科研项目，经三年多的努力，研制成功每小时20t的再生沥青混合料搅拌机，在我国公路建设中发挥了一定的作用。但由于受再生工艺及设备的限制，该技术没有得到很好地推广发展。总的说来，我国在旧沥青路面材料再生利用方面发展要缓慢些，缺乏对再生技术和工艺的深入研究，使用的设备也以进口为主。近年来，如北京、上海、广东等已开展旧沥青路面材料的再生利用工程。随着我国公路建设的发展，公路里程的不断增长，旧沥青路面再生利用必将在国内普遍推广使用。

长期以来，我国沥青路面的设计和施工标准较低，路面养护工程和翻修工作量倍增，工程材料的需求量大大提高，而其价格提高很快，尤其是沥青的价格成倍提高。同时，大量废弃路面也给自然环境造成越来越大的影响。因此，沥青路面的再生利用被提到了议事日程上，国家“七五”、“八五”计划均将其列入重点科研项目。经过多年努力，我国的沥青路面再生技术已逐步形成了自己特有的再生工艺，发展了一批适用的再生机械。

我国沥青路面的特点是沥青含蜡量较高，路面面层厚度较小，质量等级较低。在这种情况下，其再生工艺以厂拌再生为宜。这些机械在我国已能够生产，有些机型已逐步形成系列。随着交通事业的发展，我国的国有道路等级将有质的变化，高等级道路，尤其是高速公路的通车里程将迅速提高。路面再生机械必须适应发展的需要，向高质量和综合功能方向发展，并逐步开发适合我国国情的沥青路面就地再生机械。

从 2002 年京津塘高速公路开始，就地热再生技术在我国悄然兴起。当年夏季，沪宁高速上海段 3 万 m^2 路段进行现场热再生施工，显示了近年来对沥青路面再生技术的重新认识。上海市市政工程管理局颁布了《热再生沥青路面施工及验收规程》和《上海市旧沥青混合料热再生利用管理规定》，显示了政府部门倡导资源再生利用，建设环保型道路的理念。2002 年 6 月，北京三环至四环连接线也使用了该技术快速维修道路。2004 年 5 月，成渝高速公路也采用现场热再生技术维修了 3 万 m^2 的道路，在京沪高速公路苏北段该技术也得到了应用。

近年来，冷再生技术在我国也得到了比较长足的发展。许多省份开展了围绕以乳化沥青和泡沫沥青冷再生技术为主的研究与应用。例如，2004 年 5 月，辽宁省营大路采用乳化沥青就地冷再生技术进行大修，整个工程历时 4 个月，工程量超过了 43 万 m^2。此外，泡沫沥青冷再生技术也如雨后春笋般在我国迅速兴起。

2 分类、特点和适用范围

旧沥青路面再生的方法很多，以再生地点区分，可分为就地再生和厂拌再生；以加热方式区分，有热拌再生和冷拌再生等。按照不同的再生工艺技术，我国习惯将沥青再生技术分为四大类：即厂拌热再生、厂拌冷再生、现场热再生和现场冷再生。

1)厂拌热再生

先将旧沥青混凝土路面铣刨后运回搅拌厂，通过破碎、筛分(必要时)，并根据旧料中沥青含量、沥青老化程度、碎石级配等指标，掺入一定数量的新集料、沥青和再生剂(必要时)进行拌和使混合料达到规范规定的各项指标，然后按照与新建沥青路面完全相同的方法重新铺筑。

在厂拌热再生技术中，影响再生沥青混凝土质量的关键技术主要包括：

(1)新集料需加温烘干，而旧料中的沥青在高温下会分解，因此旧料不能在烘干筒里与新集料同时加热，旧沥青混合料的加入地点和升温方法成为主要矛盾。

(2)旧料的成分预先检验后，根据老化的程度和使用条件确定配合比(新添沥青、集料及旧料的配比)，以及沥青再生添加剂的种类和加入量。沥青路面再生的质量还取决于旧沥青混合料的计量方法及计量装置。

(3)所有配料的均匀搅拌和充分混合是获得优质沥青混凝土的重要条件。

(4)旧沥青混合料不能用明火加热，但其温度必须达到能保证旧沥青能够彻底熔化。

(5)处理好加热旧沥青料时产生的废气，以免造成环境的二次污染。

2)厂拌冷再生

先将旧沥青混凝土路面材料运回搅拌厂，经过破碎作为再生混合料集料，加入水泥或石灰、粉煤灰、乳化沥青等一种或多种稳定剂和新料(必要时)进行搅拌，然后铺筑于基层或底基层。

3)现场热再生

现场热再生技术也称为表层再生技术。该技术通过现场加热、翻松、混拌、摊铺、碾压等工序，一次性实现就地旧沥青混凝土路面再生，具有无须运输废旧沥青混合料、工效高，对公路运营影响程度低等优点。

4)现场冷再生

利用专用再生机械在现场铣刨、破碎、加入新料(包括乳化沥青或其他再生剂、稳定剂和集料，必要时)、拌和、摊铺和预压，再由压路机进行压实。这种再生路面主要用于低等级公路路面和高等级公路路面基层(但将提高路面高程)，不适用于高级路面的面层。

沥青混合料热再生是利用旧沥青路面回收料与新集料和新沥青/再生剂拌和而成沥青混合料的一种方法。实践证明，如果采用完善的设计和正确的施工方案，热再生沥青混凝土的性能可以达到甚至超过普通热拌沥青混凝土。在现有的各种路面再生方法中，热再生被认为是一种相当实用而可行的方法。热再生可以用来改进原有路面混合料设计中的问题、改善和修复路面外观，也可以作为路面高程受限时的修复方案。热再生的优点包括：可以重复利用现有材料，对原有设备只需要简单改造，避免了回收混合料堆放和处置问题，同时又符合国家的空气环保要求。

沥青路面再生工艺的不同，决定了采用机械种类的不同，在工程中采用何种工艺，主要应考虑旧路面损坏情况和沥青路面面层的厚度及路面的要求等因素。

3 沥青路面材料的破碎设备

旧沥青路面材料在再生搅拌前必须要将旧料破碎到一定的颗粒度才能进行再生搅拌，路面的开挖一般使用路面铣刨机，路面铣刨机铣刨的材料最好直接用于再生搅拌，随刨随用是最经济的方式，也可免去旧料堆放后再次破碎的工序。但多数情况下，路面铣刨机铣削的旧料用汽车运到集中场地堆放，旧料在堆放期间又凝结成团，使用时还必须再次将其破碎成一定的粒度才能进行加热搅拌，如图 3-1 所示。旧料的破碎因旧料中含有沥青而不同于普通石料的破

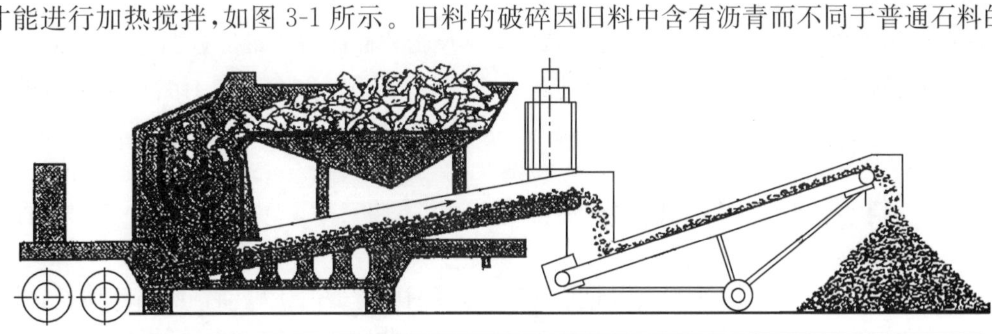

图 3-1 旧料破碎工序

碎,破碎时既要将大的团块打散,而又不能将旧料中的集料打碎,否则将影响再生料的级配。颚式破碎机因其以揉搓方法进行破碎而不适用于旧路面材料的破碎。目前,国外使用较多的破碎机是双滚挤压式破碎机或锤击式破碎机,如图 3-2 和图 3-3 所示。按照使用经验,旧料的破碎块度不超过 10cm,即可得到满意的效果。

图 3-2 双滚挤压式破碎机

图 3-3 锤击式破碎机

上面介绍的各类破碎机都不是为破碎沥青混合料而专门开发的,大多是为了破碎矿石料等而开发的现成破碎机。沥青混合料不同于这些物料,其特殊的物理性能对破碎机提出了特殊的要求。由于目前市场上还没有开发出专门破碎沥青混合料破碎机,在现有的破碎机中选择适合破碎沥青混合料的破碎机是十分必要的。

沥青混合料由于在常温下具有一定的黏性,而且破碎时要尽可能不破坏原混合料的级配,所以对破碎机的要求特殊。可以这样认为,沥青混合料的破碎其实是沥青混合料的分散。从上面对各类破碎机的介绍中可以看出,颚式破碎机、锤式破碎机和圆锥破碎机都不适合沥青混合料的破碎,因为它们会破坏原沥青混合料的级配。而辊式破碎机由于具有遇到过硬或不可破碎物时辊子可自动退让的特点,而且最大的破碎力可以调节,因而在破碎沥青混合料时通过调节最大破碎力,可以保证沥青混合料得到分散,而沥青混合料中的粗集料不会被破碎,原级配不会被破坏。反击式破碎机通过一定的改造也可以进行旧沥青混合料的破碎,达到原有级配不破坏,大料不卡死,细料不黏结的分散效果。

因此认为在现有的破碎设备中,辊式破碎机和反击式破碎机是最适合沥青混合料破碎的。如果对辊式破碎机的轧辊形状进行必要的改进,辊式破碎机是完全可以符合沥青混合料破碎要求的。

4 厂拌热再生搅拌设备

厂拌热再生工艺在国内外的应用非常普遍,先将旧沥青混凝土路面铣刨后运回搅拌厂,通过破碎、筛分(必要时),并根据旧料中沥青含量、沥青老化程度、碎石级配等指标,掺入一定数量的新集料、沥青和再生剂(必要时)进行拌和,使混合料达到规范规定的各项指标,按照与新建沥青混凝土路面完全相同的方法重新铺筑。而再生搅拌设备是厂拌热再生工艺的主要配套设备。再生混合料的级配、新旧料的掺配比例、温度及拌和均匀程度等，均由再生搅拌设备进行控制。因此，沥青路面厂拌再生的混合料质量，主要由再生搅拌设备来实现和控制。

厂拌热再生搅拌设备，主要分为连续滚筒式和强制间歇式两种类型。

4.1 连续滚筒式沥青混合料搅拌设备的再生搅拌

随着再生技术的发展，连续滚筒式沥青混合料搅拌设备得到了迅速发展，连续滚筒式搅拌设备由于它对集料的加热烘干和沥青的搅拌在同一滚筒内进行，因而使搅拌设备结构简化，降低制造成本。由于连续滚筒式搅拌设备较适合于旧料的再生，已有多种形式的滚筒式搅拌设备可用于再生搅拌，成功地解决了旧料不和火焰直接接触的问题，从而保证了再生混合料的质量。与间歇式搅拌设备再生相比，连续式厂拌热再生具有以下优点。

(1)移动方便：连续式拌和厂组装时间较短，移动较为方便；

(2)再生能力强：连续式再生工厂可以采用高比例的回收料生产；

(3)生产效率高：工厂的生产效率不受回收料比例的影响；

(4)拌和质量好：由于回收料事先经加热后再和外加集料及沥青进行搅拌，因而搅拌时间长，所以连续式热再生生产出的混合料较为均匀。

下面介绍几种典型的连续滚筒式再生搅拌设备的结构：

4.1.1 滚筒中部加入旧料的单滚筒搅拌机

连续滚筒式沥青混合料搅拌设备对集料的加热烘干和沥青的搅拌在同一滚筒内进行，老式产品采用顺流加热方式，滚筒前部为加热烘干区，新集料从滚筒前部加入。单滚筒搅拌机滚筒中部燃烧区的末端有一旧料加入口(图 3-4)，从此加入的旧料已不和火焰直接接触，旧料进入后和已加热的新集料混合，同时继续和热气流进行热交换，该结构形式是使用较普遍的再生搅拌设备，它除进行再生搅拌外，还可用于新沥青混合料的搅拌。为提高设备的热效率，连续滚筒式沥青混合料搅拌设备的加热方式已改为对流加热，其结构形式多样。该型设备的主要结构特点是旧料加入口，其结构应保证旧料加入时能顺利进入滚筒，同时要求在滚筒转动时不向外漏料。加料口的结构形式有：重力翻板式、螺旋导流式、斜板直流式等。

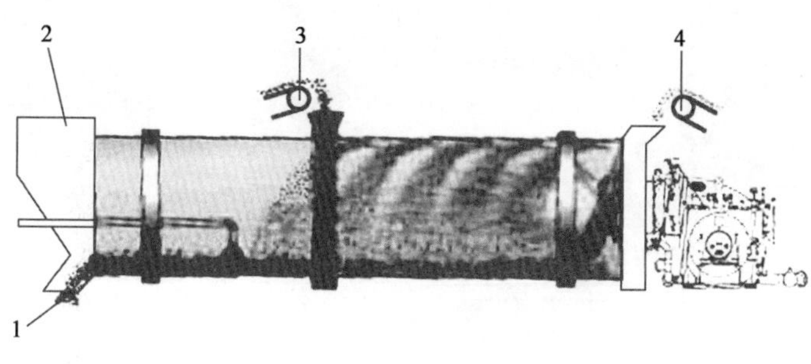

图 3-4 滚筒中部有加料口的滚筒式搅拌机

1-混合料卸料口；2-废气排出；3-旧料加入口；4-新集料

4.1.2 内伸式燃烧器对流加热单滚筒再生搅拌机

对集料的顺流加热方式由于其热效率相对较低，如何将顺流加热改为对流加热，同时又保证旧料中的沥青不老化，这是各制造商竞争的热点。内伸式燃烧器对流加热单滚筒再生搅拌机是一种典型的结构(图 3-5)，它对新集料的加热采用对流加热，同时又避免旧料加入后和火焰的直接接触。它将燃烧器伸入滚筒中部，使滚筒前部成为燃烧区，滚筒后部成为拌和区。路面旧料从滚筒中部(燃烧区后)加入，新集料从滚筒前端加入，与火焰形成对流，燃烧器从滚筒另一端用套管送入滚筒中部，火焰向前喷燃，实现新集料和燃烧火焰的对流加热，被加热的新集料在燃烧区后再和旧料相遇，在滚筒的后部和加入的其他材料相混合，拌和成再生混合料。

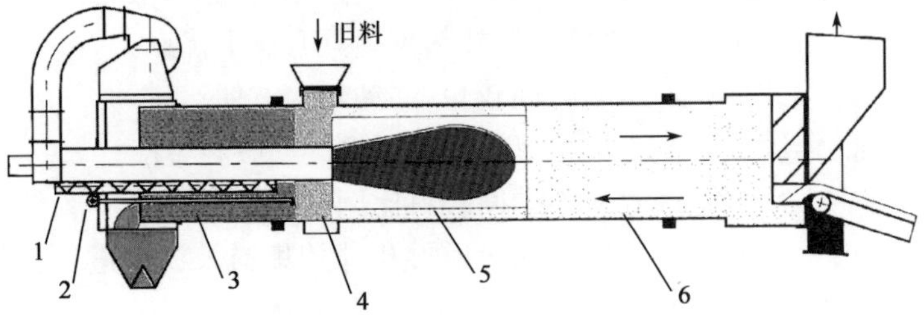

图 3-5　内伸式燃烧器对流加热单滚筒再生搅拌机

1-粉料加入；2-沥青加入；3-搅拌区；4-旧料加入区；5-燃烧区；6-新料加热区

4.1.3 双滚筒连续式再生设备

双滚筒连续式再生设备(图 3-6)是最新型连续滚筒式沥青路面旧料再生搅拌机，其新集料加热烘干滚筒的结构和强制间歇式沥青搅拌设备的干燥滚筒相同，采用对流加热原理，燃烧器位于滚筒低端，新集料从滚筒高端进入，形成火焰和新集料的对流加热，同时在干燥滚筒的

图 3-6　双滚筒连续式再生设备

1-外筒入口区；2-沥青加入；3-旧料加入；4-粉料加入；5-新料加入；6-新料烘干区；7-出料区；8-搅拌区

燃烧区外增加一个固定的外套筒，干燥筒和外套筒之间有一定的间距，旧料从外套筒低端加入，这样旧料不和燃烧火焰直接接触，干燥滚筒的外壁焊有拌料叶片，叶片排列成螺旋形。当滚筒旋转时新集料和旧料在螺旋叶片作用下向前推动，并和加入的粉料等拌和成均匀的再生混合料。

双滚筒再生设备拥有连续式搅拌设备的结构简单、产量大、能耗低等特点的同时，又吸取了间歇式搅拌设备具有强制搅拌的优点，尤其是在处理大量的废旧沥青材料方面有着特殊的优越性，主要具有以下特点：

(1)新集料在内筒加入，逆流烘干加热。旧料在内外筒之间的夹层中加入，吸收新集料和内筒的辐射热量间接加热，新、旧集料与新沥青、新矿粉在夹层中强制搅拌、再生。

(2)旧沥青混合料、新沥青均在外筒加入，旧料间接加热完全与火焰隔开，不会产生新旧沥青老化；矿粉在外筒连续加入，加入后即被沥青吸附，不会被内筒的气流吸走，不会出现跑粉现象。

(3)连续长时间(净再生搅拌时间长达 60～90s)的强制搅拌，搅拌效果最好，再生质量最好，可掺加旧料比例达到 50%。

(4)沥青烟气进入除尘器之前要经过燃烧室完全燃烧，是一种自然形成的废气再燃烧的结构，不会对环境造成二次污染，延长除尘器的布袋寿命。

(5)成套再生设备结构简单，维修安装方便，购置成本低。

(6)内筒的热辐射可以被内外筒夹套中的混合料吸收，热能损耗少，热效率高，生产效率高。与生产新料相比，生产再生沥青混合料的油耗率和生产率相同。

(7)新集料和旧沥青料的计量采用差分式连续动态计量，计量精度达到间歇式拌和楼的计量精度。

目前，双滚筒连续式再生设备已由浙江兰亭高科股份有限公司实现国产化，并在国内多个省份进行成功应用。

4.2 强制间歇式沥青混合料搅拌设备的再生搅拌

沥青路面旧料再生利用的初期均是采用强制间歇式沥青混合料搅拌设备进行热再生搅拌，早期只能将沥青路面旧料从热集料提升机进料口处加入，如图 3-7a)所示，旧料加入后在和热集料提升、筛分、储存过程中逐渐加热升温，旧料的热能来自于已加热的新集料，因而必须要提高新集料的加热温度，这样也就限制了再生时旧料的比例不能过高，热集料提升机进料口处加入旧料再生时一般旧料的比例不超过 20%，旧料的比例过高时，因旧料中含有沥青易使振动筛网堵塞，因此将沥青路面旧料从热集料提升机加入旧料的再生方式，旧料的比例一定要加以控制。另一种方式是将沥青路面旧料经计量后直接加入到搅拌锅，如图 3-4b)所示，该方式再生时一般旧料的比例不超过 20%，旧料的比例过高时达不到所需的混合料温度，旧料中挥发的水蒸气等进入布袋除尘器会产生一定的影响。

如何提高强制间歇式沥青混合料搅拌设备再生时旧料的比例是一个问题，由于旧料再生时须对其进行加热，加热温度过高易使沥青老化，如何对旧沥青路面材料进行加热已进行了很多探索，如美国 5291876 专利采用可加热的旧料给料机，在旧料出料口处增加一个加热装置，使旧料加热后再输出与其他材料进行拌和；还有的在搅拌塔的热储料仓之间增加一个旧料储仓，旧料从两侧热料仓吸收热能。但这些措施效果都不甚理想，目前国外使用较多的是在强制间歇式沥青混合料搅拌设备的基础上，增加一套旧料专用加热滚筒（如图 3-8），对旧料进行加热、储存、计量后直接加入到强拌设备的搅拌锅，这种方式可使旧料比例达到 50%～60%，但实际使用中最高旧料比例一般不超过 40%，因为旧料比例过高时再生混合料的质量不稳定；另一个问题是旧料经加热后在搅拌锅内进行再生搅拌时，由于旧料中的水分还在继续蒸发，同时旧料中沥青的轻油分也在挥发，这些水汽和挥发的油烟被抽出送到布袋除尘器，轻油分进入布袋后形成一种潜在的危险，油烟遇到高温会燃烧而使布袋烧坏，油烟直接排入大气会对环境形成污染。国际上已开展如何消除油烟的研究，如将再生搅拌时产生的烟气抽出后送到燃烧区燃烧，以减小污染消除潜在的危险，这是利用强制间歇式沥青混合料搅拌进行再生必须要考虑的技术问题。

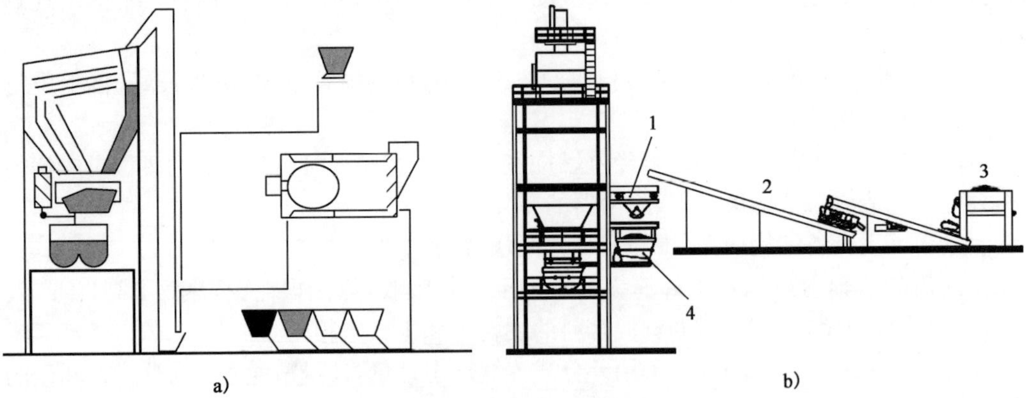

图 3-7　利用强制间歇式沥青混合料搅拌设备进行再生

1-旧料计量斗；2-皮带输送机；3-旧料仓；4-旧料输送机

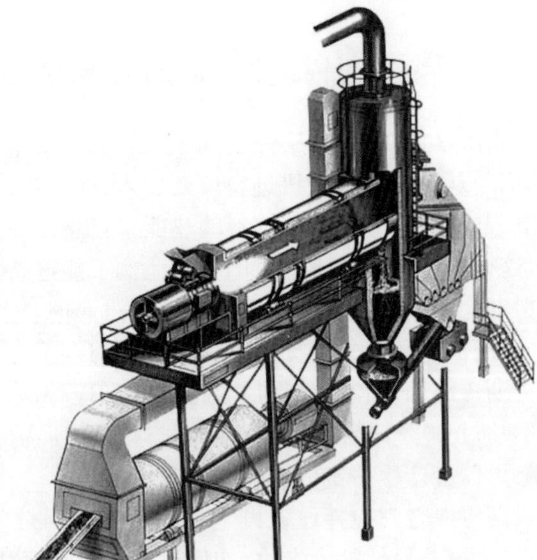

图 3-8　带专用旧料加热滚筒的强制间歇式沥青混合料搅拌设备

沥青路面旧料如何进行加热是一个技术难题，旧料再生时必须要对旧料进行加热，老化的沥青须在加热后才能和添加的再生剂反应，逐渐恢复其性能，但旧料的加热温度不能过高，温度超过200℃时沥青会老化变质。国外已有资料报道，已开发出用于沥青路面旧料加热的专用燃烧器，在火焰周围喷水或补气等，以降低燃气的温度，以防止旧料加热时发生老化。总之，国际上再生技术和再生设备仍在不断发展和完善之中。

4.3 沥青路面旧料再生时新集料的加热温度

所有强制间歇式或连续滚筒式沥青混合料搅拌设备对旧料再生时多需对新集料进行加热，新集料加热后再将热量传导给旧料，由于旧料中含有沥青，因此必须要控制新集料的加热温度，否则沥青易老化。表3-1(国外资料)即为不同旧料比例、不同含水率再生时对新集料的加热温度的要求表，如进行40%旧料比例再生时，旧料的含水率为5%，则新集料的加热温度为320℃，此时混合料温度为149℃，当采用双滚筒连续式沥青混合料搅拌设备进行再生时，加热温度能适当降低，因为它具有热传导性能好的特点。该型设备最适合于30%～40%和40%～50%旧料比例的再生，当进行30%旧料比例再生时，双滚筒搅拌设备外壳的温度为120℃。由于双滚筒搅拌设备有较长的搅拌室，因而有利于对旧料进行加热。

不同旧料比例、不同含水率时对新集料的加热温度要求表　　表3-1

旧料比例(%)	旧料含水率(%)	成品混合料的温度(℃)			
		104	115	127	138
10	0	121	138	152	163
	1	127	143	154	168
	2	132	146	157	171
	3	138	149	163	174
	4	141	152	166	177
	5	143	157	168	182
20	0	138	154	168	182
	1	146	160	177	191
	2	154	168	182	196
	3	163	177	191	204
	4	171	185	199	213
	5	179	193	207	221
30	0	157	179	191	207
	1	168	185	202	218
	2	182	199	216	232
	3	196	213	229	246
	4	210	227	243	260
	5	224	241	257	274

续上表

旧料比例(%)	旧料含水率(%)	成品混合料的温度(℃)			
		104	115	127	138
40	0	179	199	218	238
	1	199	218	238	257
	2	218	238	257	277
	3	243	260	279	299
	4	260	279	299	321
	5	285	302	321	341
50	0	210	235	257	282
	1	240	268	288	310
	2	271	293	318	343
	3	302	327	349	374
	4	338	360	379	409
	5	365	390	413	438

4.4 厂拌热再生设备对比分析

厂拌热再生是目前使用最广泛、再生效果最好的沥青路面再生利用方式，由于其在沥青路面再生利用中的重要地位，也是现阶段最适合我国采用的再生方式。下面重点对两种主要厂拌热再生设备进行对比分析。

4.4.1 旧料加热方式对比

旧沥青回收料的加热方式有：

(1)利用过热的新集料，在混合时传热给旧料；

(2)利用烘干筒壁间接加热旧料；

(3)用一个专门旧沥青混合料的加热装置来加热旧料。

众所周知，要使旧沥青混合料获得再生利用，一定要将旧料加热到一定的温度(热再生)，而目前普遍使用的间歇式沥青混凝土搅拌设备对旧料加热所采用的均为用一个专门的旧沥青混合料的加热装置来加热旧料，即采用专门加热旧料的烘干筒，用燃烧器火焰或高温热空气直接加热的方式。由于旧沥青混合料中含有沥青，而对沥青用火焰或高温热空气直接加热势必导致沥青的早期老化，影响再生沥青混合料的质量。

双滚筒连续式再生设备的旧料加热工序为：先将经计量后混合的新集料加热，加热后的新集料与旧混合料混合(旧料是在与加热后的新集料混合而间接加热的)，同时可吸收内筒上散发出来的辐射热量，加热旧料时旧料不与明火或高温热空气直接接触，可使旧料中沥青老化程度降至最低，产出品质优良的再生沥青混合料。

4.4.2 原料计量方式对比

由于两种再生设备在生产方式上的不同，形成各自的在计量方式上的不同：连续式动态计量和间歇式计量。

1)新集料的计量方式对比

(1)连续式动态计量

传统的连续动态计量采用的是容积式计量，通过皮带机在一定转速下料门的开度来确定集料的供给量，事先需要进行标定。这种计量方式由于我国的石料来源和质量不稳定，而且一旦料门被堵，计量误差很大。

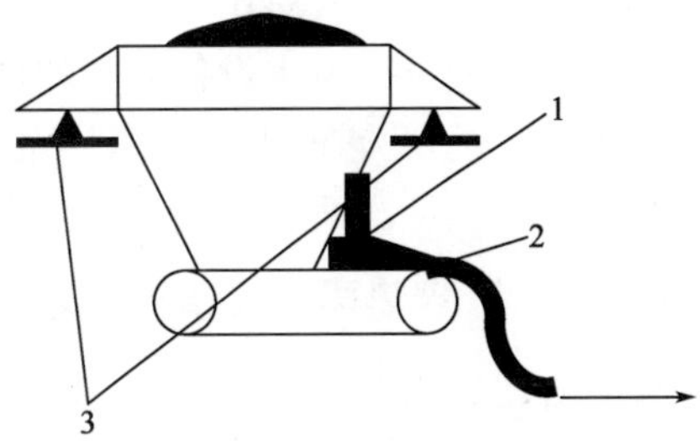

图 3-9　差分式连续动态计量原理示意图

1-给料门开度预设点；2-给料皮带供料转速调整点；3-总重量检测点

目前，连续式再生设备中采用的集料计量方式是连续差分式动态计量系统(图 3-9)，差分式连续动态计量不同于传统的容积式计量和皮带秤，通过称重传感器测得的计量斗物料的减少量来控制集料的供给量。只要预先设定好集料的供给量，称重系统就可以按设定值自动控制集料的流量，如发现偏离设定值系统可以自动通过变频器调整皮带机电机的转速来进行集料流量的调整。

(2)间歇式计量

间歇式计量是采用一个计量料斗，通过称重传感器分别对各种不同规格的热集料进行间隔称量。间歇式沥青搅拌楼的一个间歇批次的标准流程时间为 45s，通常称量的时间安排与搅拌时间同步，约 36s，只能排下 4 次热集料的称量循环。若用 5 种以上热集料配料时(对集料的级配曲线更容易准确逼近)，配料时间将超过 40s。此时，其他工序要等待计量完成才继续进行，因而使用 5 种以上规格的集料时将会降低搅拌楼的生产率。

间歇式计量的动态误差来源是：

①物料加料时的快速跌落，对称重传感器的冲击；

②“空中飞料”带来的附加误差。

(3)误差对比

连续式计量和间歇式计量的误差对比见表 3-2。

连续式计量和间歇式计量误差对比　　表 3-2

误差来源	传感器—测量系统		加料机械系统	
计量过程种类	静态误差(测量系统本身精度)	动态误差(称量系统特性的影响)	物料重度(料斗内料位高低的影响)	料流速度(料门开度/皮带速度)
连续式计量	有	无	较小，物料高低带来的容重变化小	较小，皮带速度的波动小，可控
间歇式计量	有	有，物料冲击及飞料影响	较小，影响下次修正值的稳定性	有，需要二次称量小料门进行细调

连续式计量的误差来源：

连续式计量的误差＝称量系统的静态误差

间歇式计量的误差来源：

间歇式计量的误差＝称量系统的静态误差＋动态误差

从上面的两种计量方式的对比可以看出，由于连续式计量同样采用称重计量，在动态计量精度上已经达到甚至超过间歇式称重计量所能达到的精度。

2)旧料的计量方式对比

连续式和间歇式再生设备旧料的计量方式与新集料的计量方式一样，但是由于间歇式是在热态下进行的，称重时旧料具有一定的黏性，经过多次称量后，旧料会黏附在计量料斗上，严重影响计量的精度。而连续式计量由于旧料是在冷态下进行，计量精度就容易得到保证。

4.4.3 厂拌热再生设备对比表

设备对比见表3-3。

厂拌热再生设备对比表　　表3-3

评价项目	间歇式再生设备	双滚筒连续式再生设备
新集料计量方式	加热、烘干、筛分后间歇称重计量，PLC控制，计量精度较高	冷态连续差分式称重计量，计量系统结构部件损耗小，PLC＋PID控制，技术先进完整，采用国际上最先进的日本原装进口差分计量仪，计量精度高
旧沥青混合料计量方式	加热后间歇称重计量，PLC控制，由于混合料带黏性，计量精度一般	冷态连续差分式称重计量，冷态下旧料不会黏附在计量料斗上，PLC＋PID控制，计量精度高
旧料混合加热方式	采用独立的烘干筒，旧沥青混合料加热易控制，处理旧料能力45%，旧沥青直接在燃气中加热，易产生废气，旧料中的沥青易老化	在内外筒的强制搅拌区加热，可利用燃烧壁的辐射热，加入量大，处理旧料能力50%，与燃气不直接接触，沥青不易老化，加热方式绝对保证混合料质量，是对间歇式再生搅拌设备的最大优势
搅拌再生	间歇强制式搅拌，搅拌效果较好，再生时间短，再生效果一般，需延长搅拌时间，影响生产效率	连续强制式搅拌，拌和再生效果好，搅拌筒加热、搅拌时间长，旧沥青再生效果最好
设备运行经济性	设备结构复杂，投资成本高。新料和旧料采用两套独立的加热烘干系统运行，散热面积大，热损失大，需提高料温，增加燃料和动力。相对故障率高，维修困难，需较高的运行费用	设备结构简单，投资成本较低。共用一套加热烘干系统运行，热利用率高，节省燃料，与间歇式相比，动力燃料消耗可降低10%～15%；故障率低，维修简单
多功能性	可拌全新沥青混合料和热再生混合料	既可拌热再生混合料、冷再生混合料，也可拌全新沥青混合料

5 厂拌冷再生搅拌设备

沥青混合料厂拌冷再生是将再生回收料与外加黏结料/再生剂拌和后作为路面基层或者面层的一种生产工艺，其整个过程对回收料都不加热。

厂拌冷再生设备生产再生沥青混合料是在各种料冷态条件下进行的，由于在再生过程中不需要加热，所以对设备的要求比较简单。

对厂拌冷再生设备生产冷再生沥青混合料的基本要求是:能把各种料均匀混合的搅拌装置;各种料的收集计量供给装置。

目前使用较广泛的厂拌冷再生设备大多采用连续式,主要有德国维特根公司的KMA200型移动式厂拌冷再生设备(图3-10)、科氏公司的Recycleplus冷再生系统,另外在前面介绍的双滚筒连续式再生搅拌设备上,在新集料加入口中加装一套水的计量供给装置,也可拌制冷再生混合料。

图3-10 厂拌冷再生设备

目前,有些施工单位通过对原有稳定土搅拌设备的改造,也可以拌制厂拌冷再生混合料。

维特根公司的KMA200型厂拌冷再生设备安装在一个半挂车上,可以用汽车牵引头直接运到摊铺就地附近的空地上,设备转移方便。设备配备泡沫沥青发生喷洒系统、洒水系统、乳化沥青喷洒系统、输料皮带系统、粉状水泥配料系统、搅拌系统及控制系统,由于自身带有泡沫沥青发生装置,只需把旧料、水泥、热沥青和水加入设备中就可以拌制出泡沫沥青冷再生料。控制室为图形化流程显示及监视,为全电脑自动化控制。设备有两个旧料配料斗,可以生产100%旧沥青再生混合料,产量大于200t/h。生产出来的再生混合料用皮带直接输送到运料卡车上,立即拉到工地进行摊铺、压实,一般用于底层或基层。

科氏公司的冷再生系统具有4个以上的新集料斗,独立的添加水泥装置,回收料、水泥及乳化沥青能够单独计量。由于具备4个以上的新集料斗,生产出的再生混合料质量较高,可以用于中下面层。

双滚筒连续式再生搅拌设备拌制冷再生沥青混合料时,需在新集料的加入口加装一套水的计量供给装置。生产时新集料和水一起加入内筒,使新集料预先湿润后进入到外筒和旧料混合均匀,再加入乳化沥青和水泥等添加剂搅拌成冷再生沥青混合料。由于加乳化沥青前新料、旧沥青混合料在内筒与水及外加剂混合搅拌均匀,使新料、旧料预先湿润,可以延长冷拌沥青混合料的破乳时间。

6 就地热再生机

20世纪70年代以来,欧、美、日等发达国家为了在道路维修中充分利用旧沥青混合料,节省资源,相继推出了沥青混凝土路面就地热再生工艺,即采用就地热再生设备对需维修的路面进行就地加热、翻松、搅拌、摊铺等连续作业，最后用压路机碾压，一次成型新路面的施工方法。就地热再生可以现场维修损坏的道路，因此使用的新料最少。该工艺一般包括四个步骤：

(1)使用热量软化沥青面层；

(2)耙松或机械清除路面材料；

(3)将材料与再生剂、沥青黏结剂或新料拌和；

(4)将再生混合料摊铺。

就地热再生的主要目的是矫正路表面的损坏而不是结构上的问题，例如剥落、裂缝、车辙、坑洞、推挤和拥包。

就地热再生路面维修的特点：

(1)主要用于路基完好，路面破损深度小于6cm的沥青混凝土路面的维修，原有沥青材料经再生处理后，能恢复其原有性能和延长使用寿命，而不改变原有路面的标高；

(2)能够去除深达6cm的轮胎压痕，并能在单一车道修复中修正排水坡度；

(3)就地热再生完成的车道，因100%热结合，可完全避免车道接缝所产生的纵向开裂；

(4)就地热再生100%利用现有旧料，可降低施工成本且无任何废料，是环保性的养护工艺；

(5)单线道路施工方式，使交通阻塞及危险降至最低；

(6)一次完成的回收再利用方式，比传统的回收方式增加75%的效益，比传统的路面翻新方式在成本上节省20%～50%；

(7)施工结束即可开放交通；

(8)施工产生的振动、噪声比其他施工方法小，在市区也可进行夜间作业。

就地热再生设备又称为就地热再生机组，就地热再生所用的设备有许多不同的配置，这取决于热再生的工艺，即表面再生、复拌或重铺，主要由两大系统组成：加热系统和复拌摊铺系统。目前成熟的设备上都以液化气为燃料，采用红外加热方式，由于加热温度不能过高，必须分次加热才能使路面加热达到一定的深度，一次加热时间过长时虽表面温度很高，但加热深度很浅，表面温度过高易使沥青老化。因而，就地热再生机除本身带有加热装置外，还需配有专用加热机，图3-9是就地热再生加热机施工图，施工时多次加热才能达到所要求的温度和深度，因而整套设备的成本较高，故在选择再生工艺时需慎重考虑。就地热再生适用条件：路面基层完好，仅对表层进行处理。就地热再生技术最盛期在1980～1990年，意大利1987年就地再生182万m^2；日本1987年就地再生200万m^2，之后就地热再生技术的使用在逐渐减少。

就地热再生的优点：

①处理快捷；

②不用搬运大量材料；

③节约能源；

④100%再生。

就地热再生的缺点：

①机组庞大；

②操作难度大；

③均匀加热难度大；

④有烟雾。

就地热再生设备，它主要由预热机、红外线加热机、翻松机、拌和机、沥青混合料摊铺机、沥青罐、集料仓、新沥青混合料接料斗、牵引头及行走系统和控制系统等组成。

6.1　加热系统

采用加热的方式对旧沥青路面进行热再生，其施工设备包括加热机组、就地热再生机(图3-11)、压路机等。工序包括：加热→铣刨→搅拌→摊铺→压实，由于路面再生时需先将路面加热到一定的温度，路面加热机是就地热再生机组必配设备，路面经加热并达到一定温度后，才能进行铣削搅拌等其他工序。

图3-11　就地热再生工程施工设备

加热系统主要由燃烧装置、加热装置、燃料罐、液压装置、发动机、操纵装置、行走装置等组成。它的用途是将需要再生处理的沥青路面均匀加热至要求的温度，加热中沥青路面表面温度一般不超过180℃，表面以下1～2cm处的温度为120～130℃，表面以下3～6cm处的温度为70～100℃。通常加热深度为2～6cm，为了加热均匀和不烧焦沥青，一般分2级加热或多级加热，加热系统之后跟随复拌系统。

热风循环加热式主要由燃烧器、加热箱、风机、自动控制装置组成，热风循环加热式是典型的集中燃烧式加热机(图3-12)，它采用一个大容量的喷燃器并与加热装置分开，设有复杂的通风管道和箱罩；燃烧器燃烧产生的热量从通风管送到加热箱罩内均匀地加热路面。工作时燃料燃烧产生高温，由风机将温度可达700℃的热气送到加热箱，对路面进行加热，使路面的温度逐渐升高，从而达到需要的温度。实际工作中，热气的热量一部分传给路面，余温400℃的热气通过风机送回到加热器室，再次加热使温度上升至700℃，形成热气循环。加热温度由自动控制装置控制，作业时首先设定热风温度给定值，自动控制系统根据热电偶反馈的信号，通过温度控制器调整油门与风门大小，将温度自动稳定在设定的范围内。该方式由于热风循环使用，热效率高，节省燃料。同时可根据路面加热温度的要求，设定燃烧值，控制范围较广。加热宽度通过液压伸缩装置控制加热箱罩的不同位置来调节。

分散燃烧式加热装置由若干加热箱组成，每个加热箱内装有多个(10～100个)小容量燃烧器，直接加热路面(图 3-13)。它结构简单，热量损失小，但不便于实现自动控制，加热宽度的调节采用拆去部分加热箱或折叠式结构。

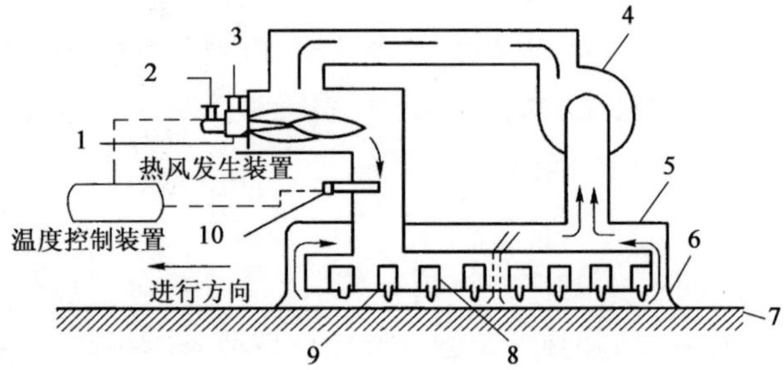

图 3-12 热风循环加热式加热机

1-燃烧器；2-燃料；3-空气；4-循环风机；5-罩壳；6-裙部；7-路表面；8-风道；9-喷嘴；10-温度传感器

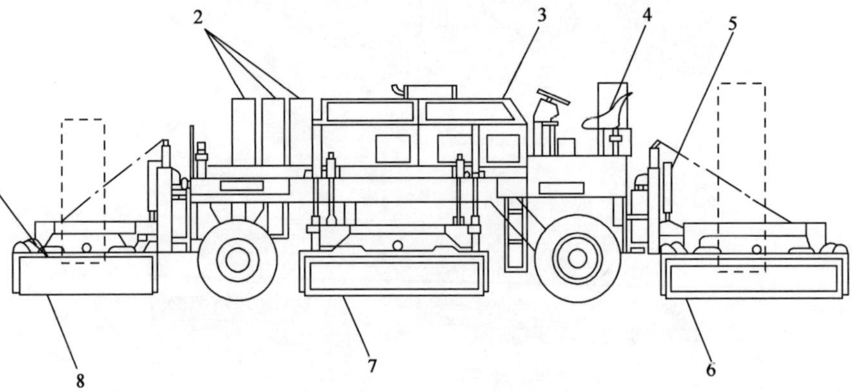

图 3-13 分散燃烧式就地热再生加热机

1-燃烧装置；2-燃料罐；3-发动机；4-操纵装置；5-液压装置；6、7、8-加热装置

红外线辐射式加热机，用液化石油气(LPG)作燃料，液化石油气在金属网附近燃烧加热金属网，产生红外线辐射到路面上进行加热。它具有加热均匀、热效率高等优点，它比热风循环式加热的深度深，因为红外线辐射的穿透能力强，能够有效地加热沥青路面的深层部位，使路面以下 4～6cm 处的旧沥青混合料温度迅速提高，达到 70～100℃，而表面温度不超过 180℃，从而保证了再生路面的质量，生产效率较高。但要求有较完善的安全防火防爆措施。

6.2 复拌摊铺系统

就地热再生目前有多种结构形式：一种是加热、铣刨、搅拌、摊铺成再生路面；另一种是加热、铣刨、搅拌、摊铺成再生面层，并在再生面层上再铺一层新混合料层，也可将再生料和新混合料拌和后再铺新再生面层，图 3-14 是这两种方法的工程示意图，图 3-15 是再生料和新混合料拌和后铺新再生面层的复拌机结构示意图。复拌摊铺系统主要由新料接料斗、供料装置、路面翻松装置、搅拌装置、添加剂喷洒装置、熨平装置、辅助加热装置、行走装置等组成，不同机型可供不同路面等级及不同要求工程使用。路面的加热机不仅要使路面达到一定的温度，而且要加热到所要求的深度。

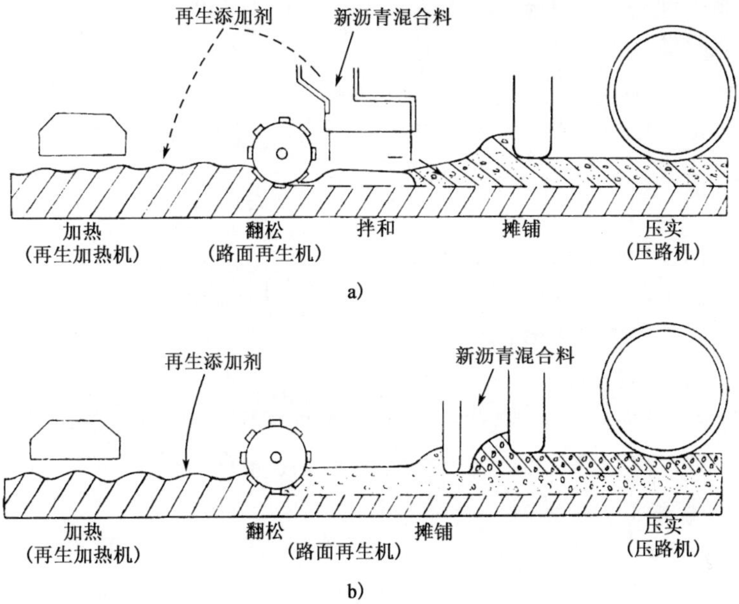

图 3-14 两种就地热再生方法的工程示意图

a)再生料和新混合料拌和后铺新再生面层；b)再生料层铺设后再铺新混合料面层

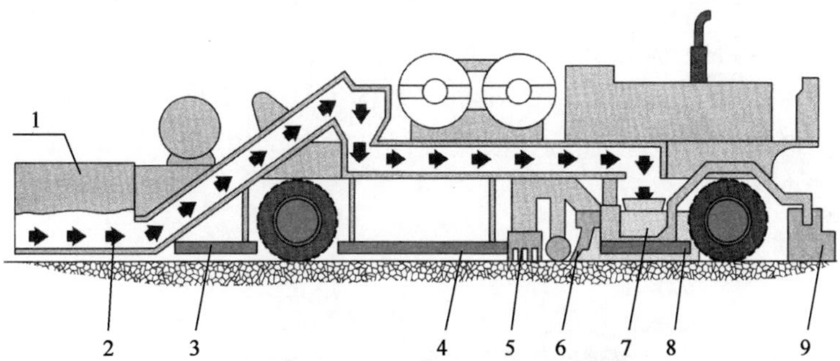

图 3-15 就地热再生复拌机结构示意图

1-新料接料斗；2-供料装置；3、4、8-辅助加热装置；5-路面翻松装置；6-添加剂喷洒装置；7-搅拌装置；9-熨平装置

7 就地冷再生机

沥青路面就地冷再生工艺是 20 世纪 80 年代后期在路面冷铣刨工艺的基础上迅速发展起来的一种新技术，目前已成为国际上道路维修改造的主要方法之一。这种技术包括了四个主要工序：

(1)准备旧路面的再生材料，包括破碎和翻松旧路；

(2)加入稳定剂和水并加以拌和；

(3)成型和压实；

(4)在再生的路面上加铺磨耗层。

为了加强补强作用，有时还要加铺黏结层和部分结构层。就地冷再生工艺主要用于结构层的翻修，适用于各种类型的道路。就地冷再生技术的优点包括：

(1)全部旧料就地再生，不仅减少了新料的用量，而且节省了运输费用；

(2)在翻新路面的补强问题上有着很大的灵活性，可以在再生的路面上只铺一层稀浆封层，也可在其上加铺一层热沥青混合料磨耗层，又可以将再生路面作为底面层在其上加铺一层中面层和上面层，构成三层结构的路面，还可以将再生路面作为第一层结构层而在其上铺多层结构的沥青路面；

(3)消除旧路面不规整的横向断面；

(4)由于已经有了再生路面作为底面层，在其上加铺其他面层的工作量将相应减少，因而节约了施工时间、降低了施工成本；

(5)减轻环境污染、减少能源消耗。

就地冷再生技术是充分利用现有旧沥青路面的面层作再生材料，必要时加入部分新集料，并按比例加入一部分全新的黏结剂，在自然温度下就地完成切削、破碎、拌和、摊铺及压实，使旧路面翻新再生，成为新路面的下面层，再铺上新料作上面层。或把再生层作基层用，再铺上新的面层。该技术的显著特点是把旧路面再生后作为新路面的下面层，因此也称作下面层就地再生技术或基层再生技术。

就地冷再生用机械设备一般由多台机械配合使用，其再生作业主机基本上由稳定土拌和机改制而成。再生作业机应具有乳化沥青计量喷洒装置，水计量喷洒装置，或水泥浆计量喷洒装置，或泡沫沥青喷洒装置。其工序包括添加材料的撒布→铣刨、破碎、拌和→摊铺、压实，配套设备可分为三类：冷再生机、专用配套机械（水泥、沥青、稀浆输送车等）、通用机械（平地机、压路机等）。图 3-16 为德国维特根冷再生机的结构示意图，根据使用的再生黏结剂种类可组成多种施工工艺和机械配置。使用乳化沥青进行再生时，须配套水罐车、乳化沥青罐车、压路机等机械，施工原理图见图 3-17。

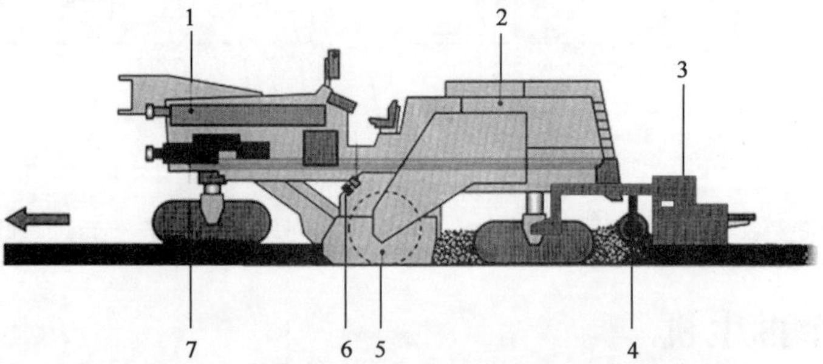

图 3-16 德国维特根冷再生机的结构示意图

1-乳化沥青或水泥稀浆输送泵及管道；2-柴油发动机；3-带夯锤的熨平板；4-螺旋布料器；5-机械驱动的铣刨及拌和转子；6-带有独立膨胀室泡沫沥青喷洒系统；7-带加热的沥青泵及输送管道

薄层沥青路面就地冷再生是针对沥青旧面层进行改造，先根据旧路面的特性确定需添加的材料预先撒布在路面上，然后由冷再生主机进行旧路层的铣刨、破碎并拌和材料，在铣刨过程中同时再添加所需要的沥青和其他添加剂，然后再由其他施工机械平整压实，即完成旧沥青路面的再生改造。图 3-18 是轮式就地基层冷再生机。

深层沥青路面就地再生用于旧沥青路等级的提高，是将旧沥青面层和基层同时铣刨破碎，再添加其他材料，平整压实后作为新面层的基层，再在基层上铺筑新面层，即能提高原有路面的等级,这是一种道路改造经济而有效的施工方式。就地再生基层技术是乳化沥青冷拌技术和稳定材料路拌法的结合,开始时设想用稳定土拌和机把旧沥青面层和部分基层一起破碎搅拌,添加乳化沥青等材料做成基层。一般来说,旧路面单轴压缩强度在 6～10MPa,由于稳定土搅拌机破碎能力不足,无法对付坚固的路面,只好采用路面切削机(铣刨机)预先破碎,再用稳定土拌和机拌和,随着再生基层技术的发展将稳定土拌和机和铣刨机结合,开发了专用的轮式就地基层再生机。基层再生机同稳定土拌和机及路面铣刨机相互间在结构上有许多相同点。专用的基层再生机能把旧沥青路面和基层就地破碎,同时加入沥青、水泥等稳定材料,并将之搅拌混合,辗压后构成新的路面基层。

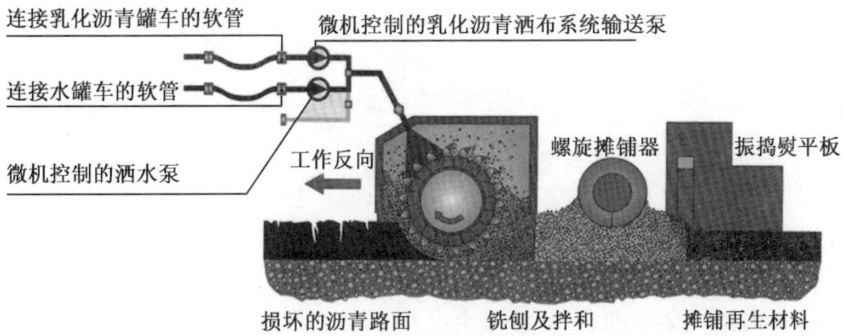

图 3-17 就地冷再生施工原理图

图 3-18 轮式就地基层冷再生机

专用的基层再生机有以下特点:

(1)工作目的是破碎、搅拌旧沥青路面;

(2)动力大,一般在 368kW(500 马力)以上;

(3)锥形切削齿(子弹头);

(4)切削拌和转子可左右位移 350mm 以上;

(5)装有乳化沥青,泡沫沥青喷洒装置。

根据国外工程的资料介绍,与在旧沥青路面上加铺新面层的维修方法相比,薄层就地冷再生约可降低成本 20%;深层就地冷再生和新建工程相比,约可降低成本 46%,因而就地冷再生方法正在被越来越多的工程所接受。路面再生技术还在发展着,再生料的配比设计,再生机械、改性沥青路面的再生,基层单独再生等技术都在研究发展中。我国在借鉴国外再生经验的同时,要分析各种方法的优劣和发展趋势,还应注意积累自己的经验。

第4章

改性沥青设备

1 概述

1.1 用途及工作对象

改性沥青设备即用于改善沥青性能的生产设备，主要有主机、改性剂上料控制系统、成品料储存罐、导热油加热炉和控制系统组成。主机配有搅拌罐、溶胀罐、孕育罐、胶体磨和电子称重控制装置等部分。改性沥青的生产过程由计算机控制，改性过程全部自动化，生产时动态实时监测显示，也可随时打印或查寻生产记录。该设备具有沥青改性质量稳定、计量准确、操作简便等特点，为现代高速公路、桥面、机场及大中小城市主干道建设路面材料提供改良的理想设备。

1.2 国内外水平及发展趋势

国外的改性沥青设备应用在高等级道路工程上已有很长的发展历史，国内的发展时间也已有十几年。随着各种规格、型号的改性沥青设备在不同现场的广泛应用及科技的不断进步和生产工艺以及控制过程的变化，对改性沥青设备的技术含量和技术要求日渐苛刻，这也从客观上要求改性沥青设备制造商不断创新和发展。

1992年前后国外的改性沥青设备及单体机均通过在国内设立商务代表处或代理商的方式来扩大中国市场的占有率。据不完全统计已有德国、法国、西班牙、加拿大、意大利、奥地利、美国、丹麦和日本等近十个国家的厂商在中国落户，其中奥地利落户最早，并且只租不卖，给国人的印象充其量只是改性沥青设备的先锋；德国和美国的设备与技术已在品牌方面吸引了中国用户的注意；其他一些国家则在积极努力之中；同时还有一些目前尚未进入但即将进入中国市场的国外厂商。所有这些公司都是工程机械专业厂，其设备各有独到之处。

国外厂商在提供众多产品选择的同时也对中国厂商施加了更大的竞争压力。在国内改性沥青设备制造行业中，依靠新技术在质量方面独具竞争优势的企业不多，除此之外还有部分改性沥青生产商及设备，虽然产品种类和覆盖范围无法与规模化专业厂家相抗衡，但是拾遗补缺的功能确保了其存在的必要性和合理性。

国内外广泛使用的沥青胶体研磨机已成为一个独立开发的产品，其动力驱动功率越来越强劲。随着结构设计的改进故障越来越少，我国开发此类产品的起点较高，但是后续研发力量均显不足，加上缺乏与国外专业生产商的交流，因此在产品种类和控制模式上没有跟上国际最新的发展趋势。

国产改性沥青设备初期质量不够稳定，随着使用经验的增多，维修人员已能熟练地排除故障和使用，但跑、冒、滴、漏是国产设备和部分国外设备的问题点。目前国内几家企业所拥有的大部分加工设备仅是手工控制的车、铣、刨床，零件加工精度无法达到高精度胶体研磨机的要求，为此，国内落后的机械加工手段制约了高精度和高质量产品的批量化生产。

由于国外技术的优势国内生产企业面临着更为激烈的竞争。国外一些公司正在积极寻找各种途径来建立和不断巩固基地，并把港口作为必争之地；国内企业数量虽多却形似一盘散沙，眼睁睁看着国外公司在眼皮底下中了自己家门口的标。所以除了积极应对市场变化外，还需在提高技术、保证生产工艺等方面积极引进国外的产品和技术，寻找机会开展多种形式的合作；在核心设备沥青专用研磨机的制造应用方面，要在消化和理解国外技术的基础上不断改进加工工艺、提高精度等级、加强品牌建设，其他的控制原件应选择质量稳定的进口件和合资厂的产品，以保证产品品质；提高自身产品的技术更新速度，增加产品的技术含量；使产品在满足使用要求的同时适合更多的安装条件，提高各种产品在不同市场的适用性；引进先进的生产设备，为提高产品质量提供必要的硬件；同时对专业技术人员进行职业培训，使其与时代同步。

2　分类、特点和适用范围

改性沥青设备是根据所添加的改性剂种类和生产的改性沥青品种来分的。改性剂种类较多，但是，不同的改性剂都有其固有的特点，通过研究和应用，改性剂的使用品种和数量也在不断变化。国外的改性剂，北美从使用 PE→SBS；欧洲使用的 EVA 逐渐为 SBS 代替；特别是美国从 PE、EVA 等其他品种都转向 SBS；而我国也是从 PE→PE＋SBS→SBS。就目前而言，国内外使用的改性剂主要是各种聚合物：如橡胶类、树脂类、热塑性橡胶类等三大类改性剂，最具有代表性的是 SBS 改性剂，故通常所说的改性沥青设备是指 SBS 改性沥青设备。

改性沥青设备是 SBS 改性沥青的关键设备。我国早期租用奥地利设备先后修建了首都机场高速路首都国际机场跑道等高等级路面，获得了良好的使用效果引起了公路界的广泛关注和浓厚兴趣。巨大的市场，吸引了国外技术、设备、产品争先恐后地登陆我国，但设备及配套的关键技术如果仅仅依赖进口，不仅费用昂贵，且对我国气候条件和基质沥青的适应性不强，严重制约了新材料新技术在我国交通建设中的应用。交通部多次发文，把开发改性沥青成套设备及相应技术作为一个重点来抓，并列入“十五”公路技术创新的重点之一。

目前国内已有不少厂家生产 SBS 改性沥青设备，其中浙江兰亭高科公司积累了多年设计和生产的经验，并结合对沥青改性机理和配伍及工艺的深入研究，研制成功了 SBS 改性沥青设备，经鉴定，技术性能达到国内领先水平，其中由 3 台研磨机组成的流水线工艺属国内首创；“高等级公路路面沥青改性、乳化关键技术与生产装备研制”获得了国家科技进步二等奖。

3 改性沥青加工过程及生产工艺

3.1 改性沥青的加工过程

聚合物改性沥青的加工过程一般经过三个阶段：聚合物改性剂溶胀、研磨细化分散、孕育，每一阶段的加工温度和时间是关键因素。一般来说，溶胀的温度控制在165～175℃，分散温度为175℃左右，孕育温度为165℃左右；加工时间则视加工工艺及技术质量指标控制确定。

1)溶胀

SBS对沥青的改性总的说是一个物理共混过程。SBS经高速剪切后与沥青形成连续网状结构，沥青与SBS形成微观混合相容状态；SBS链因吸收沥青中的烃类组分发生溶胀，使SBS体积膨胀，完全溶胀后的SBS其体积可增加到原来的8倍左右，SBS变成伸长溶胀的网状连续相，沥青则成为分立的球状体。不同溶胀时间下，SBS改性沥青的针入度、PI指数、软化点、5℃延度见表4-1。

不同溶胀时间下的试验结果 表4-1

指　　标	溶胀时间(170～175℃)(min)			
	5	30	60	90
25℃针入度(0.1mm)	67.0	65.0	60.0	56.0
PI	+0.10	+0.21	+0.26	−0.18
软化点(℃)	69.0	71.0	74.0	79.0
5℃延度(cm)	35.0	42.0	38.0	31.0

经过上述分析可知，溶胀是改性沥青加工工艺的一个重要环节，要使改性剂高度粉碎并均匀分散，大颗粒的改性剂必须与基质沥青均匀的混合在一起，同时进行剪切，这是一个必需的准备工艺。用于溶胀的工艺装置搅拌罐设置的数量，容积的大小，在成套设备预定生产能力的前提下，既关系到工艺流程的平顺运行，又关系到SBS溶胀必不可少的时间，因此搅拌釜数量及容积的设计，第一个要解决的问题是确定溶胀时间。

但是SBS的溶胀同时受到基质沥青牌号、溶胀温度、改性剂掺量等因素的影响，特别是虽属同一标号的基质沥青，由于矿源基属不同，生产企业不同，甚至生产批号不同，沥青的组分含量也不相同，影响溶胀的因素可谓相当复杂，要得出一个比较准确的溶胀时间是较为困难的，具体应根据实际情况，通过在相同的条件下的试验数据决定。

溶胀时间是影响改性效果的又一重要因素。SBS的熔点在180℃左右，基质沥青温度越高，SBS越易被溶化，并能加快SBS的溶解速度。但沥青的温度越高，沥青自身也容易老化。所以，掌握沥青的加热温度也是个关键的问题。表4-2为不同温度下的SBS改性沥青其针入度、软化点、5℃延度及针入度指数的试验数据。

SBS与沥青在高温及低温下密度、黏度及分子量都不相同，尤其在高温下相差较大。SBS的相对密度小于1，分子量大于10万；而沥青的相对密度大于1，分子量在1000左右。SBS的黏度在500～10000，而沥青的黏度则小得多。所以，SBS的加热不宜超过190℃，在160～180℃时，SBS具有较好的柔韧性，并易于加工；当SBS加热温度超过190℃时，SBS就会被不同程度的氧化、焦化、分解、降解，造成使用性能下降。

不同温度下的试验结果 表4-2

指　标	温度(溶胀时间30min)		
	170～175℃	190～195℃	210～215℃
25℃针入度(0.1mm)	65.0	59.0	52.0
PI	+0.21	+0.01	−0.36
软化点(℃)	71.0	74.0	67.0
5℃延度(cm)	42.0	36.0	21.0

2)研磨细化、分散

从工艺角度讲，研磨细化、分散过程是改性沥青生产加工的关键点之一。针对SBS是一种内聚力很强、延伸性好、弹性高、难以高度粉碎的特点，采用先进的工艺和研磨机将其细化后均匀稳定地分布于与之不相容的沥青基体中。

目前国内外同类设备，基本上均采用德国SIEFER公司的TRIGONAL研磨机或类似的研磨结构。需经研磨机5～6遍研磨，SBS才被粉碎至10μm左右的细度，能基本满足SBS改性沥青的要求，但存在两大问题：一是这种研磨机对SBS的剪切细度范围在5～10μm；二是该研磨机售价很高，若按粉碎物料的均匀性要求，形成流水线工艺配置，设备投资很大。

为了提高生产效率降低设备制造成本，兰亭高科创新设计试制成功了一种独特形式的高剪切均化磨，其结构特点及作用为：一是动、静磨盘配合的圆锥形，使物料跳跃地沿锥面向外运动，SBS接受机械剪切的机会多；二是锥形磨盘促使物料的流向不断变换，加速了SBS微粒表层剥离并造成大分子链的快速断裂；三是磨面上的齿槽是液态物流的主要通道，齿槽横截面的多次变化，造成了液流瞬时压力的变化，为质地疏松的SBS吸入沥青中芳香分引起快速溶胀创造了条件，致使SBS的内聚力急剧下降，加速了SBS微粒的表层剥离和断链。因此，这种独特的磨盘结构对于SBS具有极高的粉碎作用。经2～3遍研磨后，SBS的细度可根据生产改性沥青的要求，控制在2～5μm之间，其粉碎效率相当于国内外同类设备的3倍，造价不到进口磨机的一半。

研磨法生产的SBS改性沥青，SBS颗粒在溶胀充分后，就可以进行研磨，通过研磨使SBS分子团受到强烈的剪切作用，SBS也容易断裂成较小的分子链。当SBS颗粒被研磨很细后，继续研磨的剪切作用对分子链的破坏作用变得很小，而断链后形成的R−CH自由基具有很高的反应活性，能够与SBS分子中的双键发生聚合反应，会生成部分带支链的SBS分子。因而，研磨法生产的SBS改性沥青黏度比较高。但由于SBS分子链已变短，所以，研磨法生产的改性沥青的延伸性相对要小一些，又由于研磨法分散的比较均匀，形成网状分布，所以软化点又相对高一些。

但总的来看，研磨法生产的SBS改性沥青综合性能比较好。与搅拌法或简单胶体磨法对比，研磨法使SBS改性沥青的延伸性能相对下降，而搅拌法等，其软化点相对要低。

表4-3为研磨1～3遍SBS改性沥青针入度、软化点、5℃延度及细度的数据。

不同研磨遍数下的试验结果 表4-3

性能指标	研磨遍数		
	1遍	2遍	3遍
25℃针入度(0.1mm)	67	62	56
软化点(℃)	55	70	82
5℃延度(cm)	14	38	52
细度(μm)	10～20	8～12	2～5

SBS改性沥青在不同的研磨遍数下，其性能指标和细度就不同。通过试验表明，当研磨到三遍后其针入度的下降幅度就会显著减小；在日常生产中，研磨两遍就能确保改性沥青达到较好的性能。

3)孕育

改性沥青加工完成后，虽然改性剂在沥青改性过程中得到了高度的粉碎，并在沥青基体中高度分散，但是改性剂微粒与沥青组分的混合还很生硬。在显微镜下可以看到改性剂微粒与沥青界面相当清晰，就是说界面过渡层尚未较好地形成。即使加了抗离析稳定剂，形成较好界面过渡层也需要必要的时间，亦即必要的孕育过程。这一过程在成品储存罐中完成，由于基本上属于物理溶混的沥青改性过程使产品存在着分离的倾向，所以在产品的孕育过程中，为防止改性剂与沥青组分的分离，必须给予一定程度的搅动，可有效地防止离析的产生，保证了改性沥青的稳定性。

孕育的基本要素是时间和温度。

(1)孕育时间：对现场加工的改性沥青进行孕育，目的仅在于一定程度上改善产品的品质，因此对孕育时间没有确切的需求。基质沥青中芳香分含量高，沥青质含量低，加工中改性剂掺量少，界面吸附层容易形成，时间就可能短些，反之，就应该长些；对成品改性沥青的生产，为达到离析的指标要求，必要的反应时间必须保证，否则一部分尚未就位的改性剂就会随着搅拌的停止而凝聚，但是，不同的基质沥青，需要的孕育时间差别很大，有的数十分钟就可以，有的需要几个小时，所以必须通过小试才能确定。

(2)孕育温度：一般情况下，可以控制在160℃左右。由于沥青的组分复杂，对于有一些基质沥青需要高一点的孕育温度才有效，也须小试确定。

3.2 国内外改性沥青生产工艺

综合分析国内外聚合物改性沥青的生产工艺，从磨机种类来分，不外乎高速剪切法和胶体磨法两大类。国内外聚合物改性沥青生产工艺如图4-1所示。

3.3 聚合物改性沥青生产工艺实例介绍

1)兰亭改性沥青的生产工艺(专利)

图4-2～图4-4为兰亭公司的三种生产工艺。

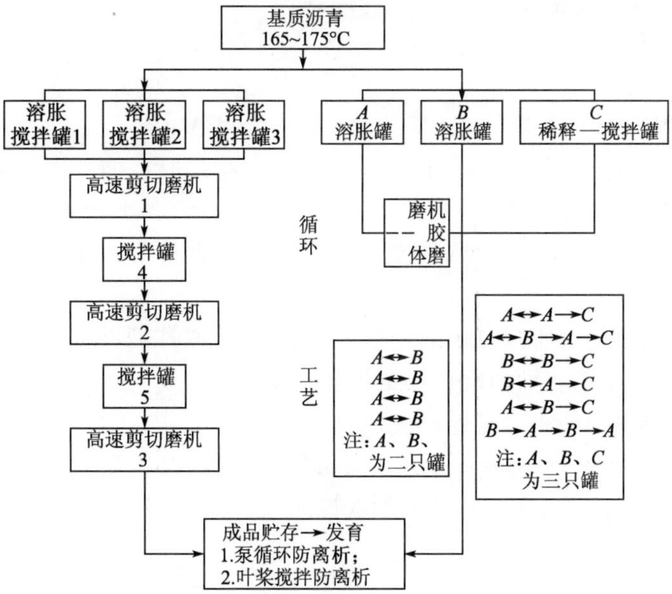

图 4-1　国内外聚合物改性沥青生产工艺

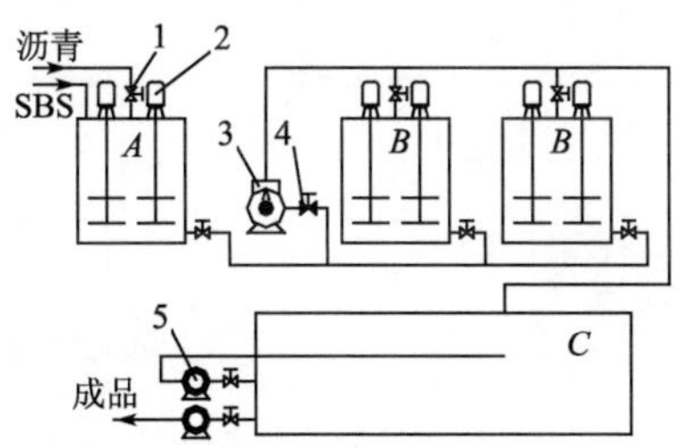

图 4-2　兰亭高科分级式流水生产工艺

1-气动阀；2-搅拌器；3-高速剪切均化磨；4-流量调节阀；5-沥青泵；*A*-溶胀罐；*B*-过渡罐；*C*-成品储存罐

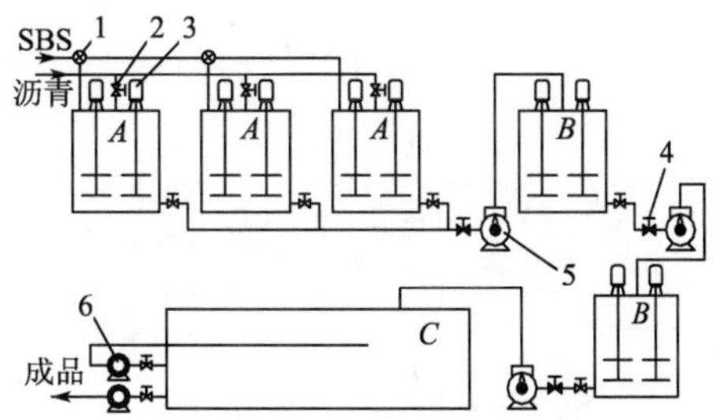

图 4-3　兰亭高科连续式流水生产工艺

1-双向阀；2-气动阀；3-搅拌器；4-流量调节阀；5-高速剪切均化磨；6-沥青泵；*A*-溶胀罐；*B*-过渡罐；*C*-成品储存罐

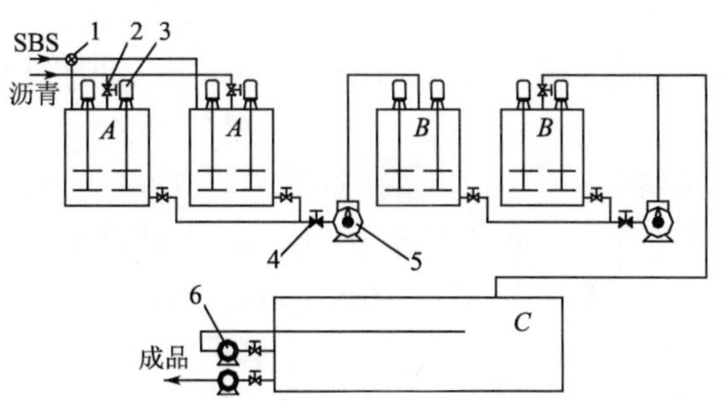

图 4-4　兰亭高科混合式流水生产工艺

1-双向阀；2-气动阀；3-搅拌器；4-流量调节阀；5-高速剪切均化磨；6-沥青泵；*A*-溶胀罐；*B*-过渡罐；*C*-成品储存罐

2)美国 HEATEC 改性沥青的生产工艺(两罐式)

图 4-5 为美国 HEATEC 改性沥青生产设备工艺流程图。

其工艺步骤如下：

(1)将沥青和聚合物改性剂分别计量并加入到搅拌罐 A 中；

(2)将 A 罐中的混合物用 SM-D_3/HK 研磨机进行循环研磨，使其均匀化混合 30min；

(3)用泵将 A 罐中的混合物打入 B 罐中；

(4)在 B 罐中继续循环研磨，直到将改性剂磨细为止，重新向 A 罐中加入沥青和聚合物改性剂；

(5)重复进行步骤(2)的研磨过程，向 B 罐中加入粉状改性剂，用搅拌器将其打碎、扩散混合均匀后，用泵将生产好的改性沥青打入储存罐；

(6)重复继续步骤(3)的生产过程。

3)德国 Benninghoven BMA-4 型改性沥青的生产工艺(三罐式)

图 4-6 为德国 Benninghoven BMA-4 型改性沥青生产设备的生产工艺流程图。

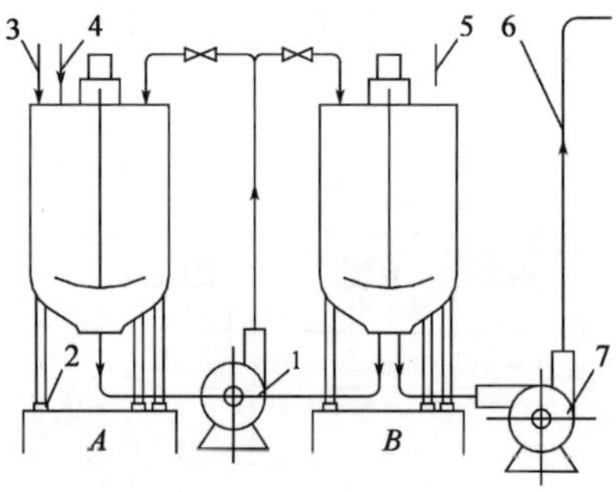

图 4-5 美国 HEATEC 改性沥青工艺流程
1-SM-D_3/HK；2-传感器；3-沥青；4-合成橡胶；5-粉状改性剂；6-储存罐；7-输送泵

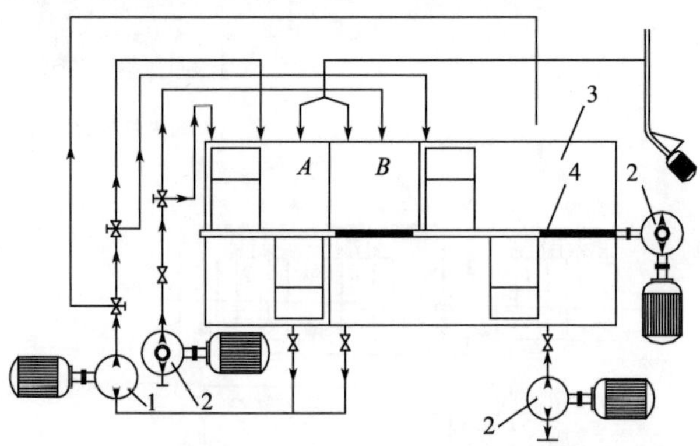

图 4-6 德国 Benninghoven BMA-4 型改性沥青工艺流程
1-SM-D_3/H；2-沥青泵；3-储料罐；4-搅拌轴

其工艺步骤如下：

(1)启动沥青流量计和螺旋输送器，将基质沥青和聚合物改性剂分别计量并加入到搅拌罐 A 中；

(2)启动搅拌器，对加入到 A 罐中的基质沥青和聚合物改性剂进行搅拌，使之初步混溶和膨胀；

(3)启动循环泵和磨机，将 A 罐中初步混溶和膨胀的改性沥青混合物泵入研磨机，已启动的研磨机对来自 A 罐中的改性沥青混合物进行研磨、剪切，使之初步细化并均匀混合分散，然后再通过循环泵将其泵入搅拌罐 B 中，并在 B 罐中进一步进行搅拌、混溶和分散；

(4)通过循环泵将 B 罐中的改性沥青浆料泵入研磨机中，通过研磨机对来自 B 罐中的改性沥青浆料再次进行研磨、剪切，使之更进一步细化、均匀混合，然而再经循环泵打入 A 罐中混溶。这种磨碎循环过程每循环一次，改性剂就被磨碎、细化一次，改性沥青浆料的温度就升高 1℃；

(5)步骤(3)和步骤(4)两个过程重复进行 3～4 次，经检验合格，即改性剂已被磨成非常细小的颗粒，并均匀地分布在基质沥青中，最后送到储存罐中储存备用；

(6)重新自步骤(1)开始到步骤(5)结束的一次又一次的重复生产过程。

4)奥地利改性沥青的生产工艺

图 4-7 所示为奥地利 RF 集团的 NOVOPHALT 改性沥青设备结构示意图及工艺。

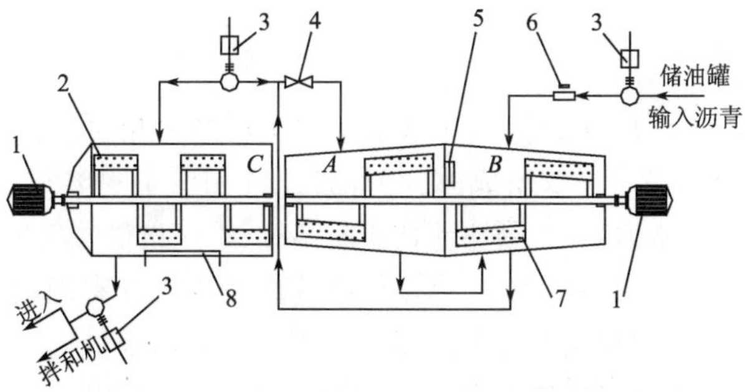

图 4-7 奥地利 RF 集团的 NOVOPHALT 改性沥青设备结构示意图及工艺

1-电机;2-叶片;3-泵;4-阀门;5-胶体磨;6-沥青计量;7-串孔叶片;8-加热器;A、B-搅拌釜;C-储存罐(10t)

其工艺步骤如下:

(1)打开沥青阀门,开动沥青泵将基质沥青注入 A 罐,开动垂直搅拌器,同时在计量斗按设计配比计量改性剂并通过螺旋输送机送入 A 罐搅拌。

(2)开动胶体磨,打开沥青阀门,将 A 罐中的基质沥青和改性剂的混合体通过胶体磨研磨后全部注入 B 罐,即完成一遍研磨。

(3)打开沥青阀门,将 B 罐中已研磨一遍的改性沥青通过胶体磨后全部注入 A 罐,即完成二遍研磨。如此反复研磨 5～6 遍即为合格的改性沥青。打开沥青阀门经沥青泵将 A(或 B)罐中已研磨合格的改性沥青注入 C 罐,进行此工艺时 C 罐作为成品储存罐。

(4)当 A 罐中已研磨合格的改性沥青注入 C 罐的同时 B 罐又注入基质沥青和改性剂作下一次研磨生产。

图 4-8 为奥地利喜来利公司改性沥青的生产工艺流程图。

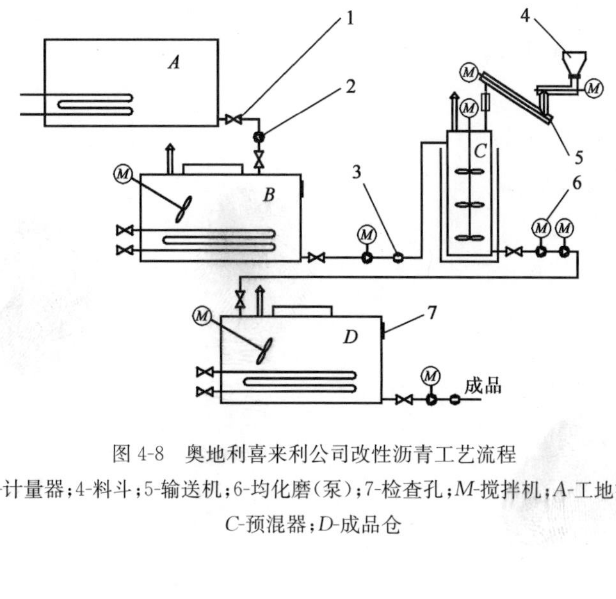

图 4-8 奥地利喜来利公司改性沥青工艺流程

1-阀门;2-单向阀;3-计量器;4-料斗;5-输送机;6-均化磨(泵);7-检查孔;M-搅拌机;A-工地沥青库;B-沥青贮仓;C-预混器;D-成品仓

4 主要结构与工作原理

4.1 设备组成

SBS 改性沥青是由一整套设备生产的，大体上分为移动式和固定式两种。

移动式 SBS 改性沥青设备主要组成部分为：沥青与 SBS 上料系统、SBS 与沥青计量称重系统、加热恒温系统、溶胀搅拌系统、高速剪切研磨系统、空压机供气系统、成品储存系统、自动控制系统等。这些装置通常安装在 1～3 辆车的挂式底盘上均配有制动装置可根据施工需要随时转移或变换场地，其高度和宽度是按道路运输规定的要求设计的。工作时轮胎不长时间承受负荷，各单元的底架都设有可调支脚，运输时可将其收起或拆除。

固定式 SBS 改性沥青设备是整套设备安置在工厂的场地上（外加稳定剂添加反应系统）；国外公司在国内也是采用工厂化固定设备生产改性沥青。

同移动式设备相比除不加移动部分外，在 SBS 改性沥青的防离析稳定剂装置及产品包装上又多了两个环节。

4.2 加热装置

改性沥青设备中大部分装置及系统都需要加热及保温，因此设备中需要配备加热系统。基质沥青在进行改性加工前需要加热到 160℃左右，溶胀分散系统和孕育系统需要保温以保障改性沥青的技术性能。

为使基质沥青能得到充分的加热及保温，沥青罐的保温层设计和加热方式尤为重要。沥青罐的材质宜选用 A3 或 A3F 钢板制作，因其焊接和冲击韧性比较好。罐底和罐壁的厚度在 6～12mm，沥青罐保温层的厚度 δ_2 计算式如下：

$$\delta_2 = \lambda_2\left[\frac{3600KA(t_6 - t_b)}{mC(t_1 - t_2)} - \frac{1}{\alpha_1} - \frac{\delta_1}{\lambda_1} - \frac{\delta_3}{\lambda_3} - \frac{1}{\alpha_2}\right] \tag{4-1}$$

式中：λ_2——保温材料导热系数；

K——传热系统；

A——沥青罐表面积，m^2；

t_6——沥青平均温度；

t_b——外界空气温度；

m——沥青质量；

C——沥青平均比热；

t_1——沥青的初始温度；

t_2——经过保温后 1h 的沥青的温度；

α_1——0.097 放热系数；

δ_1——罐壁厚度，m；

λ_1——钢的导热系数，0.046～0.058；

δ_3——罐外壁厚度，m；

λ_3——钢的导热系数，0.046～0.058；

α_2——放热系数，0.058。

沥青罐一般采用底层与罐侧壁同时加热的方式，这种组合加热的方法不但加热快、节省热能，而且加热均匀，是一种较普遍采用的加热方式。

改性沥青设备的加热需导热油锅炉加热。导热油加热时进行闭路液相循环加热，温度可控制，工作压力较低，热能损失小，因此热效率高、能耗低、加热速度快。导热油的高低温特性，降低了全套设备的压力等级，从而降低成套设备的工程造价。采用导热油加热的另一个优点是：导热油具有高温传热特点，使管道内残存沥青具备较高的温度，增大了沥青的流动性，避免了因残存沥青而发生管道堵塞，进行中不易发生泄漏，生产过程稳定。

4.3 溶胀分散装置

大量的研究和生产实践证明，为了获得 SBS 对于沥青优良的改性效果，给 SBS 尽可能充分的溶胀是一个重要条件，因而沥青溶胀分散装置是关系到改性沥青技术性能的关键装置。

沥青和 SBS 改性剂的溶胀搅拌罐目前在国内大致可分为三种形式，一种是两罐式的，一种是三罐式的，还有一种是为了配合高剪切研磨的五罐式、四罐式、三罐式。具体工作时，经过计量的沥青和 SBS 改性剂被分别送往其中的 1 个或 3 个罐，通过单轴或双轴搅拌器在罐内溶胀搅拌或仅为搅拌，罐的大小同样取决于改性沥青设备的生产能力。罐外有保温层，并用导热油为其加热保温。

为使 SBS 与沥青混合料充分均匀地混合，并缩短搅拌时间，采用双轴搅拌器是较为合理的加工方式，这样混合料就存在垂直平面和水平平面交叉的环形流动状态。

(1)垂直平面内的运动：在运动过程中处于搅拌罐底部的沥青混合料被叶桨向上方冲击时，随后又靠其自重力自由流动下来，并与继续向上冲击的混合料相碰撞，从而在混合料的上方形成涡流。

(2)水平平面内的运动：由于叶桨与搅拌轴成角布置，而且两轴上的搅拌叶桨方向相反，因此当叶桨旋转时，使混合料沿轴向方向螺旋推进，在水平方向上形成了不断的圆周运动，还有在叶桨的搅拌重叠区，由于混合料方向相反，所以形成了水平的翻转作用。

根据上述对双轴搅拌器运行机理的分析，可以看出双轴搅拌对强化搅拌效果的影响，从而提高搅拌器的效率，配以适宜的速度，双轴搅拌增加了 SBS 混合料在搅拌罐内被重复剪切的概率，节省了溶胀时间。

溶胀分散装置的运行因素主要包括拌和时间、投料的顺序等。拌和时间是影响搅拌质量和生产率的决定性因素，投料的顺序是先投入沥青，后投 SBS，因 SBS 黏度大，易黏附在容器上。

4.4 输送计量装置

1)沥青与 SBS 的计量

沥青计量有两种计量方式：一种是流量器自动计量，另一种是称重自动计量。流量器计量是一种较为理想的方式，连续计量，流量器体积小、结构简洁、投资省；其缺点是沥青热膨胀系数很大，温度对密度发生较大影响，加上沥青组分复杂、标号不同，因而各种沥青的密度和热膨胀系数也不同；流量器使用时必须先测定所用沥青在预定温度下密度，来对流量器定值仪进行调整或标定，从而使流量器的计量误差保持在允许范围内。称重计量是一种计量误差小，操作简便，但其体积较大；一个计量程序要泵进泵出两个过程完成，相对较为烦琐，投资相对较大。两种计量方式各有利弊，用户可选。

2)改性剂上料装置

目前，所用的改性剂绝大部分是聚合物改性剂，考虑到聚合物改性剂基本上为粒料，所以上料系统的机构设计应以粒料为输送对象。在未来相当长一段时期内预计 SBS 是聚合物改性剂的特出代表，所以上料系统机构设计，可侧重于考虑 SBS 上料的适应性；输送其他改性剂时略作调整即可。

改性剂上料系统主要包含了破碎、计量、输送等三大装置。破碎机是专门为 SBS 这种改性剂设计的。因袋装 SBS 在贮运过程中被压成块，必须先经破碎才能输送，利于与沥青混溶。由于 SBS 是种组织疏松形状、不规则的粒状材料，计量用称重形式进行，并实现自动控制。

由于 SBS 质地较轻，粒料的输送大都采用真空吸力式，它是一种间歇性的动作，能力受到一定限制，如要跟上器用改性沥青生产的输送量，相应设施的体积较为庞大；也有用螺旋方式输送的，但容易发生卡壳，因而也不恰当；采用斗式提升输送，输送平稳可靠，它是 SBS 输送中常用的一种方式。

4.5 研磨装置

目前用于 SBS 改性沥青生产的研磨机，主要有胶体研磨机和高速剪切研磨两种。国内采用胶体研磨机较多，而兰亭高科自主研发的高剪切均化磨，在国外高速剪切研磨机的基础上，针对 SBS 材料的特性，进行了改进、创新，并获得专利。

1)高剪切均化磨组成

该磨机是由机座、驱动电机、壳体、轴承、密封轴套、静磨盘、动磨盘、主轴、蜗轮、蜗杆、调节手轮、微电机自动调节装置等组成，基本上以卧式安放为主。图 4-9 为兰亭高科专利产品兰亭牌高剪切均化磨。

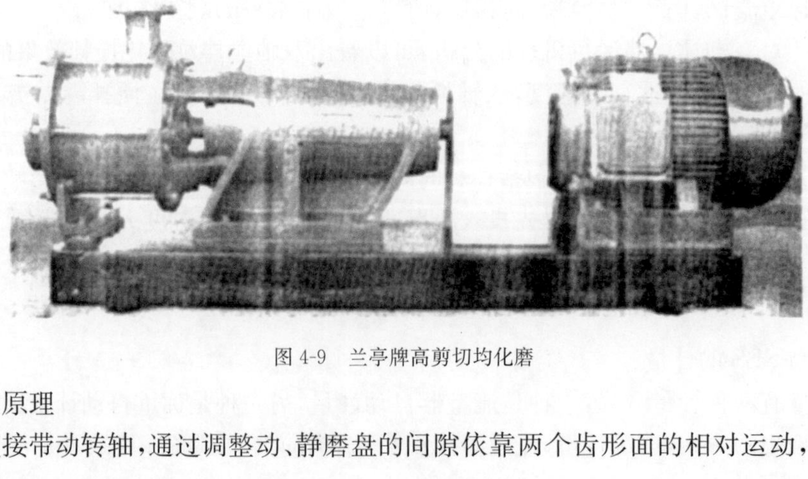

图 4-9 兰亭牌高剪切均化磨

2)工作原理

电机直接带动转轴，通过调整动、静磨盘的间隙依靠两个齿形面的相对运动，其中一个高速旋转，一个静止。使通过两齿面极小间隙的SBS混合料受到强大的剪切和摩擦力、离心力、高频振动、涡流等综合复杂力的作用，使混合料由大粒度经研磨变成细小的粒度，当达到一定的细度时，SBS与沥青之间便形成连续相的网状结构。

3)结构特点

(1)由壳体、机盖、动磨盘、静磨盘、密封轴套构成的工作腔，即研磨腔，是由主轴带动的，动磨盘在壳体内旋转，与固定的静磨盘对SBS改性沥青混合料进行研磨，动磨盘与静磨盘之间的工作间隙由蜗轮、蜗杆组成的装置来调节(兰亭高科生产的磨调节装置有微电机自动或手动两种结构)。

(2)SBS与沥青在导热油加热与保温的控制下，可以防止SBS混合料粘在腔内及磨盘上。

(3)磨盘均选用耐酸碱腐蚀的特种钢制作而成，且具有极高的硬度，耐磨性能好。

(4)轴向的密封材料选用金属石墨材料，耐磨和密封性较好。

4)与胶体研磨机比较

兰亭生产的高剪切均化磨具有运转平稳、混合均匀、研磨能力强、性能好、寿命长、耐腐蚀、操作方便、效率高，可调整间隙，并可连续长期运转等特点，是目前国内外生产SBS改性沥青的核心装置。它与一般的胶体研磨机相比较有以下特色：

一般胶体研磨机的磨面是平面型的，槽中的混合浆料在动磨盘高速旋转的离心力作用下，液流主体沿直线方向飞出，没有进入动、静磨盘刀齿间的切口，SBS就没有被剪切的机会。当然，由于高速的液流受到槽壁阻力等影响，流速不匀会引进一些紊流和涡流，从而造成一部分液流产生偏离离心力方向的位移而受到剪切，但毕竟流程很短，进入切口的机会有限。所以这种研磨机即使多遍研磨，聚合物颗粒仍然较粗，5～6遍研磨后，SBS的粒径才可达到10μm左右。兰亭高剪切均化磨的磨盘设计为圆锥形，动磨盘齿槽中的混合浆料按离心方向飞出全部进入切口，同时压迫静磨盘刀齿槽中的浆料外溢也进入切口，即浆料运动的主方向虽然由磨盘中心流向磨盘外圆(即离心方向)，但并非直线飞出，而是在动、静磨盘之间跳跃式前进，因而多次跃过动、静磨盘的间隙，给SBS进入刀齿切口提供了很多机会。

生产实践证明，这种形式的研磨机，粉碎效率可以成倍提高，2遍研磨，SBS的粒径已基本达到10μm左右，3遍研磨，SBS的粒径可以均匀地保持在2～5μm之间。通过比较可知，兰亭高剪切均化磨的效率是一般胶体研磨机的2～3倍。

4.6 孕育装置

所谓孕育，实际上是让研磨分散后的改性沥青在必要的温度下存放一定时间，使具有相当活力轻质油分渗透到改性剂中或具有相当活力的稳定剂分子与改性剂及沥青硬组分发生键合，从而达到改善技术性能和防止离析的目的。所以孕育过程实质上是一个要求一定温度热储存过程。用于孕育的装置是具有必要功能和容量的孕育罐。

1)孕育罐的功能要求

(1)必要的搅拌强度

在前面的章节中已论述了改性沥青的加工在完成高度分散后，存在着改性剂自动凝聚而造成分离的倾向，即使加了稳定剂，在尚未充分反应之前，这个倾向依然存在，所以必须施加外力使液体流动，使液体组分间不断地发生位移，产生剪切，用以阻止改性剂的絮凝。施加外力的方式可以是叶浆搅动，也可以是泵送循环，但通常采用搅拌。

孕育罐的搅拌不同于混溶罐，在混溶过程中，由于粒状的 SBS 浮力大，为保证混合均匀，需要较大的搅拌强度，也不同于稳定剂分散反应罐，在分散反应罐中，为防止反应迅速的稳定剂产生"偏食"现象，要求快速分散亦需要较大的搅拌强度。孕育过程中只要阻止絮凝就可以，搅拌强度可以低得多。但是，各种基质沥青与改性剂的相容性不同，相容性差的液态改性沥青，改性剂的絮凝速度相当快，例如一些新疆原油生产的基质沥青加工成 SBS 改性沥青时，肉眼就直接可以看到 SBS 结皮形成的情景。所以，作为生产设备，应该考虑到对于原料的广泛适应性，搅拌强度偏大一点对孕育没有害处，适当留有余地是必要的。

(2)加热和保温

现场加工的改性沥青，虽然孕育的时间长短不强求，但产品接着要用于拌制沥青混凝土，为保证拌和温度，孕育罐需要加热并保温。

在成品改性沥青的生产中，某些基质沥青改性时需要较长的孕育反应时间，为满足必要的反应温度，孕育罐也需要加热并保温。

2)孕育罐的容量

用于现场加工的移动式改性沥青设备，一般均带有 $30m^3$ 的储存罐，实际的储存量为 23～25t。可容纳通常移动式设备 2～4h 内加工的产品，不论从弥补周转的储存角度或提高性能的孕育角度均可基本满足要求，事实上过大的容器不易于移动。

固定式改性沥青设备，其成品储存罐的大小就需酌情而定。小的数十吨就可以，大的上千吨。较小的成品储存罐可配上搅拌装置兼有孕育的功能，较大的成品储存罐配搅拌装置从制造角度或能源消耗角度都是不合理的，所以必须特设孕育罐。例如固定式改性沥青设备的场址决定了产品只允许汽车热运输或包装后发运，则原则上可以考虑随产随运(或包装)，储存的容量要求不大，孕育罐可以兼作储存罐用；倘若设备的场址在码头，产品可通过上千吨的船舶远距离航运，则成品储存罐的容量就必须与之相适应。

4.7 控制系统

电气控制系统在 SBS 改性沥青成套设备中占有重要的地位。就其控制水平来讲，它标志着改性沥青设备的先进程度，控制水平的高低将直接影响成套设备和产品的质量。

改性沥青设备的电气控制系统应具备以下基本功能：

(1)各运动部件的启动和停止，按照设定的联锁关系依顺序自动启动或停机。即按一下操作按钮，各部件动作进入连续运行的程序控制。

(2)温度控制。SBS 改性沥青的温度控制由精度较高的温控仪表组成，温度高低根据设定的温度通过阀门的自动启闭调节。

(3)计量控制。根据设定的需求量自动计量。

(4)根据特种情况的需要，还设有半自动(触摸屏或工控机临时指令)及手动按钮控制。

①手动控制：SBS 称量、沥青称量后依次进入搅拌罐内的过程均用按钮开关操作完成。兰亭设备是采用触摸屏控制系统，找到手动控制一页，点击一次即可完成。

②自动控制：SBS 称量、沥青称量完成后，在自动工作方式下，只需按一下启动按钮，全过程自动完成。兰亭设备是采用触摸屏控制系统，只需触摸一次即可完成。

触摸屏控制系统能把所有控制功能在屏幕上操作，因而更直观方便，即使不熟悉计算机也能操作。

4.8 稳定剂添加装置

在改性沥青生产中，为避免改性剂分散后在静态热储存过程中的凝聚，通常需要加入反应性的热储存稳定剂。稳定剂既能与沥青组分键合，又能与改性剂键合，从而达到体系稳定的目的。

根据稳定剂的反应性能作用原理，对稳定剂的添加过程提出了以下要求：

(1)稳定剂分布均匀；

(2)快速分散；

(3)配比计量正确，以期微观状态的改性剂微粒均有必要数量的稳定剂跟随，达到较好的稳定效果。

稳定剂就形态而言，有液态和粉状两大类稳定剂，不论液态或粉状，均可以直接添加或经稀释、液化添加。为达到分布均匀、快速分散、配比计量正确的目的，通常采用以下两种添加方式：

1)间歇式添加

在具备必要搅拌强度的容器中加入一定量改性沥青(或混合浆料)后，按配比要求加入稳定剂，搅拌一定时间，使之分散均匀。

此种方式的添加时间可分三种。一是沥青、改性剂一起加入混溶罐中，由于当时SBS尚系粗粒状，此种方法对于反应迅速的稳定剂会引起分布不均的后果。二是在多遍研磨的中间添加，例如研磨三遍后设两个添加反应(过渡)罐，此时改性剂已有相当细度，加入稳定剂作一段时间的反应搅拌会带来两大好处：首先是改性剂不至于"偏食"，而且在紧接着的研磨中可获得高度分散；同时已经相当细化的改性剂可获得充分溶胀，以利紧接着的研磨中高度细化。三是在研磨过程结束后添加，经高速分散后输入孕育罐内发育。

2)连续式添加

连续式添加可省掉专用的反应(过渡)罐，但需要增设动态计量装置。

连续式添加一般适用于液态稳定剂，而粉状稳定剂难以实现连续添加，需先行液化处理；液态稳定剂添加量太少时，为提高配比计量精度，可先行稀释使用。

连续式添加的动态计量方法通常有两种装置形式：

(1)带旁通管路的手工调节机构；

(2)以变频电机带动输送泵的自动控制机构。

图4-10是带旁通管路的手工调节机构示意图。稳定剂在泵压作用下经流量计从出口流出与浆料混合。如流量计流量过大，超出配比要求，则可放松闸阀，使较多的稳定剂从旁管路回到输送泵的进口，从而保证经过流量计的稳定剂达到配比的要求。

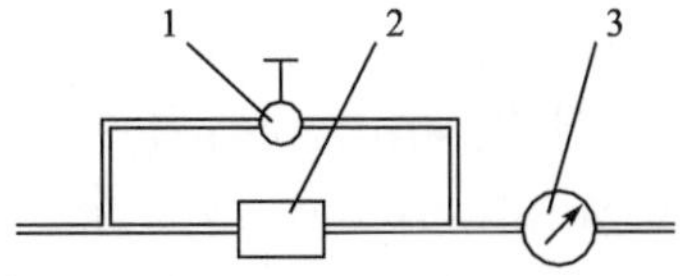

图4-10 带旁通管路的手工调节机构
1-调节闸阀；2-输送泵；3-流量计

变频泵送的自动控制机构是采用变频电机带动输送泵控制稳定剂流量是一种简便易行的方式，即把输送泵和流量计串联，控制器根据流量计的信息自动调频，通过改变输送泵转速把稳定剂流量控制在配比要求的范围内。

第5章

乳化沥青设备

1 概述

1.1 乳化沥青设备定义

乳化沥青设备是用来将沥青热融，经过机械剪切的作用，以细小的微滴状态分散于含有乳化剂的水溶液之中，形成水包油状沥青乳液的机械装置；其生产特点是在乳化剂的作用下通过机械力将沥青破碎成微小的颗粒，并均匀的分散在水中，形成稳定的乳状液，即乳化沥青。

在《石油沥青名词术语》(SH/T 0652)中，将乳化沥青的名词术语定义为：沥青和水在乳化剂存在下制成的沥青乳化液。

1.2 用途

由于乳化沥青使用时不需加热，可以在常温状态下进行施工。它除广泛地应用在道路工程外，还应用于建筑屋面及洞库防水、金属材料表面防腐、农业土壤改良及植物养生、铁路的整体道床、沙漠的固沙等方面。其中道路工程、建筑屋面为用量最大。在道路工程中，乳化沥青适用于沥青表面处治路面、沥青贯入式路面、常温沥青混合料路面，以及透层、黏层与封层。在建筑工程中，乳化沥青主要作为防水涂料用。乳化沥青和其他类型的涂料相比，其主要特点是可以在潮湿的基础上使用，而且还有相当大的黏结力。

由于乳化沥青具有良好的施工性能和其他材料无可比拟的优点，随着科学技术的进步和发展，乳化沥青在各种领域中的应用会越来越多，越来越普遍。

2 国内外现状和发展趋势

2.1 国外技术现状

乳化沥青的研究始于20世纪初，最早被用于喷洒以减少灰尘；1917年德国开始商品化的乳化沥青生产，至今已有90余年的历史。

20世纪20年代在道路建设中普遍使用。起初乳化沥青的发展速度相对较慢，受制于可利用的乳化剂和人们对如何使用乳化沥青缺乏足够的知识。20世纪30年代至50年代中期，乳化沥青的使用数量在缓慢但稳定的增长。第二次世界大战后，随着道路承载量的加大，道路设计者们开始使用乳化沥青。从1953年起，沥青黏结料的使用率迅速增加，乳化沥青的使用数量也在稳定的上升。其原因为：

(1)20世纪70年代的能源危机，美国联邦能源署对中东石油禁运迅速采取的保护措施。乳化沥青不需要用石油溶解为液体，乳化沥青还可以在不需要特别加热的情况下用于许多地方，这两点因素都有助于能源的节约。

(2)可以较少环境污染。从乳化沥青中游离出的碳氢化合物的数量几乎为零。

(3)一些型号的乳化沥青能够包裹在潮湿的石料表面，这就可以减少因加热和风干石料所需要的燃料。

(4)乳化沥青多种型号的可利用性。最新的沥青型号和实验室程序的改良，可以满足计划和所需要的条件。

(5)在偏远地区能够用冷材料施工。

(6)乳化沥青的适用性使其对于现有的道路细微缺陷的预防性保养方面可以达到延长使用寿命的作用。

节能减排和环境保护这两个因素加速了乳化沥青在实际中的应用。美国联邦公路局早期活动中的一项，就是发布了一条公告，直接关注燃料的节约，这样就使乳化沥青代替稀释沥青成为现实。从那时起，美国所有的州都允许或命令用乳化沥青代替稀释沥青。

交通运输是国民经济的命脉，公路运输是交通运输的主要方式之一，因此各国都在一方面重视各级公路的建设的同时，也十分重视已铺路面的经常性维修和养护，在能源危机的影响下，在筑路养路的工程中要就节省能源、节约资源、保护环境、减少污染的呼声越来越高。在这种形势下，如何节省能源和资源，如何改善热沥青施工的工作环境，已引起筑路和养护部门的重视。在长期的筑路实践中，人们越来越深刻地认识到：发展和应用乳化沥青技术，是达到上述要求的可取途径。

随着近代界面化学和胶体化学的发展，近30年来，阳离子乳化沥青发展速度很快。阳离子乳化沥青中的沥青微粒上带有阳离子电荷，当与矿料表面接触时，由于异性相吸的作用，使沥青微粒很快地吸附在矿料的表面上。即使在阴湿或低温季节，阳离子乳化沥青仍可照常施工。阳离子乳化沥青可以增强与矿料表面的黏附力，提高路面的早期强度，铺后可以较快地开放交通，同时它对酸性矿料和碱性矿料都有很好的黏附能力。因而，阳离子乳化沥青既发挥了阴离子乳化沥青的优点，同时又弥补了阴离子乳化沥青的缺点，这样，就使乳化沥青的发展进入了一个新的阶段。

由于应用乳化沥青施工简单、现场不需加热，节省能源、效果显著，尤其在旧沥青路面的维修与养护中更显示了其特有的优越性，因此目前世界上许多国家如西班牙、德国、英国、法国、瑞士、瑞典、加拿大、美国、俄罗斯等国家，都在公路工程的铺筑和养护上大量应用乳化沥青。尽管这些国家热沥青搅拌厂很多，他们每年仍使用大量的乳化沥青修路和养路，其中90%为阳离子乳化沥青，从而提高了国家公路的好路率与铺装率。

沥青乳液在道路工程中的主要应用范围见图 5-1。

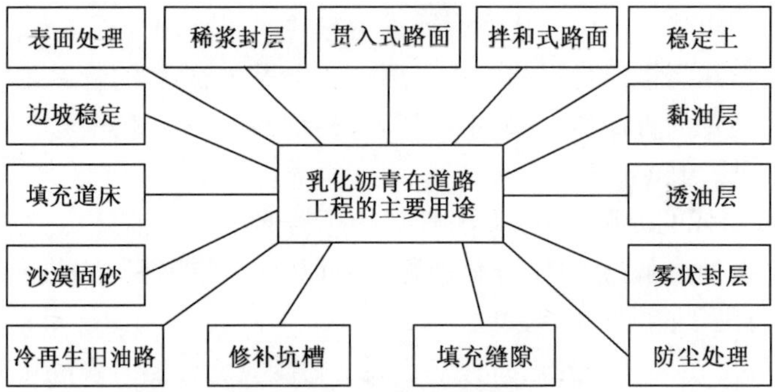

图 5-1　乳化沥青在道路工程中的主要用途

由于乳化沥青具有众多长处，近几年来，乳化沥青还在建筑防水、防潮、金属材料的防腐、水利建设的防渗透以及农业土壤改良、植物生养等方面都得到了广泛的使用。目前，乳化沥青的应用在欧洲许多国家较为普遍，乳化沥青在加拿大约占沥青总用量的一半，在美国已将乳化沥青用于铺筑州级公路。2005 年，全球道路乳化沥青用量达到 780 万 t，其中，日本 20.5 万 t、法国近 99.7 万 t、美国约为 240 万 t、墨西哥约 65 万 t、中国约 30 万 t、俄罗斯约 20 万 t、印度约 10 万 t；西班牙在 1978 年路用沥青乳液占沥青总用量的 36%，其他如德国、英国等沥青乳液的用量也在迅速增长。使乳化沥青的应用迅速扩大到公路建设和养护、高速铁路建设、建筑工程、农业土地的改良等领域。

乳化沥青生产设备伴随着乳化沥青技术、装备加工技术、电子技术发展，沥青乳化生产设备技术也更加完善。国际上专门从事沥青乳化设备生产制造的厂商，近几年推出的成套沥青乳化设备(图 5-2～图 5-4)，已经采用各种现代先进技术，能够满足各种沥青乳液的需要。归纳起来，这些设备有以下几个特点：

图 5-2　丹麦连续式乳化沥青生产厂

图 5-3　美国乳化沥青生产单元

(1)自动化程度高，对沥青、水、乳液剂及各种添加剂的计量都能自动控制，并能自动补偿，自动记录和调校。

(2)组合式，各主要部件组合搭配，便于移动拆装。如美国斯堪道路公司(Scan Road)把胶体磨、控制柜、泵、计量装置等核心部分连接好装在一个标准集装箱中，工作时只要接通管路和电源即可。

图 5-4 德国产集装式乳化沥青生产设备

2.2 国内技术现状

我国在新中国建立前只有个别的市政工程部门使用了少量的阴离子乳化沥青，新中国成立后一直都没有接触这项技术。至 20 世纪 70 年代后期，为了在我国开展这项新技术的应用，由交通部组织成立了“阳离子乳化沥青及其路用性能研究”课题协作组，对这项技术进行攻关研究。该课题 1981 年列为交通部重点科研项目，1983 年列为原国家计划委员会与国家经济委员会的节能应用项目。经过“七五”期间的推广，我国在公路部门的乳化沥青应用得到了更大的发展。

目前我国的乳化沥青生产基地已经遍布全国各地，大部分省地都建有设备完整的乳化沥青车间。在新疆、西藏等边远地区也都已开始生产应用乳化沥青。现在全国公路部门已拥有乳化沥青车间 500 多座。乳化沥青车间生产技术水平不断提高，乳化沥青的生产从开口自流、凭经验控制油水比例，逐步发展成密封加压由流量计控制油水比例，进而达到计算机自动控制油水比例和油水温度。乳化沥青的生产质量提高，产量增加，满足了公路工程和养护工程的需要。随着乳化沥青技术的发展和在我国大量推广应用，对沥青乳液的质量、产量都提出了更高的要求，沥青乳化设备则将改变目前品种杂乱、故障率高、产量小的状况，向规范化和合理化方向发展。国产乳化沥青生产设备如图 5-5、图 5-6 所示。

图 5-5 国产移动乳化沥青生产设备

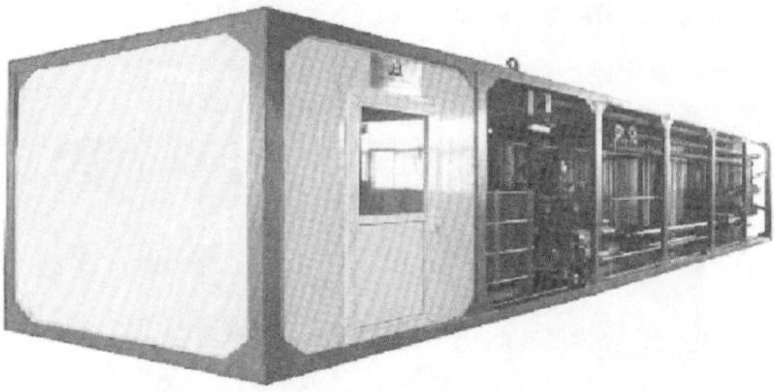

图 5-6　国产集装式乳化沥青生产设备

3　分类、特点及适用范围

(1)沥青乳化设备根据沥青和乳化剂水溶液进入乳化机时的状态不同,分为开式系统和闭式系统两种类型:

①开式系统的特点是用阀门控制流量,沥青和乳化剂靠自重流入乳化机的进料漏斗中,其优点是比较直观,设备组合简单,缺点是容易混入空气,产生气泡,乳化机的产量明显下降,主要用于简单普通乳化沥青的生产和自制的简单生产装置。

②闭式系统的特点是用两个匹配完好的泵直接把沥青和乳化剂水溶液经管路泵入乳化机内,靠流量计指示流量,优点是不易混入空气,便于自动化控制,乳液质量和产量比较稳定,是目前乳化沥青生产设备产品采用的普遍形式。

(2)根据沥青乳化设备的工艺流程不同,可以分为分批作业(图 5-7)和连续作业(图 5-8)两种类型。

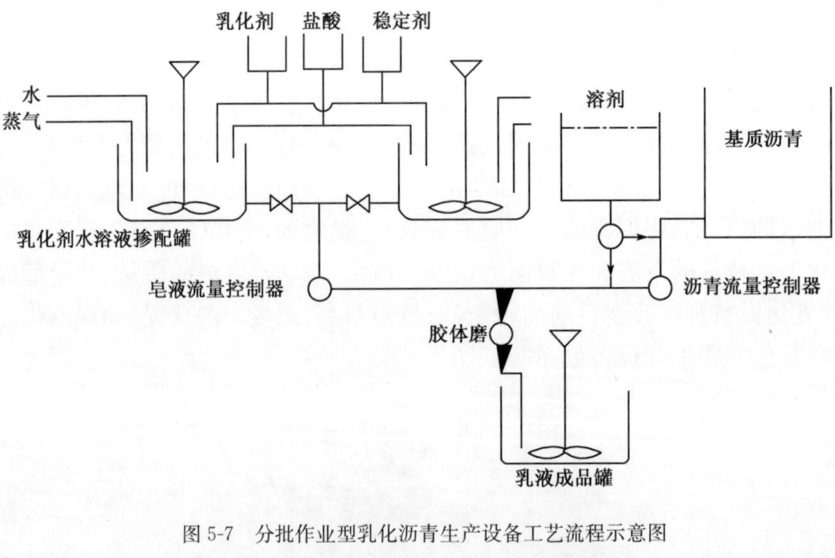

图 5-7　分批作业型乳化沥青生产设备工艺流程示意图

分批作业的特点是乳化剂和水的掺配,预先在一个容器内完成乳化剂皂液制配,然后用泵将其输入乳化机中一罐乳化剂水溶液用完后,再进行下一个罐的皂液掺配;两皂液罐的皂液制配是交替进行、分批作业,主要用于移动式的中、小型乳化沥青生产设备。

连续作业型(在线生产式)的特点是将水、乳化剂和其他添加剂(酸、氯化钙)分别用计量泵将其送入乳化机中,乳化剂水溶液的掺配是在管道中完成。这种设备可以实现大流量连续作业,具有罐体容积小、产量大、自动化程度高的优点;主要用于乳化沥青生产厂的固定式的乳化沥青生产设备。

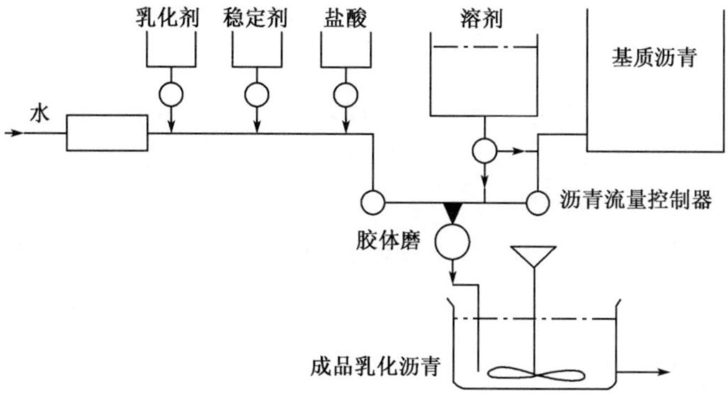

图 5-8 连续作业型乳化沥青生产设备工艺流程示意图

(3)根据沥青乳化设备的安装方式的不同,可分为固定式和移动式两种形式。固定式用于乳化沥青生产厂的中、大型乳化沥青生产设备;移动式用于现场施工的中、小型乳化沥青生产设备。

4 基本原理、工艺流程及主要结构

4.1 基本原理

沥青乳液的主要成分是沥青、水、乳化剂和稳定剂。几乎各种标号的石油沥青,都可用于制备沥青乳液。通过乳化机械的高速搅动或剪切作用,可以将沥青破碎成微小颗粒,分散在有乳化剂作用的表面活性物质的水溶液中,就可获得一种均匀分散肢体。乳液中沥青颗粒直径大致在 1～5μm 范围之内。乳化剂的基本作用是降低表面张力。其特点是分子中有一个水溶性(亲水性)的极性基团和一个油溶性(憎水性)的非极性基团。在沥青—水体系中,乳化剂分子移动于沥青与水界面间,其分子的憎水基团吸附于沥青的表面,并使其带有电荷,而亲水基团则进入水相。从而将沥青颗粒与水联结起来,降低了两者之间的界面张力。同时,由于沥青粒子带有同样电荷而互相排斥,妨碍它们之间互相凝聚,因而使沥青乳液能保持一定时期的均匀和稳定。电荷的性质决定于乳化剂的憎水基团或烃链部分的电荷,如其为负电荷,则沥青粒子带有负电荷,而形成的乳液为阴离子沥青乳液。反之,则为阳离子沥青乳液。如沥青粒子既具有负电荷,又具有正电荷,则乳液为两性离子沥青乳液;此外,还有非离子型沥青液。

制备沥青乳液的方法主要有两种:

1)胶体磨或均油机法

胶体磨主要包括转子和定子两部分,转子在定子中高速旋转,两者的间隙为 0.035～

0.05mm。乳化效果主要视液体剪力的大小而异，而这种剪力是由于沥青颗粒在乳化剂溶液中受到转子旋转表面切割而产生的。制备沥青乳液时，将热沥青（110～120℃）和热的乳化剂水溶液（60～90℃）以固定的比例分别进入转子已经在高速旋转（3000～8000r/min）的胶体磨中，沥青通过转子切割成粒子并与乳化剂水溶液混合后即可连续制备沥青乳液。产品的沥青颗粒平均为 1～3μm；需要注意的是加料要适量和均衡，这是保证产品均匀的重要因素。水的硬度必须控制，必要时应使用软化设备。目前，乳化沥青生产设备的产品均采用此法。

2）搅拌器法

这是一种间歇式生产沥青乳液的方法。搅拌器上装有桨叶，其位置需偏离搅拌器的中心，以免形成旋涡。制备乳液时，先将定量的热乳化剂水溶液倾入搅拌器中，然后将热沥青在搅拌状态下逐渐注入搅拌器，并继续搅拌（100～800r/min）。采用此法制备的沥青乳液不如上法均匀，有的颗粒小于 1μm，有的则大于 10μm。此种方法主要用于施工工地临时生产沥青含量较低、阴离子的、质量要求不高的乳化沥青，其成本低。

4.2 基本工艺流程

乳化沥青设备工艺流程如图 5-9 所示。

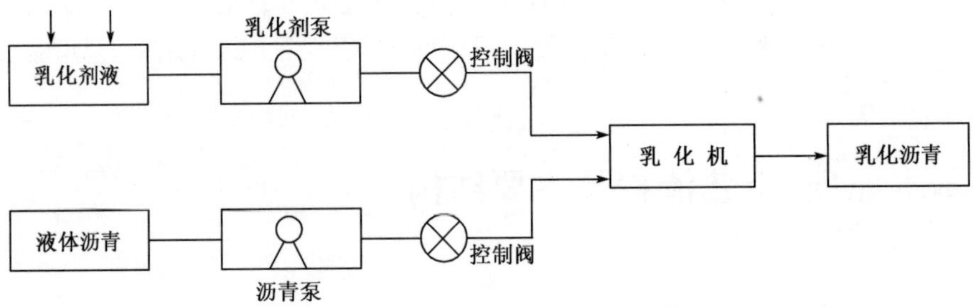

图 5-9 基本工艺流程

4.3 乳化沥青设备的主要结构

4.3.1 总体结构

乳化沥青设备总体结构如图 5-10 所示。

4.3.2 热沥青供给系统

热沥青供给系统的功能是为生产乳化沥青提供符合生产工艺要求的基质沥青。其主要组成为管道、阀门、沥青泵、沥青在线升温器、沥青恒温稳压储存罐等部件。

（1）沥青在线升温器功能是对沥青在线加热升温。加热升温目前采用三种形式：蒸气介质加热、导热油介质加热和电加热。因加热介质不同，其升温器的结构也不相同；但要求进、出口温差 20～30℃。

（2）沥青恒温稳压储存罐功能是储存达到工艺要求的基质沥青并维持乳化单元沥青进口的压力基本不变；主要组成包括保温罐体、加热装置、搅拌装置等部件。

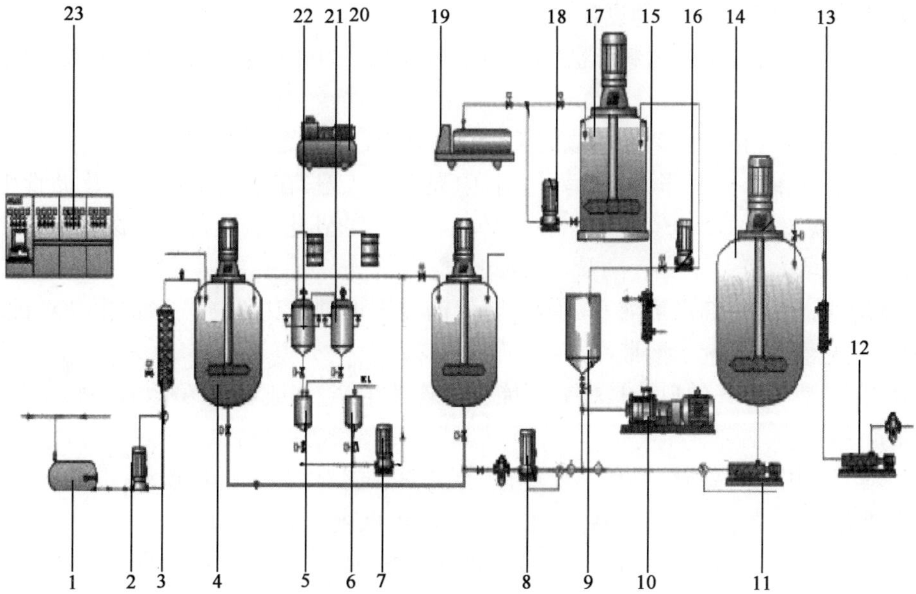

图 5-10　乳化沥青生产设备总体结构示意图

1-储水罐；2-水计量给水泵；3-水升温器；4-皂液掺配罐；5-乳化剂/胶乳储存罐；6-盐酸计量罐；7-皂液掺配泵；8-皂液计量及添加泵；9-乳化沥青取样罐；10-胶体磨；11-沥青计量及添加泵；12-沥青输送泵；13-沥青在线升温器；14-沥青恒温稳压储存罐；15-乳化沥青冷却器；16-乳化沥青输送泵；17-乳化沥青成品储存罐；18-乳化沥青成品装载泵；19-成品运输车；20-阀门操作压缩空气动力系统；21-乳化剂计量罐；22-胶乳计量罐；23-操作控制及电源系统

4.3.3　水系统

水系统的功能是：

(1)根据工艺要求为配置皂液提供定量的水；

(2)为乳化沥青冷却系统提供冷却水；

(3)冷却水的循环再利用。

其主要组成包括：储水罐、输水泵、热水器系统、乳化沥青冷却系统、冷却水循环再利用系统、管路阀门等总成和部件。

其中热水器系统用于生产热水。片式换热、双管口系统装有恒温热水控制电路、热水气动分路/旁路电路用于控制生产过程水的温度。控制在 90℃以下。片式换热用于乳化沥青/水热交换，冷水环路的气动分流/旁通阀门用于控制乳化沥青出口温度。

4.3.4　皂液掺配系统

皂液掺配系统的功能是：

(1)乳化剂、稳定剂、盐酸等化学材料的储存和添加计量；

(2)按工艺要求掺配乳化剂、稳定剂与热水的搅拌混合；

(3)按工艺要求调节皂液的酸度值；

(4)皂液的保温储存。

其主要形式包括：批量掺配，主要应用在小型、移动式乳化沥青生产设备；在线容积式主要应用在大型、乳化沥青生产厂的设备。

主要组成包括各种化学材料（乳化剂、稳定剂、盐酸）的储存罐、适应输送泵及计量装置、掺配罐、管道阀门等。

掺配罐是制取合格乳化剂水溶液的关键设备，主要功能是：

(1)稀释乳化剂。处于非液态的乳化剂（中裂型较普遍）在连续生产的乳化沥青生产工艺中一般要配水溶解成浓度10％～20％的液体。稀释后的乳化剂，通过泵输送到管道中与热水再度混合，进入乳化机。

(2)制取皂液（乳化剂水溶液）。热水、乳化剂和添加剂按比例进入罐体中，经过搅拌器分散、混合形成皂液（乳化剂水溶液）。

(3)储存皂液。单一的皂液掺配罐不能进行连续生产，一般设置两个掺配罐，交替进行，实现连续生产。

尽管调配罐用途有差异，但都必须具有一定容量，能对液体计量、控温、混合等功能，皂液掺配罐主要有罐体、加热器、搅拌器、液位计、温度计、酸度计等组成。

罐体常采用立式，顶部为平盖、底部为椭圆形封头或者90℃锥角无折边锥底。如果采用平底将不利于乳化剂水溶液排尽。进水管要插到罐的底部，以减少乳化剂的泡沫。

加热器多采用蛇形盘管（导热油或蒸气），也可以作为搅拌器的导流筒，起到增强混合效果的作用。

搅拌器在保证乳化剂水溶液混合效果和混合速度方面起到关键作用，乳化剂水溶液调配罐中传统的搅拌器多采用低速大桨叶形式，由电机、减速器、搅拌轴组成，桨叶采用折叶式。目前，皂液掺配罐中，趋向采用高速小桨叶搅拌器，由电机直接驱动搅拌器，转速为1500r/min左右，采用螺旋桨叶片，搅拌器倾斜一定方向，混合力度、效果都较好，而且大大简化了搅拌器的结构。

液位计是为了控制每次进入罐体中热水的总量，常采用浮球式液位计。可以实现液面上、下限的控制。乳化剂和添加剂每次进入罐中的量很少，多采用流量计测量控制。

温度计是为了检测乳化剂水溶液的现场温度，当热水和乳化剂水溶液温度下降时可以启动加热器调温。

4.3.5 乳化沥青生产单元

乳化沥青生产单元是乳化沥青生产设备的核心组成装置，其技术性能和水平直接决定了乳化沥青的生产质量和生产能力；其功能是将皂液和基质沥青按设定的比例量进行混合、均质、粉碎、分散、剪切、研磨、乳化，形成稳定的乳状液——乳化沥青。

其主要组成包括乳化机、液相预混器、沥青输入系统、皂液输入系统、取样装置等部分。

4.3.5.1 乳化机

乳化机是整套沥青乳化设备的核心，它的作用就是通过增压、冲压、剪切、研磨等机械作用，使沥青形成均细化颗粒，稳定而均匀地分散于乳化剂水溶液中，成为水乳状液。采用不同的力学作用原理，沥青乳化机的结构形式也不相同。一般常用的乳化机有均化器、胶体磨等形式。

4.3.5.1.1 均化器类乳化机

均化器类乳化机主要有增压泵和均化头组成。各种均化器的区别主要在均化头的构造上，适用于沥青乳化机的均化器主要是柱塞式均化器，其结构如图 5-11 所示。这种乳化机是利用齿轮泵将沥青和乳化剂水溶液加压，经混合器初混，然后通过阀杆和阀座间的缝隙高速喷射，由于弹性柱塞所形成的缝隙作用和湍流、振动作用，从而使沥青混合液受到挤压、膨胀、扩散而雾化，达到乳化的目的。这种沥青乳化机具有结构简单、制造容易、耗电量小、粒度均匀等优点。但存在有齿轮泵不耐用，易磨损，以及产量较少等缺陷。目前在沥青乳化生产设备中很少使用。

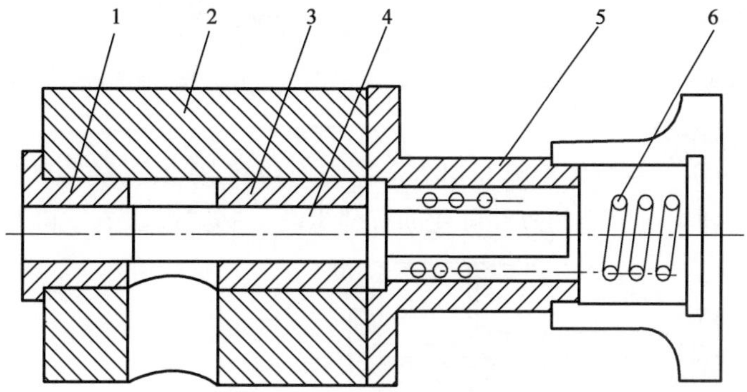

图 5-11 均化器结构示意图

1-柱塞座圈；2-阀体；3-衬套；4-柱塞；5-调节装置；6-弹簧

4.3.5.1.2 胶体磨类乳化机

胶体磨类乳化机是沥青乳化设备中采用最多的机型，主要是通过定子、转子之间由于高速运转所产生的剪切力而起到研磨，分散作用。沥青乳化设备较多使用的是卧式胶体磨，转子和定子之间的配合一般是锥形，由于在整机结构以及磨体的形状和液体流向的不同，沥青乳化机主要分成以下几类：

1)锥面槽式胶体磨

此类胶体磨，在锥形的定子内表面和转子外表面做出许多方向不同的斜槽，使通过二锥面极小间隙的沥青混合液受到反复的剪切、摩擦，因而被分散、均化形成均匀的微粒悬浮在水溶液中；磨、剪结合，使用各类改性乳化沥青生产。

2)平面槽式胶体磨

此类胶体磨原先用于乳制品及化工工业，乳化细度可达到$<2\mu m$，近几年，此类胶体磨用于沥青乳化生产中，其乳化能力很强。平面槽式胶体磨的定子和转子是两个相对的平面，其表面有许多同心的环槽，如图 5-12 所示。沥青混合液从胶体磨体中部进入内部，在离心力的作用下，高速通过定子和转子间的缝隙，并受到剪切力、摩擦力、高频振动、漩涡等复杂力的作用，因而混合液被有效地分散、破碎均化和乳化。

3)光滑锥面胶体磨

光滑锥面胶体磨一般用于制取各类乳状液。胶体磨中的定子和转子的表面为光滑面(如图 5-13 所示)，转子的高速旋转，以及转子与定子之间微小的间隙和沥青混合液的黏度作用使定子和转子之间形成逆向的强大的剪切力在剪切、摩擦作用下，沥青混合液被分裂成微细颗粒，均匀地形成乳液。以磨为主，一般用于质地较软的材料乳化生产。

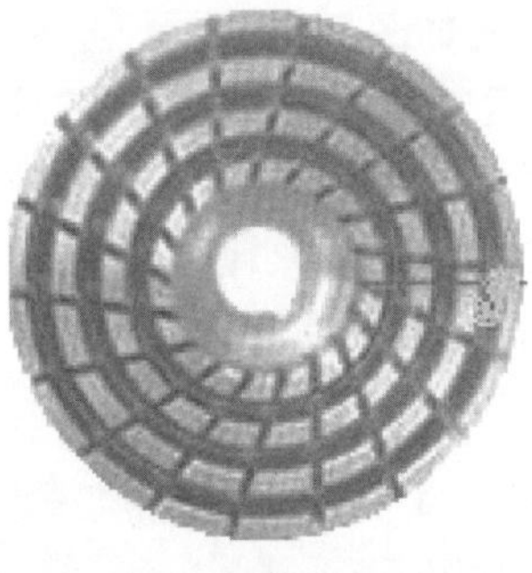

图 5-12　平面槽式胶体磨结构示意图

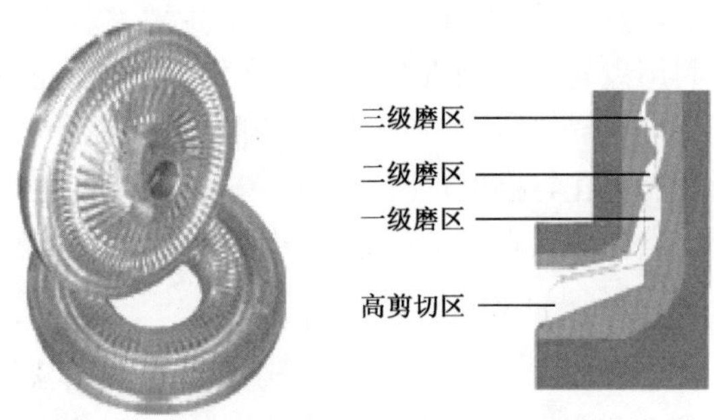

图 5-13　锥面槽式胶体磨结构示意图

4)新型高剪切胶体磨。

高剪切分散乳化机构和胶体粉碎磨相结合是实现粉碎、研磨、分散、乳化、均质、输送为一体的多功能装置，适合用于聚合物改性乳化沥青的生产。其结构如图 5-14 所示。

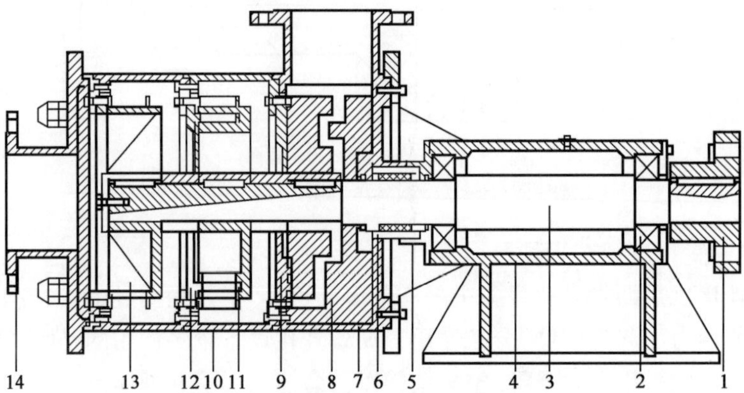

图 5-14　新型高剪切胶体磨结构示意图

1-连轴；2-轴承；3-轴；4-轴承座；5-密封壳；6-机械密封；7-出料腔；8-转磨；9-定磨；10-泵壳；11-转子；12-定子；13-吸程装置；14-进料腔

4.3.5.2　沥青输入系统

系统包括入口滤芯（有备用滤网），变量沥青泵（有内部溢流阀），生产过程控制系统（以下简称 PCS）包括容积流量计（有机械计数器和电子脉冲发送器）以显示流量。管线上装有气动入口阀门、温度计、温度传感器和压力表，沥青泵转速 PID 控制器通过变频器控制。PID 控制器集成于 PCS。

4.3.5.3　皂液输入系统

系统包括入口滤芯（有备用滤网）、变量皂液泵（有内部溢流阀），容积流量计（有机械计数器和电子脉冲发送器）。管线装有入口阀门和压力表，皂液泵转速由 PID 控制器通过变频器控制。PID 控制器集成于 PCS。

4.3.6　胶乳添加系统

系统的主要功能是按工艺配方的要求添加胶乳改性剂，以生产各种胶乳改性乳化沥青。

不同的胶乳改性乳化沥青，其胶乳的添加方式也不同，主要方式为：

(1)加入皂液中；

(2)乳化机前；

(3)乳化机后静态混合器加入。

其主要组成包括：胶乳储存罐、输送计量泵、胶乳静态混合器、加入方式转换阀、管道阀门等部件。

4.3.7　操作、过程控制系统

沥青乳化设备使沥青、水、乳化剂和添加剂按一定的比例掺配，在连续运动过程中完成乳化，形成沥青乳液。计量控制系统就是对上述物料在运动过程中所发生的温度、压力、流量、配合比等因素的变化实行监测与控制，以实现稳定生产高质量的沥青乳液。操作、控制系统主要包括温度、液位、流量、油水比的计量控制以及各种动力装置的顺序启闭、动作和定时控制。

4.3.7.1　温度控制

沥青与乳化剂水溶液的温度是沥青乳化过程能否稳定生产的一个重要的参数，其具体值由工艺决定。目前，乳化沥青生产中很少采用温度的伺服控制，这是因为沥青乳化过程对温度的控制精度要求不高(±5℃)。因此，多数设备都是采用开关控制。用温度仪表进行监测，当温度达到上限，电磁阀(通蒸气或导热油)关闭，达到下限，电磁阀打开。(采用电加热装置其原理相同)。采用开关控制都有滞后效应，使温度超过上限或下限(由仪表精度决定)，这对乳化沥青生产没有很大影响。

4.3.7.2　液位控制

在罐体中掺配乳化剂水溶液，控制水量一般用浮球液位计控制。同温度开关控制一样，也会出现滞后效应。因此，对液位高度理论计算后，应反复试验实际液位高度和实际加水量，最后确定液位计的实际定位高度。在乳化沥青自控设备中，所有盛装液体的容器(沥青罐、乳化沥青罐等)都应设置控制液位高低的液位控制器，这对于连续大批量生产乳化沥青，保证稳定有序地工作是必不可少的装置。

4.3.7.3　计量控制

在乳化沥青生产过程中，按比例控制沥青和水溶液的输送量，而后送入乳化机中，是生产出合格的乳化沥青的重要技术性能之一。

国内早期的乳化沥青油水比例控制装置，多是采用人工控制的方法，即手动控制阀门，需进行烦琐的配比计量和油水比检验。产量较小，控制不准确，油水比波动大，产品质量不稳定。近几年，自动控制油水比的装置不断出现，并且自动化程度越来越高。

油水比自动控制的原理是：在沥青乳化生产过程中，沥青和乳化剂水溶液受温度、压力等因素的影响，而引起流量不断地变化；液体流量就是我们要控制的对象。通过传感器、测量仪表、调节器和执行机构就可以实现对沥青和乳化剂水溶液流量的自动控制。

目前，油水比控制中采用单回路调节系统较多，其调节方式有二种：

方式一：检测对象是乳化剂水溶液和乳化沥青，而调节的对象是水溶液和沥青的供量。其主要设计思想是：沥青具有物理形态很不稳定的特点，在不同的温度阶段，黏度发生很大的变化，加上沥青产地不同，组分差别大，黏度各异，不同标号的沥青黏度也有较大差别。另外，目前国内尚无合适的检测沥青的流量仪表，因此，将沥青流量作为不可检测的对象。

方式二：沥青和乳化剂水溶液各自作为检测和调节对象，在运行前，需要将两个回路流量各自设定，输入计算机中进行运算，而后调节执行机构。上述的定值调节系统采用的是 PID 调节方式（比例、积分、微分），它可以使系统运行稳定和准确，首先将产量设定值和油水比设定值送入计算机系统，依据输入数据计算机计算确定沥青流量给定值和皂液流量的给定值，然后经过执行机构（调速器、电动阀门等）的作用，使输出的流量值与给定值相等。即设定多大油水比，输出就是多大油水比，达到高精度的控制油水比。系统中的 PID 调节是用于加快调节速度，PI 调节是保证系统稳定运行，抗干扰能力强。

4.3.8 乳化沥青的储存系统

乳化沥青储存系统的功能是储存产品乳化沥青并防止乳化沥青离析和破乳。其主要组成包括储存罐、搅拌装置、成品装载泵、循环系统、保温加热系统、管道及阀门等部件装置。

储存罐体一般用钢板制作，外形有立式或卧式。固定式的乳化沥青生产厂采用立式罐、移动式生产设备采用卧式罐。罐体上部应设置人孔，便于维修人员进入内部维修或清污，底部应做成圆弧状或梯状，并设置排污孔以利于杂质沉淀和排污。罐体外部必须加装保温材料，以减少乳化沥青受外部环境温度的变化是产品产生离析或破乳。

为了防止乳化沥青产生离析，在储存罐上部应设置搅拌器。搅拌器由电机、减速器、搅拌轴组成；速度 40～80r/min、不宜过高，以免乳化沥青破乳；搅拌桨叶布置成一层或者多层，桨叶常采用可使沥青在罐中上下运动的结构，达到防离析的目的。

4.3.9 加热系统

加热系统的功能是：为需要热能的部件和系统提供热能。主要形式为：蒸汽、导热油介质和电能。

蒸汽和导热油介质对沥青升温都是采用间接加热法，即水蒸气或导热油不与沥青接触，而是通过金属壁来传递热量。蒸气加热通常采用蛇形或者排管加热器，加热器的出口应设置蒸汽疏水器。导热油加热器通常采用蛇形管，其高温端应设置在罐体底部，而低温端在罐的上部。现新建乳化沥青厂和移动乳化沥青生产设备到采用导热油介质，蒸气已基本不采用。

电加热器多采用管状加热器，电流通过加热元件而发热，热量借辐射和对流的方法由加热元件传给被加热的沥青。电加热器一般设置在罐底部，为了使三相用电量平衡，电加热管应布置三支或者是 3 的倍数。无论是何种加热装置，罐体中的沥青的最低液面要能够掩埋这些装置。主要用在阀门、管道的加热保温。

4.3.10 压缩空气动力系统

该系统的主要功能是为乳化沥青生产设备中各类阀门提供开、关执行的压缩气体动力；其主要组成包括空气压缩机、管路、电磁控制阀门等部件。

5 聚合物改性乳化沥青的生产

生产聚合物改性乳化沥青是现代乳化沥青生产设备的主要功能。聚合物改性乳化沥青所用的改性剂主要是SBR和SBS。SBR胶乳改性乳化沥青虽然有较好的低温抗裂性,但对高温稳定性改善不明显,而我国的气候条件是全国各地夏季普遍气温较高,对沥青黏结料的高温稳定性要求比较苛刻。而SBS改性乳化沥青能同时兼顾沥青的高、低温性能,具有很好的应用前景。

聚合物改性乳化沥青的生产工艺主要分为两类:

(1)乳化沥青改性;

(2)改性沥青乳化。

乳化沥青改性工艺主要用于胶乳改性乳化沥青的生产。方法是将加热至熔融状态的基质沥青与乳化剂水溶液和以乳液状态存在的高分子聚合物通过适当的方式混合,制得改性乳化沥青。此方法工艺简单,制得的改性乳化沥青稳定性较差,不适用于生产SBS改性乳化沥青。

改性沥青乳化工艺的流程如图5-15所示。具体工艺是先将聚合物(SBS)和基质沥青通过高剪切胶体磨等制备出聚合物改性沥青,再将改性沥青通过高剪切胶体磨与乳化剂水溶液混合乳化,制得改性乳化沥青。此种工艺由于将沥青和聚合物颗粒剪切的很细,因此适用于生产SBR和SBS改性乳化沥青,尤其是生产SBS改性乳化沥青。

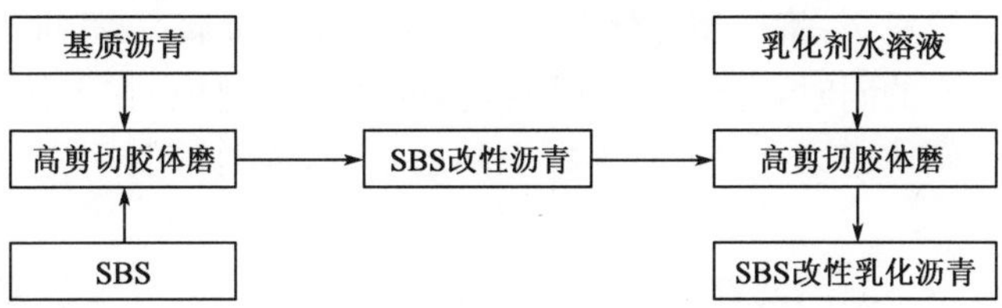

图5-15　改性沥青乳化工艺流程图

SBS改性沥青由于其本身韧性好,因此普通均化器、胶体磨根本不能直接进行生产,并且随着SBS含量增加(一般为2%～3%),乳化难度增加,乳化稳定性会变差;因此改性沥青的乳化要保证有好的乳化效果,除了SBS的加量外,还必须保证改性沥青中SBS不离析以及SBS的粒度达到胶体的需求,因此,乳化沥青生产设备的核心乳化机(胶体磨)必须具有高速剪切和研磨功能;研磨区内流体分子间剧烈摩擦、挤压、揉搓和撕裂,使分子链断裂,并使沥青混合物分子很好地重新分布并结合;因而沥青混合液被有效地分散、破碎、均匀和乳化,形成均匀的微细颗粒稳定乳状液体。

目前,国产胶体磨由于材料、加工精度、生产工艺等因素在技术性能、耐用及防腐性能与进口产品还有一定的差距,用于SBS改性沥青乳化还有待于进一步的发展。

6　乳化沥青设备的使用与管理

6.1　使用程序

目前,国内沥青乳化设备没有统一标准,各厂家和生产单位的设备差异很大;但在生产乳化沥青的主要程序如下:

(1)实验室小试;初步确定各种材料的比例配方和工艺参数,制定工艺卡;

(2)设备中试;依据小试确定的材料的比例配方和工艺参数和制定工艺卡调整设备,中试生产300～1000kg;

(3)对中试的乳化沥青质量检验和材料试样试验室试验,最终确定各种材料的比例配方和工艺参数,制定工艺卡;

(4)按中试后试验室最终确定各种材料的比例配方、工艺参数和制定工艺卡开机生产;

(5)过程取样检验油、水比,保证乳化沥青产品质量的稳定。

6.2 操作、调整程序

(1)打开设备总电源、启动设备加热系统、压缩空气动力系统;

(2)待加热系统正常工作、各系统、部件温度达到工艺要求时,开启水系统、沥青系统;

(3)开启皂液掺配系统、胶乳添加系统,按工艺卡要求制配皂液;

(4)开启沥青乳化单元;

(5)取样检验;

(6)微调工艺参数;

(7)启动乳化沥青输送泵,将产品乳化沥青输送到乳化沥青储存罐,进入正常生产;

(8)在乳化沥青生产的同时,进行另一个皂液掺配罐配制皂液,在先使用皂液掺配罐的皂液用完以后,转换三通阀使用第二皂液掺配罐配制的皂液,同时配制用完皂液掺配罐的皂液,如此循环;

(9)生产过程中可以不断向沥青中转罐中加入沥青,同时调节导热油或电加热管,保证沥青温度在设定范围内;

(10)正常生产时将加热管线的导热油或电加热带关闭,停止管线加热。

6.3 开、停机操作注意事项

(1)开机操作

①打开乳化剂水溶液罐阀门,同时打开沥青罐阀门;

②启动乳化剂水溶液齿轮泵,同时启动沥青齿轮泵;

③启动乳化机,同时关闭乳化机导热油。

(2)停机操作

①停沥青齿轮泵;

②用乳化剂水溶液冲洗管道后,再停乳化剂水溶液齿轮泵;

③停乳化机和抽油泵;

④断开电源。

6.4 注意事项

(1)沥青乳化生产必须严格按照“生产工艺卡”进行。

(2)设备的操作必须指定专人负责并且熟悉和掌握设备操作要领。

(3)每次生产前检查各零部件及电器、线路等,确认处于安全正常工作状态后方可开机。

(4)开机前,首先启动预热系统,当沥青泵和乳化机均能用手转动,轻松自如时,再启动乳化机和乳化剂水溶液泵。

(5)沥青和乳化剂水溶液温度符合工艺要求。

(6)严格按"乳化剂使用说明"和"生产工艺卡"配制乳化剂水溶液。

(7)采用自动控制油水配比的设备,应该先开"手动挡",待油水流量计显示和工作正常时,再拨向"自动挡"。

(8)生产结束时,停机顺序应是沥青泵→乳化剂水溶液泵→乳化机,同时应关闭沥青管道阀门和水溶液阀门。

(9)切实注意安全生产,操作人员不得擅自离岗。

(10)保持车间内通风良好和车间卫生。

6.5 维修与保养

沥青乳化设备应注意以下几点维修与保养技术:

(1)乳化机和输送泵及其他电机、减速机,按其出厂说明书的规定进行日常保养。

(2)每班工作结束后,应清洗乳化机,没有保温设施和防腐设施的乳化设备,还应清洗沥青泵,乳化剂水溶液泵以及管道。

(3)沥青乳化机应定期检查其定子与转子的配合间隙,当不能达到该机所规定的最小间隙时应考虑更换定子和转子。

(4)用于控制流量的定量泵或流量计,应定期检查其精度,并及时进行调整和维护。

(5)每半年清除控制柜中的尘灰,微机部分不得吸尘,应用吹尘器除尘,以免尘灰入机,损坏机件。

(6)设备长期停用,应放净罐中以及管道中的液体,保持清洁;各运动部件加注润滑油。

(7)室外温度出现低于−5℃的地区,沥青乳液储存罐不应存放乳液。储存罐剩余的乳液应及时排净,以免造成乳液破乳。

(8)在使用搅拌器后,应经常检查油。

(9)胶体磨每生产 100t 乳化沥青加润滑脂一次。

7 主要生产厂商及其典型产品主要技术性能和参数

7.1 国内外主要生产厂商

7.1.1 国外主要生产厂商

DALWORTH MACHINE PRODUCTS, INC

Valley Slurry Seal Co

BREINING Maschinen und Fahrzeugbau GmbH

MASSENZA S. R. L

Denimo Tech A/S

ENH Engineering A/S

7.1.2 国内主要生产厂商

浙江兰亭高科有限公司
中交西安筑路机械有限公司
上海尚贵流体设备有限公司
河南省高远公路养护设备有限公司
山东奥邦机械设备制造有限公司
鑫路通用设备有限公司
西安达刚路面机械股份有限公司

7.2 典型产品技术性能和参数

SRG型系列乳化(改性)沥青生产设备技术参数见表5-1。

生产设备技术参数 表5-1

设备名称型号	生产能力(t/h)	装机容量(kW)
SRG－5Ⅰ	5	27
SRG－10Ⅰ	10	40
SRG－20Ⅱ	20	66
SRG－30Ⅱ	30	96

典型胶体磨主要技术参数见表5-2。

典型胶体磨技术参数 表5-2

机　型	LR－6000	LR－3000	LR－1500	LR－500
乳化机转速(r/min)	5000	6000	8000	10000
电机功率(kW)	17	5.5	3	1.5
电机转速(r/min)	2940	2920	2880	2860
转定子间隙调整范围(mm)	0.08～2	0.04～1.5	0.03～1.5	0.03～1.5
最大生产量(L/h)	6000	3000	1500	500

JMJ胶体磨主要技术参数见表5-3。

JMJ胶体磨技术参数 表5-3

规格型号	产量(t/h)	配用电机		进口口径 D(mm)	出口口径 D(mm)	允许介质温度(℃)	转速(r/min)	外形尺寸(长度×宽×高)(mm)
		型号	功率(kW)					
JMJ5	5	Y255M-2	45	80	65	300	2970	2226×545×838
JMJ10	10	Y228M-2	90	80	70	300	2970	2584×6600×865
JMJ20	20	Y315M-2	132	100	100	300	2980	3006×750×1040
JMJ30	30	Y315L-2	200	150	125	300	2980	3184×860×1075

第6章

沥青混合料摊铺机(含转运料车)

1　概述

沥青混合料摊铺机是沥青路面专用施工机械。它的作用是将拌制好的沥青混合料材料均匀地摊铺在路面底基层或基层上,构成沥青混合料基层或沥青混合料面层。摊铺机能够准确保证摊铺层厚度、宽度、路面拱度、平整度、密实度。因而广泛用于公路、城市道路、大型货场、停车场、码头和机场等工程中的沥青混合料摊铺作业,也可用于稳定材料和干硬性水泥混凝土材料的摊铺作业。

1.1　国外水平及发展趋势

发达国家十分重视沥青混合料摊铺机的研究与开发,摊铺机技术在不断发展和完善。目前,沥青混合料摊铺机已形成系列产品,能充分满足各种工程的需要。在技术开发和产品开发上,成熟地应用了机、电、液一体化技术,使沥青混合料摊铺机具有结构合理、功能完善、性能稳定、安全可靠、易于维修等优点。并且仍在不断地采用新理论、新技术、新工艺、新材料,改进结构和性能,使产品不断更新换代。如前桥的悬挂方式、前后桥双驱动及新型摊铺熨平装置等新结构不断出现。

国外沥青混合料摊铺机技术发展的趋势,可以归纳以下几点:

(1)产品系列的发展更加丰富。为满足高等级公路路面整体平整度的要求,减少路面纵向接缝,沥青混合料摊铺机的大型化目前稳定在最大摊铺宽度 9m 左右。同时,为适应路面养护的小型工程施工的需要,小型摊铺机也得到很大发展,其结构功能更加完善、性能更加稳定。

(2)国际上发达国家正在用全液压、全自控的先进摊铺机替代各型老产品,其技术性能特点是:

①作业速度的自控装置。先进摊铺机用脉冲传感器、信号放大器和比例控制阀测定摊铺机的行驶速度,并通过反馈调节液压系统的流量来控制摊铺机作业时的行走速度,使其不受外界条件的干扰而保持速度稳定。

②供料速度自控装置。先进摊铺机通过超声波传感装置等连续监测熨平板挡板前混合料的数量,控制刮板输料器和螺旋分料器的驱动机构,使其相应地增减速度,达到均匀、稳定、连

续地供料。

③自动调平装置。先进摊铺机已经采用超声波和激光等非接触式调平装置和技术使摊铺平整度进一步提高,使调平自控装置对环境条件的适应性更强。目前,自动调平装置的最小分辨率已达到纵向高度不大于±0.3mm,横向坡度不大于±0.02%。

④为减轻操作人员的劳动强度,提高舒适性,一些国家正在研究全自动和无人驾驶的摊铺机。并取得了很大的进展,目前仍在发展中。

⑤随着沥青混合料转运料车的发展,新型重力落料式摊铺机及同时喷洒乳化沥青或其他黏合剂的双功能摊铺机已成功开发。

1.2 国内水平及发展方向

我国沥青混合料摊铺机的研制是从20世纪60年代开始的,首先开发研制4.5m沥青混合料摊铺机,4500mm宽度的沥青混合料摊铺机在80年代逐渐形成一定的生产批量,在我国的公路建设中发挥了一定的作用。随着我国公路建设的快速发展,4500mm沥青混合料摊铺机已不能满足工程的要求,特别是高速公路的建设,需要使用摊铺宽度大性能高的摊铺机,因此国外高性能的摊铺机陆续大量进入我国市场。为了提高国产摊铺机的技术水平,1985年开始引进国外沥青混合料摊铺机技术,镇江华晨华通引进日本NIIGATA摊铺机,西安筑路机械厂1987年在引进Dynapac-Hos技术的基础上生产了铺宽7.25m的LTY8型沥青摊铺机和铺宽7.5m的GTLY9500型高密度摊铺机;1989年徐州工程机械厂引进了德国Vogele的技术生产了S1502、S1704、S1804以及S1700、S1800等几种轮胎和履带式的沥青摊铺机;1992陕西建设机械厂引进了德国ABG铺宽12m的沥青摊铺机。通过技术的引进和消化吸收,使我国沥青混合料摊铺机技术有了一个较大的飞跃,产品性能在不断提高,国产沥青混合料摊铺机的技术性能已经接近国际当代水平,我国沥青混合料摊铺机在高速公路建设中已成为我国高速公路建设的主力军。

随着我国公路建设的快速发展,对沥青混合料摊铺机的需求量在不断增加,国际品牌纷纷进入中国市场,1997年英格索兰在江苏无锡成立无锡道路机械有限公司,英格索兰设厂的成功,引发了其他外资品牌竞相来中国建厂。1999年Dynapac在天津武清开发区设立独资工厂生产压路机和摊铺机,随后Bomag在上海、维特根在河北廊坊先后建立了独资公司,世界上著名的路面与压实机械跨国公司已全部登陆中国。这也使得中国企业可以提升竞争水平,更好地为中国用户提供服务。外国品牌公司入驻我国,一方面提高了我国沥青摊铺机的整体设计和制造水平,另一方面引起了国内市场的激烈竞争。

目前,我国生产的摊铺机产品水平已接近当代国际水平,年产量已达到1500台左右,但产品的品种规格较少,未形成系列产品,与国际先进技术水平相对比,在产品综合技术性能、可靠性、耐用性和制造精度等方面还存在一定的差距,生产与需求的矛盾有待通过产品开发和扩大生产逐步缓解。我国摊铺机产品开发的主要目标是:产品系列规格的逐步完善,以适应不同工程的需要;在引进国外先进技术消化吸收的基础上,逐步扩大国产配套件的比重,提高国产化水平;不断提高国产摊铺机的技术性能、工作可靠性和使用寿命。

2　分类、特点及适用范围

1)按摊铺宽度分类

可分为小型、中型、大型和超大型4种。

(1)小型最大摊铺宽度一般小于3600mm,主要用于路面养护和城市巷道路面修筑工程。

(2)中型最大摊铺宽度在4000～6000mm。主要用于一般公路路面的修筑和养护工程。

(3)大型最大摊铺宽度一般在7000～9000mm之间,主要用于高等级公路路面工程。

(4)超大型摊铺宽度已达到12000mm,主要用于公路底层等的施工。使用装有自动调平装置的超大型摊铺机作业时,纵向接缝少,整体性及平整度好,但用于摊铺路面时由于混合料的离析而影响路面的质量。

2)按走行方式分类

摊铺机分为拖式和自行式两种。其中自行式又分为轮胎式沥青混合料摊铺机(图6-1)、履带式沥青混合料摊铺机两种(图6-2)。

图6-1　轮胎式沥青混合料摊铺机

图6-2　履带式沥青混合料摊铺机

拖式摊铺机是将收料、输料、分料和熨平等作业装置安装在一个特制的机架上组成的摊铺作业装置。工作时靠运料自卸车牵引或顶推进行摊铺作业。它的结构简单,使用成本低,但其摊铺能力小,摊铺质量低,所以拖式摊铺机仅适用于三级以下公路路面的养护作业。

履带式摊铺机一般为大型摊铺机,其优点是接地比压小、附着力大,摊铺作业时很少出现打滑现象,运行平稳。其缺点是机动性差、对路基凸起物吸收能力差、弯道作业时铺层边缘圆滑程度较轮胎式摊铺机低,且结构复杂,制造成本较高。履带式摊铺机多为大型和超大型机,用于大型公路工程的施工。

轮胎式摊铺机靠轮胎支撑整机并提供附着力,它的优点是转移运行速度快、机动性好、对路基凸起物吸收能力强、弯道作业易形成圆滑边缘。其缺点是附着力小,在摊铺路幅较宽、铺层较厚的路面时易产生打滑现象,另外,它对路基凹坑较敏感。轮胎式摊铺机主要用于道路修筑与养护作业。

3)按动力传动方式分类

摊铺机分为机械式和液压式两种。

(1)机械式摊铺机

机械式摊铺机的行走驱动、输料传动、分料传动等主要传动机构都采用机械传动方式。这种摊铺机具有工作可靠、维修方便、传动效率高、制造成本低等优点,但其传动装置复杂,操作不方便,调速性和速度匹配性较差。

(2)液压式摊铺机

液压式摊铺机的行走驱动、输料和分料传动、熨平板延伸、熨平板和振捣器的振动等主要传动采用液压传动方式,从而使摊铺机结构简化、重量减轻、传动冲击和振动减缓、工作速度等性能稳定,并便于无级调速和采用电——液全自动控制。随着液压传动技术可靠性的提高,在摊铺机上采用液压传动的比例迅速增加,并向全液压方向发展。全液压和以液压传动为主的摊铺机,均设有电——液自动调平装置,具有良好的使用性能和更高的摊铺质量,因而广泛应用于高等级公路路面施工。

4)按熨平板的延伸方式分类

摊铺机分为机械加长式和液压伸缩式两种。

(1)机械加长式

它是用螺栓把基本(最小摊铺宽度的)熨平板和若干加长熨平板组装成所需作业宽度的熨平板。其结构简单、整体刚度好、分料螺旋(也采用机械加长)贯穿整个摊铺槽,使布料均匀。因而大型和超大型摊铺机一般采用机械加长式熨平板,最大摊铺宽度可达8000～12500mm。

(2)液压伸缩式

熨平板靠液压缸伸缩无级调整其长度,使熨平板达到要求的摊铺宽度。这种熨平板调整方便省力,在摊铺宽度变化的路段施工更显示其优越性。但与机械加长式熨平板对比其整体刚性较差,在调整不当时,基本熨平板和可伸缩熨平板间易产生铺层高差,并因分料螺旋不能贯穿整个摊铺槽,可能造成混合料不均而影响摊铺质量。因而,采用液压伸缩式熨平板的摊铺机最大摊铺宽度不超过 8000mm。

5)按熨平板的加热方式分类

分为电加热、液化石油气加热和燃油加热三种形式。

(1)电加热

由摊铺机的发动机驱动的专用发电机产生的电能来加热,这种加热方式加热均匀、使用方便、无污染,熨平板和振捣梁受热变形较小。

(2)液化石油气(主要用丙烷气)加热

这种加热方式结构简单,使用方便,但火焰加热欠均匀,污染环境,不安全,且燃气喷嘴需经常清洗。

(3)燃油(主要指轻柴油)加热

燃油加热装置主要由小型燃油泵、喷油嘴、自动点火控制器和小型鼓风机等组成,其优点是可以用于各种工况,操作较方便,燃料易解决,但和燃气加热同样有污染,且结构较复杂。

3 总体结构及工作原理

3.1 总体结构

沥青混合料摊铺机的类型较多,按行走方式分为拖式或自行式;按行走装置分为轮胎式、履带式和轮胎履带组合式;按传动方式分为机械式和液压式等。沥青混合料摊铺机规格型号较多,各类型摊铺机的结构也不相同。沥青混合料摊铺机的工作原理及结构如图 6-3 所示,一般由发动机、传动系统、前料斗、刮板输送器、螺旋分料器、机架、操纵控制系统、行走系统、熨平装置和自动调平装置等组成。

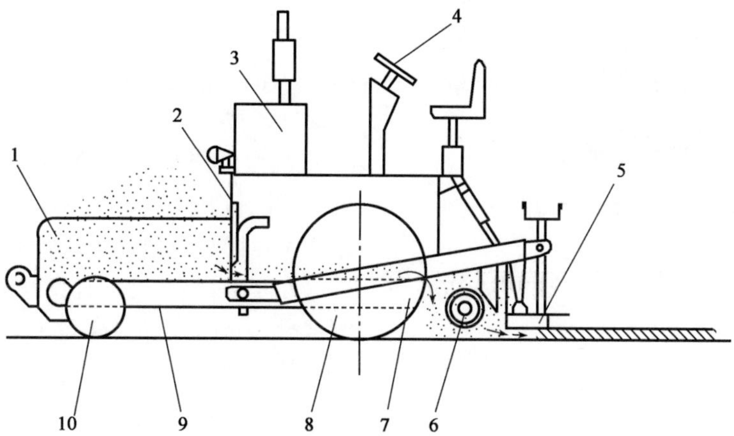

图 6-3 摊铺机工作原理及结构示意图

1-前料斗;2-闸门;3-发动机及传动系统;4-操纵系统;5-熨平板;6-螺旋分料器;7-刮板输送器;8-后轮;9-机架;10-前轮

3.1.1 发动机

摊铺机一般选用高速柴油机做动力。由于摊铺机始终处在较高环境温度的条件下工作,可选用风冷柴油机以保证其工作可靠性。摊铺机应要求其在选定的作业速度下连续稳定地工作,这一原则对选用发动机提出了更高的要求。即发动机应具有足够的持续功率和良好的外特性,发动机要与液压传动和机械传动有最佳的功率匹配。

3.1.2 传动系统

传动系统有机械传动、液压机械和全液压传动三种形式。机械传动在中小型摊铺机中采用较多,如国产 LT6 摊铺机行走系统为机械传动,料斗及熨平板的提升等以液压为动力,大型摊铺机均采用液压传动。

1)机械传动的沥青混合料摊铺机

国产的 LT6 系列轮胎式沥青混合料摊铺机采用机械式传动系统,图 6-4 为 LT6 型沥青混凝土摊铺机的传动系统简图,系统包括离合器、主变速器、高低速变速器、摩擦离合器及传动链条等组成。

行走系统传动路线:发动机→离合器→主变速器→链传动→高低速变速器→差速器→半

轴→链传动→后轮。离合器、主变速器及差速器均选用汽车部件，主变速器有 5 个挡位，高低速变速器分高低速两个挡位，两者组合使摊铺机具有低速摊铺和高速运行的性能。另外，从高低速变速器引出动力，经摩擦离合器及链传动驱动刮板输送器及螺旋分料器。LT6 液压动力从发动机前端和主变速器取力驱动液压泵，为前料斗、熨平板及转向等提供液压动力。

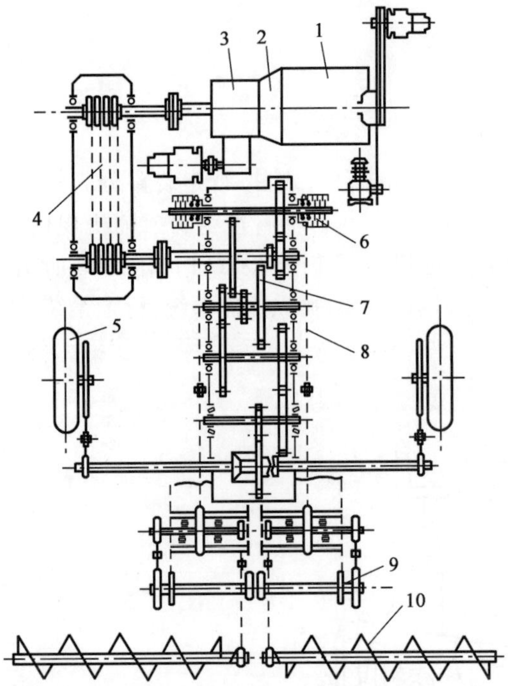

图 6-4　机械传动系统简图

1-发动机；2-离合器；3-主变速器；4-传动链；5-后轮；6-摩擦离合器；7-高低速变速器；8-传动链；9-刮板输送器；10-螺旋分料器

2）全液压传动的沥青混合料摊铺机

（1）轮胎式全液压传动摊铺机

图 6-5 所示为轮胎式摊铺机的全液压传动方案图。动力由发动机 1 通过齿轮传动驱动轴向柱塞泵 6 与 5，泵 6 供给轴向柱塞马达 13 压力油。液压马达 13 经过减速器 11、万向传动轴、行星齿轮减速器 7 驱动后轮 8。油泵 6 有快、慢两挡变换阀，配合有四挡减速器 11，可使摊铺机在使用中达到最佳的摊铺或行驶速度。在四挡减速器中还带有差速锁，差速锁可保证左、右驱动轮具有良好的附着性能而不致打滑，另外，发动机驱动双联泵 3 及三联泵 2，为其他液压元件提供动力。

无论是摊铺作业，还是工地转移，上述各挡之间都可无级变速。选好速度后，只要将操纵杆放在固定位，就可保证摊铺机恒速使铺层获得均匀预压实和良好的平整度。

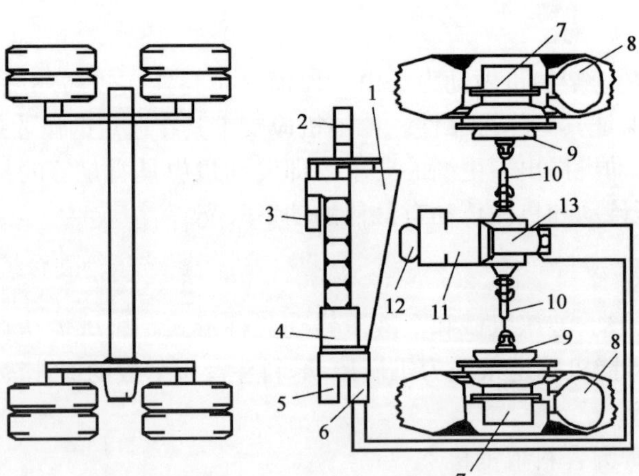

图 6-5　轮胎式沥青混合料摊铺机全液压传动系统图

1-柴油机；2-供右刮板螺旋输送系统和转向用三联泵；3-供左刮板螺旋输送系统和转向用双联泵；4-油冷却器；5-供振捣梁用的油泵；6-用于行驶的油泵；7-行星减速器；8-驱动轮；9-制动器；10-万向传动轴；11-带差速锁的减速器；12-机械操作的蹄式停车制动器；13-液压马达

两个盘式制动器9分别装在左、右行星轮边减速器7的输入轴上,保养、拆卸和更换摩擦片都很方便,提高了维修性能。这种闭式回路液压传动的全部传动零件都处于油浴中,减少保养工作量。

(2)履带式全液压传动摊铺机

图6-6所示为履带式全液压传动摊铺机的传动方案图。动力由发动机通过齿轮传动驱动变量泵2与3。泵3与2分别供给左、右两侧的轴向柱塞马达6和5所需的压力油,液压马达6和5经过链减速器驱动左、右驱动链轮。

两侧履带在电气系统控制下分别驱动。每侧的液压马达可以在两个速度范围内调节,可在行驶中直接换挡。两个变量泵带有限压装置,以防液压系统过热。预置速度可通过转动控制电位计在有限的变化范围内选定。

转向由另一控制电位计控制。摊铺曲线路面时,一侧履带速度增大,另一侧履带速度减小。增大的速度值与减小的值相等,使得平均摊铺速度保持不变。

精确地按直线行驶和平滑地在曲线路段转向是由安装在链轮箱入口处的传感器来保证的。传感器测定每侧履带的行驶速度。这些被测值将与控制电位计中的预置值进行比较,通过新型电控系统纠正预置与实际之间的偏差。即使在遇到极大冲击的情况下也能保持按预定的速度和转角行驶。

摊铺机是通过控制台上的行驶操纵进行启动和制动的。

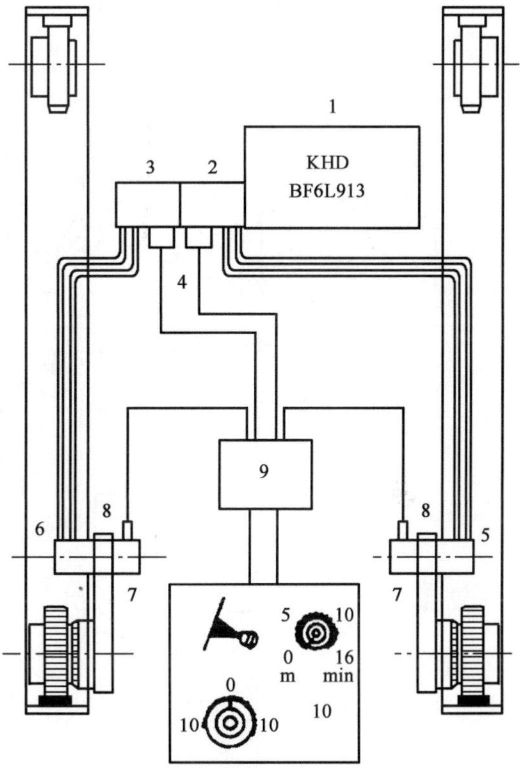

图6-6 履带式沥青混合料摊铺机全传动方案简图

1-柴油发动机;2-右侧驱动泵;3-左侧驱动泵;4-比例速度控制器;5-右侧驱动马达;6-左侧驱动马达;7-弹簧作用式制动器;8-实际值传感器(转速传感器);9-电控系统;10-带预置值的中央控制台

3)液压—机械传动的沥青混合料摊铺机

图6-7所示为液压—机械式传动系统图。该系统中有两个变量泵3和4,分别供油给一个定量液压马达5与两个定量液压马达9(转向用),构成闭路液压行驶系统和转向系统。

动力由发动机经过齿轮箱2带动两个变量泵3和4,变量泵3供给定量马达5液压油,经过四挡减速器、左/右万向传动轴7、中间传动齿轮箱8、链传动14和轮边行星齿轮减速器12驱动履带驱动轮11,使摊铺机行驶。

与轮式摊铺机的传动系相类似,在每挡速比范围内都可使摊铺速度恒定,而不受行驶阻力变化的影响,这样可铺出平整且密度均匀的铺层。

每个中间传动齿轮箱都包括一个可变速比的行星减速齿轮,当机械直线行驶时,它们能维持一个固定的传动比,以保证两边履带的行驶速度完全相等。当机械转弯时,只要拨动转向杆的位置,无级变化的变量泵4就开始供油,使外侧的中间传动齿轮箱输出功率增加,于是外侧履带就逐渐加速，机械即平顺地转向，直到达到所要求的转向半径。它不会像通常依靠转向离合器与制动器转向那样逐次偏转，从而使弯道处的铺层边缘成为弧状曲线，避免了用转向离合器转向通常所造成弯道边缘成锯齿状的缺点。在任何转弯半径下，都可使两边的履带始终处于动力行驶中，在完成了转弯后，外侧齿轮箱 8 就会自动被制动，并恢复到原来的传动比，从而保证摊铺机仍沿直线行驶。

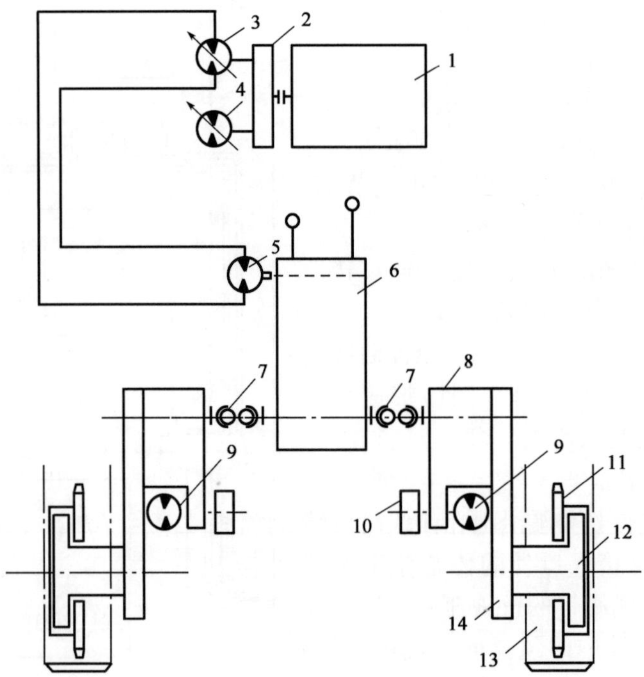

图 6-7　履带式沥青混合料摊铺机的液压—机械传动系统

1-发动机；2-齿轮箱；3-供行驶用的变量泵；4-供转向用的变量泵；5-用于行驶的定量液压马达；6-四挡减速器；7-万向传动轴；8-中间传动齿轮箱；9-转向定量马达；10-制动器；11-驱动轮；12-轮边减速器；13-履带；14-链传动

3.1.3　前料斗

前料斗位于摊铺机的前部，是接受运料车的卸料及存放沥青混合料的容器。前料斗由左右边斗、铰轴、支座、起升油缸等组成，左右边斗之间有刮板输送器，运料车卸入前料斗的混合料由刮板输送器送到螺旋分料器前，随着摊铺机的前行作业，前料斗中部的混合料逐渐减少，此时需升起左右边斗，使两侧的混合料滑落移动到中部，以保证供料的连续性。图 6-8 为摊铺机前料斗结构示意图。

3.1.4　刮板输送器

刮板输送器位于前料斗的底部，是摊铺机的供料机构。刮板输送器将前料斗内的混合料向后输送到螺旋分料器的前部。小型摊铺机设置一个刮板输送器，中大型摊铺机设置两个输送器，便于控制左右两边的供料量。在前料斗后壁还设置有供料闸门，调节闸门高低可调节供料量。刮板输送器由驱动轴、张紧轴、刮板链、刮板等组成。

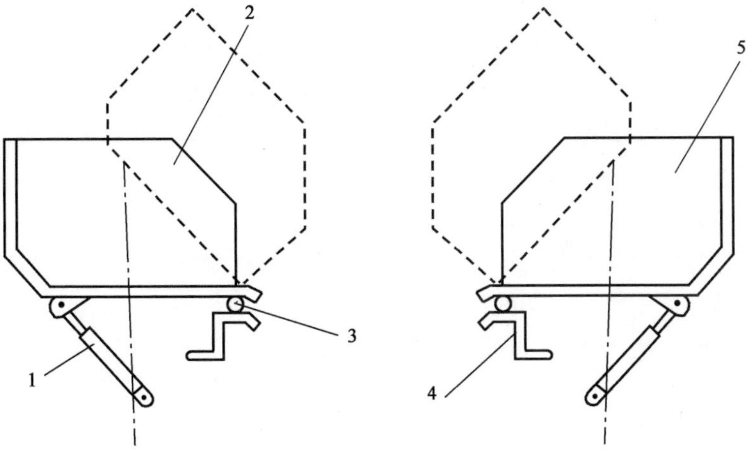

图 6-8 前料斗结构示意图
1-油缸;2-左边斗;3-铰轴;4-支座;5-右边斗

3.1.5 螺旋分料器

螺旋分料器设在摊铺机后方摊铺室内。其功能是把刮板输送器输送到摊铺室中部的热混合料,左右横向输送到摊铺室全幅宽度。螺旋分料器是由两根大螺距、大直径叶片的螺杆组成,其螺杆旋向相反,以使混合料由中间向两侧输送,为控制料位高度,左右两侧设有料位传感器。螺旋叶片采用耐磨材料制造,或进行表面硬化处理。左右两根螺旋轴固定在机架上,其内端装在后链轮或齿轮箱上,由左右两个传动链或锥齿轮分别驱动(液压传动的螺旋轴亦通过链传动或锥齿轮传动)。为适应不同摊铺厚度的需要,有的摊铺机螺旋分料器可调节离地高度及前后距离,螺旋轴左右两侧各成独立系统,既可同时工作,又可单侧工作。

3.1.6 机架

机架是摊铺机的骨架,一般均为焊接结构件。机架与前后桥(轮胎式摊铺机)或驱动轮座、从动轮座、托链轮座(履带式摊铺机),无弹性悬挂,都采用刚性连接。摊铺机机架的最前方设有顶推辊,其作用是顶推运料自卸车后轮胎,使自卸车和摊铺机同步前进,向摊铺机前料斗连续卸料。行进中顶推辊与自卸车后轮胎接触并处于滚动状态。顶推辊的离地高度,应与汽车轮胎相适应。

3.1.7 行走系统

轮胎式摊铺机的行走系统由前轮和后轮组成。前轮位于前料斗下部,采用铁芯挂胶实心轮以降低前料斗的高度。前轮又是摊铺机的转向轮系,大型轮胎式摊铺机由于负荷较大,有的采用双前桥结构。为了改善大型轮胎式摊铺机的驱动性能,已出现前后桥双驱动的摊铺机。摊铺机的后轮为整机的驱动轮系,选用直径较大的充气或充液轮胎。前后轮一般固定于机架外侧,构成四支点结构,对地面不平度的适应性较差。为改善对地面的适应性,新机型的前桥采用铰接式结构,使行走系统成为三支点与地面接触,增加了摊铺机的稳定性和驱动性能。

履带式摊铺机的行走系统和一般工程机械的结构相同,但其履带为无刺型履带,履带板上黏附有橡胶板，以增加附着力和改善行走性能。

3.1.8 熨平装置

熨平装置是摊铺机的主要工作装置，其功能是将输送到摊铺室内全幅宽度的热混合料摊平、捣实和熨平。一般摊铺机的熨平装置有牵引臂、刮料板、振捣梁、熨平板、厚度调节机械、拱度调整机构等组成。熨平板和振捣梁设置在螺旋分料器的后部，最前端设有刮料板，熨平板两端装有端面挡板。熨平板、前刮料板和左右端面挡板所包容的空间称摊铺槽或摊铺室，端面挡板可使摊铺层获得平整边缘。

左右两牵引臂铰接在机架中部，整个熨平装置靠提升油缸升降并悬挂在机身后部，自动调平装置的控制油缸装在牵引臂和机架的接点位置，用以自动调整熨平板的仰角。整个机构形成一套悬挂装置，工作时，熨平装置于铺层上呈浮动状态。

熨平板后部外端设有左右两个厚度调节机构，一般采用垂直螺杆结构形式(图 6-9)，靠旋动螺杆调整摊铺厚度。牵引臂铰接点处设有多组连接孔的牵引板，靠不同连接位置和牵引臂连接，以调整熨平板的初始工作角。摊铺厚度的控制，是通过厚度调节机构调节熨平板底板与地面的夹角实现的。

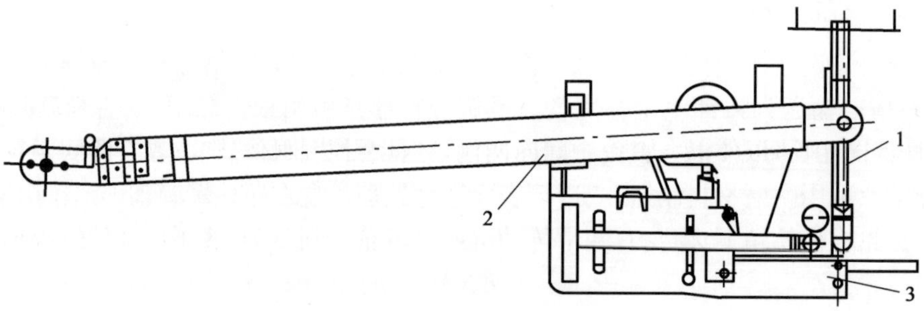

图 6-9 熨平板厚度调节机构

1-厚度调节机构；2-侧臂；3-熨平板

熨平装置框架内部装有拱度调整机构，由螺杆、锁定螺母和标尺等组成。旋动螺杆可使两熨平板上端分开或合拢，从而使底板中部抬升或下降，形成熨平板底平面的曲拱度，在标尺上示出拱度值的大小。拱度值一般在±3%范围内调整。调拱机构和左右两端厚度调整机构配合调整，可使熨平板底面形成水平的、双斜坡的、单斜坡的三种形式(图 6-10)，以适应不同横断面的需要。

振捣器位于刮料板和熨平板之间，悬挂在偏心轴上，液压马达通过传动装置驱动偏心轴转动，使振捣梁做往复运动，对混合料进行初捣实。一般都采用定量的齿轮泵和齿轮马达，马达的正向或反向旋转由换向阀控制，其正反方向旋转和偏心装置的配合可以改变激振力的振幅。振捣器只能调幅(有级或无级调整行程)，但不能变频。一般振频为 30Hz，振幅 4mm 和 8mm 两级。

机械偏心振动器安装在熨平板框架内。振捣熨平板分左右两块，两根偏心轴安装其内并以万向节连接。两根偏心轴的偏心轮错开 180°，液压马达驱动偏心轴，左右两块熨平板交替对摊铺层施振。这种振动器振频和振幅均为定值，高振频可达 70Hz，振幅 4～5mm，偏心轴转速一般在 1000～1500r/min 之间。

垂直液压振动器与机械偏心式振动器不同之处在于，其液压马达驱动的垂直振动体弹性悬挂在熨平板框架上部，使熨平板产生共振。其恒定振幅为 4mm 或 5mm，振频可在 0～75Hz 间无级调节。

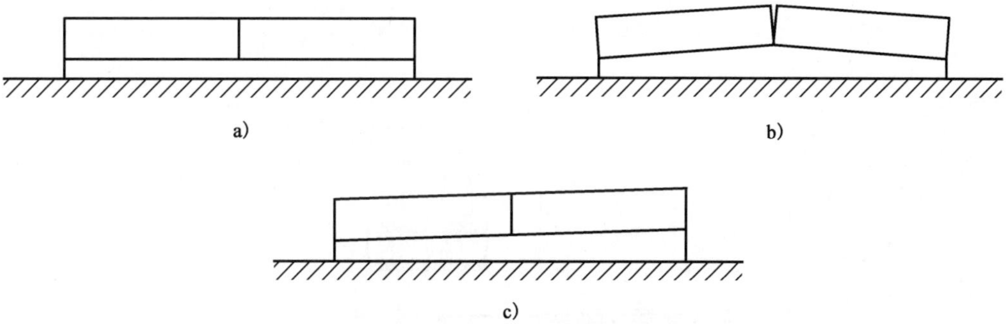

图 6-10　摊铺层横截面形状调整示意图

a)水平横截面；b)双斜坡拱横截面；c)单斜坡拱横截面

液压伸缩式熨平装置因其摊铺宽度可随时调整，在宽度变化频繁的路段如城市道路等有较好的适应性能，其结构有两件式和三件式两种。三件式是通常采用较多的一种结构形式，如图 6-11a)所示，伸缩部分缩回时即为基本摊铺宽度，当需加宽时，伸缩部分分别向两边伸出。为达到平整度的要求，可伸缩部分熨平板底面设有高度调节机构，在改变摊铺宽度时必须及时调整伸缩部分熨平板的高度，如图 6-11c)所示，才能保证铺面平整一致。图 6-11b)为两件式结构示意图，缩回时熨平板重合为基本摊铺宽度，需加大摊铺宽度时，一块向左伸出，另一块向右伸出，以满足不同宽度的要求。图 6-12 是高密实度熨平板结构示意图。

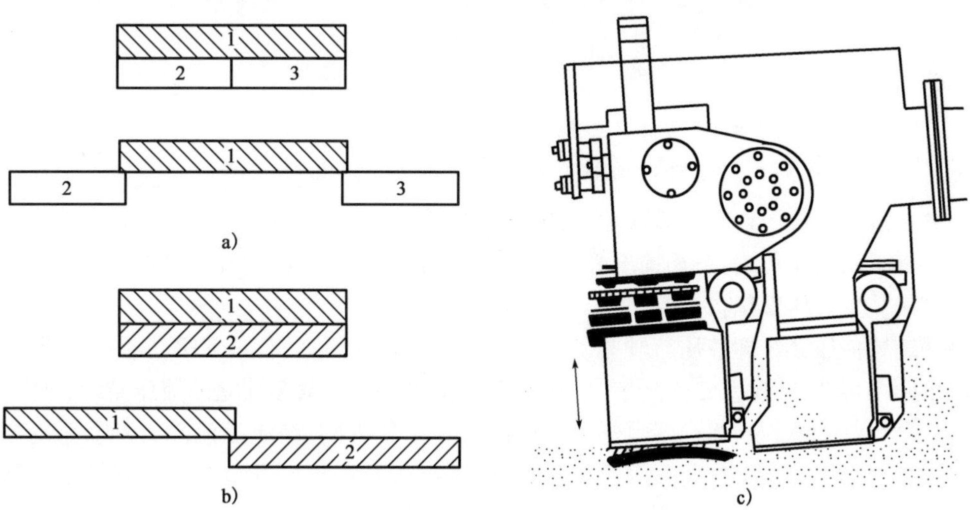

图 6-11　液压伸缩熨平板结构示意图

3.1.9 电液控制系统

为了获得更好的路面摊铺质量，在沥青混合料摊铺机上，广泛成功地运用了液压技术及电子技术，机电液一体化的控制系统成为现代摊铺机的一个重要组成部分，而新一代微机控制的高精度、高性能摊铺机也即将成为现实，在此，电液控制系统已成为衡量摊铺机水平的一个重要标志。

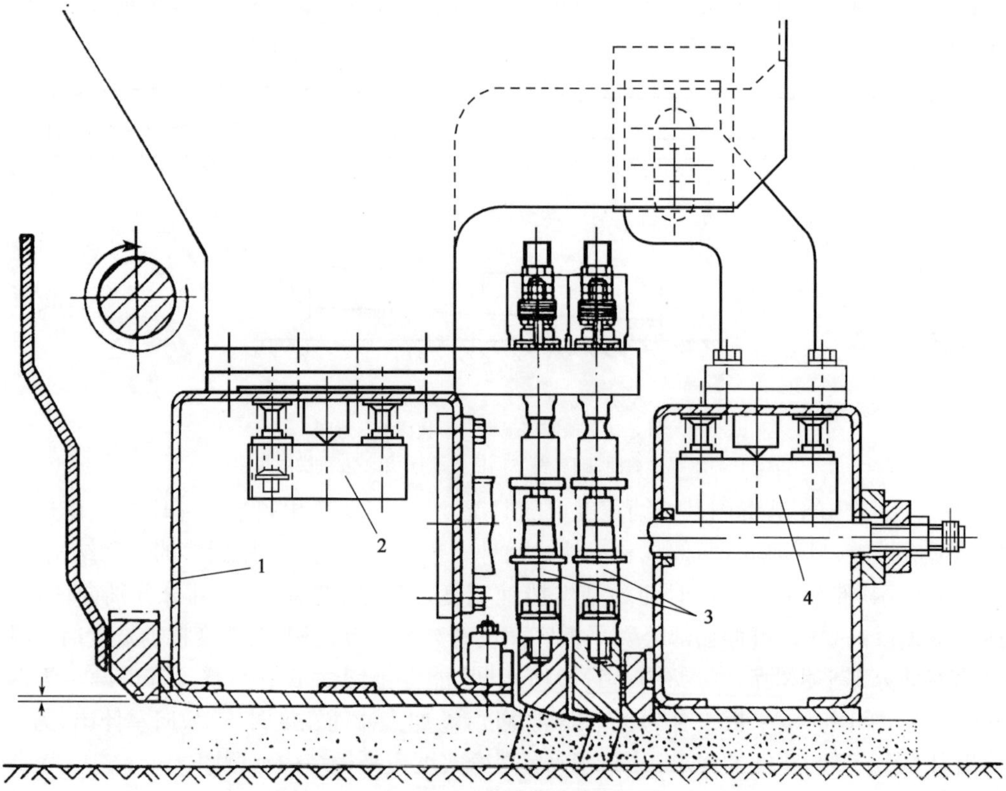

图 6-12　高密实度熨平板结构示意图
1-振捣梁；2-振动器；3-二次振捣梁；4-振动器

3.1.9.1　沥青混合料摊铺机液压控制系统

如前所述，沥青混合料摊铺机主要由发动机、传动系统、供给系统、行驶系统、工作装置及操纵控制系统等组成。而对全液压驱动的摊铺机，其传动系统、供料系统及工作装置的动力传动基本上都采用液压传动，下面简要介绍沥青混合料摊铺机的液压控制系统。

1)传动装置液压系统

传动装置液压系统即液压行驶驱动系统是由两套独立的左、右履带驱动回路组成，每套驱动回路由两个可调(一次及二次调节)液压驱动系统组成。该两套独立的液压系统为闭式液压回路，主要由双向变量泵、双向变量马达、补油泵、补油压力阀、高压溢流阀、梭阀、泵的电控压力比例阀及液压马达的液控装置等组成，该系统由电子系统控制调节。另外摊铺机的转向是通过操纵台上电子差速锁来控制，也可通过微调电位器来控制。

2)供料装置液压系统

(1)刮板输送器的驱动系统

刮板输送器的驱动装置由变量泵以及左、右可调电液比例阀及定量马达组成，变量泵的输出流量控制是由带有电子比例操纵两组相互独立的定向滑阀组来实现的，用以左、右输料马达的驱动。每个阀组设有压力补偿以确保左、右刮板输送器负载单独控制。

(2)螺旋摊铺器驱动系统

螺旋摊铺器驱动装置由变量泵以及左、右可调电液比例阀及定量马达组成。变量泵的输出流量控制是由带有电子比例操纵的两组相互独立定向滑阀组来实现的。每个阀组装有压力补偿器,以确保左、右两侧螺旋摊铺器负载可单独控制。

(3)供料自控系统

供料自控系统就是根据摊铺机的行驶速度、路面凹凸等情况自动控制刮板输送器的速度或调节闸门开度,以调节其供料量,从而保证摊铺层表面平整度。

由于供料、摊铺和行驶三种速度的不均匀以及路基原表面的凹凸相差过大,都会立即引起摊铺室内材料高度发生变化。该变化除了影响牵引力外,还会改变摊铺室内混合料的密实度。材料数量增多,密实度增加,使熨平板抬升,才能重新获得力的平衡,于是铺层增厚。反之,铺层变薄。

如果螺旋摊铺器的转速和摊铺机的行驶速度都是恒定的,就应根据路基凹凸情况,即需料数量来调整刮板输送器的供料量,以使摊铺室内料堆高度基本保持恒定。这项调节由供料自控系统来完成。

供料自控系统有两种类型:开关式控制系统和比例式控制系统。它们都能使刮板输送器与螺旋摊铺器二者的速度相互配合并得到相应的控制。不过前者是利用开关简单地执行开停工作,开时以一定常速运转,关时即完全停转。后者是以快慢速度比例地配合料量变化。二者的布置基本相似,只是采用的执行元件有所不同。

①开关式供料自控系统

开关式供料自控系统由两套带监测片的传感器、电磁阀、执行油缸、油泵操纵臂和管路等组成。它可分别控制左、右两边混合料的供给和输送量,并使它维持在调定范围之内。

摊铺室内的料堆高度以平齐螺旋轴线为最佳,两套传感器元件分别安置在左、右螺旋外端符合这个平面的地方。由于摊铺室内的料堆是稍有向前的自坡度,所以传感器的安置应略低于螺旋轴线水平面,并令监测片自由下垂。监测片是转臂式的,它悬浮在螺旋摊铺器两外端处的料堆上,随着料堆高度的变化而对供料进行开、关操作,以间断的开、停工作来维持料堆的高度。

左、右两套刮板螺旋供料系统是独立工作的,在机械式传动中,由离合器来控制其运转或停转;在液压传动中,则由油泵的供油或断油来控制其运转或停转。如果摊铺宽度与厚度、机械行驶阻力与速度等条件都不变,混合料的需求量恒定,两个系统在调定的速度下恒速运转,保持恒定供料与摊铺,摊铺室内料堆高度也就不增减。只要上述条件之一有了变化,就会引起料堆高度发生变化,则左、右两边传感器的监测片就会随之浮起或下垂,指令电磁阀将压力油路和回油油路按需要接通执行油缸的这一端或那一端,从而使油泵操纵臂推向开或关的位置。

当系统处于“开”时,它们恒速运转;处于“关”时则立刻停转,料堆高度下降。等料堆下降到一定高度,又转为“开”。系统打开后要运转一定间隔时间才能使料堆高度恢复原标准。因此,这种开关式系统难以使料堆高度维持恒定。此外,由于载荷的瞬时交变,对发动机传动系统的工况很不利,转而又会影响行驶速度的不稳定以及作用于熨平板上的某些外力发生变化,由此又会招来铺层厚度的变化,造成路面的不平。这是开关式控制系统的一个最大缺陷。

②比例自控系统

比例式自控系统可以克服开关式自动控制系统的缺陷。它除了"开"、"关"两个动作外，还有快、中、慢三个挡位的速度，在每挡速度的转换间隔内又有一定的速度变化。所以它在开动后就在调定的最大工作速度以内，有100%的时间处在各种不同速度下工作，速度瞬时变换及时。这样即可保证铺层有均匀的质量(料不过多或过少)，又有较高的生产率(比开关式高10%～15%)，由此可给整机带来较高的生产能力。系统中的速度选择器会根据混合料的性质和需料量(视路面宽度、铺层规定厚度、原路表面的凹凸起伏情况和摊铺速度等而定)定出其最大值和最小值范围。比例控制阀是一种线性操作机构，它根据监测片所测得的关、慢速、中速、快速四种相应的料堆高度，使油缸活塞按比例地来回推动，从而使油泵操纵臂也按比例左右摆动，以改变油泵的供油量，使刮板螺旋输送系统给出相应的运转速度。必须说明，对于维持摊铺室内料堆高度的恒定，螺旋摊铺器的转速与刮板输送器的输送速度有同样的重要性。螺旋摊铺器在熨平板前面将材料向左、右两边输送铺开，它作用在混合料上的力有对料挤紧的作用，也有阻碍熨平板向前移动的作用。因此，螺旋摊铺器的转速变化，除了直接影响料堆的高度外，还会引起摊铺室内混合料密实度的变化，从而改变熨平板前移的阻力，导致熨平板的自动升降，影响铺层的平整度，因此螺旋摊铺器的转速必须配合刮板输送器的速度一起自动控制。

3)振捣—熨平装置驱动液压系统

(1)振捣器及振动器的驱动系统

两个开式液压回路的驱动系统主要由齿轮泵及齿轮马达组成，同样也包括电磁控制阀、溢流阀、流量控制阀以及检测点，它们均汇集在一个控制阀块内。

(2)压实梁驱动系统

开式回路包括两个功能相同的液压回路，由齿轮泵供油。如果不配置HV熨平板，液压油会无负载地流向油箱、溢流阀及电磁阀联成一体安装在摊铺机上。

如果配置HV熨平板，液压油就会输入旋转滑阀，并转换成脉冲。

4)自动找平液压系统

该系统由两个功能相同的液压找平系统构成，用以找平液压油缸的渐进运动并以电控方式供油。液压控制元件与两结构组连接。供油是通过装有减压阀的齿轮泵进行的，如图6-13所示。

5)熨平板的提升与下降、料斗升降液压系统

熨平板提升、下落以及料斗升降的液压油缸运动的供油是通过液压齿轮泵供给的，所需的电磁阀、溢流阀以及止回阀装配在一个液压控制组合阀内。

6)液压油冷却装置

液压马达驱动风扇，将其接通可对液压油工作温度起调节作用。为便于控制，装有两个温度开关，其中一个装在泄油管路，另一个装在回油管路，由直流电控制的电磁阀装配在振捣器及振动器控制组合阀上。

3.1.9.2　沥青混合料摊铺机电控系统

电控系统是沥青混合料摊铺机的一个重要组成部分，在保证摊铺机作业速度恒定，供料速度与行走速度合理匹配，浮动熨平板随道路状况变化而自动调平，以及在摊铺机监控报警等方

面,电控系统起着重要的作用。现代化的摊铺机几乎所有操作都已采用电控方式控制,而电控系统的品质,将直接影响到摊铺机的可靠性、摊铺作业效率以及施工路面的质量。

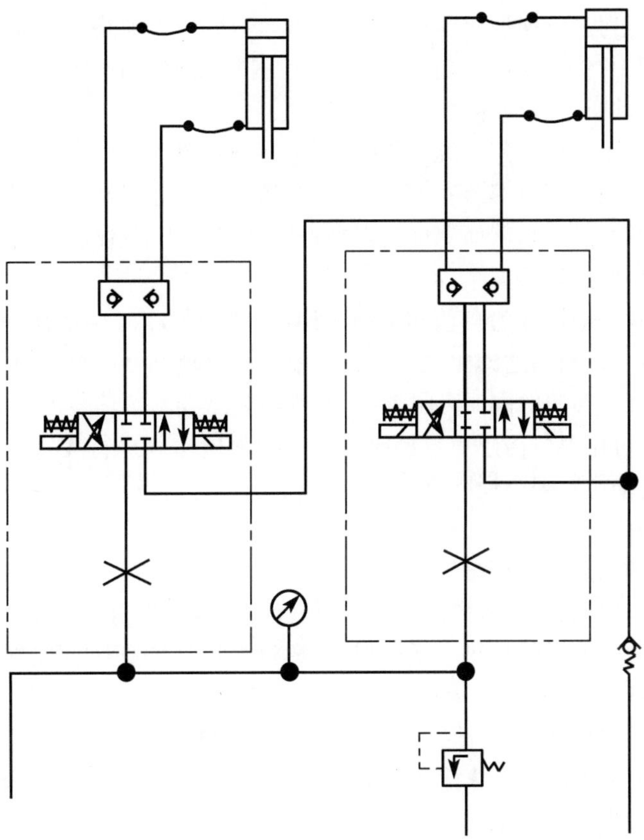

图 6-13 自动找平液压系统原理图

摊铺机的电控系统按其功能可分为以下几个部分:

(1)车辆电系,包括启动与供电、仪表与报警、行驶照明信号。

(2)简单功能电系统,包括摊铺机料斗、料门、熨平板升降和延伸油缸的控制,以及振动振捣马达的控制。

(3)行驶电系。

(4)供料电系。

(5)调平电系。

(6)加热电系。

3.1.9.2.1 简单功能电系

通常是以电开关控制电磁液压换向阀的电磁铁通电与否,从而控制相应液压回路执行元件动作。简单功能电系通常控制振动、振捣马达、料斗油缸、左右料门油缸、熨平板升降油缸、左右延伸熨平板伸缩油缸以及发动机油门调节油缸、驱动桥差速锁调节油缸、制动油缸等。这些液压缸和马达采用电控与否根据摊铺机的具体情况有不同的选择取舍。

3.1.9.2.2 行驶电系

摊铺机行驶电控系统根据其总体设计，行驶液压系统设计不同而变化很大，德国Vögele1700/1704型全液压摊铺机行驶电系采用电子自动调节控制器，其功能是：

(1)在摊铺作业过程中，保证机器运行速度恒定，以确保摊铺路面质量。

(2)在行驶过程中，保证柴油机功率得到充分利用，降低燃油消耗。

(3)避免柴油发动机过载损坏。

一些摊铺机安装了电子调速系统，系统中有电子速度调节器，监测和反馈发动机转速，当发动机转速与要求的设定值有偏差时，电子控制装置即发出指令电调节装置调节发动机的供油量，使发动机达到设定转速，从而保证机器恒速以及发动机不过载等功能要求。

3.1.9.2.3 供料电系

摊铺机供料电系一般设计为自动和手动两种供料控制方式。手动供料时，控制开关接通供料电磁阀的电磁铁，供料马达即驱动刮板输送器和螺旋摊铺器供料。在自动供料过程中，供料电磁阀在由供料开关控制的同时，还接受来自料位传感器料位信号的控制，供料泵为变量泵并采用电磁控制时，可用料位传感信号控制供料泵比例电磁阀进行无级变速。料位传感器也可选用位置开关，自动供料即为通断型控制。

3.1.9.2.4 加热电系

摊铺机熨平板的加热方式有燃气、燃油、通电加热三种形式。

燃气加热电系包括点火控制、燃气阀、鼓风机控制以及温度自动控制装置。

燃油加热电系与上述燃气加热电系相似，但燃油控制通常是通过控制液压泵的启、停，来实现喷油加热的控制。

电加热系统包括发电机、控制保护开关装置及加热棒。电加热系通常采用DC110V或AC220V电源。开关装置控制加热棒通电或断电，在通电的情况下，均匀分布在熨平板及振捣器上的加热棒即可对熨平板实施加热。

3.1.9.2.5 自动调平电系

电液调平系统是一个机电液一体化的闭环控制系统，它将摊铺机的倾斜角度通过传感器变为相应的电信号，再去控制液压电磁阀开闭，液压系统调节摊铺机的倾斜角度，从而达到所需的设定角度，并自动保持这个角度工作。在前面已介绍了各种调平系统的原理，这里只简要介绍调平系的组成及其工作过程。图6-14所示为调平系统基本组成，其工作过程为：

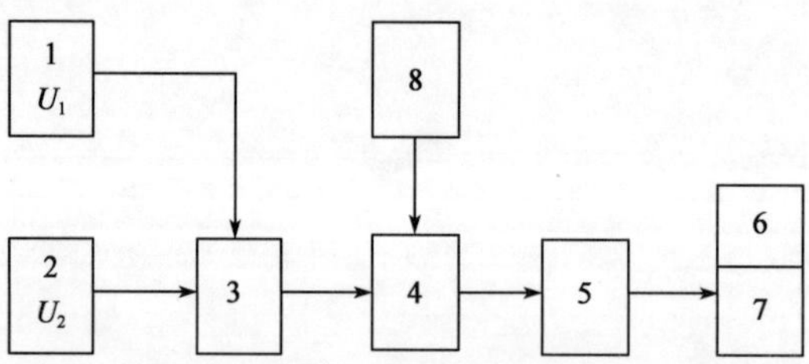

图6-14 调平系统组成

1-手动设定器；2-传感器；3-误差放大器；4-电压比较器；5-驱动电路；6、7-液压电磁阀；8-锯齿波发生器

由设定器输出一个固定电压U_1(手动设定角度)，其电压值相应代表一定的倾斜角度。假定车体此时不是在这个角度工作，那么传感器的输出电压U_2与U_1就有电压差，即$U_2-U_1=$

ΔU,则 ΔU 为误差电压。这个误差电压 ΔU 经过误差放大器放大,并判定调节极性后送给电压比较器,将这个连续的误差电压 ΔU 信号,变为断续正脉冲电压信号(其脉冲的个数及宽度与误差电压 ΔU 成正比),然后将这些脉冲电压送到驱动电路,推动相应的液压电磁阀工作。

当液压电磁阀连续通断几次后,液压系统使摊铺机的倾斜角与设定值渐渐接近,此时传感器输出电压值 U_2 也渐渐接近设定器电压值 U_1,最后当 $U_2=U_1$ 时,即误差放大器两端误差电压为零,电路处于平衡状态,调节工作停止。当车体再次偏离设定角时,调节器又重复上述工作过程,从而达到自动保持设定角度的目的。

3.2　工作原理

3.2.1　浮动熨平板的自调平特性

沥青混合料摊铺机在工作状态中,浮动熨平工作装置是通过牵引臂的牵引点与机架铰接的,摊铺工作时作用在牵引臂后端的提升油缸处于浮动状态,因此该工作装置可以上下摆动,即为浮动熨平板。其移动的轨迹使路基波趋于平缓,起到一定的"滤波"作用。浮动熨平板的这种"滤波"作用,即称为浮动熨平板的自调平特性。

(1)在工作过程中,如果摊铺机运行的路基表面是平整的,并且作用在熨平装置上的外力不发生变化,熨平板将以不变的工作角向前移动,此时摊铺的路面正好是平整的。反之,如果路基表面起伏不平,两牵引臂牵引铰点在摊铺过程中也会上下波动,使熨平板上下偏移;或者作用在熨平板上的外力发生变化(如供料数量、温度、粒度、摊铺机行走速度等发生变化),则都将引起熨平板与路基基准之间的工作角的变化,从而造成铺层表面的不平整。

(2)当原有路基起伏变化的波长较短时,熨平板所移动的轨迹并不完全"再现"其变化的幅度,而使其趋于平缓。熨平板的浮动,对原有路基不平整度起到滤波作用,这一特性称为浮动熨平板的"自找平"特性。

(3)浮动熨平板将在摊铺过程中能自动减少凹凸起伏颠簸,使其面层平顺,也就是说自找平式的浮动熨平板,将能起到填充坑洼并减少凸起的高度,但自找平能力的强弱,取决于熨平装置牵引臂的长短。牵引臂越长,自找平能力越强;牵引臂越短,自找平能力越弱,如图 6-15 所示。

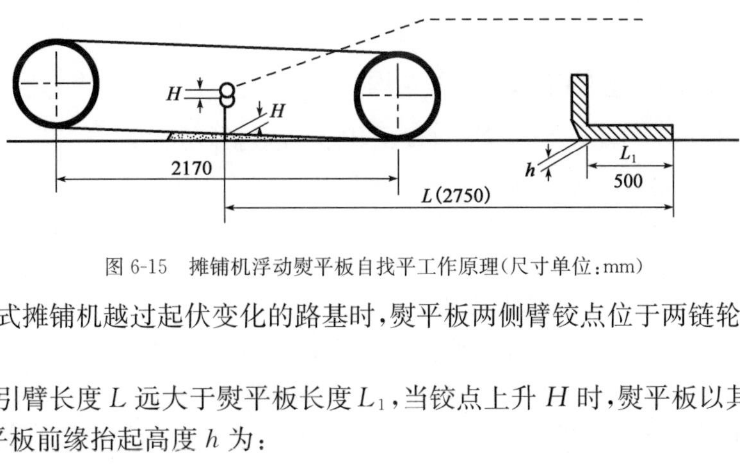

图 6-15　摊铺机浮动熨平板自找平工作原理(尺寸单位:mm)

①当履带式摊铺机越过起伏变化的路基时,熨平板两侧臂铰点位于两链轮之间,使铰点抬升 H 距离;

②由于牵引臂长度 L 远大于熨平板长度 L_1,当铰点上升 H 时,熨平板以其后边缘为支点向上仰升,熨平板前缘抬起高度 h 为:

$$h=(L_1/L)H$$

当摊铺第二层第三层时熨平板前缘抬起量越来越小，实现了自动找平特性。

由此可以看出浮动熨平板滤波作用的强弱，与牵引长度有关，即牵引长度越长，滤波作用越强，另外与外界干扰因素有关。在摊铺速度和混合料数量等外界因素不变的情况下，路基波是主要干扰因素。路基波越短，浮动熨平板的滤波作用越强，路基波越长，浮动熨平板的滤波作用越弱。当波长增到一定值时，浮动熨平板的滤波作用将完全消失。

3.2.2 摊铺厚度调整工作原理

如图6-16所示，在熨平板后外端有左、右两个螺旋调节机构3，这两螺旋调节杆除了调整摊铺层的厚度外，还可配合调拱机构来调摊铺层的横截面形状。螺杆的下端铰接在熨平器的左、右后端部，杆身装在工作架上，转动手把或手轮可使熨平器的后端升降，从而改变它对水平面的纵向夹角。如果螺杆固定，将牵引点上下调节同样可改变熨平板对水平面的纵向夹角。

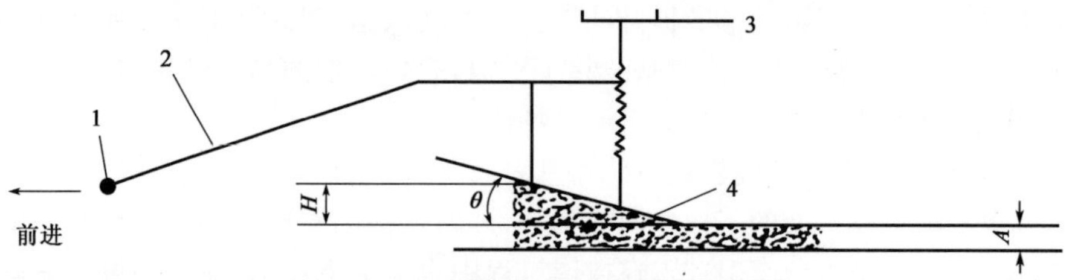

图6-16　摊铺层厚度调整的工作原理示意图

1-前枢铰；2-左、右侧臂；3-手动厚度调节机构；4-熨平器

摊铺机在工作过程中，熨平器悬浮在摊铺面上，其底座将整个振捣熨平设备的重量传于摊铺层，并在其上面被拖着向前移动。为了减小熨平板底座的前移阻力，一般它与水平面具有一个微小的仰角——作业角θ(为$15'\sim40'$)。

如图6-16所示，如果增大仰角θ，则所铺料对熨平板底座的阻抗范围H会随之增大，即铺层对底座的抬升力会增大，从而使整个熨平器就绕着侧臂的前枢铰而被抬升起来，直到它传递的重量与这个抬升力在较高的位置上达到平衡为止。因此，在此过程中，随着熨平器的升起，底座的仰角θ将会逐渐减小，从而使料层对它的前移阻力也随之减小，最终达到与所传递的重量相平衡。此时，摊铺层厚度A就增加了。

反之，如果仰角θ减小，甚至成为俯角，根据类似原理，摊铺层厚度A将随之减小。

3.2.3 自动调平装置的工作原理与结构

浮动熨平板是一个惯性元件，虽具有自调平功能，但这种功能是不完善的，并具有一定的局限性，其原因主要有以下两点：

(1)牵引长度是个结构参数，是个定值，它决定了自调平过程反应时间的长短，即牵引长度越长，自调平过程的反应时间相对变短。但是，牵引长度受到结构因素的限制，不可能过长，因此，浮动熨平板的自调平功能则受到限制。

(2)因为摊铺速度、物料数量、路基波变化等外界干扰因素缺少规律性。这些外界干扰因素，使摊铺机牵引臂牵引点不断产生位移，工作角度不断变化，混合料对熨平板底面的垂直反力不断变化，铺层平整度受到破坏而不可避免。为消除以上这些外界干扰因素对铺层平整度的不良影响,必须对摊铺机熨平装置设置必要的调节机构。

用人工手动调节机构调整熨平板的工作角来跟踪熨平板牵引点的高度位置变化,往往因操作者经验不足,反应滞后等原因,不仅不能有效地改善铺层平整度,反而有可能使铺层平整度变坏。

自动调平装置的设置为浮动熨平板自调平功能做了理想的补偿。

自动调平装置是根据参照基准,使摊铺机浮动熨平板在排除外界干扰条件下进行自动调平的一种控制装置,一般由纵向调平装置、横向调平装置和纵向参照基准组成。纵向和横向调平装置各包括信号传感、指令控制、终端执行机构三个部分,控制系统的信息传递路线如图 6-17所示。

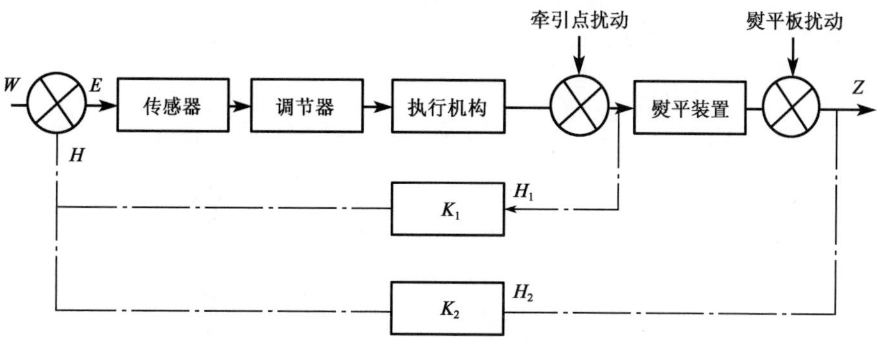

图 6-17　自动控制系统信息传递路线图

W-检测点设定高程;E-误差信号;H-监测点实际高程;H_1-牵引点实际高度;H_2-熨平板实际高程

通过纵横向控制系统的作用,使铺出的路面保持在设定的纵横坡基准上,检测点的实际高程

$$H=K_1H_1+K_2H_2$$

式中:$K_1=(L-C)/L$,$K_2=C/L$;

C——纵向控制器安装位置距牵引点的距离;

L——侧臂长,K_1 和 K_2 取决于检测点位置的选择,据有关资料介绍,取 $K_1=1/3\sim1/9$。

按照调平原理的不同,自动找平系统可分为以下三种:

1)开关式自动调平系统

电—液调节的开关式自动调平装置见图 6-18。它由检测装置(参考基准件 1、纵坡传感器及支架 3、4 和触臂 2、横坡传感器及其底座 5、6,以及电源与电器系统)和执行机构(工作油缸 10 与电磁换向阀 11)两大部分组成。自动调平装置在摊铺机上的安装示意图如图 6-19 所示。

各部分的安置情况是:

(1)参考基准线 1 是按规定纵坡张紧的钢丝,纵坡传感器的触臂 2 紧靠在它上面而随摊铺机移动。

(2)纵坡传感器 3 通过其支架 4 安装在熨平板的左牵引臂上。

(3)横坡传感器 5 通过其可调底座 6 安装在横梁 7 的中央,横梁应与熨平板底面平行,并且要安置防振橡胶块。

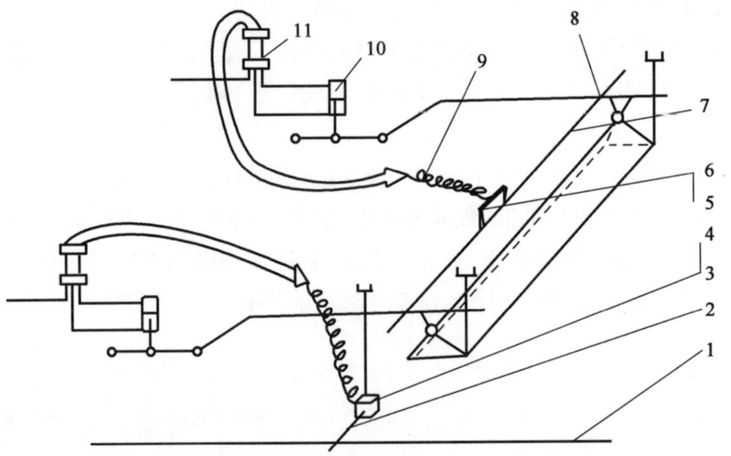

图 6-18　电—液调节的开关式自动调平装置布置图

1-基准线；2-触臂；3、4-纵坡传感器及支架；5、6-横坡传感器及可调底座；7-横梁；8-横梁支座；9-电气系统；10-工作油缸；11-电磁阀

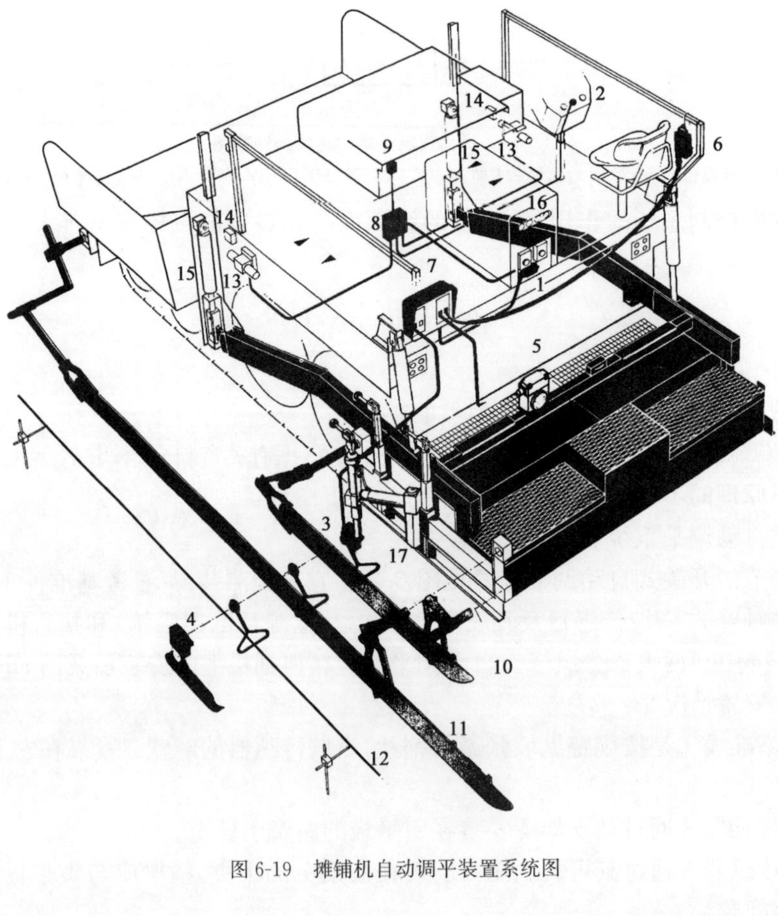

图 6-19　摊铺机自动调平装置系统图

(4)左、右两只工作油缸10的活塞杆杆端铰接在牵引臂的牵引点上,由电磁阀来控制油缸两端的进油或回油。

(5)具有12V或24V电源的电磁阀11会根据纵坡传感器送来的纵坡偏差信号使工作油缸工作。

该系统的工作情况如下:

当牵引点因原路表面的不平而升降时,它会带动熨平板一起升降,而当混合料的配比、温度、料堆高度和行驶速度等发生变化而改变了力的平衡时,也会引起熨平板的自动升降。熨平板升降导致牵引臂及其上面所安装的纵坡传感器的共同升降。由于传感器下面的触臂是以一定的角度(一般为45°)搭在基准线上的,因此,它会随着传感器而升降,这就改变了它搭置的角度,使传感器内部的旋转臂转动,经电气系统向电磁阀输送偏差信号。电磁阀根据此信号,会让牵引点的工作油缸上端或下端进油,使牵引点回复到原高度,从而使熨平板随之恢复原工作仰角,传感器的触臂恢复到原设置的角度。至此偏差信号消失,油缸停止工作,铺层仍维持原厚度。

在一般情况下,基准线只是放置在机械的一侧,所以纵坡调整也只发生在一侧。对于另一侧则依靠横坡传感器的检测来使之发生同样的调平作用。

横坡传感器5置于横梁的中央,横梁搭在左、右牵引臂上,并平行于熨平板的底板,当机械处于水平位置时,通过可调底座6,可将横坡传感器调在零位。如果另一侧的牵引点发生升降,则熨平板以及横梁都出现横向倾斜,此时横坡传感器发出偏差信号,指令另一侧电磁阀改变该侧工作油缸的进油方向(无偏差时油缸不工作),驱使该侧牵引点作相应的升降,直到恢复原先设定的横坡值。

由上可知,通过纵坡、横坡两个传感器的检测可使左、右边的牵引点都同时保持原高程,铺层也就可获得平整。假使一次摊铺宽度很宽,原地形又较复杂,横坡需要频繁地改变,则另一侧也采用纵坡传感器,情况会更好些。

2)比例式自动调平系统

这种装置与开关式的主要区别是,它以比例控制(伺服)阀来代替简单的电磁换向阀,如图6-20所示。

3)比例脉冲式自动调平装置

图6-20所示为比例脉冲式自动调平装置布置图。路面的不平度由纵坡传感器7和横坡传感器9来检测。

纵坡的设计值是预先选定的。纵坡传感器的“触头”可以是弓式滑橇,它与基准成45°角安置。此角可通过活塞杆和枢铰臂来调整。

横坡的要求值是由远程控制器来预定。纵坡、横坡二传感器将所检测出的实际值输送给控制系统,在那里比较检测到的实际值与预定值之间的偏差,发指令给脉动的电磁阀,使提升油缸15的一端进油,另一端回油,从而驱使牵引点做相应的升降,修正了偏差,保持熨平板在原有水平位置。

这种比例脉冲式调平系统不会超调,故而不会造成搓板状路面。当偏差信号处在死区范围(±0.3mm),则不进行调节,如果超此限而进入脉冲区,就开始以3Hz的频率进行调节。此循环频率是随原表面的凹凸起伏程度大小成比例增减。原表面起伏越大,脉冲的循环频率越高，间隔越短，幅度越宽；反之，则相反。这意味着，凹凸越大，调节越快、越强；凹凸越少，调节越慢、越弱。

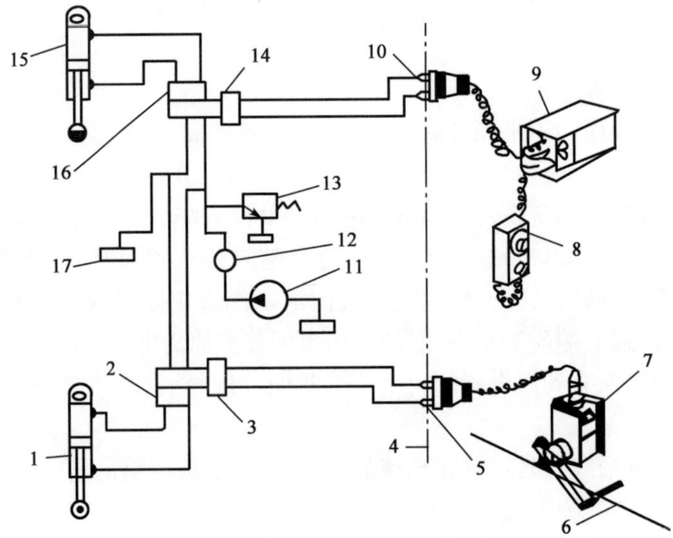

图 6-20 摊铺机的比例式自动调平装置

1、15-油缸；2、16-伺服控制止回阀；3、14-比例伺服阀；4-支架；5、10-插头；6-纵坡基准线；7-纵坡传感器；8-横坡调节较正元件；9-横坡传感器；11-油泵；12-过滤器；13-卸压阀；17-油箱

牵引点的升降频率与幅度都与偏差值的大小成比例地增减。如果纵坡的偏差大于 5mm，横坡偏差大于 0.3%，控制系统就转变成恒速连续调节。这种情况只有碰到路基或路面基层大波形时才会发生，一般是不会有此情况发生的。这种比例脉冲式调平系统不会超调，故而不会造成搓板状路面。当偏差信号处在死区范围（±0.3mm），则不进行调节，如果超此限而进入脉冲区，就开始以 3Hz 的频率进行调节。此循环频率是随原表面的凹凸起伏程度大小成比例增减。原表面起伏越大，脉冲的循环频率越高，间隔越短，幅度越宽；反之，则相反。这意味着，凹凸越大，调节越快、越强；凹凸越少，调节越慢、越弱。

这种系统的死区是极窄的，纵坡为±0.3mm，横坡为 0.02%。控制系统 7 由两个独立的装置组成，左边的控制左牵引点升降，右边的控制左牵引点升降。壳上两个插头可以互换，也就是说，视原地形情况可将纵坡、横坡调节更换方向进行。

控制装置所接电源一般为 10.5～20V 的直流电源，最大电流为 2.7A。输出端最大负荷时的电压为 2.5V，允许荷载正反电流为 2.5A。在输出端设有熔断丝盒，以防止超载，自动将负荷限制在最大允许值以内。

脉冲间隔 0.5s 时，牵引点工作油缸提升高度为 1～2mm。脉冲循环频率开始为 3Hz，最终为连续恒速脉冲。

目前，按比例脉冲式原理工作的自动调平装置较多。其最小纵向高度分辨率不大于±0.3mm，最小横向坡度分辨率不大于±0.02%。

自动调平装置的参照基准（指纵向参照基准）主要包括张紧绳、平均梁、滑靴和具备基准条件的构筑物等。

张紧绳（张紧钢丝或尼龙绳）是人为架设的以地面为参照系统的绝对基准。

平均梁或滑靴是随摊铺机同步移动的相对基准。其作用是将路基波均化、分解或部分消除。平均梁长度等于或大于路基波长时，可将路基波拉大，达到均化的目的，但不能消除波幅高度，为了消除波幅高度，采用多点支承（支承轮等）的结构形式，可达到均化，分解和部分消除的目的。

采用构筑物作为参照基准，必须即具备基准，又具备使用跟踪件这两个条件。

自动找平装置目前有以下 4 种形式：

(1)电—机式，以电子元件作为检测装置（传感器和控制器），以伺服电机的机械动作为执行机构，它可以在牵引点和熨平板的厚度调节器两处进行调节；

(2)电—液式，以电子元件作为检测装置，以液压元件作为执行机构，调节牵引点的高峰；

(3)全液压式，整个系统全部采用液压元件；

(4)激光式，以激光作为参照基准，以光敏元件为转换器，最后借助电子与液压元件来实现调节。

4　总体设计及主要参数确定

4.1　总体设计

沥青混合料摊铺机总体设计的主要工作是，确定主参数、方案设计、对方案设计进行分析论证。

1)确定主参数的依据

沥青混合料摊铺机的主参数是摊铺宽度（包括基本摊铺宽度和最大摊铺宽度）、摊铺厚度（范围）、作业速度和运行速度。选取主参数的依据是沥青混合料摊铺机的有关设计制造标准和沥青混合料路面面层的施工技术规范。在主参数选定后，可计算其他技术参数。

2)方案设计

按原理、功能和结构不同，确定摊铺机各机构和系统的结构形式和基本参数、基本功能和辅助功能、使用性能和操作调整方法、系统精度、结构尺寸和结构质量等。主要包括以下各机构：

(1)摊铺宽度与熨平板的延伸方式；

(2)摊铺机的运行方式及参数；

(3)摊铺机的动力传动方式；

(4)摊铺厚度和供料系统各部的结构形式，基本参数；

(5)熨平板的其他功能及基本参数；

(6)振动振捣装置的结构、功能和基本参数；

(7)加热方式、结构形式和基本参数；

(8)自动调平装置的形式、主要结构及分辨率；

(9)操纵控制系统的设计；

(10)确定机身结构及整体布局。

3)方案设计的分析与论证

对多个方案设计、分析论证，要在充分掌握国内外同类产品技术水平和资料，施工技术规范和用户需求的基础上进行。在技术经济论证时着重考虑以下原则：

(1)设计应贯彻系列化、通用化、标准化原则;

(2)设计应充分考虑实用性原则,即根据施工技术规范的需要,具备功能完善,性能稳定的特点;

(3)技术先进性原则,尽可能采用新技术、新结构、新材料、新工艺;

(4)注重设备的经济性、可靠性、耐久性、使用安全性、维修方便性和操作舒适性等。

4.2 工作机构的设计计算

4.2.1 参数的选定

1)摊铺宽度

最大摊铺宽度 B_{max}(mm),由设计任务中提出;

基本摊铺宽度 B_{min}(mm),为摊铺机最小可摊铺宽度,一般在不大于整机结构宽度尺寸范围内选定,基本摊铺宽度一般为 1400mm、1700mm、2000mm、2500mm、3000mm 几种。

2)摊铺厚度

摊铺机标定的最大摊铺厚度都足以满足路面施工的需要。一般情况,中型以下摊铺机最大摊铺厚度不小于 1 50mm;大型以上摊铺机最大摊铺厚度不小于 300mm。

3)摊铺作业速度%(m/min)

摊铺作业常用速度范围 2~10m/min,面层摊铺常用速度 6m/mim 以下。

一般设计时的取值范围,v 在 0~20m/min 之间。在设计计算生产率和其他参数时,选用 4~6m/min 作为计算用值。

4.2.2 摊铺机生产率的计算

生产率 Q 为:

$$Q=60hBv_{p}\rho \tag{6-1}$$

式中:Q——摊铺机生产率,t/h;

h——摊铺厚度,m,取 $h=0.1$m;

B——摊铺机最大摊铺宽度,m;

v_p——摊铺作业速度,m/min,一般取 4~6;

ρ——碾压后混合料的密度,t/m³,一般取 2.2~2.35t/m³。

4.2.3 料斗理论容量的计算

料斗理论容量为:

$$V_{\delta}=Qt_{o}/60k_{H}\rho \tag{6-2}$$

式中:V_{δ}——料斗理论容量,m³;

t_o——两辆自卸车卸料的间歇时间,min,一般取 1.5~2min;

k_H——料斗充满系数,取 0.7~0.8;

其他符号意义同前。

在结构设计时,把理论容量作为设计参照值,使设计容量尽量接近理论容量。既兼顾结构布局合理,不使料斗容量太大;又能顾及在较大生产能力的摊铺作业中使运料自卸车有充裕的卸料时间,而不使摊铺机停机待料。

4.2.4 刮板输送器刮板线速度的计算

刮板线速度为

$$v_k=\frac{Q_k}{60bh_k\rho_1 k_v} \tag{6-3}$$

式中:v_k——刮板线速度,m/min;

b——刮板有效工作宽度,m;

h_k——闸门开启高度,m,一般取 0.3b;

ρ_1——移动混合料的密度,t/m^3,取 1.8~2.0t/m^3;

k_v——速度系数,当 $h\leqslant 0.3b$ 时,$k_v=(1\sim2.3)h_k/b$;

Q_k——刮板输料器的输送能力[$Q_k=(1.15\sim3)Q$],t/h。

根据上式计算得出的速度是刮板线速度的上限。

4.2.5 螺旋分料器转速的计算

螺旋转速为

$$n_1=\frac{Q_L}{60\,\dfrac{\pi D^2}{4}\rho_1 tK_1} \tag{6-4}$$

式中:n_1——螺旋转速,r/min;

D——螺旋直径,m,一般取 0.3~0.4m;

t——螺旋节距,m,一般取 $t=D$;

ρ_1——松散混合料的密度,t/m^3,取 $\rho_1=1.8\sim2.0$t/m^3;

K_1——截面充填系数,取 0.6~0.75;

Q_L——螺旋分料器的生产率(t/h),螺旋分料器由左右两个螺旋组成,每个螺旋的最大生产率。

$$Q_L=(0.6\sim0.7)Q$$

根据上式计算出的螺旋转速是上限值。

4.2.6 牵引长度和熨平板工作角可调范围的确定

根据浮动熨平板的工作原理,一般取牵引长不小于熨平板前后长度的 5.5 倍。

在薄层摊铺作业中,熨平板工作角的变化范围在 0°15′~0°40′之间,结构设计时,考虑大于 100mm 厚度的作业状况,使熨平板工作角有充分的调整量,一般设计可调范围在 0°~4°之间。为保证摊铺厚度的调整范围,熨平装置的 α 角(图 6-8)应为 2°50′~6°。

4.2.7 摊铺机牵引力的计算

在摊铺作业中,摊铺机需克服以下阻力:移动阻力 F_1,熨平工作装置沿混合料移动摩擦阻力 F_2,振捣器前料堆的移动阻力 F_3,顶推自卸车的阻力 F_4,摊铺机顶推自卸车的起步惯性阻力 F_5 等。

摊铺机的移动阻力 F_1

$$F_1=(m_n+m_c)g(f+i) \tag{6-5}$$

式中：m_n——摊铺机不计振动熨平工作装置的质量，kg，$m_n=m_y-m_p$，（其中 m_y 为摊铺机总质量，m_p 为振动熨平工作装置的质量）；

m_c——料斗内混合料的质量，kg；

f——沿路基或沥青混合料底层的滚动阻力系数，轮胎式取 0.03，履带式取 0.07；

i——路面的最大纵向坡度，取 3%～7%；

g——重力加速度，取 9.8m/s^2。

振动熨平工作装置沿混合料的移动摩擦阻力 F_2

$$F_2=m_pg\mu_1 \tag{6-6}$$

式中：m_p——振动熨平工作装置的质量，kg；

μ_1——工作装置沿混合料的滑动摩擦系数，取 0.5～0.6。

捣固器前料堆的移动阻力 F_3

$$F_3=m_Lg\mu_2 \tag{6-7}$$

式中：m_L——捣固器前料堆的质量，kg，取料堆长度上等于摊铺宽度；料堆高度 $h_i=2H/3$，（H 为振捣器的高度）；料堆底宽（前后方向）$b=h_i$；松散混合料的密度 $\rho_1=1.8$～2.0t/m^3（计算时换算成 kg/m^3）；

μ_2——混合料的内摩擦系数，取 0.7～0.8。

顶推自卸车的阻力 F_4

$$F_4=(m_a+m_e)g\ (f+i) \tag{6-8}$$

式中：m_a——自卸车质量，kg；

m_e——车内混合料质量，kg。

在摊铺作业中被迫停机后，摊铺机顶推自卸车起步时的惯性阻力 F_5

$$F_5=(m_y+m_c+m_a+m_e)v_p/t_p \tag{6-9}$$

式中：v_p——摊铺机的工作速度，m/s；

t_p——加速时间，s，取 1～2。

摊铺作业中，摊铺机的总牵引阻力 $\sum F$

$$\sum F=F_1+F_2+F_3+F_4+F_5 \tag{6-10}$$

为保证摊铺机正常工作，必须使总附着力不小于总牵引力：

$$m_pg\varphi_a\geqslant\sum F \tag{6-11}$$

式中：m_p——摊铺机的附着质量，kg；（履带式摊铺机 $m_p=m_n$，轮胎式摊铺机 m_p 为驱动轮轴上的分配质量）；

φ_a——摊铺机行走装置与支承表面的附着系数，光面履带取 0.3～0.5，轮胎取 0.6～0.7。

4.2.8 发动机功率的计算

摊铺机发动机的总功率等于摊铺机运行功率和工作机构及其装置工作功率之和。

1)摊铺作业时摊铺机移动牵引功率 P_p

$$P_p=\sum Fv_p/\eta_1\eta_2 \tag{6-12}$$

式中：v_p——摊铺机的最大工作速度，m/s；

η_1——行走装置的机械效率：履带式行走装置取 0.7～0.95；轮胎式行走装置取 0.98；

η_2——发动机至行走装置驱动轮的传动机械效率,由结构计算得出。

2)刮板输送器工作所需功率 P_R

$$P_R = P'_R + P''_R \tag{6-13}$$

式中:P'_R——克服输送器按最大坡度向后上方输送混合料的阻力所需的功率,W;

P''_R——克服位于输送器上和料斗内混合料运动层和不运动层之间摩擦阻力所需的功率,W;

$$P'_R = Q_k g(L_k \omega_l + H)/3.6\eta_k \tag{6-14}$$

式中:L_k——刮板输送器向后输送混合料的距离,m;

ω_l——混合料移动阻力系数(它与生产率、输送器的类型及输送距离等诸多因素有关,对刮板输送器输送沥青混合料时取 2~3);

H——混合料的提升高度,m;

η_k——刮板输送器的传动机械效率;

其他符号意义同前。

$$P''_R = F_c v_c // \eta_k = Kq\mu_2 v_c/\eta_k \tag{6-15}$$

式中:F_c——混合料上下层间的摩擦阻力,N;

v_c——混合料移动速度,m/s;

K——上层混合料(不动料层)重量分配系数,取 0.5~0.6;

q——料斗满载时混合料的重力,N;

μ_2——混合料的内摩擦系数取 0.7~0.8。

刮板输料器工作所需功率的精确计算亦可以按驱动轮上的最大扭矩计算。

即:

$$P_R = M_k \omega_k/\eta_k = K_d W_k R w_k/\eta_k \tag{6-16}$$

式中:M_k——驱动轮轴的最大扭矩,N·m;

ω_k——驱动链轮轴的角速度,s^{-1};

K_d——动力系数(起动最大扭矩与额定扭矩之比),取 1.5~1.7;

R——驱动链轮节圆半径,m;

w_k——刮板链条和混合料的运动阻力,N

$$w_k = 1000 b h_k L_k \mu_0 \rho g \tag{6-17}$$

式中:b——刮板有效工作宽度,m;

h_k——闸门开启高度,m,一般取 0.36;

L_k——刮板输送器向后输送混合料的距离,m;

ρ——混合料的密度,kg/m^3;

μ_0——混合料输送阻力系数,对细粒式和中粒式混合料取 1.4~2.1;对粗料式混合料取 6~2.5(当料斗闸门开度较大时,取较小值);

其他符号意义同前。

3)螺旋分料器所需功率 P_L

$$P_L = Q_L L_L \omega_2 g/3.6\eta_L \tag{6-18}$$

式中:L_L——单侧螺旋分料器横向输送混合料的距离,m,当考虑有一些储备系数时可取 $L_L=$

$B/2$,(B 为摊铺宽度);

ω_2——混合料的移动阻力系数,对沥青混合料取 5;

η_L——螺旋分料器传动机械效率。

上面计算公式中,设定混合料的提升高度 $H=0$,由于混合料是由中央向两边输送,尽管有路面横坡或弯道超高,由于一半是上坡输送和另一半是下坡输送,其功率的增减正好相互抵消。

螺旋分料器的驱动功率亦可按轴的单位扭矩进行计算。螺旋分料器是按脉冲工况工作的,其轴上的扭矩变化呈锯齿形曲线,当螺旋 $D=t$ 时,其轴的单位扭矩 M_L(N·m/m)为:

$$M_L=\frac{\rho_1\omega_L^2D^5(0.272+2.9\times10^{-4}\tau\omega_L)K_L}{g} \tag{6-19}$$

式中:τ——分料起止时间,s;

$$\tau=3600(H_1-H_2)L_Lb_1\rho_1/Q_L$$

H_1、H_2——螺旋分料器分料工作停歇前后分料腔内混合料的高度,m;

b_1——为分料腔的宽度,m;

ω_L——螺旋分料器轴的角速度,s^{-1};

K_L——储备系数,取 1.2~1.5;

其他符号意义同前。

螺旋分料器工作所需的功率 P_L 为:

$$P_L=M_LL_L\omega_L/\eta_L \tag{6-20}$$

4)振捣器的驱动功率

摊铺机的振捣器工作时的作用力包括:振捣器沿熨平板运动的摩擦力 F'_{TP},振捣器沿混合料运动的摩擦力 F''_{TP},克服振捣器偏心运动的惯性力及混合料对振捣器的振捣阻力 F 等。

总摩擦阻力为:

$$F_{TP}=F'_{TP}+F''_{TP}$$

(1)振捣器沿熨平板运动的摩擦力为 F'_{TP}

$$F'_{TP}=(S_P+W_3)\mu_3 \tag{6-21}$$

式中:S_P——弹簧的压紧力,N;

W_3——振捣器前料堆的移动阻力,N;

μ_3——振捣器对熨平板的摩擦系数,取 0.2~0.3。

(2)振捣器沿混合料运动的摩擦力为 F''_{TP}

$$F''_{TP}=W_3\mu_1 \tag{6-22}$$

式中:μ_1——捣固器对混合料的摩擦系数,取 0.5~0.6。

(3)振捣器向下运动时,对混合料的振捣力(由于振捣器宽度很小,视振捣器受混合料的单位阻力为常数)为:

$$F=F_1F_\delta \tag{6-23}$$

式中:F_1——振捣器向下运动所受混合料的单位阻力,N/m^2;

F_δ——振捣器与混合料的接触面积,m^2。

(4)振捣器振捣混合料时,驱动轴每转一圈克服摩擦力所做的功 W' 为:

$$W'=W_{TP}+W_Y=4(F_{TP}+P)e \tag{6-24}$$

式中：e——振捣器驱动轴的偏心距，m。

(5)驱动轴每转一次克服总摩擦力所需的功率 P_δ 为

$$P_\delta=W'n/\eta_\delta \tag{6-25}$$

式中：n——振捣器驱动的转速，s^{-1}；

η_δ——振捣器传动机械效率。

在功率计算中，由于振捣力 F 值甚小，可以忽略不计。

(6)驱动轴旋转一周时，克服振捣器在偏心旋转时产生的惯性力所做的功 W''为：

$$W''=m_\delta(v_1^2+v_2^2)/2 \tag{6-26}$$

式中：m_δ——捣固器的质量，kg；

v_1、v_2——捣固器向上、向下运动时的最大速度，m/s，$v_1=-v_2=v=e\omega_\delta$（$\omega_\delta$ 为偏心驱动轴的旋转角速度，s^{-1}），则：

$$W''=\omega_\delta v_2^2=m_\delta e^2\omega^2 \tag{6-27}$$

(7)偏心驱动轴旋转一周时，克服惯性力所需的功率为：

$$P_\delta''=W''n/\eta_\delta \tag{6-28}$$

(8)捣固器工作所需的总功率为：

$$P_\delta=P_\delta'+P_\delta'' \tag{6-29}$$

按上式计算时，若不具体计算克服惯性力所耗的功率 P_δ''时，可以计入由于惯性力和自重而产生的载荷不均匀系数 K。这时应采用下式直接计算振捣器工作所需的功率：

$$P_\delta=K_\delta W'n/\eta_\delta$$

式中：K_δ——载荷不均匀系数，取 1.3～1.4。

(9)振捣器工作所需的功率，也可根据驱动轴上的单位扭矩（每米轴长的扭矩）进行计算。若振捣器质量 m_δ 和熨平板质量 m_i 之比为 $m_\delta/m_i=0.09\sim0.10$ 时，可按下列经验公式计算振捣器驱动轴上的单位扭矩。

$$m_\delta=1.93n-70 \tag{6-30}$$

式中：n——偏心驱动轴的转速，r/min。

则振捣器工作所需的功率为：

$$P_\delta=M_\delta L_\delta\omega_\delta/\eta_\delta \tag{6-31}$$

式中：L_δ——偏心驱动轴的长度，m；

ω_δ——偏心驱动轴的旋转角速度，s^{-1}。

5)其他装置消耗的功率 N_B

包括熨平板振动器、熨平板加热系统、液压系统及其他附加装置等。

6)摊铺机发动机的总功率 P

$$P=P_P+P_R+P_L+P_\delta \tag{6-32}$$

在初步选定发动机后，还应验算校核摊铺机以转移运行速度行驶的可能性，即保证

$$P>Fv/\eta_1\eta_2 \tag{6-33}$$

式中：F——转移运行速度行驶时的运行阻力，N。

$$F=m_yg(f+i) \tag{6-34}$$

式中：v——摊铺机转移运行时的最高行驶速度，m/s；

其他符号意义同前。

5 沥青混合料转运车

国内外大量研究结果表明沥青混合料材料离析是影响沥青混凝土路面质量的重要因素之一，离析的混合料会使铺设路面的不同区域材料级配发生变化，从而导致路面板块结构密实度不均，强度降低，大粒径含量偏多的离析区域结构强度高、承载能力大、空隙率大、透水性强；小粒径含量偏多的离析区域结构强度低、承载能力小、空隙率小、透水性差。在现行摊铺工艺中，混合料离析从搅拌站向运料车卸料开始，到摊铺机螺旋分料器分料结束为止，施工流程中每个环节和转换过程都对混合料离析具有加强放大作用，没有一个环节可以有效减少混合料离析。而转运料车及转运摊铺工艺，可以使进入摊铺机刮板送料器的混合料得到较强的二次搅拌，具有减少混合料离析功能。在现行沥青混凝土路面施工工艺中，混合料温度离析几乎伴随整个施工过程，发生混合料温度离析的主要环节有两个：一个是混合料运输环节，另一个是运料车向摊铺机料斗卸料过程。在现行沥青混凝土路面施工工艺中，没有一个环节可以明显减少混合料温度离析，而转运料车和转运摊铺工艺可以消除或明显改善现行工艺中产生沥青混合料温度离析的环节及过程。根据国内外有关文献介绍：相同沥青混合料在同样压实功下由于温度不同将导致空隙率存在很大差异，在合适碾压温度范围内温度每相差 10℃，空隙率约相差 0.4%，这样，由于混合料的温度离析，导致同一段落不同区域集中了一些温度比较低的冷料，其空隙率明显偏大，抗渗水较差，容易产生辙槽，耐久性较差。经过对 149℃和 104℃成形的沥青车辙试件进行试验，104℃时制作的试件其寿命仅为 149℃时的 10%～12%。

目前我国高速公路沥青混凝土面层，其中有不少路段不同程度出现了早期破损现象，根据调查，沥青路面损坏现象就其具体情况的差异，破坏形式各具特点。引起了公路界学者的极大关注，广大技术人员纷纷从设计理论、原材料、路面结构、施工工艺、外界气候条件及荷载等角度加以分析研究，试图找出破损的原因加以解决。施工机械是造成施工质量问题的关键因素。从沥青混凝土路面修筑施工综合分析可以发现，大部分影响因素与施工设备性能指标有关，或者与由施工设备作业方式决定的施工工艺有关，施工机械对施工质量的影响可以通过提高施工机械的性能指标得到解决或改善，而由施工机械作业方式决定的施工工艺存在的施工质量问题只能通过改革施工机械的作业方式或研发新的施工机械，以达到提高施工质量的目的。传统沥青路面修筑施工工艺存在的普遍性问题就是离析，国外大量研究表明，离析是造成沥青路面过早破坏的主要原因之一。治理沥青路面早期破损必须采取多方位、多途径，全面综合治理的措施，沥青混合料转运料车的引进，就是借鉴国外经验，为解决温度离析、压实度不均匀，提高沥青混凝土路面施工质量采用的施工措施之一，由于作用明显，正逐步为我国公路界所接纳。

铺设路面平整度是沥青混凝土路面的重要质量指标，影响沥青路面平整度的因素很多，概括起来有下列几项：

(1)下面层不平整引起的反射波浪。

(2)不正确的碾压设备和碾压工艺。

(3)摊铺机的停机起步。

(4)摊铺机工作状态不稳定。

(5)混合料性质不稳定(混合料温度和集料离析)。前两种因素可以通过控制下面层的平整度和选择适当的碾压设备和碾压工艺得到改善或彻底解决,后3种影响因素也是传统沥青混凝土路面施工设备和施工工艺无法根治的,而转运料车及转运摊铺施工工艺可以使摊铺机以稳定的速度连续不间断地摊铺作业,并能有效地减少混合料温度离析和材料离析。

针对这一问题,20世纪美国人首先研发成功沥青混合料转运料车,该设备能够对沥青混合料进行运输、暂存、搅拌及布料作业,在实际使用过程中转运料车处于运料车和摊铺机之间,但并不与摊铺机发生实质性接触,从而消除了运料车对摊铺机作业工况造成的周期性冲击影响。此外,由于转运料车有较大的物料暂存能力和较强的搅拌能力,使进入摊铺机刮板送料器的混合料温度离析和材料离析现象得到明显改善,并能使摊铺机比较容易保持恒定的作业状态,这些因素均可提高修筑路面的质量。在生产过程中,为避免混合料大小集料离析现象,采取了一定措施,力图使混合料均匀一致,比如按照前、后、中的顺序装料,在摊铺过程中尽量保证摊铺机不停顿,尽量使摊铺机少收料斗等,但要彻底消除混合料温度离析和材料离析现象混合料转运料车是不缺少的配套设备。

图6-21是美国ASTEC公司制造的沥青混合料转运料车,目前在我国公路施工中已引进了该产品,在公路施工中经使用已取得一定的实效。其他公司如terax、dynapac等也研制成沥青混合料转运料车,如图6-22、图6-23为其中两种机型。

图6-21 美国ASTEC公司的沥青混合料转运料车

图6-22 terax沥青混合料转运料车

图6-23 dynapac沥青混合料转运料车

5.1 沥青混合料转运料车的功能

在沥青路面铺筑施工过程中，对于供给沥青混合料摊铺机摊铺的混合料，为了不改变沥青混凝土的性能，实际摊铺前需要对沥青混合料进行二次搅拌，然后才能将沥青混合料投入到摊铺机的受料斗中进行摊铺。这样可以消除运输过程中沥青混合料的粗细集料离析和温度离析，使沥青混合料均匀一致，从而提高路面的施工质量，使路面使用耐久性大大提高；同时也避免了运料车对摊铺机的撞击，增加路面摊铺平整度。

沥青混凝土转运车的优点概括为如下：

(1)连续供料摊铺，转运料车的搅拌仓具有一定的仓储能力，能保证均匀连续不间断的供料；

(2)消除运料车对摊铺机的冲击负载，提高平整度；

(3)提高沥青混合料的温度均匀性；

(4)减少沥青混合料的离析。

5.2 沥青混合料转运车施工工艺

现场施工中沥青混合料运料卡车将沥青混合料直接倒进转运料车的料斗，该工况与卡车直接倒入摊铺机是相同的，转运料车将沥青混合料输送给沥青混合料摊铺机，转运料车位于沥青混合料摊铺机的前部或侧面，转运料车和沥青混合料摊铺机不直接接触，摊铺机不再受瞬间的冲击力，能够保持摊铺机的稳定行驶状态，因而提高了路面的平整度。转运料车一般的结构是两次刮板输送，有的转运料车带有储料仓，混合料经过储料仓下部的变节距螺旋将混合料进行二次搅拌，能彻底消除混合料的离析和温度离析现象。图 6-21 为转运料车位于沥青混合料摊铺机前部的摊铺作业工位。

5.3 沥青混合料转运料车主要技术特点

现代转运料车大量采用新技术、新工艺，如全液压驱动、前后驱动桥、非接触式超声波传感同步行走控制技术、PLC 控制技术等，其自动化程度高，视野好，以保证摊铺路面的平整度和摊铺质量，实现连续摊铺，进一步提高摊铺作业的生产率。它具有以下主要特点：

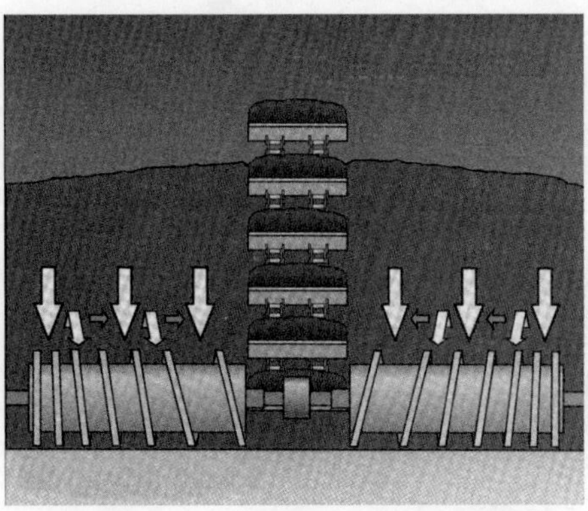

图 6-24　变节距螺旋的工作原理图

(1)全液压驱动，可实现沥青混合料的转运、储存和二次搅拌的精确控制。

(2)行走系统采用二挡速比的前后驱动桥，使整机行驶更加安全可靠，其中前桥为转向驱动桥。

(3)采用变径变节距螺旋搅拌技术，物料搅拌充分均匀，可有效地解决沥青混合料的集料离析和温度离析问题。

图 6-24 是变节距螺旋的工作原理图，在螺旋由外向内输料的过程中，由于螺旋节距的逐渐加大，

螺旋上部从外到内的混合料依次进入螺旋而被送出。

(4)高强度刮板链输送,强劲可靠。

(5)柴油机起动保护系统和PLC控制系统可以确保柴油机的正常起动和各执行元件的准确动作。

(6)非接触式超声波传感同步行走控制技术可以保证转运料车与沥青混合料摊铺机协同作业。

(7)采用大功率柴油机,并配备冷却水、液压油、柴油和空气中冷组合式散热器,使柴油机、液压元件和燃油系散热充分,确保其工作的高可靠性,以保证转运料车不因环境温度高而影响作业性能。

(8)沥青废气强制集中排放,可大大改善操作人员的作业环境。

(9)操作系统采用人机工程学原理布置设计,使得各操作位置均有最佳的工作范围和工作视野,操作平台和护栏使操作安全可靠。

(10)液压系统集中测压,使日常维护保养和检测更方便等。

5.4　沥青混合料转运车国内情况

2003年9月,国内企业三一公司卖出了自己第一台沥青转运料车LHZ25A,随后在杭州绕城高速公路建设中投入使用。应用取得了良好的效果,使用沥青混合料转运料车后摊铺的沥青混合料集料颗粒较为均匀,道路平整度明显提高。通过远红外摄像机摄像结果分析,路面沥青混合料温度明显分布均匀。

2003年12月,三一公司LHZ25A沥青转运料车(图6-25)在南昌新余沪内高速公路昌京段完成12km的沥青路面摊铺。国内40多家施工企业技术负责人及行业协会和国家科技部863专家观摩了施工过程,并给予高度评价。

2004年初,徐工集团自己的AT1000型沥青混凝土转运料车(图6-26),并一举在内蒙古卖出9台,并在其他地方也有收获。2004年9月底,徐工集团联合内蒙古交通厅科技司在内蒙古包头市举办技术交流和推广会。

图6-25　三一公司沥青转运料车

图6-26　徐工集团沥青转运料车

5.5　沥青混合料运转车的应用效果

(1)集料离析基本消除。沥青混合料虽然在沥青混合料拌和设备向自卸车内放料、自卸车向转运车内卸料过程中也存在非常显著的离析现象,但沥青混合料进入转运料车后,集料离析的情形发生了质的变化，一方面原有的集料离析经过转运车内的再次搅拌而基本消失，另一方面转运车的连续喂料保障了沥青混合料摊铺机不会断料，沥青混合料摊铺机的接料斗内料位始终是稳定的，最关键的是使用转运料车之后不存在收斗操作，从根本上消除了沥青混合料摊铺机因收斗引发的集料离析现象。

(2)温度离析得到控制。通过比较，实践证明使用转运料车既可减小温度损失，又可提高摊铺表面温度均匀性等，从根本上控制了温度离析现象。

(3)提高摊铺效率和减少运输成本。根据沥青混合料摊铺机所要求的均衡、连续摊铺作业要求供给沥青混合料，最多可提高50%的摊铺效率；使自卸车的运输周期更快，可将原所需自卸车数量减少25%；可以更有效地使用大额定载质量的自卸车；减少了自卸车在施工现场待机卸料时间等。此外，在沥青混合料摊铺机正常工作时，如遇不熟练的自卸车驾驶员、纵坡较大、匝道等情形，自卸车很容易碰撞沥青混合料摊铺机，同时，高温季节摊铺面洒有黏层油时沥青混合料摊铺机极易打滑，上坡段顶推自卸车前行时很费劲，其路面平整度将大受影响。转运料车则完全可以保障自卸车不直接接触沥青混合料摊铺机，沥青混合料摊铺机的平稳性得以保证。

(4)完全做到了使摊铺机无干扰，恒速、连续、平稳地摊铺作业，解决了自卸车碰撞摊铺机和卸料时对摊铺机的冲击问题，同时避免了由于操作不慎而将沥青混合料洒落在摊铺机前方，大大提高了路面摊铺平整度。

(5)可以减少运输车辆的数量，加快料车的周转效率，降低施工成本。经现场试验结果表明：使用转运车后路面平整度得到极大提高，经现场测试，没有使用沥青转运车摊铺的路面平整度为3～4mm/6m；使用沥青转运车后路面平整度提高到1～1.5mm/6m，可见其效果相当明显。其次温度离析也得到很大改观；当进入转运料车受料斗的SMA改性混合料温度变化范围在133～175℃之间，标准差为13.2℃时，经转运料车搅拌混合，出料温度变化范围在160～164℃之间，标准差为2.4℃。在抗离析方面通过现场测试结果证明：不用沥青混合料转运车最大的级配极差为18.96%，构造深度平均值为0.88mm，标准差为0.213mm，渗透系数标准差为58.63mL/min；使用沥青混合料转运料车最大的级配极差为4.89%，构造深度平均值为0.56mm，标准差为0.046mm，渗透系数的标准差为2.63mL/min。使用沥青混合料转运料车与未采用转运料车摊铺的路面结构相比最大的级配极差、构造深度的均匀性、渗透系数的均匀性得到极大提高。

5.6 沥青混合料转运车结构

以美国Roadtec公司生产的SB2500C型沥青混合料转运车为例，沥青混合料转运车的结构由以下部分组成：前接料斗、刮板输送机、储料仓、变节距螺旋、中刮板输送机、皮带输送机、动力及传动机构、行走系统、操纵控制系统等，其结构如图6-27所示。

SB2500C型沥青混合料转运车是一种大贮量输送能力大的自行式转运料机，输送能力大，可使运料车的卸料很快进入转运料车，同时保证向摊铺机快速送料，大贮仓容量可使运料车的料全部转存贮仓内，运料卡车不必等待太长的时间，贮仓内的变节距螺旋对混合料进行再搅拌，使粒径不同、温度有差别的混合料得到再搅拌。

前接料斗是宽口低位式料斗，宽口易与不同宽度的自卸运料卡车相配合，便于自卸车卸料,前接料斗中部有输送量为1200t/h的刮板输送机,前接料斗的前半部分是铰接于刮板输送机主架上。当接料斗平置时料斗前部的料无法进入输送机,此时将接料斗前部抬起,则料斗底板向后倾斜,接料斗内的余料全部后倾滑落,再在两侧螺旋的推动下,全部混合料经输送机进入贮仓。前输送机有一可调节开度的进料门,通过门的调节可控制进入输送机的进料量,同时挡住混合料不使混合料黏结于刮板链上,前刮板输送机由液压马达驱动,前刮板输送机的中部有回转支承轴,当运输时可通过液压缸抬起刮板机前部和前接料斗,以增加通行能力,作业时将其放下落地便于运料车卸料,接料斗前部有两个顶推滚,顶摊滚和汽车后轮相对应,卡车卸料时转运料车顶推卡车边卸料边行走。

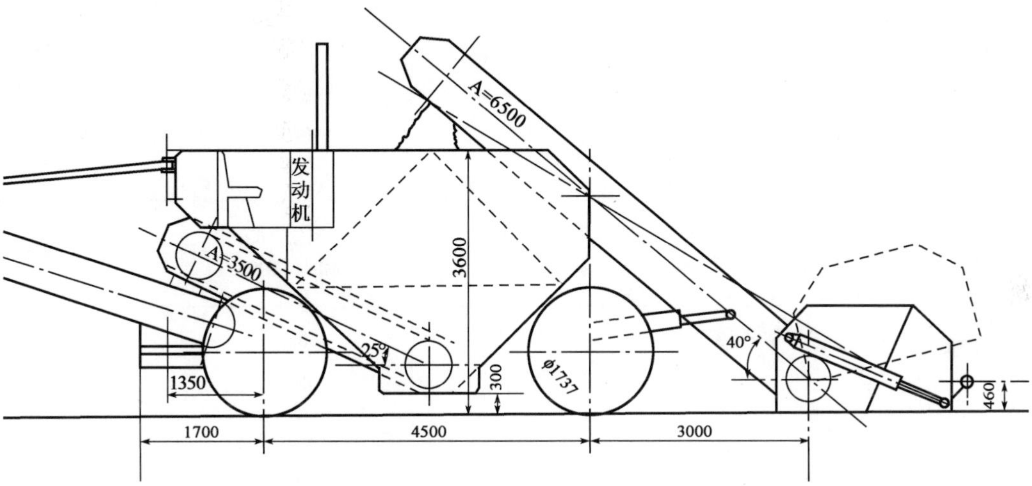

图6-27　沥青混合料转运车结构简图(尺寸单位:mm)

转运料车的贮仓容量较大,贮仓下部装有螺旋送料器,它的功能是将贮仓两侧的料输向中间再经过刮板输送机向外输送。由于料在进入贮仓时,粗料会滚落在两侧,即贮仓两边以大粒料为主,混合料就会发生离析。如果将螺旋设计成双螺距叶片,外侧螺距小于内侧螺距,外侧螺距叶片会将外侧大粒料向内输送,当其到达内侧叶片时,由于内侧叶片螺距大,大料不能充满全叶片,内侧会有小粒料进入,这样大小粒料就被拌均匀了。拌均匀后的料再经中心刮板机向外输送,中刮板机同样由液压马达驱动。

经中心刮板机卸出的料经溜槽进入皮带输送机,再输送给沥青混合料摊铺机,皮带输送机通过枢轴固定在机架上,用液压油缸驱动其回转,将混合料输送给沥青混合料摊铺机。另外,通过拉杆可调节皮带机卸料高度,皮带输送机用液压马达驱动。

该机设置双驾驶操纵机构,两边均可操纵,同时配置有速度传感器,可实现转运料车与摊铺机的同步。

5.7　典型沥青混合料转运车

目前,国内外生产和使用的沥青混合料转运车常见的有Roadtec SB2500C Blaw-Knox MC330 Dynapac MF250 SANY LHX25A等型号,美国Roadtec公司生产的SB2500C型沥青混合料转运车是一种比较成熟的产品,正常使用仅需要3～4辆自卸车可配套完成沥青混合料的摊铺工作。国内外几种运料车技术参数如表 6-1 所示。

国内外转运料车技术参数 表 6-1

型号	SB2500-astec	SB2500C-astec	三一重工	徐工
发动机	六缸柴油机 206kW/1900r/min	六缸柴油机 206kW/2200r/min	BF6M1013ECP 186kW/2300r/min	BF6M1013EC 165kW/2300r/min
内侧转弯半径(m)	8.1	8.1		
最大工作速度	4.8km/h	4.8km/h	0～2.7km/h	0～18m/min
最大运输速度	14.5km/h	14.5km/h	0～10.7km/h	0～3.5km/h
轮胎(宽基)	21:00×25″[ϕ1701] (533×635mm)	21:00×25″[ϕ1701] (533×635mm)		履带式
接料刮板输送机	1000t/h $b\times l=178\times1473$	907t/h $b\times l=140\times1448$	0～55r/min 140×1400	1000t/h 接料斗 12t
贮仓刮板输送机	600t/h $b\times l=178\times406$	544t/h $b\times l=178\times406$	0～94.4r/min 740×116	
布料输送机	600t/h $b\times l=76.2\times762$	544t/h $b\times l=76.2\times762$		带速 0～50.6m/min
贮料仓容量(t)	25	22.7	22	30
燃油箱容量(L)	568	529	530	
重量(船运)	34473kg	34246kg	36000t	25t

注：b——输送机宽度；

l——输送机长度。

第7章

石屑撒布机

1 概述

石屑撒布机是一种可撒布粒径在40mm以下各种规格石料的专用机械，是沥青路面层铺法表处施工的关键配套设备之一。它可以按照施工要求，将一定规格的石料连续、定量和均匀地撒布在已喷洒沥青的路基、路面基层或面层上。沥青路面层铺法表处施工所采用的配套机械如图7-1所示，主要包括自卸汽车、沥青洒布车、石屑撒布机和压路机等。采用层铺法表处施工时，在喷洒沥青以前，必须将路基、路面基层或原有路面清扫(或冲洗)干净，路面上不允许有任何松散材料和异物；沥青洒布车根据施工要求在路面上均匀地喷洒主层沥青，它主要通过沥青流量计与车速匹配来确保沥青的喷洒量，其喷嘴的形式及洒布管距地面高度的距离也应确保喷洒的均匀性；与沥青洒布车一样，石屑撒布机也要保证石料撒布的均匀、连续和计量准确；压路机要选择合适的形式与吨位，以保证压实后所有的石料紧密嵌锁、定位，路面密实、平整。压实后的路面可即时开放交通，但开始通车时要限制车速，一般不宜超过20km/h，并适当控制交通量，经过车辆行驶的作用使喷洒在下面的沥青泛上来，使石料压入沥青膜中，这样经过一段时间沥青便很好地裹覆在石料上，形成稳定的表处层。使用石屑撒布机撒布石料，可以大大地减轻工人的劳动强度，提高生产率，保证施工质量。

图7-1　沥青路面层铺法表处施工主要配套机械

我国在20世纪60年代开始推广采用层铺法修筑沥青路面的技术。国内早期的沥青路面施工是采用沥青洒布车洒布沥青、人工撒布石屑较原始的层铺法施工，石屑提前备放在施工路段的两旁，路基上洒好沥青后，人工使用铁锹、竹筐等工具将石屑撒布在沥青上，再用压路机压实。这种方法不仅需要大量的劳动力，而且工效低，撒布质量差，工人的劳动强度大，并且污染环境。1978年交通部公路研究所与交通部新津筑路机械厂联合研制出了SA3C型自行式石屑撒布机，SA3C研制成功后广泛用于国内外公路工程中，此外，各省市交通系统的制造厂也研制过小型自行式石屑撒布机、拖式或悬挂式石屑撒布机,但均未形成批量生产规模。20 世纪 80 年代以来虽然修建沥青路面的数量增加了,特别是高等级沥青路面都采用热拌法施工,层铺法的施工工艺基本上被热拌法取代,因而石屑撒布机的产量不大,其技术也没有得到相应的发展和提高。

石屑撒布机作为路面施工和养护的一种机型,今后将会有较大的需求,特别是在养护工程中。石屑撒布机应采用智能化的操作控制系统,提高作业的质量;采用液压伸缩式撒布料斗,撒布料斗可向两侧同时延伸以增加撒布宽度,在狭窄的道路或遇到障碍时,又可自动缩回,就像沥青摊铺机的液压伸缩熨平装置一样,使用极为方便。

国外采用层铺法修筑沥青路面的技术发展较早,早在 19 世纪四五十年代就已得到广泛的应用。美国、苏联、欧洲、日本等工业发达的国家相应地制造了各种形式的石屑撒布机,其结构及工作原理大致相同,基本上都是采用机械传动方式,以汽车或拖拉机为底盘进行改装制造的。随着科学技术的迅速发展,国外有的厂家开发研制全液压驱动的石屑撒布机,所配置的皮带输送机、拨料辊等都采用液压驱动,系统设有安全过载保护装置,能吸收作业过程的冲击力,提高了机械的耐久性,简化了整机结构,提高了石屑撒布机的机动性、灵活性,可以控制皮带输送机的供料速度,有效地保证撒布石屑的连续性。图 7-2 为国外制造的两种石屑撒布机型。为适应施工宽度变化的要求,国外已制造出液压伸缩调节撒布斗宽度的石屑撒布机,图 7-3 为不同撒布宽度的作业状况。

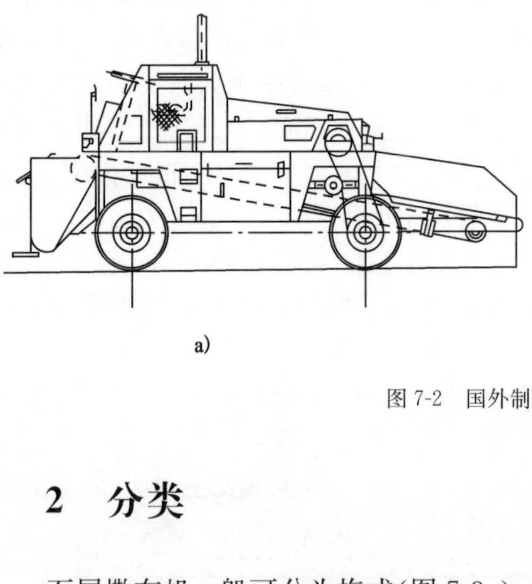

a)

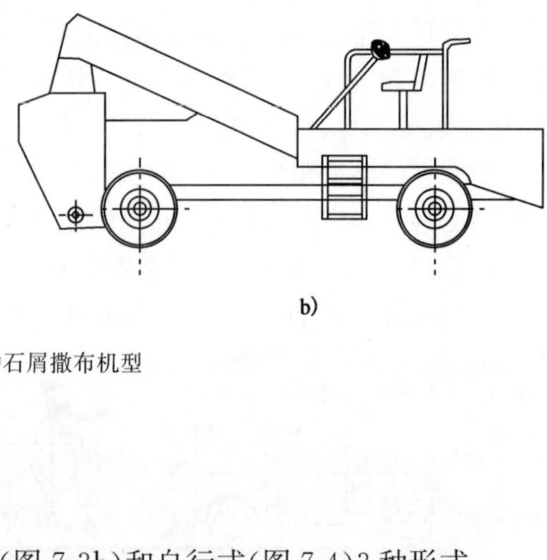

b)

图 7-2 国外制造的两种石屑撒布机型

2 分类

石屑撒布机一般可分为拖式(图 7-3a)、悬挂式(图 7-3b)和自行式(图 7-4)3 种形式。

石屑撒布机按其不同的结构形式,主要分为自行式、悬挂式和拖式几种。

拖式石屑撒布机是悬挂在运料自卸车的挂钩上,由自卸汽车倒行顶推着石屑撒布机进行作业的。悬挂式石屑撒布器悬挂在自卸汽车的料斗口上,汽车倒行进行撒布作业。悬挂式和拖式石屑撒布机的结构简单、易于操作和维修,且造价较低,一般适用于小规模的路面修筑和养护工程。

拖式与悬挂式撒布器虽然结构简单、便于制造、价格低,但作业是在倒行状态下进行的,撒布机构在自卸汽车的后面,作业时观察、操作都很不方便。尤其是悬挂式,每辆作业汽车上都需要悬挂一个撒布器，这给施工带来很大的不便。

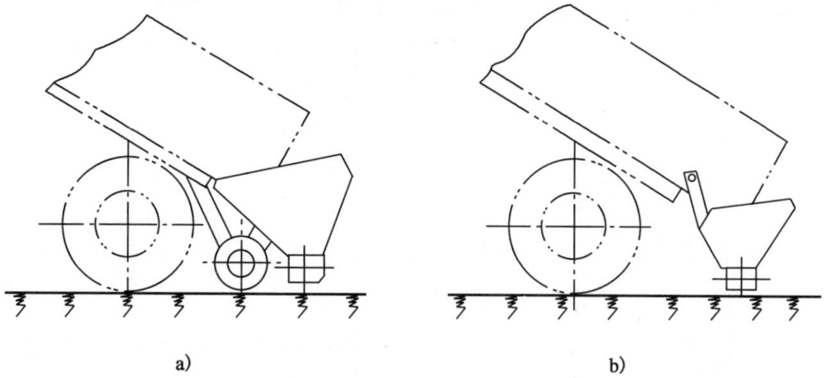

图 7-3 拖式、悬挂式石屑撒布机

自行式石屑撒布机(图 7-4)是目前最先进的层铺法表处专用设备。自行式自身有动力，机动性较好，能自行转移工地，适合于工程量较大的施工工程使用，其操作较方便，易于观察撒布状况，容易保证施工质量。在自行式石屑撒布机中，按其行走驱动形式又可分为二轮驱动式和四轮驱动式；还可分为机械驱动式和全液压驱动式；按照撒布装置形式又也可分为固定式和液压伸缩式，它们统称为自行式石屑撒布机。自行式石屑撒布机的结构较复杂，造价较高，但操作性能和施工效果良好，是大规模施工的理想设备。

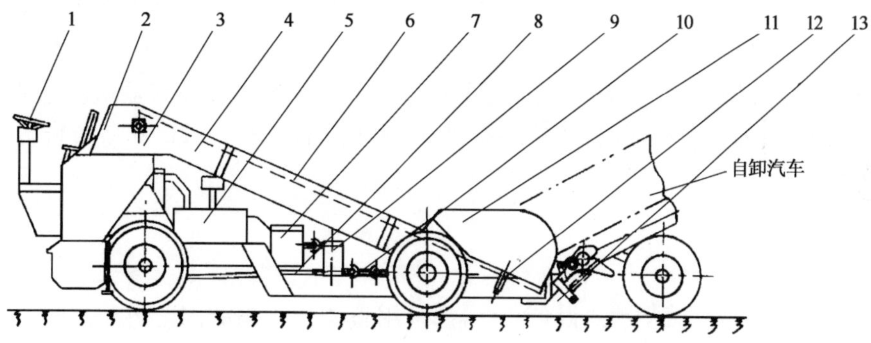

图 7-4 自行式石屑撒布机

1-驾驶台；2-拨料辊；3-前料斗；4-板架；5-发动机；6-皮带输送机；7-变速器；8-前万向节；9-副减速器；10-后万向节；11-后料斗；12-后油缸；13-后挂钩

3 主要结构与工作原理

拖式、悬挂式石屑撒布机在现代的沥青路面施工中已很少使用，其结构、工作原理与自行式石屑撒布机的撒布装置大致相同，本文重点介绍自行式石屑撒布机(以下称石屑撒布机)工作原理与构造。

自行式石屑撒布机自身配有动力及行走、后接收料斗、皮带输送机、前撒布料斗、计量撒布料辊、后牵引挂钩等装置。作业时，供料自卸汽车由石屑撒布机牵引拖拉着运行，边行走边将石料卸入石屑撒布机的后接收料斗内,再经皮带输送机转送至前撒布料斗内,装满后即可启动石屑撒布机的撒布装置,撒布料辊便将石料定量均匀地撒布到已喷洒了沥青的路基、路面基层或面层上。在撒布过程中,后接收料斗可不停地通过皮带输送机向前撒布料斗送料,石屑撒布机后料斗尾部的牵引挂钩可与供料自卸汽车尾部牵引梁自动挂钩和脱钩,以保证连续撒布施工,并使其施工行驶速度与石屑撒布率良好匹配,确保撒布均匀、计量准确。自行式石屑撒布机在沥青路面的表处层铺法施工和养护中使用较普遍,适宜大规模的施工和养护工程。一般石屑撒布机由后料斗、皮带输送机、前料斗、撒布器、可控制斗门、发动机及动力传动系统、操作系统、机架及行走系统等组成,如图 7-4 所示。

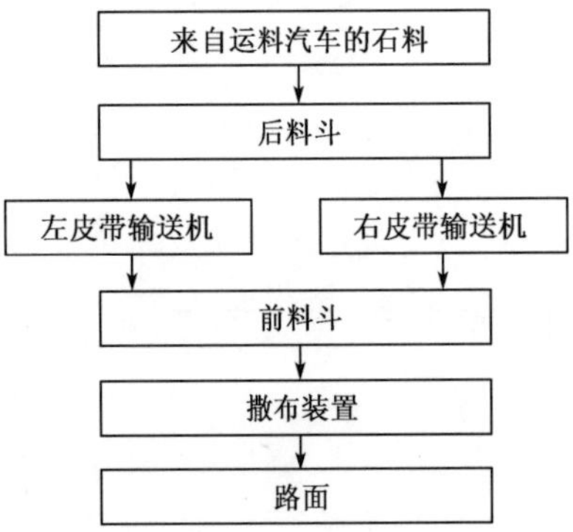

图 7-5 石屑撒布机作业流程图

石屑撒布机作业流程如图 7-5 所示。石料从自卸汽车卸入后料斗,经皮带输送机把石料运送到前料斗。待前后料斗装满石料后,机械在已洒好沥青的路上一边行驶,一边撒布石料。运料汽车源源不断地输送石料,石屑撒布机就可以进行连续的撒布作业。

3.1 传动装置及行走底盘

该机的底盘结构与机械驱动自行式石屑撒布机相同:其行走驱动系统采用闭式液压回路的速度反馈控制系统,能够对机械的行驶速度进行自动检测和补偿,以使石屑撒布量与行驶速度更好地匹配;其后轮由液压马达直接驱动,有三挡范围的无级变速,因而可使石屑撒布量的调节性能更加平滑;其转向系统为独立的全液压动力转向系统;两条皮带输送机分别由两个独立的液压回路驱动;前撒布料斗以及安装在前撒布料斗内的螺旋分料器和撒布料辊分别由液压马达独立驱动。

3.2 工作装置

该机的后接收料与机械驱动式设备一样,都采用整体式结构的固定料斗。两条可独立控制的皮带输送机既可自动操作,亦可分别手动操作,电液控制的撒布料斗内的主动力闸门可与螺旋分料器和撒布料辊实现同步控制。这套电液控制的动力闸门开启系统可使闸门在反复开启过程中始终保持一定开度,控制十分精确。

3.2.1 后料斗

后料斗用来承接汽车卸下来的石料,并通过后料斗底部出料日经皮带输送机将石料输送到前料斗。后料斗主要由底板、活动侧斗翼、液压油缸、液压挂钩等组成。底部设有两个或一个出料口,石料从出料口流到皮带输送机上。侧斗翼设置在底板的两侧,并采用铰接方式与斗底联成一体。活动斗翼底部设有液压油缸,操纵油缸的升起可使两斗翼中的石料流到底板的出料口中,保证后料斗中的石料全部干净地输送到前料斗。后料斗尾部设有液压挂钩,用于拖挂自卸运料汽车,可以边撒料,边进料。只要施工组织管理适当,就可以保证撒布石料的作业连续进行。

3.2.2　皮带输送机

皮带输送机的进料端设置在后料斗底部，与后料斗底板出料口相对应，以便将后料斗的石料输送到前料斗中去。根据形式的不同，有的设置两条输送带，有的只设一条宽型输送带。它们共同的特点是，都使用带挡边的输送带，保证不让石料从皮带的两边掉落。皮带机的倾角较大时，在输送带上还粘贴有挡块，不让石料下滑。

3.2.3　前料斗

前料斗用来承接、储存后料斗输送来的石料。它应有足够的容积，以确保撒布器进行撒布作业时不出现空转现象。前料斗设有可调开度的活动斗门，以控制石料的撒布量。司机操作台也设置在前料斗上。

3.2.4　撒布装置

撒布装置主要由拨料辊、传动机构、机架等组成，安装在前料斗的出口下面。启动拨料辊就可以把石料定量而均匀地撒布在刚洒布的沥青层上面。拨料辊是一个带轴端的钢管。一般在钢管表面包上一层钢板网并用点焊固定。有的还在钢管的表面上均匀地焊上若干条钢条。它们都是起拨料作用的，目的是将料斗内的石料均匀地撒布到地面上。

图 7-6 所示是一种自动化的石屑撒布机结构图，石屑撒布机有前端 1 和后端 2，包括前料斗 3、后料斗 4、输送机 5、驾驶座 6、轮胎 7、可控撒料门 8 等。撒布机撒布的石屑用运料卡车载运，石屑运到工地后，车辆行驶到撒布机后端，举升至斗将石屑卸入撒布机后料斗，后料斗内的料由输送机输送到前料斗，前料门前部有缓冲板 9，缓冲板阻挡石屑偏转落入前料斗，前料斗内有横向输送机 10，使石屑均布于前料斗的横向区域，前料斗下部有多个可控撒料门，有控制

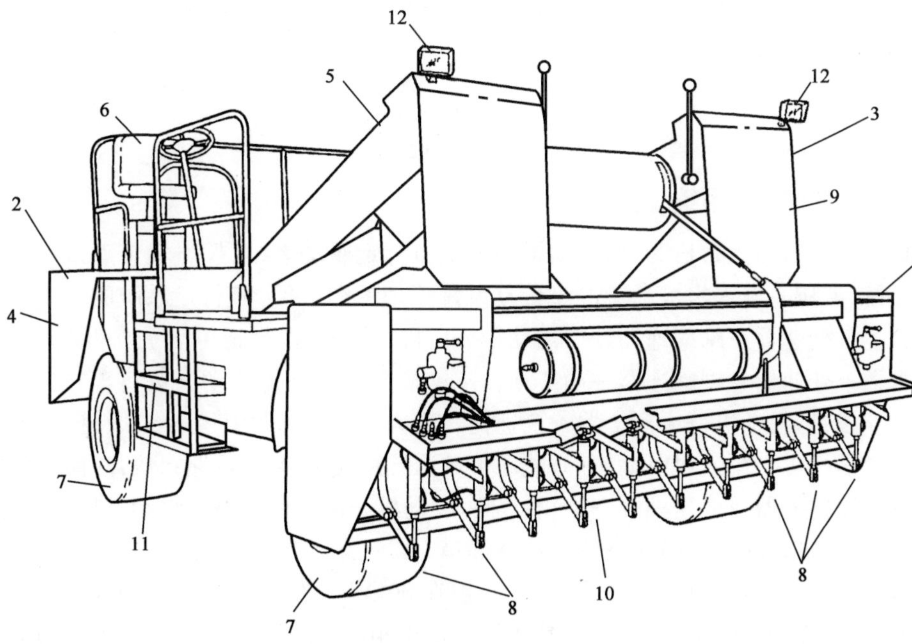

图 7-6　自动化石屑撒布机

机构控制撒料门的开启和关闭，操作人员在驾驶台操纵撒布机的行走、转向及其他相关控制，操作人员从踏梯 11 爬上驾驶座，缓冲板上方安装有照明灯 12，以便于夜间作业。从图中可看到前料斗下部有多个撒料门，撒料门的数量可根据需要增减。设备上安装有传感器，通过传感器检测路面状况，通过不同的传感器测定路面的温度、颜色、黏度、厚度、耐磨性、磁及化学特性等。传感器检测的信号传输到分析仪，控制器发出相关信号控制有关部件实现自动化控制。图 7-7 为安装传感器的撒料门图。图中 1 为传感器支架，传感器安装于支架端部，传感器的安装高度一般为料门宽度的 3 倍，如每个料门的宽度为 30cm，则传感器安装高度为 90cm。传感器的信息通过电缆传输到控制器，控制器再通过相关机构供给液压油或压缩空气从管路进入油缸控制撒料门的开启或关闭。

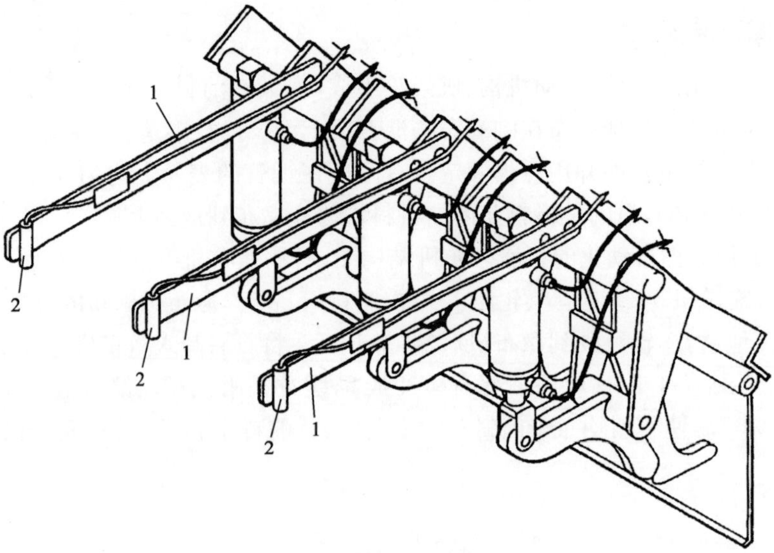

图 7-7　安装传感器的撒料门

1-传感器支架；2-传感器

3.2.5　动力与传动系统

以机械传动的石屑撒布机为例，传动系统主要由行走驱动系统、拨料辊传动系统、皮带输送机传动系统、液压系统等组成。SA3 型传动系统原理见图 7-8。其行走系统的路线是，发动机→主离合器→变速器→副减速器→后传动轴→后桥→轮胎；拨料辊传动系统的路线是，发动机→主离合器→变速器→副减速器→前传动轴→锥形齿轮箱→链传动→拨料辊；皮带输送机传动系统的路线是，发动机→主离合器→变速器→取力箱→一级链传动→二级链传动→三级链传动→离合器→皮带输送机驱动滚筒；液压传动系统路线由 A、B 两路组成：A 路，发动机→液压油泵→液压转向器→液压油缸→油箱；B 路，发动机→液压油泵→操纵阀→后料斗斗翼举升油缸（后挂勾油缸，前斗门油缸）→滤油器→油箱。

石屑撒布机多采用柴油机为动力源，功率一般在 50kW 左右。主离合器选用与该发动机相匹配的通用产品。变速器、传动轴、后桥、轮胎均可选用相适应的汽车部件。副减速器通常是自行设计制造。SA3 型石屑撒布机副减速器的速比为 1∶4.66，采用前后两端输出的结构形式。

拨料辊传动是从副减速器前动力输出轴引出的，经过锥形齿轮箱，动力传至前料斗右侧的一对链传动，驱动拨料辊旋转。拨料辊的旋转线速度与后轮旋转线速度是同步的。锥形齿轮箱输出轴和链轮轴之间设有牙嵌式离合器，用来控制拨料辊的转动或停止。

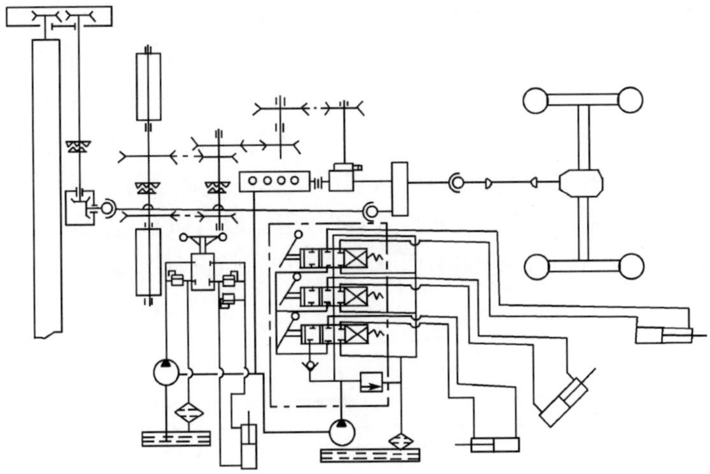

图 7-8　SA3 型石屑撒布机传动系统原理

皮带输送机的动力由变速器右侧取力引出，经更换传动方向将动力从Ⅰ轴、Ⅱ轴、Ⅲ轴的链传动，分别驱动左右皮带输送机主动滚筒。Ⅲ轴上的牙嵌式离合器控制右边滚筒，左边滚筒由滚筒轴端牙嵌式离合器来控制，以保证两边皮带可以同时或单边上料。在取力箱后面设有一拨销操纵轴，它可以切断皮带机的动力传动，机械在非作业状态下行走时，操作拨销轴切断皮带机的动力，就可使皮带停止运转。

液压系统分为液压转向系统和液压操纵系统。动力从发动机前端取出，采用旋转方向相反的两个油泵分别组成各自回路，而滤油器和油箱为两系统共用。液压转向系统由齿轮液压泵、液压转向器、油缸和管路等组成。液压操纵系统由齿轮液压泵、三联多路换向阀、后料斗举升油缸、后挂钩油缸、前料斗斗门油缸、管路等组成。随着液压技术的发展，目前类似上面的两个液压系统可以共用一个液压油泵，并在系统上设置一个优先阀，当两个系统在同时工作时，该阀优先保证液压转向系统对压力和流量的要求，可以确保机械转向的安全无误。一般来说，两个系统同时操作的机会不是很多。其自锁式牵引挂钩由电液控制，可按照不同类型的自卸汽车的高度自动调节其牵引挂钩的高度。

3.2.6　先进的操作控制系统

国外的石屑撒布机有的采用了集中操作控制系统，行走及全部工作装置均由操作控制台上各种操作开关控制，并设有相应的显示装置。如“速度/方向”控制手柄，它具有在“手动”或“自动”操作模式中控制机器运行速度和方向互相转换的功能和自动“开关”功能，或作为空挡起动的安全开关使用；“速度范围选择”开关是一个旋钮式三位开关，可按照工作要求选择需要的工作速度；“手动或自动”速度操作旋钮可用来选择需要的工作模式；“自动速度设定操作控制盘”可用于设定要求的工作或行驶速度。

当处于“手动”模式时，速度和方向均由“速度/方向”控制手柄控制。当使用“自动”模式时，要在“自动速度设定调节控制盘”上预先设定工作速度，一旦确定了速度，不论何时只要接通“自动”挡位都将恢复和保持最初设定的速度，控制台上的数字显示装置口可显示实际行驶速度。

其动力闸门可通过控制台上的开启旋钮控制，也可使用补偿脚踏板进行控制，脚踏板踩下时闸门可自动缓慢地关闭，脚踏板抬起时闸门依然按照预设定的位置打开。不论何时只要使用指令开关，闸门就会马上打开或关闭。

自动化的石屑撒布机上都装有传感器，以检测路面状况，通过不同的传感器测定路面的温度、颜色、黏度、厚度、耐磨性、磁及化学特性等。图 7-9 为路面剖视图，路面上区间已洒布沥青等黏结剂，撒布机传感器检测到此区域已有沥青，则通过控制器打开相应区域的撒料门，其余区域无沥青，则相应范围内的撒料门关闭。这样可实现在作业范围内实现全自动化控制，未洒布沥青的区域料门关闭，洒布沥青的区域打开料门，避免原有撒布机的缺陷，实现自动化控制。自动化的石屑撒布机，通过传感器检测路面状况自动控制石屑的撒布，节省石屑用量，减少人力和工程费用。

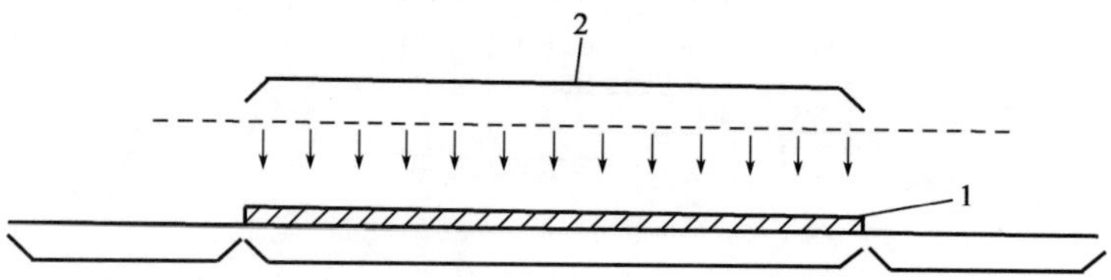

图 7-9　自动化石屑撒布机作业路面剖视图

1-黏结剂层；2-传感器检测区

两条皮带输送机均由独立的电开关手动控制，也可采用“通/断”开关分别手动控制，能够最大限度地保持前撒布料斗上的料位均匀一致。

3.2.7　液压伸缩式撒布料斗

国外的石屑撒布机有的采用液压伸缩式撒布料斗，这种料斗仅能够和四轮驱动式主机相匹配。撒布料斗可向两侧同时延伸以增加撒布宽度，在狭窄的道路或遇到障碍时，又可自动缩回，就像沥青摊铺机的液压伸缩熨平装置一样，使用极为方便。

该机的四轮全液压驱动设备可将爬坡能力提高到 70%。在施工作业时，该机可使用四轮驱动以增加牵引附着力和提高工作效率；当在工地之间转移或快速行驶时，它又可自动换挡，转变为二轮驱动形式。

3.2.8　同步封层机

表面处治（也称罩面）是沥青路面常用的养护方法。罩面的施工方法是在原有的沥青路面上加铺一层沥青混合料面层，以周期性地恢复其被磨耗的厚度，同时可解决路面的一般破损，改善路面抗滑能力和平整度。层铺法罩面是常用的方法之一。

以往沥青路面的表面处治罩面的方法是先用沥青洒布车洒布沥青，再用石屑撒布机撒布石屑，最后用压路机碾压。作业时需用多台设备协调配套作业，为了保证罩面的质量，作业时必须要封闭交通，特别是洒布沥青后不容许任何车辆通过，待洒布沥青、撒布石屑、碾压后才能开放交通，不仅配套设备多，而且还需配备辅助工作人员，占用劳力多。同步封层机的工作原理如图 7-10 所示，它是把沥青结合料和石料的撒布同步进行的机械，具有提高工作效率、保证工程的质量、降低了施工的劳动强度、节省了人力资源等优越性，在沥青路面的养护工程中使用日益增多。

同步封层机的结构实质是沥青洒布机和石屑撒布机的组合，同步封层机的结构一般都利用汽车底盘，结构形式为车载式，利用汽车底盘改装，如图 7-11 所示，有车载式或半拖挂式。其构成大致有五大部分组成：汽车底盘、沥青洒布部分、石屑撒布部分、操作部分、动力部分。汽车底盘的选用要根据具体情况确定：如工程的速度、技术要求及设备的成本等。沥青洒布部分包括沥青储罐、沥青泵、管路、喷洒系统、导热油保温系统等组成。石屑撒布部分包括石料仓、石料撒布系统等。

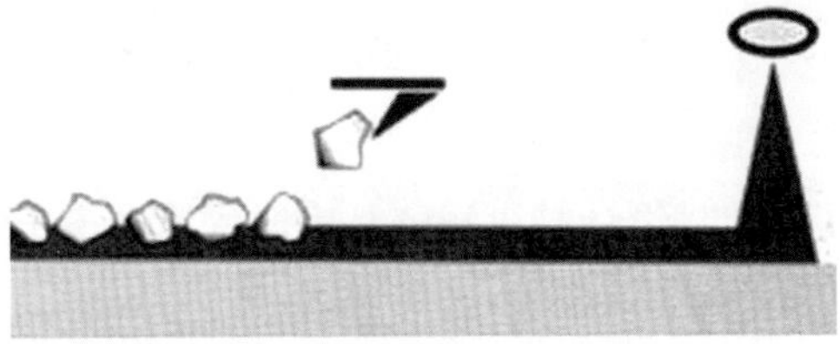

图 7-10 同步封层工作原理图

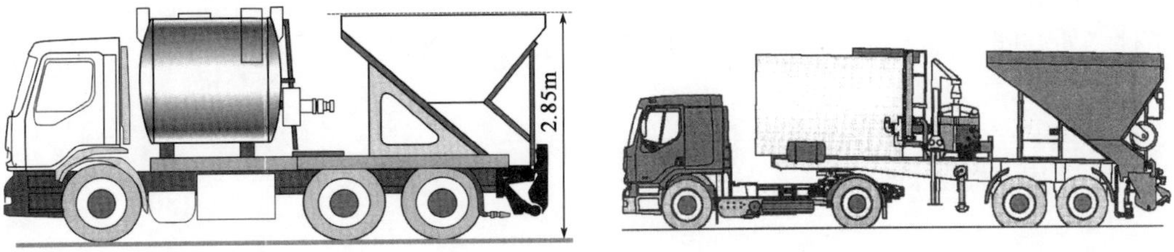

图 7-11 同步封层机结构形式

同步封层机的使用还是近几年来的事情，开始时使用国外的产品，但很快国内已开发出具有一定技术水平的同步封层机，已开发同步封层机的企业有：西安达刚公司、杭州美通公司、西安筑路机械公司等，图 7-12 是国产同步封层机图。

图 7-12 国产同步封层机图

4 总体设计及主要参数的确定

机械设计是机械产品生产的第一道工序。机械设计必须满足使用要求，必须遵循技术先进、经济合理、使用可靠、标准化、人机工程学等原则，其中，先进性、经济性、可靠性是重点，这三性中对工程机械来讲，可靠性是重中之重。

石屑撒布机的设计与通用的机械设计大致相同，其设计步骤如下。

4.1 前期准备工作

首先根据项目任务书的要求，进行广泛的调查研究，包括大量收集同类产品的国内外技术资料；调查用户对该机械的使用要求及使用条件、环境；了解制造厂的技术水平、设备状况、加工条件。如有同类机械的参考样机，必须对样机的性能、结构进行详细的分析、研究，必要时对样机进行解体，对关键部分进行试验、检测等。

4.2 总体设计

总体设计包括牵引计算及总体方案设计等。

1)牵引计算

自行式的机械在设计时，必须进行牵引计算。根据机械使用工况、机器的总重量、行走机构形式及工作机构的结构特点等进行牵引计算，根据计算的结果来确定选择发动机的功率和型号，这是自行式机械设计中重要的一环。

石屑撒布机牵引计算按撒布作业工况及行走工况两种进行。撒布作业工况，机械的功率主要消耗在克服行走阻力及液压系统和拖动载有石料的自卸汽车及撒布石料所需的功率上。当机械的各行走阻力之和大于附着力时，应以机械的附着力为计算依据。行走工况是计算机械在高速行驶时所需要的功率。根据两种工况计算的结果，选择所需功率最大的工况为依据来选定发动机。另一种方法是类比法，参考同类机型先选定发动机功率及其有关参数，有条件的可以进行反计算验算发动机功率。在进行公路施工机械的设计时，采用后一种设计方法的例子也不少。SA3 石屑撒布机也是采用后一种方法来进行设计的。

2)确定总体方案

总体方案是根据任务书的要求，确定其工作原理和结构，充分考虑可靠性、零件的强度、结构刚度等进行主要部件结构及总体布置方案的设计。一般应提出两种以上的总体设计方案，进行优化比较。征求有关专家的意见，选择出最优的方案作为样机的设计方案。

石屑撒布机的总体布置方案还必须重点解决好以下几个问题：机架、皮带架、前料斗等必须有足够的刚性；考虑到机械转移工地等的道路行驶条件，必须保证有良好的通过性能；为保证石料撒布均匀，拨料辊的旋转线速度应与驱动轮胎的旋转速度保持同步；整机设计在考虑实用性、可靠性的同时，还应考虑整机外形的美观。

4.3 主要参数的确定

根据设计任务及使用要求,并考虑标准化和公路工程技术规范的要求,来确定如下主要技术参数:

1)撒布宽度的确定

SA3 型石屑撒布机的撒布宽度是根据我国路面宽度及参考样机来确定的;由于撒布功能的要求,前料斗距离地面较低,接近角较小,导致撒布机的通过性能较差。因此在选择该项性能参数时,一般不要小于 8°。目前国外采用在行驶状态时,通过液压操纵将其前料斗翻起,以改善撒布机的通过性能。

2)撒布粒径

为使本机能适用泥结碎石路面的施工,撒布最大石料粒径为 40mm。

3)前、后料斗容量

主要根据我国公路施工的条件及运输车辆能力确定:

为确保石屑撒布机的撒布供料量,需保证前、后料斗有较大的容积,一般应设计为 $3m^3$ 左右。由后料斗向前料斗输送材料的皮带输送机的能力,应确保满足最大撒布量的 1.5 倍以上;输送皮带应采用带有挡边的专用皮带;如果输送皮带的安装倾斜角大于 18°,就应在皮带的表面上粘有专用防滑块,以防在输送材料的过程中大料回滚;一般输送皮带速度选择在 1.0～1.5m/s;输送皮带应能独立操作控制。

后料斗的设计参数考虑要确保能与大、中型自卸汽车配套使用;料斗的宽度比大型汽车箱体的宽度要宽出 0.6m 以上;料斗底板距地面高度要确保大、中型自卸汽车箱体升至最大倾斜角时不会压在料斗底板上;要确保自卸汽车箱体升起后能顺利地将材料倒入后料斗内,不能产生溢料现象。这就必须使后料斗的长度、后料斗的后沿与自卸汽车箱体的距离,均应保持合适的参数。

4)撒布速度

石屑撒布机的撒布速度与石料撒布量有关,因而要求有不同的工作速度来满足不同撒布量的需要。

5)前料斗下部撒布料辊与前轮转速的关系

撒布料量的控制能力及撒布的均匀性是撒布机的重要性能指标。撒布量的控制与行走速度、撒布料辊转速、斗门开启大小等诸多因素有关。在产品说明书中,一般会提供上述参数之间组合的参数数据,但在实际应用中,还需依据不同工况做必要的试验,以确定施工中采用的组合参数数据。

如果采用前行走轮驱动撒布料辊的机械驱动方式,前行走轮与撒布料辊的转速比例关系一般为 1∶6,即前行走轮转一圈,撒布料辊转 6 圈,其快、慢始终呈比例关系。

撒布料辊的直径为 200mm,在撒布料辊的表面要包有钢网,以避免拨料过程中产生滑移,确保撒布量和均匀性。

撒布料辊的斗门可调节,但一般开至不会自流为好。在斗门下部的整个长度上安装一条长橡胶板(运输皮带),在撒布料辊停止转动时可立即停止供料,不会自动流出;也可防止大粒径材料卡死撒布料辊,损坏相关部件。

如果采用全液压驱动方式，行驶速度、撒布料辊的转速等均可实现无级调节，因此整机的技术和操作性能均会有很大的改善，而且，能更好地适应各种工况。

6)撒布宽度的调节

如果设计成前料斗宽度不变，采用在前料斗下方插入挡料板，阻挡材料进入撒布料辊，也可达到改变撒布宽度的目的。这种结构形式简单、成本低，但其操作与行驶性能较差，一般说来，前料斗的宽度选择在 3.5m 左右较合适。

目前国外全液压驱动的石屑撒布机，其前料斗采用液压控制伸缩的方式来调节撒布宽度。操作十分方便，可在一定宽度范围内无级调节撒布宽度，以适应各种不同工况的需求，这是一种技术先进的结构形式。

7)整机质量

石屑撒布机的总体设计计算与一般设备基本一样，并无特殊之处。另外，这种机械的工作机构也较少，故本文不再专门进行总体设计计算的说明，仅就有关各主要机构设计中需考虑的参数和问题作一简要介绍。

4.4 主要部件的设计

1)前料斗的设计

前料斗是石屑撒布机的关键部件之一。它既是储存石料的料斗又是石屑撒布机的撒布装置。它的结构设计合理与否，直接影响石屑撒布机的性能。料斗的宽度决定了最大的撒布宽度，斗门的调节开度影响撒布宽度的调节范围，斗壁的倾斜角影响石料的流动性，料斗的容量大小影响撒布作业的连续性及生产率。石屑撒布机的工况十分恶劣，尤其是灰尘污染相当严重。因此，要充分考虑撒布材料在输送和撒布过程中造成的污染，采用必要的封闭措施。料斗上口必须采取防尘密封措施，因石料从皮带输送机卸入料斗时会产生大量尘土，对司机的工作环境影响很大，特别是石料中含土量大时，污染更严重。

2)石屑撒布的动力传动系统的设计

其设计方法与通用机械的设计方法相同。

第8章

沥青洒布机

1 概述

1.1 用途及工作对象

沥青洒布机在筑路机械中是一种使用历史最长的路面工程机械。在采用沥青贯入法表面处治、透层、黏层、混合料就地拌和沥青稳定土等施工养护工程中，沥青洒布机用来喷洒各种液态沥青材料(包括热态沥青、乳化沥青)。大容量的沥青洒布车在工程中也可作为沥青和乳化沥青等的运载工具，沥青洒布机在公路、城市道路、机场、港口码头、水库工程等工程中被广泛应用。沥青洒布车会根据施工要求在路面上均匀地喷洒黏层沥青，主要通过沥青流量计与车速匹配来确保沥青的喷洒量，其喷嘴的形式及洒布管距地面高度的距离等也影响到喷洒的均匀性。

1.2 国外水平及发展趋势

沥青洒布机在国外已成系列产品，大型洒布机的沥青箱的容量在 10000L 以上，洒布宽度在 7.5m 以上，可喷洒 200℃高温的改性沥青。洒布机多采用液压操纵，并配以先进的控制仪表，包括行驶速度、泵的转速、温度控制、压力、流量计量仪等。洒布宽度调节一般都是用液压机构控制喷嘴开启数量的方法，所有喷嘴都能独立的打开和关闭，所以宽度调节方便精确。先进的洒布机采用计算机自动控制，在沥青洒布机驾驶室内设有计算机及其输入键盘。计算机内储存多种作业配方。在作业喷洒沥青或乳化沥青黏接层等不同材料时，操作人员根据洒布规范，将洒布材料的密度、洒布量作为常量，洒布速度、洒布宽度、沥青泵转速等作为变量，通过键盘输入计算机，洒布机就会自动进行喷洒作业。洒布作业完成后，计算机会自动打印出作业的喷洒量、喷洒路面长度、平均宽度、平均洒布率、温度等信息数据。沥青泵的结构形式在不断地发展，新型结构如圆弧泵等已在工程中使用，提高了对黏稠沥青的适应性能及减磨性能等。

1.3 国内水平及发展方向

20 世纪 50 年代，随着我国公路黑色化的发展，公路黑色化洒布沥青等材料使用的是手压式洒布机,1959 年陕西省筑路机械厂(西安筑路机械厂的前身)研制成功 500kg 手压式沥青洒布机,一直沿用了很长时间。五六十年代由苏联引进自行式沥青洒布车,才逐渐在道路工程中使用沥青洒布机。1963 年中南公路工程处修配厂(郴州筑路机械厂前身)在苏式沥青洒布车的基础上开始研制国产沥青洒布机,1964 年在国产解放牌汽车底盘上生产出第一批 LS1—3500 型沥青洒布车,至今已发展成不同型号大小多种规格的沥青洒布机。该机型主要特点是采用火管式加热沥青;容积式沥青泵喷洒;用更换或加长喷杆方法改变喷洒宽度;按工程要求,用调节行车速度与沥青泵转速方法来达到预定洒布量(L/m^2)。这种设备洒布质量不高,操作还比较麻烦,但从当时工业水平来看,这种机型具有一定的先进性,公路建设中用来替代人力提高劳动生产率,促进公路建设都发挥了重要的作用。

沥青洒布车的创新是从 21 世纪开始的,由于国际技术交流进一步加强,以及电子信息技术进步和普及,为我国沥青洒布技术进步提供了技术和物质保证。国内自行开发了智能型沥青洒布车,与传统沥青洒布车相比,智能型沥青洒布车主要特点是:嵌入式导热油加热装置,用导热油作为传热介质加热升温沥青,改变了传统用火管加热易使沥青老化的弊端,采用自动点火柴油燃烧器,可以按需人工设定温度,自动加热沥青,升温速度快,可满足现代改性沥青喷洒温度≥175℃的需求。

沥青洒布机的主要发展趋势是:采用控制微机化及雷达测速系统、比例控制洒布量,提高洒布精度和均匀度;罐容系列化,满足大型高速公路施工和小型养护作业的需要;洒布宽度系列化;洒布密度向两极扩展。

2 分类、功能及用途

沥青洒布机可以根据其沥青容量、移动形式、喷洒方式及沥青泵的驱动方式进行分类。

根据沥青贮箱容量,沥青洒布机可分为小型(容量小于 1500L)、中型(容量 1500～3000L)、大型(容量大于 3000L)种。

2.1 按移动形式分类

根据移动形式,沥青洒布机可分为手推式、拖运式和自行式三种。

(1)手推式沥青洒布机是将沥青贮箱(有的直接用 200L 油桶)、洒布设备装置在手推车上,洒布能力一般在 30L/min 以下,用于道路养护作业。

(2)拖式沥青洒布机是将所有有关部件和设备装置在一辆拖车上,一般都为单轴二轮拖车,由牵引车牵引运行作业,如图 8-1 所示。其沥青贮箱容量大多为 400～600L,并可用喷燃器加热贮箱内的沥青,进行保温。动力装置一般为小型的风冷柴油机,洒布能力一般在 30L/min 以上。这种沥青洒布机大多用于道路养护和小面积的洒布作业。

(3)自行式沥青洒布机是现在常用的一种沥青洒布机,有车载型和专用型两种,其特点是将沥青贮箱及洒布系统都装置在同一辆汽车底盘上,具有加热、保温、洒布、回收及循环等多种功能。其沥青贮箱容量一般大于 1500L。沥青洒布量可以进行调节控制。自行式沥青洒布机由于洒布质量好、工作效率高、机动性好等优点,目前广泛地使用在黑色路面工程中。

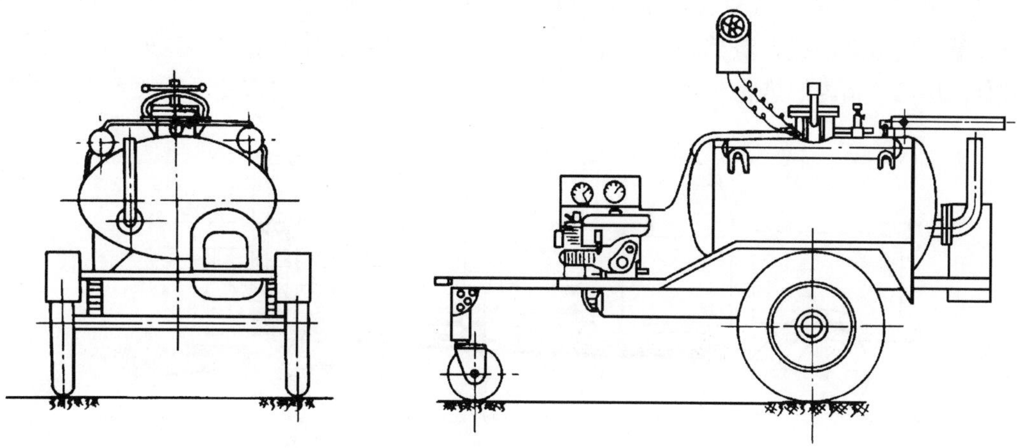

图 8-1 拖式沥青洒布机

2.2 按喷洒方式分类

根据喷洒方式，沥青洒布机可分为泵压喷洒和气压喷洒两种形式。

(1)泵压式沥青洒布机是利用齿轮式沥青泵等把液态热沥青从贮箱内吸出，并以一定的压力输送到洒布管并喷洒到地面上。泵压喷洒式沥青洒布机具有以下功能：在沥青库自行灌装沥青；利用沥青泵将库内沥青输入其他容器；贮箱内沥青可在循环中被加热到工作温度。

(2)气压式沥青洒布机是利用空气压力使沥青经洒布管进行喷洒作业。气压式沥青洒布机的一大优点是在作业结束时，可将管路中的残留沥青吹洗干净，在喷洒乳化沥青时，不会产生破乳现象。

根据沥青泵的驱动方式，沥青洒布机可分为汽车发动机直接驱动和独立发动机驱动两种形式。

3 主要结构与工作原理

如图 8-2 所示，沥青洒布机主要由保温沥青箱、加热系统、传动系统、循环洒布系统、操纵机构及检查、计量仪表等部件组成。

沥青洒布机的主要工作流程：由沥青泵从沥青熔化池中将热沥青吸入贮箱中；运输到工地现场，通过加热系统将沥青加热到工作温度；操纵控制机构，开启喷洒阀门；通过洒布管、喷嘴，由沥青泵将沥青按一定的洒布率及一定的洒布压力喷洒到路面上。作业结束后，即操纵沥青泵反向运转，将循环管路中的残留沥青吸送到沥青箱中。

3.1 沥青箱

如图 8-3 所示，贮箱主要包括箱体、隔热层、外罩、溢流管、过油管、阀门、隔板、加热火管、浮标及固定架等部件。

沥青贮箱为一个用 3～5mm 厚的钢板焊接成的椭圆形断面长筒，筒体外包有一层约 50mm 厚的由玻璃绒或矿渣棉制成的隔热保温层，隔热保温层外再包裹一层薄钢板外罩。此隔热保温层可使箱内的热液态沥青在外界温度为 12～15℃时，保持降温速度不大于每小时 2℃。

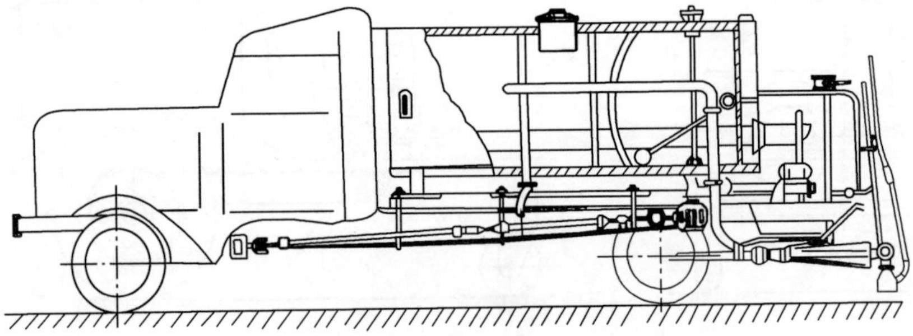

图 8-2 沥青洒布机结构示意图

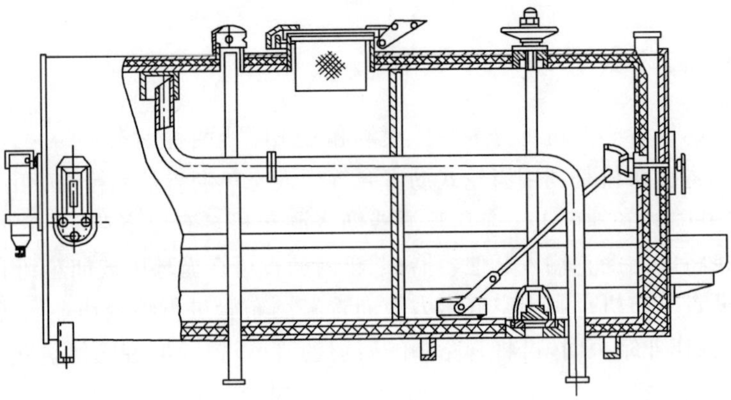

图 8-3 沥青箱结构图

为了减缓箱内液料在洒布机行驶时所产生的冲击振荡以及加强箱体的坚固性，在箱体的中部焊有一块横隔板，使箱体分隔成前后两室，横隔板上下设有缺口，液料在箱内仍能自由流通。

箱顶中部设置有带滤网的大加油口，维修时便于人员进入。

为了加热箱体内的沥青，在箱体中下部排列有纵向加热火管。

在箱底后部开有出油孔，孔内置有总阀门，它由箱顶上的手轮通过长杆进行开关。出油孔的下面装有一个主三通阀和沥青泵。

溢流管穿出箱底外，超量的沥青可经它溢于箱外，它也作透气之用(气压喷洒式无此装置)。

为了观察箱内的液量，在箱内置有浮标，它通过杆件与箱后壁外侧的刻度盘指针连接，从而可测知箱内液面的高度。

箱体前端外侧置有温度计，以观察箱内沥青的温度。

国内外绝大多数沥青贮箱采用横截面为椭圆形的长筒形结构。其优点是：重心低、箱底沥青的残留量较少，在运输途中箱的前后端面受振荡冲击的面积较小，而且加工方便。有的沥青洒布机的沥青贮箱采用上下为圆弧形，两侧为直边的樽形截面。这种形状的箱体虽然重心低、容量大，箱底沥青残留沥青也较少，但需要多边焊接，而且运输时端面受冲击的面积较大。因此，大多在小型设备上采用。

为了减少箱底沥青残留量，常在底部特设凹槽，底阀位置偏近后端，箱体以 1°～2°的微小后倾角安装在车架上。

3.2 加热系统

装有液态热沥青的洒布机在作长途运输后，液料的温度势必会降低，以致降低到工作温度以下，因此必须进行再加热升温。

沥青洒布机加热系统分为沥青贮箱箱底加热和箱内加热两种方式。箱底加热方法是火焰直接加热箱底，使热量传给沥青，大多用于小型沥青洒布机。箱内加热方式目前大多采用 U 形或 L 形火管，根据沥青贮箱的大小可用 1 根或 2 根火管。

如图 8-4 所示，加热系统主要由燃料箱、两个固定喷灯、一个手提式喷灯、两根 U 形火管和带有滤清器的油管系统所组成。

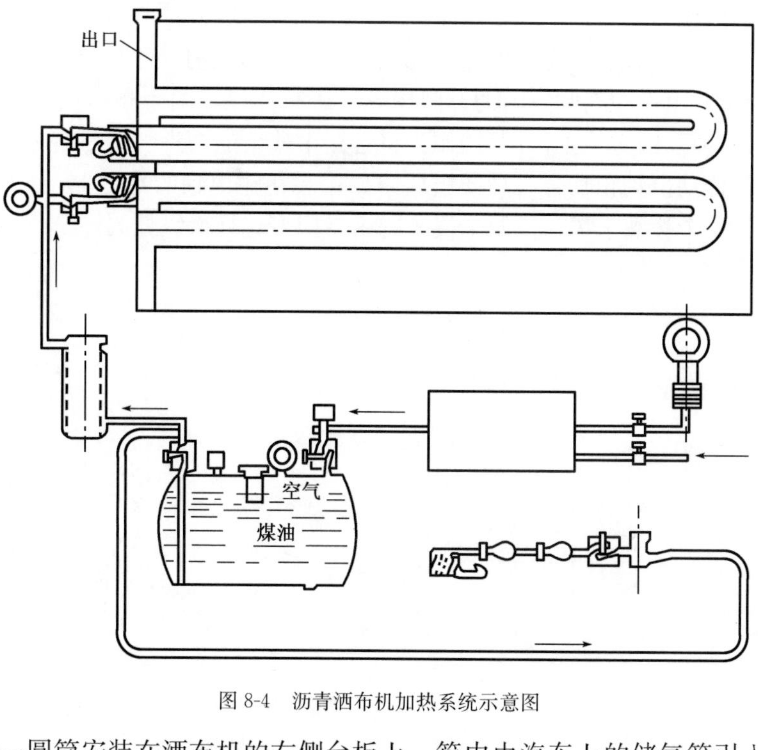

图 8-4 沥青洒布机加热系统示意图

燃料箱为一圆筒安装在洒布机的右侧台板上。箱内由汽车上的储气筒引入压缩空气，使燃油在一定压力下经过滤清器分别送往固定喷灯喷雾燃烧。燃料箱体的上端装有压力指示表。

固定喷灯主要零件为无缝钢管制成的喷管和喷嘴。喷管盘绕成螺旋状，以利燃油气化，其一端通过开关与油管连接于燃料箱，另一端通过接头装上喷嘴。喷嘴外面装有套管，以便引导火焰向前喷得更远。在螺旋喷管下面设有油盆，储少量燃油，作为点燃之前预热喷管加快燃油汽化之用。整个喷灯用固定架装置在U形火管的进口处。固定喷灯向火管内喷射火焰，加热箱中的沥青，废气从排烟口排出。

每根U形火管的进口端都装有耐高温钢板制作的可更换的防护套，以保护火管避免烧损。

手提式喷灯可在作业前加热沥青泵与管路系统，使各部分原来积凝着的残留沥青熔化，以免阻碍各运动部件的运转，使其正常工作。

3.3 传动系统

沥青洒布机的传动系统分为两部分。

发动机的动力一部分经传动系统使车辆行驶，另一部分驱动沥青泵进行工作(或另设发动机驱动沥青泵进行工作)。

沥青泵的传动系统主要由发动机、离合器、变速器、分动器、传动轴及沥青泵等组成。发动机的动力传递到变速器后，再经过增设的分动器和带万向节的传动轴而驱动沥青泵进行工作，如图8-5所示。联轴节与泵轴间装有安全销，当泵齿轮因超载不能转动时，安全销首先折断，从而避免了泵的损坏。

分动箱图8-6是一个三轴式的齿轮箱，共有6个齿轮，具有2个顺挡和1个倒挡，装置在汽车变速器的右侧，由设在驾驶室内的专门操纵杆进行操纵。两个顺挡用于完成按不同的洒布率进行洒布、吸油及输送等工作；倒挡作为将管路中残余的沥青吸到贮箱之用。主动齿轮与变速器中的中间传动齿轮相啮合。高低挡从动齿轮装在输出轴的花键上，由拨叉拨移。倒挡传动齿轮由另外一个拨叉来拨移。两个拨叉均由专门变速杆操纵控制。

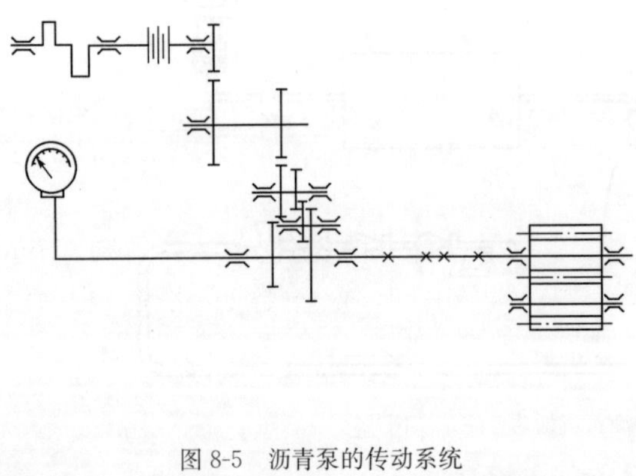

图8-5 沥青泵的传动系统

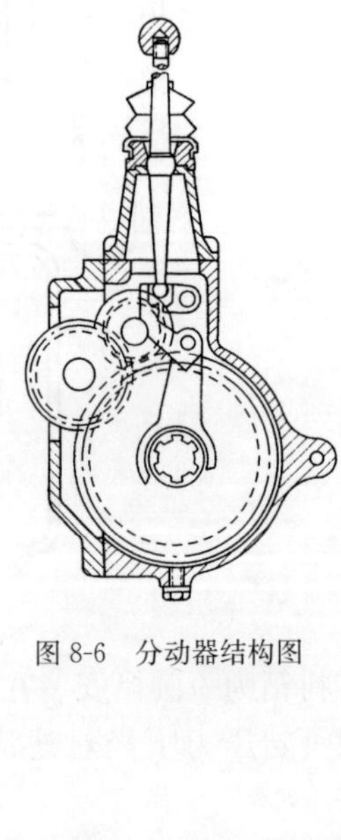

图8-6 分动器结构图

3.4 洒布系统

洒布系统的主要作用是向贮箱内吸进高温液态沥青，工作结束后抽空贮箱和洒布管内的余料；转输液态沥青；完成高温液态沥青的洒布工作；液态沥青通过循环管道的不断循环，使贮箱内的全部沥青保持均匀的温度。如图 8-7 所示，主要包括沥青泵，带球节的循环洒布管道和大小三通阀三大部分。

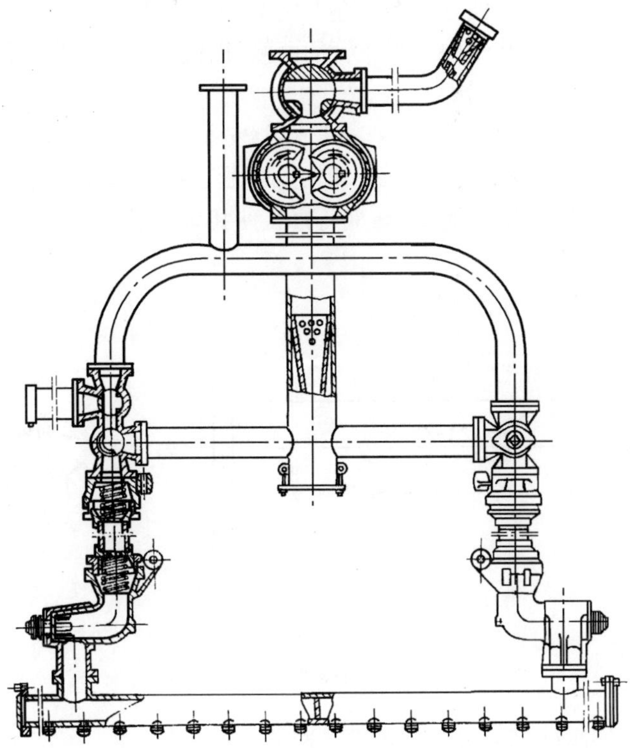

图 8-7　洒布系统结构图

循环管路露在外面的部分应尽可能短些，以减少热能损失。循环管、洒布管的内径一般在 40～100mm 之间。洒布管一般都由中间两节固定管和两侧多节活动管组成。活动管和固定管之间以及各活动管之间一般采用球铰式管接头，使活动管可以上下翻折和前后摆转(当不需上下翻折和前后摆转时，也有采用法兰盘管接头连接的)。洒布管大多为圆钢管，但是喷嘴装在管内并带有开关的洒布管则要采用方形管。固定洒布管的长度一般是 2～4m。

小型沥青洒布机一般都采用手洒方式。其洒布系统是一根 6～8m 长、内径约 19mm 的带喷嘴的加强软管。喷嘴一般有 1～3 只，装在一节弯折钢管上，管洒式的大多带一根手洒软管，但其喷嘴大多为喷枪式的。

3.4.1　沥青泵

沥青洒布机的沥青泵一般采用外啮合、内啮合齿轮沥青泵，外啮合、内啮合齿轮沥青泵有齿轮、轴、泵壳、前后盖等组成，由于轮齿的啮合作用将沥青泵送入管道，泵轴与轴套的润滑是由泵送的沥青来润滑的。沥青洒布机的沥青泵也有采用轴弧泵等其他形式的泵。

沥青泵的规格大小及其驱动所需的功率，应由最大的洒布宽度时所需要的泵送量来确定。沥青泵的转速一般控制在 400～800r/min 的范围内。

3.4.2 洒布管

洒布管(参见图 8-7)为～不同长度的钢管。中间一段一般为 2m 长的固定管,此管的中央用隔板将它分隔成左右两段,以便分别控制左右两侧洒布沥青。另外备有若干根不同长度的接长洒布管,加接洒布管可安装于中央洒布管的两侧,以便扩大洒布机的洒布范围。沥青洒布机的最大洒布宽度因不同机型各异。

在洒布管上(图 8-8)按一定间距(100～150mm)安装有喷嘴,喷嘴端口开有长缝隙,缝隙的两侧通常做成 45°斜角,以便沥青能按 90°角向外喷洒。喷嘴缝隙的宽度一般为 2.5～4mm。安装喷嘴时,使其缝隙与管的轴线成 25°～30°斜角,使相邻沥青的喷雾角有适当的重叠,以提高洒布均匀性。

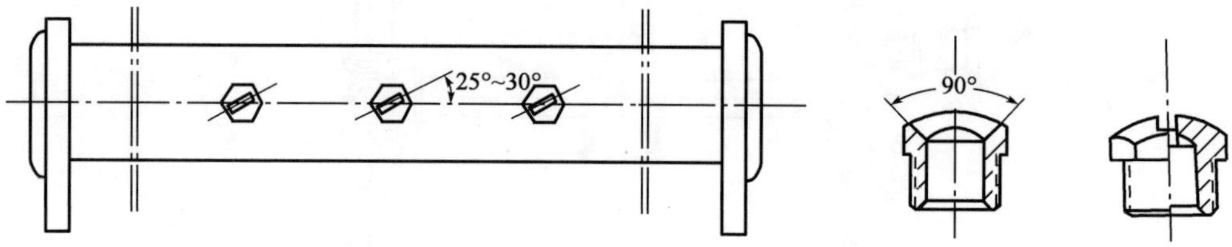

图 8-8 洒布管段与喷嘴

洒布管距离地面的高度可通过调节器进行调节。

3.4.3 三通阀

三通阀的功用是控制液态沥青在管道中的流动方向。通过转动三通阀及沥青泵的正转或反转,可使沥青洒布机完成多种作业。

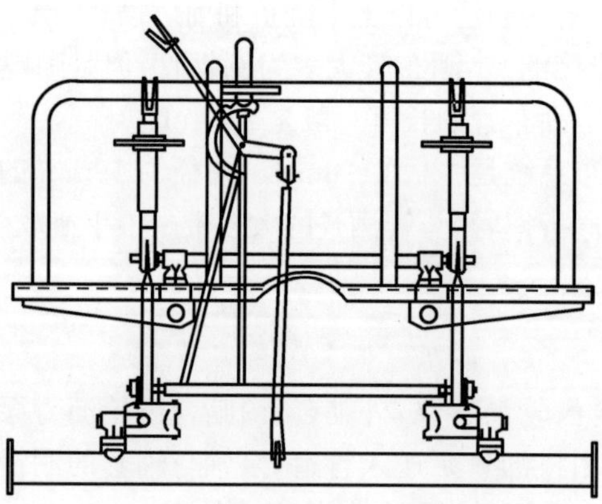

图 8-9 沥青洒布机的操纵机构

3.5 操纵机构

沥青洒布机的操纵机构包括三通阀的拨动和洒布管的操纵两部分。其功用是根据工作需要启闭相应的三通阀和调节洒布管的位置(降低、升高或横向侧移)。例如洒布机在运输途中将洒布管升起,洒布作业时则放下,并对它作喷洒角的调整(即洒布管对路面作 90℃范围内的转动),以及根据工作需要作左右方向的摆动。

操作是通过操作台上(洒布机后部)的手轮与操纵杆等装置进行的。操纵机构的各种操纵手轮与杆件等装置如图 8-9 所示。

4　总体设计及主要参数的确定

4.1　总体设计

沥青洒布机在总体设计时首先应确定主参数生产率，可按沥青洒布机生产系列的有关规定选取。主参数确定后，根据技术规范的需要及有关技术标准、具体的用途与相关条件来决定其形式，如自行式、泵压喷洒式或气压喷洒式以及是否采用单独发动机驱动沥青泵等。为了降低生产成本，缩短生产周期及解决配件等问题，要在设计中贯彻系列化、通用化、标准化。要充分掌握国内外同类产品的技术资料，对已有设备的性能作广泛的调查研究，尽可能采用新技术、新结构、新材料、新工艺，同时还应注意设计产品的经济性、可靠性、耐久性、使用安全性、维修方便性，以及设备操作的简便、舒适性等，以使设计的产品技术性能具有一定的先进性。

在沥青洒布机主要技术参数确定后，应着重分析和制定结构方案，主要包括：基础车的选型、各总成的相互位置及几何尺寸、机械总质量等。总体设计时，沥青洒布机的主要性能、生产率、洒布精度和质量等要进行多种方案的比较分析，选择先进可靠的设计方案。

4.2　沥青洒布机主要参数的确定

确定沥青洒布机的主要参数，是整机和各个组成部分技术设计、结构设计的依据。机动沥青洒布机的主要参数有：沥青贮箱的几何容量、行驶牵引力、循环洒布管路的长度和直径、沥青泵的流量、转速范围和所需的驱动功率等。

4.2.1　沥青贮箱容量及几何尺寸的确定

沥青贮箱的容量分为有效容量和几何容量两种。前者是所装沥青的实际体积，后者是除了沥青实际体积外，还包括箱内被火管、烟道以及其他部件（吸入管、隔板和液面指示器等）所占体积，以及预留沥青膨胀余量。

$$V=V_1+V_2+V_3+V_4+V_5 \tag{8-1}$$

式中：V——箱的几何体积，m^3；

V_1——有效体积，m^3；

V_2——加热火管所占体积，m^3；

V_3——烟囱所占体积，m^3；

V_4——其他部件所占体积 m^3，根据经验，一般取为 $0.01V_1$；

V_5——考虑沥青膨胀所留余量，为 $(0.07\sim0.08)V_1$。

有效容积应根据沥青洒布机的用途和底盘的载重量综合考虑。对于拖运式沥青洒布机，其沥青贮箱的有效容积一般为 400～600L。对于汽车底盘自行式沥青洒布机，其沥青贮箱的有效容量一般都是根据汽车载重量来确定，按下式计算：

$$V_1=\frac{G'-G_3}{\rho} \tag{8-2}$$

式中：G'——汽车额定装载质量，kg；

G_3——沥青贮箱的估计质量,kg;

ρ——沥青容重,kg/m³,一般取 1000。

加热火管所占体积 V_2 受加热箱内沥青所需的总散热面积 F 的影响,可根据对加热系统的热计算来确定。

烟囱所占的体积受沥青贮箱的宽度和高度影响,一般可参照现有产品来估算。

确定了沥青贮箱的几何容量后就可以计算出其几何尺寸。沥青贮箱的几何形状如前所述,一般都采用横截面为椭圆形的长筒。对于拖运式沥青洒布机,从稳定性考虑,箱身不宜过长,可参考现有类似机械的尺寸。对自行式沥青洒布机,则以汽车底盘车架为基准,横向宽度应不超过驾驶室的宽度,长度应不超过车架的长度,留出装专用发动机和操纵平台的位置。

如图 8-10 所示,箱体的几何体积 V 等于横截面积 S 与长度 L_x 的乘积。

$$V=SL_x=\pi abL_x \tag{8-3}$$

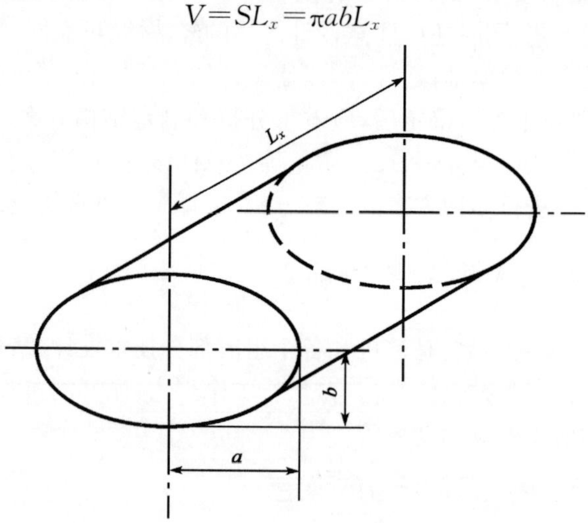

图 8-10 箱体尺寸示意图

4.2.2 行驶牵引力的确定

确定沥青洒布机行驶牵引力时,首先应计算其行驶阻力。此时应按沥青贮箱加满沥青后的整机质量来考虑,整机质量 G 为:

$$G=G_1+G_2+G_3+G_4+G_5=G_1+G_2+CG_2 \tag{8-4}$$

式中:G——整机质量,kg;

G_1——基础车本身质量,kg;

G_2——满贮箱沥青质量,kg;

G_3——贮箱自身质量,kg;

G_4——沥青泵、传动系及操纵机构等质量,kg;

G_5——专用发动机质量,kg;

C——系数,0.1~0.5,贮箱容量较大时取较小值。

沥青洒布机作业时行走阻力为:

$$R=Ggf \tag{8-5}$$

式中:R——沥青洒布机行走阻力,N;

f——行走阻力系数，取0.015～0.03。

沥青洒布机行驶牵引的必要条件：

$$F_k \geqslant R \tag{8-6}$$

式中：F_k——发动机驱动牵引力，N。

另一方面，沥青洒布机的行驶还受地面附着条件的限制，否则会发生车轮的滑转现象。因此，发动机提鼓驱动牵引力不能大于地面附着力。即沥青洒布机在道路上行驶的充分条件为式中：

$$F_k \leqslant P_\varphi \tag{8-7}$$

$$P_\varphi = Gg\varphi \tag{8-8}$$

式中：P_φ——地面条件决定的附着力，N；

φ——地面附着系数，见表8-1。

附着系数 φ 数值 表8-1

地面类型		干路面		湿路面	
		48km/h以下	48km/h以上	48km/h以下	48km/h以上
混凝土路面	新建成的	0.8～0	0.70～0.85	0.50～0.80	0.40～0.75
	车辆较少行驶	0.60～0.80	0.60～0.75	0.45～0.70	0.45～0.65
	已磨损	0.55～0.75	0.50～0.65	0.45～0.65	0.45～0.65
沥青路面	新建成的	0.80～0	0.65～0.70	0.50～0.70	0.45～0.70
	车辆较少行驶	0.60～0.80	0.55～0.70	0.45～0.70	0.45～0.65
	已磨损	0.65～0.75	0.45～0.65	0.45～0.65	0.40～0.60
碎石路面	铺油的	0.55～0.85	0.50～0.80	0.40～0.80	0.45～0.60
	一般的	0.40～0.70	0.40～0.70	0.45～0.70	0.45～0.75

因此，沥青洒布机行驶牵引力可表示为：$R<F_k<P_\varphi$。

4.2.3 循环洒布系统的计算

循环管路的内径应和贮箱的出口底阀、总三通阀和沥青泵的进出口内径相适应。

洒布管的总长度视所要求的最大洒布宽度而定。一般是中间安置1.0～1.5m长的固定管两根，两边各有不同长度的接长管数根，以备选用。洒布管的最小内径d，可按下确定：

$$d_{\min} = \sqrt{\frac{4Q}{\pi v}} \tag{8-9}$$

式中：$d_{\min}$——洒布管的最小内径，m；

Q——沥青泵的流量，m^3/s；

v——沥青沿该管道的流速，m/s，采用低压(0.5MPa以下)沥青泵时，取$v=3\sim4$，采用高压(0.5～2.5MPa)沥青泵时，取$v=5\sim6$。

沥青泵的流量Q应根据不同工况的不同洒布定额而定。其定额参考数据如下：

用于贯入法洒布，$2\sim7L/m^2$；

用于表面处治洒布，$0.75\sim2.5L/m^2$；

用于防灰尘洒布，0.8～1.5L/m²；

用于底层料黏结的洒布，0.5L/m²；

用于路拌稳定土的洒布，10～15L/m²。

对用于多种工作的沥青洒布机，在计算时应按其最高洒布定额的工况来考虑。

洒布喷嘴的喷洒压力，一般取 $P_h=0.3\sim0.05$MPa，当用于贯入法洒布时应取较高值。

在确定沥青洒布机的循环、洒布管的长度和内径时，应考虑到工作时的热量损失和压力损失。

4.2.4 沥青泵的计算

沥青泵的功用是抽吸、转送或计量沥青。

按其结构形式，沥青泵可分为外啮合与内啮合齿轮泵、转子柱塞泵、活塞泵、圆弧泵等。

大模数外啮合齿轮泵是最广泛采用的一种沥青泵，外啮合齿轮泵其中一个齿轮为主动齿轮，另一个齿轮为被动齿轮，两齿轮位于封闭的壳体内。齿轮与壳体之间的径向和侧向间应有一定的间隙。

沥青泵的零件应具有必要的强度、耐磨性和耐热性；其结构应紧凑，拆装维修要方便。

沥青泵的理论流量应按下式确定

$$Q=qvl/1000 \tag{8-10}$$

式中：q——最大洒布定额，L/m²；

v——洒布时的行驶速度，m/s；

l——洒布宽度，m。

驱动沥青泵工作所需的功率可按下式计算：

$$N=9.81PQ\rho/10\eta \tag{8-11}$$

式中：N——沥青泵驱动功率，kW；

ρ——沥青密度，kg/m³，一般取 950；

η——由发动机至泵的传动效率，一般取 0.8～0.85；

P——洒布工作时泵所产生的计算压力，MPa。

沥青泵的工作压力是按照克服了循环洒布系统中的全部阻力后，使沥青能从洒布管中以 0.5MPa 左右的压力喷洒出去来计算的，即：

$$P=1.1(P_q+\sum P_m+P_h) \tag{8-12}$$

式中：P_q——沥青在管路中沿程压力损失，MPa；

$\sum P_m$——管路各处局部压力损失，MPa；

P_h——洒布压力，$P_h\geq0.5$MPa。

4.3 沥青洒布机的热计算

4.3.1 料箱保温层计算

其计算方法采用一般保温层设计方法。

4.3.2 加热系统计算

加热系统的作用系保持沥青的工作温度，使沥青可从120℃加热到180℃。加热系统计算包括：在一定时间内加热沥青所需的热量、燃料燃烧热量和小时耗量，燃气通过火管传给沥青的热量。然后，令加热沥青所需的热量和通过火管壁传给沥青的热量相等，计算出火管的面积。根据已有火管的长度、形状和面积，确定火管的直径。

在计算加热系统时，对于容量小于10000L的贮箱，应按0.5h内将料箱中的沥青从120℃的温度加热到180℃来计算；而对于容量等于或大于10000L的料箱，可按1h内将箱中的沥青从120℃的温度加热到180℃来计算。在0.5h内加热质量为m_δ(kg)沥青所需的热量$Q_j(t)$为：

$$Q_j(t)=m_\delta c_\delta(t_4-t_3) \tag{8-13}$$

式中：t_3——沥青加热时初始温度，℃；

t_4——沥青加热后的温度，℃。

加热系统的小时放热量为$Q_c(t)$：

当$m_\delta<10000$kg时，$Q_c(t)=2Q_j(t)$；

当$m_\delta<10000$kg时，$Q_c(t)=Q_j(t)$。

沥青洒布机加热系统的燃料耗量Q_{MT}为：

$$Q_{MT}=\frac{Q_c(t)}{Q_y(t)} \tag{8-14}$$

式中：$Q_y(t)$——1kg燃料燃烧的有效热量，kJ/kg；

Q_{MT}——燃料消耗量，kg/h。

有效热量取决于燃料的燃烧热量和热损失的总量。各种燃料的燃烧热量值Q_{PH}(kJ)可按有关文献燃料燃烧热量值表选取。燃烧器工作时的热损失(%)包括不完全燃烧热损失$q_x=12\%\sim20\%$；机械不完全燃烧热量值损失$q_m=5\%$，散失在周围空气中的热损失$q_L=6\%\sim8\%$；废气带走的热损失$q_d=15\%\sim20\%$。

总热量损失：

$$\sum q_x(t)=q_x+q_m+q_L+q_d$$

燃烧1kg燃料的有效热量：

$$Q_y(t)=Q_{PH}\left(\frac{100-\sum q_x(t)}{100}\right) \tag{8-15}$$

沥青洒布机火管的面积s_{ZT}按下式确定

$$s_{ZT}=\frac{Q_c(t)L_x g\,\dfrac{t_G}{t_D}}{1565K_{ZT}[(t_G-t_5)]} \tag{8-16}$$

式中：t_G——燃料燃烧温度，$t_G=1300\sim1400$；

t_D——废气温度，$t_D=300\sim400$℃。

$$K_{ZT}=\frac{1}{\frac{1}{\alpha_3}+\frac{L_{CT}}{\lambda_{CT}}+\frac{1}{\alpha_4}} \tag{8-17}$$

式中：α_3——由燃气到火管的放热系数，kW/m^2·℃，取 0.02～0.067；

L_{CT}——火管壁厚，m，取 0.005～0.006；

λ_{CT}——火管金属导热系数，kW/m^2·℃，取 0.046；

α_4——由火管壁到沥青的放热系数，kW/m^2·℃，取 0.097。

沥青洒布机 U 形火管的面积也可按下式简便方法确定：

$$s_{ZT}=\frac{Q_c(t)}{K_{ZT}(t_m-t_3)} \tag{8-18}$$

式中：t_m——火管中燃气的平均温度，℃，$t_m=(t_G+t_D)/2$；

s_{ZT}——火管面积，m^2。

沥青洒布机的火管为 U 形时，每根火管的单支长度取 0.8 贮箱长，即 0.8L_x，火管的总长度为$\sum L_{ZT}$：

$$L_{ZT}=1.6L_xz \tag{8-19}$$

式中：z——火管根数，一般 $z=2$。

沥青洒布机加热火管的直径 D_{ZT} 近似求得

$$D_{ZT}=\frac{s_{ZT}}{\pi\sum L_{ZT}} \tag{8-20}$$

火管直径 D_{ZT} 一般可取：0.12～0.15m。

第9章

粉料撒布机

1 概述

1.1 用途及工作对象

粉料撒布机是道路稳定土路拌工程中撒布粉料的专用机械。

稳定土路拌工程的施工过程包括:基层的准备、土壤的铺设粉碎、粉料(稳定剂)的撒布、拌和、整形和压实等工序,其中粉料的撒布影响着稳定土的配比和均匀度,施工时必须按工程的要求定量均匀地撒布粉料并拌匀,才能保证稳定土工程的质量。在公路建设中,由于道路基层的工程质量问题,在公路建成后发生严重损坏而返修的情况时有发生。因此,道路基层的工程质量是十分重要的。而由粉料撒布机、稳定土拌和机和压实机械等组成的道路基层稳定土路拌法机械化施工配套设备,就是提高工效和保证施工质量的必要措施和重要保证。

1.2 国外水平及发展趋势

国外土壤稳定技术大约在 20 世纪 30 年代开始得到应用,60 年代逐渐在道路和机场等工程中推广使用。在早期的工程中,水泥是使用最普遍的稳定剂。水泥和石灰等粉料的撒布采用人工作业,在作业地段用石灰粉等画线分区,用人力定点分区卸料及撒布。用石灰来做稳定剂时,除用上述方法外,另一种施工方法是先将石灰粉和水搅拌成石灰浆,再利用喷洒设备将石灰浆喷洒在地面上,如图 9-1 所示。随着稳定土技术的发展,制造商开发成功高效的稳定土拌和机,取代了农用多铧犁,大大提高了,拌和工效。与之相应先后开发出拖式及自行式粉料撒布机,实现了稳定土路拌工程的机械化作业。我国在援外公路工程中,也曾使用过国外的拖式粉料撒布机。拖式粉料撒布机的结构较简单,一般不配备动力装置,由其他动力

图 9-1　石灰浆喷洒设备

机械牵引进行粉料撒布，图 9-2 是几种不同形式的拖式粉料撒布机。自行式粉料撒布机的作业效率高，调节性能好，撒布量易于控制。图 9-3 和图 9-4 是国外某公司的自行式水泥撒布车，该车采用液压驱动、撒布自动控制等先进技术，其作业宽度可在 0.15～2.5m 范围内调节。

图 9-2　不同形式的拖式粉料撒布机

图 9-3　国外自行式水泥撒布车

图 9-4　国外自行式长喷管水泥撒布车

1.3　国内水平及发展方向

1974 年我国在辽宁的公路工程中首先采用了水泥稳定土技术，从此我国的稳定土技术逐渐得到推广和发展。援外公路工程中的应用略早于国内。由于我国公路施工及养护机械化程度低，早期的稳定土工程都是采用人工作业方式进行的，至今人工撒粉和利用农用多铧犁翻拌的施工方式仍是路拌稳定土工程的主要形式。近年来我国的公路建设发展很快，特别是高等级公路建设工程中机械化程度有了很大的提高，稳定土工程中也使用了国外先进的稳定土拌和机，但粉料撒布工序仍用人工作业。人工作业占用劳动力多，劳动强度大，对作业人员的健康有一定影响，环境污染严重，撒布均匀度差，作业效率低，与高效机械拌和工序不相适应，工程中要求改变落后撒粉方式的呼声日渐提高。早在 20 世纪 80 年代后期，就曾研制过拖式粉料撒布机，但由于当时的稳定材料以消石灰为主，因其含水率高及颗粒均匀度差，所研制的设备适应性低等原因而未得到推广。随着市场上袋装石灰粉的出现，为机械撒布粉料提供了有利条件。粉料撒布机的开发在"七五"期间列为国家重点企业技术开发项目,由交通部公路规划设计院承担设计,交通部郴州筑路机械厂承担试制,开始了我国粉料撒布机的研制工作。经几年的努力,CZL190XFLSC 型粉料撒布机于 1993 年试制成功并通过技术鉴定。该粉料撒布机和其他产品一样,从研制成功到推广使用都需要有一个过程,还有待在施工应用中进行考核、完善和提高。国内其他工厂如徐州筑路机械厂等也在研制粉料撒布机。总之,我国的粉料撒布机尚处于技术发展阶段,随着我国高等级公路建设的发展,我国粉料撒布机的研制生产和利用也必将会得到较快的发展,其技术水平将得到较快的提高。

2 分类及特点

粉料撒布机以行走方式划分可分为:拖式和自行式两大类。

拖式粉料撒布机的结构较简单,一般不配置动力,须在其他动力机械的牵引下才能进行作业,料斗容量也较小,但其结构简单,成本低,易于制造,适于基层养护部门使用。

自行式粉料撒布机的结构较完善,能独立进行撒布作业,具有按工程要求对撒布量和撒布宽度等进行调节的性能,料斗容量大,适合于大中型工程使用。

3 主要结构及工作原理

3.1 拖式粉料撒布机

图 9-2 是几种不同形式拖式粉料撒布机的结构示意图,主要由机架、行走轮系、布料滚和驱动装置等组成。由于拖式粉料撒布机一般不装置动力,其撒布机构——布料滚与行走轮之间设有链传动机构,当撒布机被牵引车牵引前行时,车轮经链传动带动,布料滚转动,进行撒布作业。

拖式粉料撒布机的布料滚横向布置于储料斗的下部,位于行走轮系的后方,悬吊在储料斗的两侧。由于布料滚和车轮之间的链传动比是固定的,则其转速的快慢是随行走速度的快慢而变化的,即行走速度和布料速度之间是恒定关系。因此,拖式粉料撒布机的粉料撒布量不能用调节布料滚转速的方法进行调节,只能采用改变斗门开度,即料门与布料滚间隙的大小来调节,如图 9-5 所示。其调节范围也有一定的限度,因当间隙超过某一值时,粉料即自动流出而失去控制。撒布宽度的控制可通过储料斗落料的宽度进行调节,即在布料滚的上方设置控制闸门,可实现布料滚宽度范围内的有级调节。拖式粉料撒布机由于受到牵引条件的限制,载料后的总质量必须在牵引允许的范围内,否则机械无法进行作业。

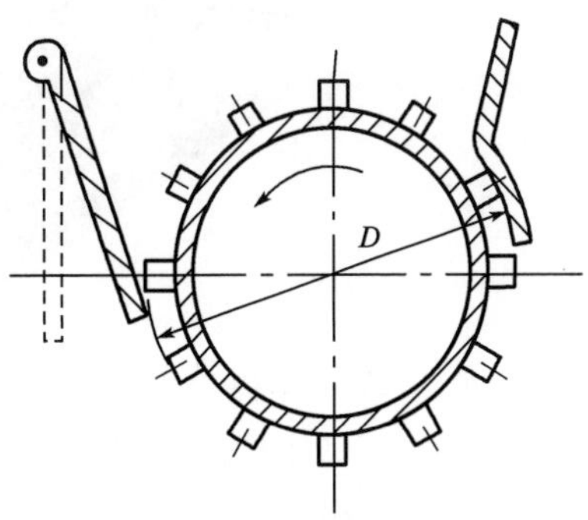

图 9-5 滚筒式撒布机构

粉料撒布机构的另一形式，虽然撒布机构同样设置在机械的尾部，但采用螺旋式粉料撒布器，扩大了撒布量的调节范围。为防止粉料的飞扬，在出料口加装了导料槽，导料槽的下端直接与地面接触，使粉料直接铺于地面上。

为了提高撒布机控制性能，调节撒布量和撒布宽度等，拖式粉料撒布机也可配置有小型发动机用来驱动撒布机构，但相应地增加了机械的制造成本。

3.2 自行式粉料撒布机

自行式粉料撒布机由发动机、传动系统、行走轮系、储料斗、撒布机构和操作系统等组成。图 9-6 是国外某公司的水泥撒布机，其结构与石屑撒布机相类似。机械的前部为接料斗，自卸运料车将水泥从撒布机前方卸入接料斗，接料斗底部中间位置左右各有一台斜置的皮带输送机，将接料斗的水泥输送到后部的储料斗，储料斗底部平行排列 22 个小螺旋撒布器，每个螺旋撒布器分别配有离合机构，可方便地控制各个螺旋撒布器的运转或停止。改变工作螺旋的个数，即可调节撒布机的撒布宽度。撒布量的调节通过改变螺旋撒布器的转速及撒布机的作业速度进行，调节范围大，操作方便。储料斗内设有不同位置料位传感器，便于操作人员掌握供料情况。该机行走系统采用机械式传动，前进和后退各 4 个挡位：前进速度为 42.7m/min、65.0m/min、194.0m/min、296.0m/min，后退速度为 0.50m/min、0.74m/min、2.20m/min、3.40m/min。行走轮系和转向机构为双轴四轮驱动转向结构，具有良好的行走转向性能。配置的发动机为 184kW 的柴油机，整机质量为 11t。该机作业时和沥青摊铺机的作业状态相同。运料车运行到撒布机前，当运料车与撒布机接料斗靠近后，运料车向接料斗卸料并挂空挡，撒布机通过皮带输送机将粉料输送到后部储料斗。当储料斗装满后撒布机前行，同时接合螺旋撒布器将粉料按要求的量撒布在地面上。

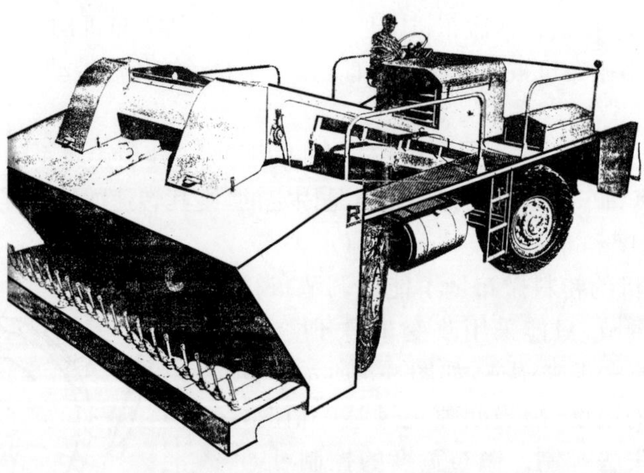

图 9-6　国外某公司水泥撒布机

撒布机的接料斗是带有能升降边斗翼的折叠式结构，以增加宽度并与不同型号运输车配合作业，两侧斗翼起升后可减小机械运行宽度，并将两侧的粉料倾入料斗中部。边斗的升降通过油缸操纵。为防止皮带输送机输送粉料过程中粉尘飞扬，输送机加盖有密封罩。由于输送机是斜置的，输送带上须采取防滑措施，以防止粉料下滑。输送带的两侧均有挡边，以防止粉料在输送过程中向两边滑落。撒布机的储料斗容积较大,能保证撒布的连续性及均匀性。

对高效的自行式粉料撒布机来说,储料斗即撒布斗。为保证供料的连续及均匀,斗内一般都设置匀料器和破拱装置,防止粉料因含水率过高而出现起拱现象而影响供料的连续性。

我国粉料撒布机的研制工作刚开始,1993 年郴州筑路机械厂试制过的粉料撒布机如图 9-7 所示,在施工中进行过考核,产品有待完善和提高。国内其他工厂如徐州筑路机械厂等也在研制粉料撒布机。总之,我国的粉料撒布机尚处于技术发展阶段,随着我国高等级公路建设的发展,我国粉料撒布机的研制生产和利用也必将会得到较快的发展,其技术水平将得到较快的提高。

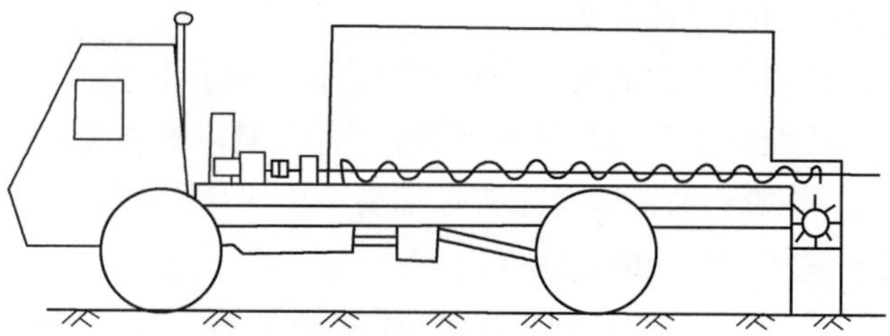

图 9-7 国内水泥撒布机

4 总体设计及主要参数确定

4.1 总体设计

粉料撒布机的总体设计与其他类似机械大体相同,根据设计任务书的要求,确定其主要技术参数,如撒布能力、撒布宽度、撒布厚度、作业速度、整机质量等。这些参数的确定应按照有关产品系列标准和公路工程施工技术规范的要求进行。总体设计包括方案设计和牵引计算。方案设计前应充分掌握和分析国内外同类型产品的有关情况,尽可能地吸收国外先进经验,采用新技术、新结构、新材料、新工艺,使产品达到和具有较高的技术水平,同时要考虑方案实施的可能性。为降低生产成本,要在设计中贯彻系列化、标准化、通用化。

4.2 方案设计

粉料撒布机的方案设计可分为两个阶段,即工作原理设计和结构方案设计。

工作原理设计是每个产品开发成败的关键。要全面了解工程对粉料撒布机的要求及工作介质——灰和水泥等的性能,制订出不同的设计方案,并进行优化分析比较,选择技术先进、性能优良、实用经济的设计方案。方案应满足以下要求:

(1)可靠的作业性能;

(2)撒布精度要求;

(3)撒布调节性能;

(4)操作方便性;

(5)技术先进性和经济性;

(6)行走运输性能；

(7)环境保护技术要求。

结构方案设计包括结构草图和传动系统设计等。传动系统设计根据撒布的作业和运输速度及其他动力的要求进行，在保证系统的传动和速比要求的条件下，力求结构简单，尽量选用已批量生产的传动零部件，这样有利于降低制造成本及增加系统工作的可靠性。传动系统和行走底盘的设计是自行式粉料撒布机设计中的重要部分，它决定着粉料撒布机的作业和运输性能及装载能力。由于粉料撒布机的市场需求量小，其投产后的生产批量很有限，因此设计专用底盘将是不经济的，可选用汽车底盘或其他行走底盘进行适当改造的设计方案，这也是小批量机械产品设计中经常采用的设计方法。

粉料撒布机总体设计中须考虑的另一个重要问题是环境保护技术。由于其工作介质是干细粉料，极易产生飞尘，特别是在有风的情况下，扬尘对周围环境造成严重的污染，也有害于工作人员的健康。加料过程、粉料的传送及撒布等都易产生飞尘，在结构设计时某些装置必须附加必要的密封装置或采取其他相应的措施。

在结构方案设计时，除考虑结构合理布局外，还须满足轴荷分配、整体稳定性及行走式机械的其他要求。

4.3 牵引计算

在设计自行式机械过程中，必须根据机械的工况、机器的重量、行走机构的形式及工作机械的要求等进行牵引计算，并按照计算结果确定并选择发动机的功率。这是保证机械正常工作的必要条件。

自行式粉料撒布机的工况包括撒布作业工况和运输工况。撒布作业工况所需的功率为行走功率、皮带输送机功率、撒布机构功率及液压系统所需功率之和。在计算过程中行走功率须与机器的附着条件综合考虑，如机器的行走阻力大于附着力时，则用机器的附着力作为计算依据。运输工况的功率按高速运行时所需功率确定。依据对不同工况的计算，以最大计算值作为选取发动机功率的根据。

自行式粉料撒布机的牵引计算方法与其他类似机械相同，可参照常规机械的计算方法进行。

4.4 拖式粉料撒布机的撒布机构

拖式粉料撒布机的撒布机构常见的是滚筒式撒布机构，其结构为在一圆形滚筒的外表面焊上与轴线平行的拨料条或网如图 9-4 所示。滚筒置于储料斗的底部，与出料口的四周紧贴，以防漏料。出料口有一边为活动斗门，通过操纵机构可调节斗门与滚筒之间的间隙，即调节撒布厚度。其余三边贴近滚筒以防漏料，为防止产生漏料现象，可加装橡胶密封条。有关资料推荐滚筒的转速为 20～60r/min，转速过低则撒布量过小，而转速过高则由于粉料不能及时充填而影响供料的连续性。滚筒转速与其直径成反比关系，滚筒直径应根据总体结构布置、滚筒转速和撒布能力等因素确定。在设计时可采用中试模拟方法确定合理的参数。

4.5　自行式粉料撒布机的撒布机构

自行式粉料撒布机必须具备撒布量和撒布宽度的可调节功能，以满足不同稳定土工程工况的需要。由于我国对自行式粉料撒布机的研究开发工作才刚刚开始，所以对粉料撒布机构的认识尚十分有限。图9-6是国外某公司水泥撒布机所采用的螺旋撒布器。由于螺旋撒布器具有结构简单、造价低廉、易于调速等特点，现将其有关设计方法介绍如下。

螺旋撒布器的设计计算参照螺旋输送机的设计计算方法进行，根据每个螺旋撒布器最大撒布量的要求，确定螺旋的直径。螺旋直径 D 按下式计算：

$$D \geqslant K\sqrt[2.5]{\frac{Q_m}{\psi\gamma}} \tag{9-1}$$

式中：D——螺旋直径，m；

Q_m——单个螺旋的最大撒布量，t/h；

K——物料综合特性的经济系数，对于水泥 $K=0.25\sim0.30$，对于石灰 $K=0.35\sim0.40$；

ψ——充满系数，输送细粉时 $\psi=0.45$；

γ——物料的堆密度，t/m^3。

螺旋的转速应保证在一定输送量的条件下，不使物料因受切向力太大而被抛起，以致不能向前输送，因此螺旋的转速应不超过螺旋的极限转速。螺旋的极限转速按下式计算：

$$n \leqslant n_j = \frac{A}{D} \tag{9-2}$$

式中：n——螺旋转速，r/min；

n_j——螺旋极限转速，r/min；

A——物料综合特性系数，对于水泥 $A=35$，对于石灰 $A=75$。

螺旋的螺距一般按标准螺旋设计，即螺旋的螺距等于螺旋的直径。

在螺旋的直径、转速、螺距、轴管直径确定后，须对螺旋的输送能力进行验算，验算合格后再进行功率计算。

螺旋撒布器的输送量按下式验算：

$$Q = 47D^2 n\psi\gamma S \tag{9-3}$$

式中：S——螺距，m。

撒布器螺旋轴上所需的功率按下式计算：

$$N_0 = \frac{Q}{367}U_0 L \tag{9-4}$$

式中：N_0——螺旋轴上的功率，kW；

U_0——阻力系数，水泥 $U_0=2\sim3$，石灰 $U_0=4.0$；

L——螺旋长度，m。

整机螺旋撒布器所需的功率按下式计算：

$$N = K_1 Z\frac{N_0}{\eta} \tag{9-5}$$

式中：N——螺旋撒布器总功率，kW；

K_1——满载起动系数，$K_1=1.2$；

Z——撒布螺旋的数量；

η——驱动装置的传动效率。

4.6 储料斗的设计

储料斗是粉料撒布机的一个重要部件，它不仅是一个容器，用以储存一定的粉料，也是一个撒布斗，其结构将影响粉料的流动及撒布性能。在总体设计时，首先考虑尽量加大储料斗的容量，以减少作业时的频繁添料。储料斗的加料口应便于粉料的装载，同时要考虑其密封性，敞口料斗在刮风时易扬尘，密封是十分必要的，但在结构密封后又须考虑透气性能，故应附加透气装置，否则将影响粉料的流动性。料斗壁的倾斜度必须按粉料的内摩擦角进行设计，以减少斜板上粉料的残留量。另外，工程施工时如遇到下雨等天气，粉料含水率便会增加，此时粉料的流动性能会减弱，易产生黏结现象及在斗内架桥起拱，影响供料的连续性和均匀性，甚至无法进行撒布作业。因而储料斗内必须设置相应的机构，通常是采用加装破拱轴或仓壁振动器等方式，以防止粉料在料斗内黏结架桥结拱。此外，储料斗内应装置匀料机构和料位显示器。匀料机构用以保持料面均衡，料位显示器使操作人员及时掌握供料情况。

第10章

稳定土厂拌设备

1 概述

1.1 用途及工作对象

稳定土厂拌设备是路面工程机械的主要机种之一，是专用于拌制各种以水硬性材料为结合剂的稳定混合料的搅拌机组。由于混合料的拌制是在固定场地集中进行，使厂拌设备能够方便地具有材料级配准确，拌和均匀、节省材料、便于计算机自动控制统计打印各种数据等优点，因而广泛用于公路和城市道路的基层、底基层施工，也适用于其他货场、停车场、机场等需要稳定材料的工程。使用这种方法获得的稳定混合料的施工工艺习惯上称为厂拌法。

1.2 国外水平及发展趋势

国际上发达国家生产的厂拌设备已形成系列产品。生产率一般为 200～1200t/h。其总体布局有整体移动，分部件移动、可搬式、固定式等多种结构形式。集料计量大多采用自动控制的连续称量技术，级配准确且精度高。搅拌器结构随厂家不同而各有特点，但都具有传动合理、适应性强、拌和效率高、使用寿命长和易于保养等优点，同时重视采用计量、防污染、防离析等方面的新技术，并在不断改进和发展，总趋势可归纳如下几点：

1)细粒料含水率快速连续检测技术

水量的多少对水硬性结合料的力学性能和施工性能有着重要的影响，因此所有厂拌设备都必须能进行精确的计量和控制。原始材料中含水率受气候影响变化较大，特别是砂料、粉煤灰等细料的含水率变化更大，含水率的变化直接影响到搅拌过程中的供水量和集料级配的准确性，因而，必须及时检测出原材料中的含水率，才能准确控制供水量、供料量，使成品混合料的各项配比保持一定。目前各厂家生产的厂拌设备，几乎都采用连续强制搅拌方式，这就要求厂拌设备的供料系统不仅具有快速检测原材料含水率的能力，而且必须是连续检测，只有这样才能实现有效的自动控制，从而保证成品料的质量。

研究和解决细粒料中含水率的快速连续检测技术受到各生产厂家的普遍重视，目前该项技术已取得很大进展，电容式、中子式、红外线等粒料含水率快速连续检测仪即将推向市场。

2)既能连续又能间歇强制拌和的多用途厂拌设备

为了扩大厂拌设备的使用范围，使厂拌设备不仅能拌制稳定材料，也能拌制各种水泥混凝土混合料，国外一些生产厂家正在研制多用途的厂拌设备。这种厂拌设备具有连续搅拌作业和间歇搅拌作业两种功能。通过在控制室操作键盘可方便地转换物料计量程序，实现物料的连续计量与输送或分批计量与输送。在连续计量时，搅拌器中的搅拌桨叶安装角度一致，构成常用的双卧轴强制连续搅拌器，可满足连续生产稳定土材料的需要。在间歇计量时，搅拌器中的几个桨叶通过改变安装角度，能使物料在搅拌器中循环运动，因而变成双卧轴强制间歇搅拌器，其搅拌时间可随意设定，这种分批计量与搅拌的工作方式，能满足拌制水泥混凝土或其他需要长时间搅拌特殊材料的需要。该设备的关键技术在于物料的计量控制技术及特殊搅拌器的多功能特性，目前该种设备还处在研制阶段，预计不久可推向市场。

3)无衬板搅拌器

搅拌器在工作时由于材料的摩擦作用，其桨叶和衬板必然产生磨损，磨损的程度将随着搅拌速度的增加而增加。因此，提高搅拌器的性能及耐磨性是各生产厂家努力追求的目标之一。近年来，国外一些公司针对稳定材料的特性和连续搅拌的特点，并结合多年的使用经验，对强制连续式搅拌器进行了大胆改进，取消了衬板，研制成新型无衬板搅拌器。这种无衬板搅拌器的工作原理和有衬板搅拌器基本相同。但是，两者的抗磨原理却截然不同。无衬板搅拌器最大限度地加大了搅拌桨叶和壳体之间的间隙，搅拌器工作时，在该间隙中通常会形成一层不移动的混合料层，此混合料层停留在壳体上起到了衬板的作用，保护着壳体不受磨损，同时也减轻了桨叶的磨损。这种无衬板搅拌器，其壳体一般设计成平底斗型，具有结构简单，加工制造容易等特点，在相同体积的情况下，比有衬板搅拌器的重量轻、造价低、搅拌速度可提高近1倍，因而提高了生产率；混合料拌和效果好，不产生楔住、挤碎等现象。无衬板搅拌器通过试验和使用，已达到了实用阶段，现正被应用于稳定土厂拌设备中。

4)各主要组成部件的组合搭配

多数厂家生产的稳定土厂拌设备，都由多个总成相互组配而成。因此，在保证设备基本性能的前提下，其部件可以根据用户实际需要进行不同的组合，其总体布局也可根据用户施工场地的要求而变化。例如，在生产率为300t/h的条件下，根据用户需要，生产厂可提供由2～4个配料斗为一组的配料装置，粉料仓可提供立式料仓或卧式料仓，总体布局可布置成“一”字形或“丁”字形等多种形式。因此，研究和开发结构形式多样、布局更为灵活的厂拌设备，也是各生产制造厂家普遍重视的课题之一。

5)建立用户联络控制中心

国际上通信技术发展很快，一些厂家便充分利用国际电话网络等先进可靠的通信手段与电子计算机技术，同用户建立直接联系。在生产制造厂家设立控制中心，控制中心的计算机和用户厂拌设备的控制计算机通过国际通信网络联网，用控制中心的计算机能及时查询用户设备的工作运转情况，也能方便地调节和改变用户设备的工作状态，及时解决设备在生产中出现的问题，尽可能地为用户提供保障服务，并帮助落后地区或缺乏技术人才的用户尽快掌握厂拌设备的使用技术。目前，这种利用控制中心为用户提供服务的机构在发达国家已经出现，并越来越多地被实际应用。

1.3 国内水平及发展方向

我国于20世纪80年代开始研制稳定土厂拌设备,至今已生产近千台套,在我国公路建设事业中发挥着重要作用。国产的稳定土厂拌设备,大都采用组合可搬移或部分部件移动的结构布局形式,产品品种规格较少,生产率在50~300t/h。国产设备基本技术性能一般都能达到施工技术规范所规定的要求,但是在技术性能、外观质量、耐用性、制造精度等方面和国际先进设备相比还存在一定的差距。因此,提高我国产品技术性能及质量、发展新品种、多规格的系列产品及大型化是我国今后开发研究厂拌设备的主要方向。

2 分类及用途

稳定土厂拌设备可以根据主要结构、工艺性能、生产率、机动性及拌和方式等进行分类。

根据生产率大小,稳定土厂拌设备可分为小型(生产率小于200t/h)、中型(生产率200~400t/h)、大型(生产率大于400~600t/h)和特大型(生产率大于600t/h)4种。

根据设备拌和工艺可分为非强制跌落式、强制间歇式、强制连续式等3种。在强制连续式中又可分为单卧轴强制搅拌式和双卧轴强制搅拌式。在诸多的形式中,双卧轴强制连续式是最常用的搅拌形式。

根据设备的布局及机动性,稳定土厂拌设备可分为移动式、分总成移动式、部分移动式、可搬式、固定式等结构形式。

移动式厂拌设备是将全部装置安装在一个专用的拖式底盘上,形成一个较大型的半挂车(如图10-1),可以及时转移施工地点。设备从运输状态转到工作状态时不需要吊装机具,仅依靠自身液压机构就可实现部件的折叠和就位。这种厂拌设备一般是中、小型生产能力的设备,多用于工程分散、频繁移动的公路施工工程。

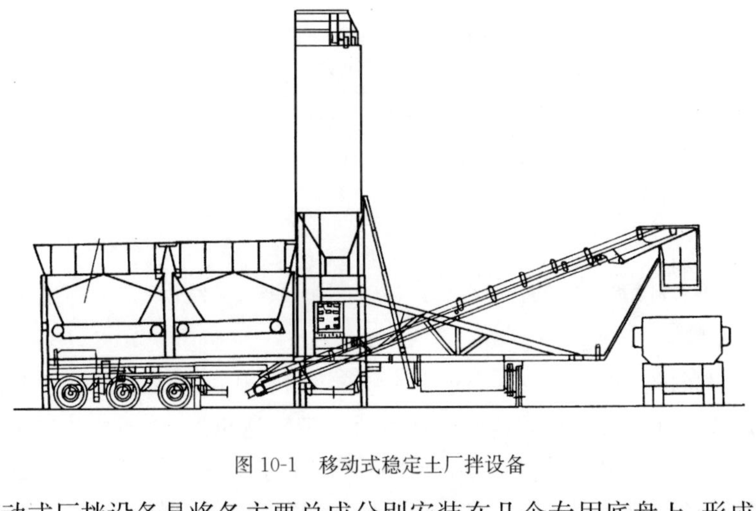

图10-1 移动式稳定土厂拌设备

分总成移动式厂拌设备是将各主要总成分别安装在几个专用底盘上,形成两个或多个半挂车或全挂车形式。各挂车分别被拖动到施工场地,依靠吊装机具使设备组合安装成工作状态，并可根据实际施工场地的具体条件合理布置各总成。这种形式多在中、大生产率设备中采用，适用于工程量较大的公路施工工程。

部分移动式厂拌设备也是常见的一种布局方式。采用这种布局的设备在转移工地时将主要的部件安装在一个或几个特制的底盘上，形成一组或几组半挂车或全挂车形式，依靠拖动来转移工地，而将小的部件采用可拆装搬移的方式，依靠汽车运输完成工地转移。这种形式在中、大生产率设备中采用，适用于城市道路和公路施工工程。

可搬移式厂拌设备是我国一种布局方式采用最多的厂拌设备，这种设备将各主要总成分别安装在两个或两个以上的底架上，各自装车运输实现工地转移，再依靠吊装机具将几个总成安装组合成工作状态。这种形式在小、中、大的生产率设备中采用，具有造价较低、维护保养方便等特点，适用于各种工程量的城市道路和公路施工工程。

固定式厂拌设备固定安装在预先选好的场地上，一般不需要搬迁，形成一个稳定材料生产工厂。因此，一般规模较大，具有大、特大生产能力，适用于城市道路施工或工程量大且集中的施工工程。

3　主要结构与工作原理

稳定土厂拌设备主要由矿料(土壤、碎石、砂砾、粉煤灰等)配料机组 1、集料皮带输送机 2、结合料(水泥、石灰)储存配给总成 3、搅拌器 4、水箱及供水系统 5、电器控制系统 6、成品料皮带输送机 7、成品储料斗 8 等部件组成(图 10-2)。由于厂拌设备规格型号较多，结构布局多样，因此，各种厂拌设备的组成会有所不同。

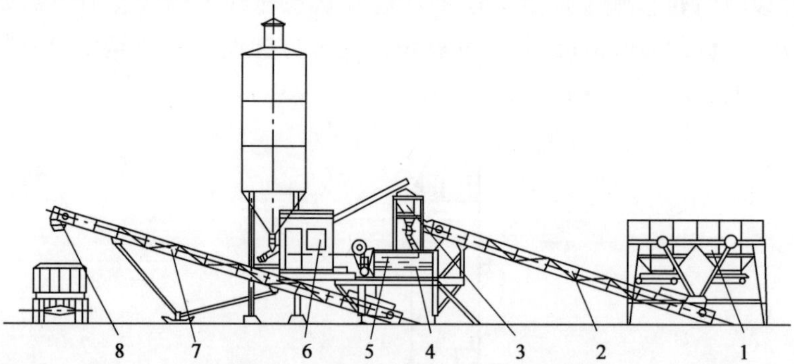

图 10-2　稳定土厂拌设备结构示意图

1-配料机组；2-集料皮带输送机；3-结合料储存配给总成；4-搅拌器；5-水箱及供水系统；6-电器控制系统；7-成品料皮带输送机；8-成品储料斗

稳定土厂拌设备的工作流程：把不同规格的矿料用装载机装入配料机组 1 的各料仓中，配料机组 1 按规定比例连续按量将矿料配送到集料皮带输送机 2 上，再由集料皮带输送机 2 输送到搅拌器 4 中；结合料(也称粉料)由结合料储存配给总成 3 连续计量并输送到集料皮带输送机 2 上或直接输送到搅拌器 4 中；水经流量计计量后直接连续泵送到搅拌器 4 中；通过搅拌器 4 将各种材料拌制成均匀的成品混合料；成品料通过成品料提升皮带输送机 7 输送到储料斗 8 中，或直接装车运往施工工地。

3.1　配料机组

配料机组一般由几个料斗 1 和相对应的配给机 4、水平集料皮带输送机 2、机架 3 等组成。水平集料皮带输送机放置在配给机下边，将各配给机配出的物料集中送往集料皮带输送机上（图 10-3）。

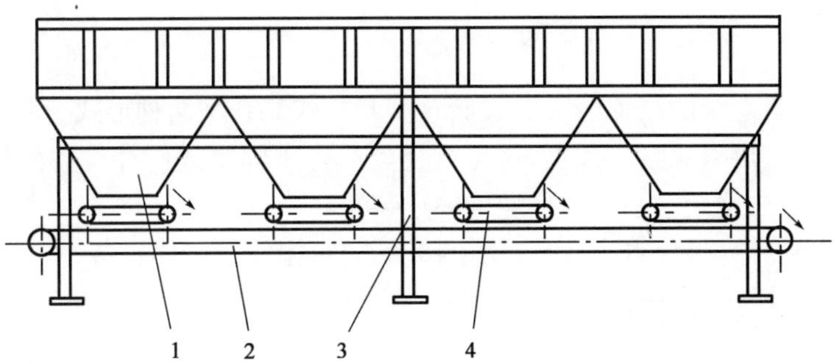

图 10-3　配料机组结构示意图

1-料斗；2-水平集料皮带输送机；3-机架；4-相对应的配给机

配给机一般由料斗、料门、配料皮带输送机及驱动装置等组成。料斗由钢板焊成，通常在上口周边装有挡板，以增加料斗的容量；斗壁上装有仓壁振动器，以消除物料起拱现象。料斗上口还装有倾斜的栅网，以防在装载机上料时将粒径过大的矿料装入料斗而影响供料性能。装黏性材料用的料斗内部必须装置有强制破拱器，破拱型料斗一定要装栅网，才能保证安全生产。出料闸门安装在料斗下方，调节开启高度可改变配料皮带输送机的供料量。配料皮带输送机用调速电机或液压马达通过减速机驱动，皮带输送机后部有张紧装置，用于调节皮带输送机正常张紧度和修正皮带跑偏量。配给机的作用是将物料从料斗中带出并对材料计量，其计量方式有容积式和称重式两种。容积式计量方式是用调节料斗闸门的开启高度和调节皮带机转速的方法改变配料的容积量。称重式计量方式是在容积计量的基础上，用电子传感器测出物料单位时间内通过的重量信号，并根据重量信号调节皮带输送机转速。这种方式用重量作为计量和显示单位，因此计量精度高于容积式。称重式计量器形式很多，有电子皮带秤、减量秤、冲量秤、核子秤等。

机架为型钢焊成的框架结构，起支承作用。

在移动式的配料机组中，还应有轮系、制动装置、拖架装置、灯光系统等，必须具备行走功能及保证行驶的安全性。

在我国生产并广泛应用的稳定土厂拌设备中，配料机组多采用容积计量方式，用几个配料机组配而成。每个配料机又是一个完整的独立部分，可根据用户的需要进行组配。斗门的启闭采用手轮操作，齿条传动，开启高度可在 1～200mm 范围内调节，一般最小开启高度应大于所装物料最大粒径的 2 倍。在实际作业中，相应选择斗门开启高度和皮带机转速，并注意调速电机应避免在低于 500r/min 的工况下工作。

3.2 集料皮带输送机

集料皮带输送机用于将配给机组供给的集料输送到搅拌器中，其结构和工作原理与通用的皮带输送机相同。主要由接料斗、输送带、机架、传动滚筒、改向滚筒、驱动装置、张紧装置、托辊、清扫装置等组成。清扫装置有托辊式、螺旋式、刮板式等，其作用是清除黏附在皮带上的物料。在皮带输送机上方应安装有罩壳，以防止尘土及粉料的飞扬。

3.3 结合料储存配给总成

结合料储存配给系统的结构分为立式储仓型和卧式储仓型两种形式。其中立式储仓具有占地面积小、容量大、出料顺畅等优点，这种料仓更适合于固定式厂拌设备使用。卧式储仓同立式储仓相比，仓底必须增设一个水平螺旋输送装置，才能保证出料顺畅。但卧式储仓具有安装和转移方便、上料容易等优点，广泛应用于移动式、可搬式等厂拌设备。

3.3.1 立式储仓给料系统

立式储仓给料系统主要由立式储仓1、螺旋输送器2、小料仓3、计量装置4等组成。水泥、石灰等结合料由散装罐车运送到拌和厂，依靠气力输送至立式储仓中1。工作时布置在底部的螺旋输送器2将粉料送到小料仓3中，经计量装置4计量后输送到倾斜的皮带输送机上，或者依靠螺旋输送器2直接输送到搅拌器中(图10-4)。

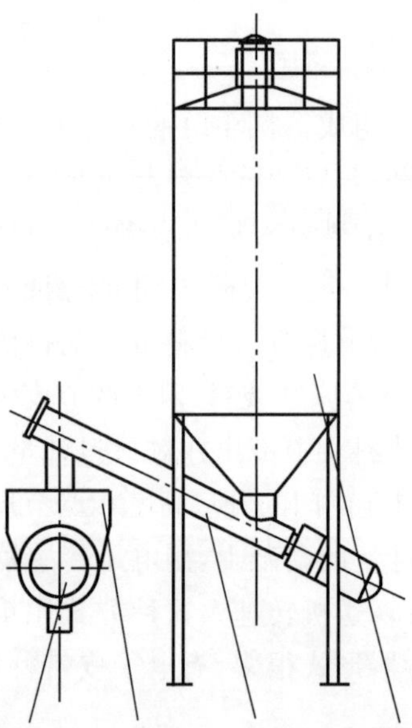

图10-4 立式储仓给料系统示意图

1-立式储仓；2-螺旋输送器；3-小料仓；4-计量装置

立式储仓1主要由筒体、上料口、出料口、除尘透气孔、上下料位器、支腿等组成。支腿安装在预先准备好的混凝土基础上，并用地脚螺栓连接固定。

螺旋输送器2主要由螺旋体(心轴和螺旋叶片)、壳体、联轴器、驱动装置等组成。

小料仓3的设置是为了使计量装置在工作时工作平稳，调节幅度小，提高计量准确性。

粉料计量装置4可分为容积计量和称重计量两种方式。容积计量大都采用叶轮给料器.它主要由叶轮、壳体、接料口、出料口、动力驱动装置等组成。可用改变叶轮转速的方法来调节粉料的输出量。此种计量方式是国内外设备中普遍采用的形式，其结构简单，计量较可靠。称重计量一般采用螺旋秤、减量秤等方式，连续动态称量并反馈控制给料器的转速以调节粉料输出量。

3.3.2 卧式储仓给料系统

卧式储仓给料系统的结构布局形式较多，主要有移动式和可搬式两种。其结构主要由机架1、仓体2、底部的水平螺旋输送器3、斜螺旋输送器4、计量装置5等组成(图10-5)。

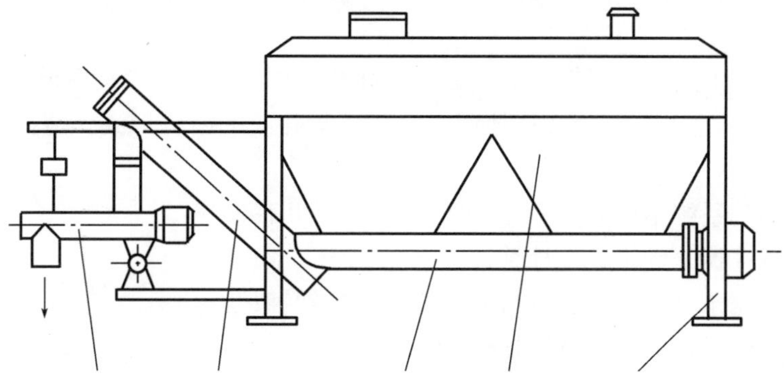

图 10-5 卧式储仓给料系统示意图

1-机架;2-仓体;3-底部水平螺旋输送器;4-斜螺旋输送器;5-计量装置

卧式和立式储仓给料系统的工作过程和计量方式基本相同。卧式储仓的底部设有一个水平螺旋输送器,其功能是将仓内的粉料送出,与斜螺旋输送器共同组成粉料供给机构。为了减少仓内粉料对螺旋的压力,在仓体底部水平螺旋的上方设有承压装置。在仓体壁上装有数个仓壁振动器,防止粉料起拱,以保证供料的连续性。

3.4 搅拌器

搅拌器是厂拌设备的关键部件。它的结构有多种形式,其中双卧轴强制连续式搅拌器具有适应性强、体积小、效率高、生产能力大等特点,是常用的结构形式。图 10-6 是这种搅拌器的结构示意图。

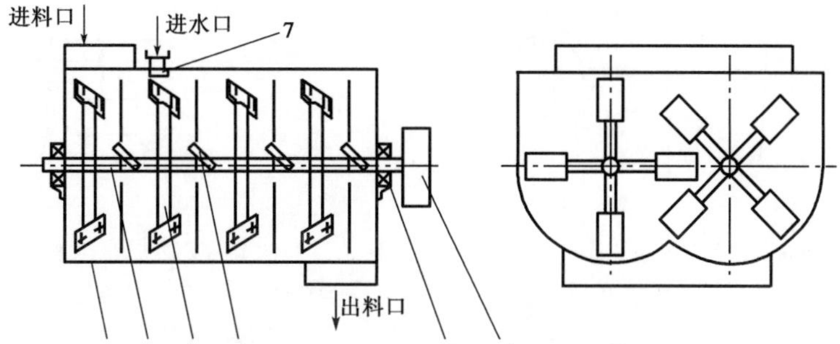

图 10-6 双卧轴强制连续式搅拌器示意图

1-壳体;2-搅拌轴;3-搅拌臂;4-桨叶;5-轴承;6-驱动及传动系统;7-喷水装置

双卧轴强制连续式搅拌器主要由壳体 1、搅拌轴 2、搅拌臂 3、桨叶 4、进料口、出料口、盖板(图上未画出)、轴承 5、驱动及传动系统 6、喷水装置 7 等组成。这种搅拌器的工作原理为:级配料和粉料从进料口连续进入搅拌器,搅拌器的双轴由里向外作相反方向转动,带动桨叶旋转。在桨叶的作用下,各种级配料和水快速掺和。桨叶沿轴向安装成一定角度,使物料沿轴向和横向快速移动拌和,到达出料口时已被搅拌成均匀的混合料并从出料口排出。有些厂拌设备的桨叶与搅拌轴的安装角度是可以调节的,以适应不同工况的要求。

搅拌器壳体通常做成双圆弧底形，用钢板焊制而成。为保证壳体不受磨损，在壳体内侧装有耐磨衬板。

搅拌轴可用方形或六方形钢管等制成。搅拌臂用螺栓连接或焊接在搅拌轴上。桨叶用螺栓固定在搅拌臂上，也有在桨叶和搅拌臂之间加装桨叶座的结构形式。搅拌桨叶有方形带圆角、矩形等各种形状。

搅拌器的驱动系统结构形式多样，可归纳为如下几种形式：

电动机→减速器→链轮→搅拌轴；

电动机→液压泵→液压马达→齿轮减速器→搅拌轴；

电动机→蜗轮蜗杆减速机→搅拌轴；

电动机→液压泵→液压马达→皮带轮传动→锥齿轮传动→搅拌轴；

发动机→分动箱→液压泵→液压马达→齿轮减速器→搅拌轴。

双轴搅拌器必须保证双搅拌轴同步旋转。在大型或特大型设备中，搅拌器的驱动采用双电动机经蜗轮蜗杆减速后驱动搅拌轴的传动方式。而链传动是常用的较可靠的传动方式，在厂拌设备中广为采用。图 10-7 是采用链传动搅拌器的传动示意图。

随着液压技术的发展，液压技术在稳定土厂拌设备搅拌器传动系统中的应用逐渐增多，图 10-8所示是液压传动形式搅拌器传动示意图。

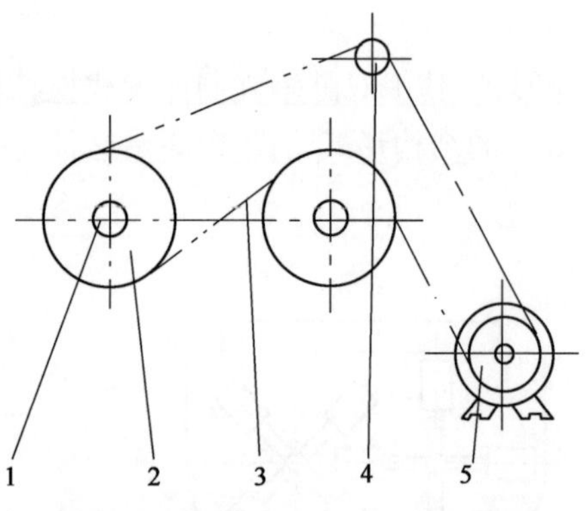

图 10-7　链传动搅拌器传动示意图

1-搅拌轴；2-被动链轮；3-链条；4-张紧轮；5-动力及减速器

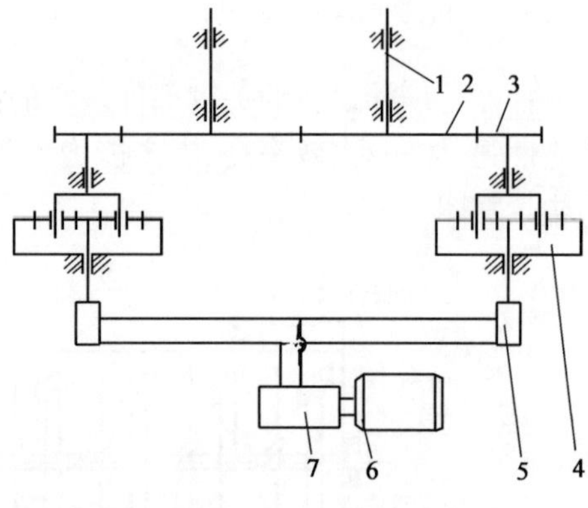

图 10-8　液压传动搅拌传动示意图

1-搅拌轴；2-大齿轮、3-小齿轮；4-行星减速器；5-液压马达；6-电机；7-液压泵

3.5　供水装置

供水装置是厂拌设备的必要组成部分，由水箱、管路、水泵、调节阀、流量计、喷嘴或喷孔和管路等组成。供水量的控制调节有手动和自动控制两种形式。采用手动控制调节方法时，预先操作调节阀以达到一定的供水流量，再根据生产中成品料检验的结果，再次精确调节供水流量。采用自动控制调节方法时，在控制器上按预先设定的供水流量进行操作，作业过程中依据矿料中的含水率及矿料量的变化自动调整供水流量。这种自动检测和调节的方式较为先进，能保证成品料中的含水率的恒定。

3.6 成品料皮带输送机

成品料皮带输送机是将搅拌器拌制好的成品料连续输送到储料斗中，以备运输车辆装载并运到工地。此皮带输送机和通用皮带输送机的工作原理和结构形式相同，故不做详细叙述。

在有些厂拌设备中，采用搅拌器和储料斗安装在一起的结构形式，则不设此皮带输送机。

3.7 储料斗

储料斗是厂拌设备的一个独立部分，其功能是在运输车辆交替或短时间内无运输车辆时，为使设备连续工作而将成品料暂时储存起来。其结构形式有多种，常见的有：储料斗直接安装在搅拌器底部、悬挂在成品料皮带输送机上，以及带有固定支腿安装在预先设置好的水泥混凝土基础上等形式。为了防止在卸料时混合料产生离析现象，需控制卸料的高度。卸料高度越大时，其离析现象也越严重。因此有些设备的储料斗设计成能调节卸料高度的结构形式。储料斗的容积通常设计成5～8m^3的储量，设计悬挂式等其他形式料斗的容积时，其容量不能过大。使用小容量储料斗的厂拌设备时，运输车辆的调度等生产组织管理必须要精确安排，否则会发生停机等车的现象。

3.8 电气系统

电气系统主要包括控制系统、电源、各执行电气元件及电气显示系统。不同控制形式的电气控制系统有不同的结构组成。

厂拌设备的控制系统形式主要有计算机集中控制和常规电气元件控制两种。在控制系统的电路中都设有过载和短路保护装置及工作机构的工作状态指示灯，用来保护电路和直接显示设备的运转情况。凡自动控制型厂拌设备的控制系统，一般都装置有自动控制和手动控制两套控制装置，操作时可自由切换。任何形式的控制系统都必须遵守工艺路线中各设备启动和停机的程序。为确保操作安全性，有些厂拌设备在搅拌器盖板上装有位置开关，盖板打开时，整个设备不能启动工作，以保证安全生产。

4 总体设计及主要参数的确定

4.1 总体设计

稳定土厂拌设备的总体设计，首先要确定主参数——生产率。主参数的确定应按照稳定土厂拌设备生产系列的有关规定选取。主参数确定后，再根据施工技术规范的需要及我国公路和铁路运输标准确定总体布局结构形式，为了降低生产成本与解决配件供应，要在设计中贯彻系列产品技术性能具有一定的先进性，要充分掌握国内外技术现状，并作广泛的调查研究，尽可能采用新技术、新结构、新材料对其可靠性、耐久性、使用安全性、维修方便性，以及对设备操作的舒适性作充分的分析和研究。

在设备的主要技术参数确定以后，即应着重分析和制定具体的结构方案，主要包括设备总占地面积、各总成几何尺寸、设备总质量等。这些基本参数在设计时，必须符合设计任务书的总体设计时要求，厂拌设备的主要性能、级配料精度、供水流量精度、拌和质量等要进行多种方案的分析比较，选择先进可靠的设计方案，并进行经济性论证，以使设计具有先进性、可靠性和完整性。

4.2 配料机组

在设备生产率确定后，便可根据工程的实际需要和施工技术规范的要求设计配料机组。配料机组是由几个配料机组合而成的，一般情况下，配料机组由 2～4 个配料机组成。

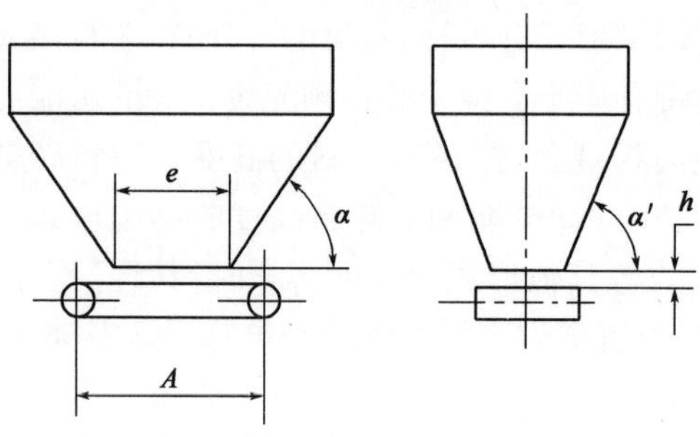

图 10-9 配料机几何尺寸示意图

配料机上部料斗的装载高度及料斗宽度在设计时应和装载机的实际使用宽度和最小装载高度相匹配。料斗的容积依据装载机的生产率、总体布局和设备的生产率等情况而定。配料机的几何尺寸如图 10-9 所示。

为了保证物料在料斗中能沿斗壁自由下滑，料斗斗壁与水平面的夹角(α,α')应大于或等于斗壁与水平面的最小夹角 α_{min}。最小夹角 α_{min} 是由物料和斗壁的物理特性决定的，且

$$\alpha_{min}=\arccos\sqrt{\sqrt{4f^{f}+1}-2f} \tag{10-1}$$

式中：f——为物料与斗壁的摩擦系数。

对于稳定土厂拌设备，一般夹角 α 应不小于 50°。

配料机最大生产率 Q_{max} 用下式计算：

$$Q_{max}=3600Sv_{max}\eta q \tag{10-2}$$

式中：S——出料口面积，m^2；

v_{max}——皮带配给机最大线速度，m/s；

η——容积效率；

q——物料容重，t/m^3。

皮带配给机驱动功率 N 用下式计算：

$$N=(K_a/\eta_{总})(N_1+N_2+N_3) \tag{10-3}$$

式中：K_a——安全系数，对于厂拌设备，一般取 $K_a=1.05$～1.2；

$\eta_{总}$——传动总效率；

N_1——驱动滚筒的功率，kW；

N_2——弦板阻力所消耗的功率，kW；

N_3——皮带上运动物料与上部物料间摩擦阻力所消耗的功率，kW。

驱动滚筒的功率用下式计算：

$$N_1=(Q_{max}/300)(0.2H+A) \tag{10-4}$$

式中：A——滚筒中心距，m；

H——提升高度，m。

弦板阻力所消耗功率用下式计算：

$$N_2 = 10h^2 eqvfu \tag{10-5}$$

式中：h——出料门开口高度，m；

e——弦板计算长度，m；

u——侧压系数。

$$u = (v + 1.2)/(1 + \sin\psi) \tag{10-6}$$

式中：ψ——物料内摩擦角。

或根据经验取 $u = 1 \sim 18$。

克服皮带上运动物料与上部物料间摩擦阻力所消耗的功率用下式计算：

$$N_3 = Gv/400 \tag{10-7}$$

式中：G——上部物料质量，kg。

皮带输送机带速的选取、带宽和传动系统的计算等可按一般皮带输送机计算方法选取与计算。

4.3 双卧轴强制连续式搅拌器主要参数的确定及计算

搅拌器的性能直接影响着稳定材料的拌和质量。理论研究和试验表明，混合料在搅拌器中存在着沿搅拌轴横向和纵向的强烈复合掺和运动，而且只有在向混合料喷洒水的状态下，才能发生最快的搅拌过程。

混合料的拌和质量用所含各种材料在总容积中均匀分布的程度来表示，它是评价搅拌器性能的重要指标。在搅拌器中，各种材料均匀分布的速度，取决于搅拌桨叶旋转的线速度、桨叶沿搅拌轴轴向的安装角度、两搅拌轴的中心距、桨叶的形状等参数。成品料的质量还和搅拌时间的长短、搅拌器容量等参数有关。因此，研究和分析搅拌器形状及参数对于功率消耗、混合料质量、搅拌器使用寿命等有着重要的意义。

4.3.1 搅拌器性能参数的确定

1)生产率

生产率是依据稳定土厂拌设备总体方案确定的，在设计搅拌器时为已知条件。

2)搅拌桨叶的旋转线速度

搅拌桨叶旋转线速度是指桨叶旋转时端部的最大线速度。桨叶线速度是搅拌器工作的重要技术参数，在一定范围内提高桨叶线速度，可加速混合料的拌和过程，减少搅拌时间。在一定容量的搅拌器中，增大桨叶线速度，可提高搅拌器的生产能力。依据理论分析、实际使用经验及国内外有关资料，桨叶端部线速度为1.5～2.0m/s时有良好的搅拌效果。当线速度过高时，在搅拌器衬板和桨叶端部之间的间隙中可能会产生碎石楔住现象。这种现象一旦发生，必将增加功率的消耗，加快桨叶和衬板的磨损。

3)桨叶相对搅拌轴的安装角度的选择

桨叶在搅拌器中转动时，将推动混合料作纵向和横向的移动，达到均匀拌和的目的。合适的桨叶安装角度可以使混合料得以被强烈地横向掺和和纵向掺和，即被强烈地拌和。若桨叶的安装角为0°，物料仅发生横向的拌和作用，而无纵向(轴向)的移动，因而达不到连续拌和的目的。若桨叶的安装角增大到 55°,虽然加大了混合料沿搅拌轴轴向移动的速度,而横向的掺和拌和作用则减小了。因此,最佳的安装角度应是保证在最短的时间内达到横向和纵向的最有效的拌和。桨叶安装角度一般为 31°~45°。

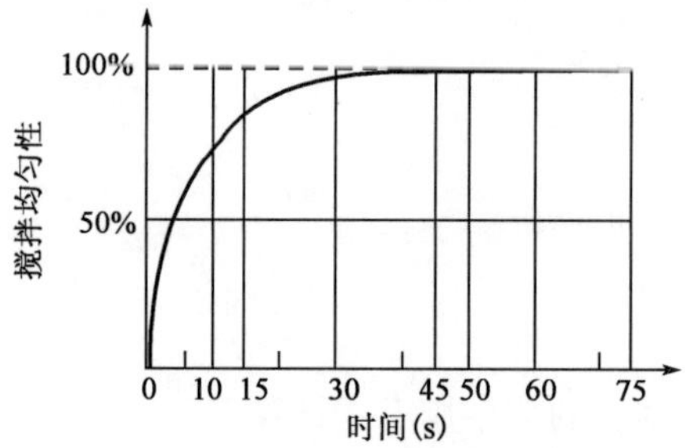

图 10-10　拌和时间和均匀性关系曲线图

4)拌和时间

拌和时间的长短直接关系到搅拌器的生产率。因此,确定搅拌时间的原则应是,在符合施工规范要求的条件下,使集料拌和均匀所需的拌和时间最短。图 10-10 是拌和时间与均匀性关系的试验曲线。

拌和时间是依据搅拌桨叶线速度、桨叶安装角度、搅拌器几何尺寸等参数决定的。在初步设计时,可以参照由实验所得拌和时间与均匀性的关系曲线来选取,也可用类比法参照国内外同类产品选取拌和时间。通常拌和时间取 15~20s 就能达到施工要求。

5)搅拌器的有效容积

搅拌器的有效容积是指在搅拌器中搅拌桨叶能够翻动搅拌到的容积。此容积和搅拌器的桨叶形状、安装角度及搅拌器的几何形状参数等有关。设计时可根据生产能力和混合料的材料特性及拌和时间确定搅拌器应有的最小有效容积,按下列公式计算。

$$U=\frac{Qt}{3600q_c} \tag{10-8}$$

式中:U——搅拌器应有的有效容积,m^3;

Q——搅拌器生产率(即设备生产率),t/h;

t——拌和时间,s;

q_c——混合料密度(松方),t/m^3。

4.3.2　搅拌器主要几何尺寸的确定

(1)搅拌桨叶旋转半径 R 搅拌桨叶旋转半径关系到整个搅拌器的结构形状,设计时可参照下列公式计算:

$$R=\sqrt[3]{\frac{U}{10n\beta}} \tag{10-9}$$

式中:n——搅拌器壳体形状系数,$n=0.7\sim1.4$,通常取 $n=1.1\sim1.4$;

β——充满系数,通常取 $\beta=0.8\sim1.0$。

搅拌桨叶的旋转半径除按上列公式计算外,还可根据经验或类比同类产品确定。但是,应该注意的是,桨叶旋转半径小时,为保证搅拌器的有效容积,则搅拌器的最终形状应是窄长形,反之,则搅拌器的最终形状是短宽形,设计时须对参数进行优化选择,合理的形状才能达到最佳效果。

(2)搅拌器两搅拌轴中心距 c(图 10-11 为搅拌器几何示意)。

双轴中心距 c 可按下式计算:

$$c=2R\cos\theta \tag{10-10}$$

式中：R——桨叶旋转半径，m；

θ——搅拌轴中心和壳底弧线交点连线与水平线的夹角。

当 R 等于常值时，角越小，则中心距越大，反之亦然。混合料在搅拌器中的横向交换掺和是随角的增加而提高的，而混合料各成分均匀分布所需的时间则随角的增加而减小。因此，合理的 θ 角才能保证最佳拌和效果。在实践中，θ 角取 40°～50°，通常 θ=40°～45°。

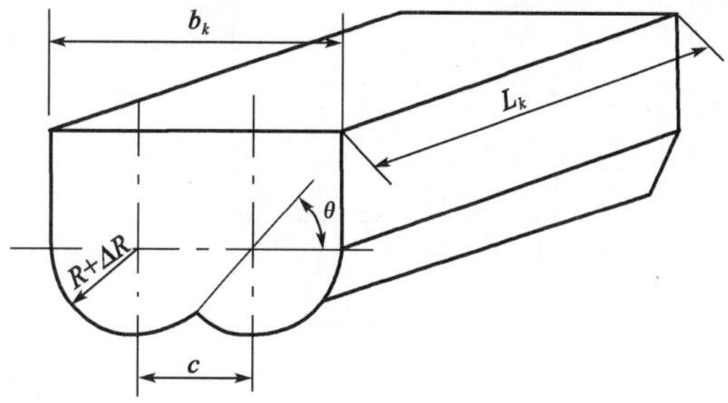

图 10-11　搅拌器几何示意图

当 θ=40°～45°时，c=(1.53～1.41)R。

(3)搅拌器壳体宽 b_k 见图 10-10，搅拌器壳体宽 b_k 按下式计算：

$$b_k = 2R + C + \frac{2\Delta_R}{1000} \tag{10-11}$$

式中：Δ_R——桨叶和壳体之间的间隙，mm，通常 Δ_R=3～7mm。

(4)搅拌器长度 L_k 搅拌器的长度是关于搅拌时间、拌和质量和功率消耗的一个重要参数。在其他几何参数确定的条件下，搅拌器长度可由搅拌器应有的有效容积来确定。

参见图 10-10，搅拌器长度可参考下列公式计算：

$$L_k = \frac{U}{S_1 + S_2} \tag{10-12}$$

式中：U——搅拌器应有的有效容积，m^3；

S_1——在搅拌轴以下混合料占有的截面面积，m^2；

S_2——在搅拌轴以上混合料占有的截面面积，m^2。

在搅拌轴以下的混合料占有的截面面积按下式计算：

$$S_1 = R^2\left[\pi - 0.5\left(\frac{\pi\theta}{90} - \sin 2\theta\right)\right] \tag{10-13}$$

式中：θ——如图 10-10 所示的夹角，当 θ=40°～45°时，S_1=(2.85～2.93)R^2。

在搅拌轴以上混合料占有的截面面积按下式计算：

$$S_2 = E(2R + c) \tag{10-14}$$

式中：E——在搅拌过程中假设混合料在搅拌轴以上占有的平均高度。其值是随着桨叶的形状和尺寸以及桨叶线速度和安装角的改变而变化的，必须通过试验才能确定。在初步设计时可按下列经验公式计算：

$$E = \left(\frac{1}{4} \sim \frac{2}{5}\right)R \tag{10-15}$$

在以上计算中，没有将搅拌轴、桨叶、搅拌臂所占的体积计算在内。

(5)一根搅拌轴上的叶片对数 Z_L(图 10-12 为计算叶片对数的示意图)。

在一根搅拌轴上安装的桨叶对数可按下式计算：

$$Z_L = \frac{L_k - 2L_1 - b\cos\lambda}{b\cos\lambda + e} \tag{10-16}$$

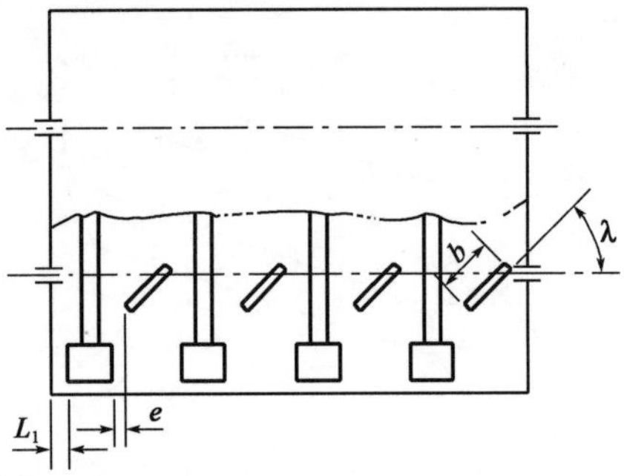

图 10-12　搅拌轴上叶片对数计算示意图

式中：L_k——搅拌器长度，m；

L_1——搅拌轴两头桨叶和搅拌器端壁间的间隙，mm，通常取 $L_1=7\sim10$mm；

e——两相邻桨叶侧缘间（沿轴方向）的间隙，mm；一般取 30～45；

b——叶片宽，mm；

λ——桨叶相对搅拌轴的倾角，通常 $\lambda=31°\sim45°$。

从国内外生产的搅拌器来看，桨叶的形状很多，宽度 b 变化也很大，没有一个固定的计算方法可循。当桨叶宽度小时，相对的桨叶个数就多，反之亦然。设计选择桨叶宽度 b 可以参照间歇式沥青混凝土搅拌器设计方法中桨叶宽度的计算公式选取：

$$b=(0.42\sim0.57)R \tag{10-17}$$

当向搅拌器中的混合料采用自流供水或较小压力喷水时，因雾化较差，b 宜取小值；当水压大，雾化好时，b 宜取大值。

在上述桨叶对数的计算中，如果桨叶对数 Z_L 不是整数，则应修整 e 和 b 或 L_k，使 Z_L 成为整数。

4.3.3　搅拌器驱动功率计算

连续式双卧轴搅拌器和间歇式双卧轴搅拌器在阻力形成机理及驱动方式上有着相同之处，因而对驱动功率的计算，采用相同的方法进行即可。驱动功率 N 按下式计算：

$$N=2Z\frac{q\sigma\omega^3 b}{400\eta}(R^2-r^2) \tag{10-18}$$

式中：N——驱动功率，kW；

Z——桨叶数量；

σ——系数，由实验确定，在很大程度上取决于搅拌轴转速，当转速 $\sigma=60\sim70$r/min 时，σ 取 6，当转速 $n=70\sim80$r/min，σ 取 5；

q——混合料密度，kg/m^3；

ω——搅拌轴旋转角速度，s^{-1}；

b——桨叶宽度，m；

R——桨叶最大旋转半径，m；

r——桨叶内侧最小旋转半径，m；

η——传动系统总效率。

搅拌器驱动功率计算也可依据搅拌器中混合料量 M_L：用经验公式进行计算，同样可得到较为满意的结果。

当 $M_Z\leqslant1400$kg 时，用下列经验公式计算：

$$N=\frac{v_L}{2.3}0.0353M_Z \tag{10-19}$$

为 $M_Z\leqslant1400$kg 时，用下列经验公式计算：

$$N=\frac{\upsilon_L}{2.3}(29.1+0.0173M_Z) \tag{10-20}$$

式中：M_Z——搅拌器中混合料质量，kg；

υ_L——桨叶端部线速度，m/s。

4.4 无衬板双卧轴搅拌器结构简介

无衬板搅拌器和有衬板搅拌器主要结构基本一样，由搅拌轴、搅拌臂、搅拌桨叶、壳体、盖板、轴承、动力、传动系统、机架等组成。两者在结构上最大的差别是：无衬板搅拌器的壳体一般设计成平底斗型，内侧不加衬板，且桨叶和壳体之间留有相当大的间隙（图 10-13）。

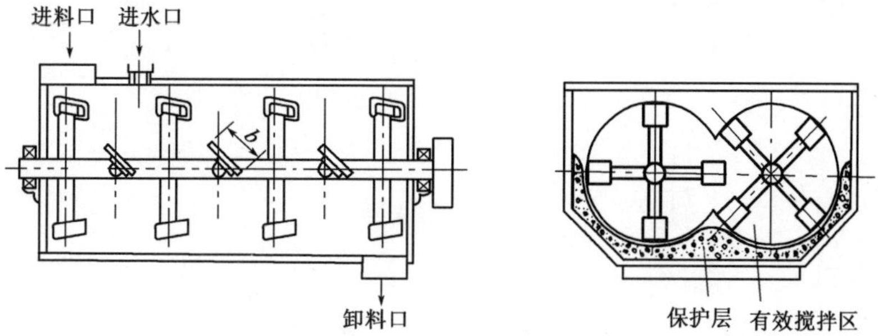

图 10-13 无衬板搅拌器示意图

无衬板搅拌器是在有衬板搅拌器的技术基础上发展起来的，因而，在设计时其参数的确定及计算方法可参照有衬板搅拌器的方法进行。

第11章

稳定土拌和机

1　概述

1.1　用途及工作对象

稳定土拌和机是一种旋转式稳定材料处理机械，主要用于以稳定材料修筑道路、机场、城市建筑等设施的基础层拌和施工，也可用于土壤改良的拌和及旧路面翻新的破碎作业。

稳定土拌和机通过其工作装置——转子在道路施工现场就地完成对土壤的切削、翻松、破碎作业并将土与加入的稳定剂(乳化沥青、水泥、石灰等)搅拌均匀，因而又称为路拌机，其拌和工艺相应地称为路拌法。

路拌法由于就地取材，施工简便、成本低廉，有厂拌法不可取代的优点。稳定土拌和机现场拌和的取样检测表明：对灰土(石灰、土壤)、灰砂(水泥、砂)等小颗粒稳定材料，当稳定剂散布均匀时，性能良好的稳定土拌和机通过一次或两次作业即可达到质量要求。目前国内还没有性能理想、使用方便的粉料撒布机械，施工中多采用手工倾倒稳定剂、再人工或机械拌和的作业方式完成粉料即干稳定剂的撒铺，由于粉料撒铺的精确性与均匀性难以保证，因而在一定程度上影响了稳定土拌和机的拌和效果。可以期望，随着计量精确撒布均匀的粉料撒布机械的开发和应用，路拌施工法将会获得更好的应用前景。

1.2　国外水平及发展趋势

稳定土拌和机和农业旋耕机有着相似的工作原理。欧、美及苏联等国家在20世纪40年代后期至50年代，由于筑路工程的需要而对稳定土拌和机开展了广泛的研究。日本在50年代后期几乎与旋耕机同时从美国引入稳定土拌和机的生产。20世纪60～70年代，国外已生产出了较高水平的稳定土拌和机械。

国外稳定土拌和机发展的历程是：旋耕机代用→拖拉机或汽车改制→小功率机械传动式专用稳定土拌和机→大功率全液压专用稳定土拌和机和大功率液压、机械组合式专用稳定土拌和机。在成熟的机型中，BOMAG公司的MPH100型稳定土拌和机和CATERPILLAR公司的SS-250稳定土拌和机等具有一定的代表性。

全液压专用稳定土拌和机的转子多用低速大扭矩马达直接驱动，结构简单、维修方便，然而整机效率低，可靠性较差。近年来国外公司为改进低速大扭矩马达转动这一缺点，成功地研制出高速马达加行星减速直接驱动转子的方式，置减速机和马达于转子轴内，减小了转子直径和宽度尺寸，大大改善机器的综合性能。

现代优良的稳定土拌和机除了在提高性能和可靠性外，正朝着多功能转子的方向发展，即使用一种综合型的刀具来完成松土拌和及硬土翻松等作业，避免了用户更换转子的麻烦。

此外，现代稳定土拌和机还配有液体料喷洒装置，从输料车上将水、乳化沥青等液体料吸入，经准确计量后从转子罩壳前上方沿横向配置的喷嘴中均匀喷出并与拌和料均匀混合。

国外也曾出现过一些两转子甚至更多转子串联排列联合作业的稳定土拌和机，它是利用多转子不同旋向的复合破碎与拌和作用达到机械一次对稳定材料完成均匀拌和的目的。不过，由于其结构复杂、机器庞大，并而没有普遍推广。

关于稳定土拌和机转子的旋向，早期多取正转方式，刀具自上而下切削土壤，切屑后随之向后抛出，不在转子前方形成堆积，驱动阻力小，且转子工作的水平切削分力起推进机器前进的作用。随着现代道路施工对拌和质量要求的提高，以及稳定土拌和机采取正转方式有行走稳定性差的缺点，反转方式得到越来越多地采用。反转刀具由下而上切削土壤，切屑由薄到厚变化，载荷平稳，在硬土翻松和旧路面铣削作业中尤其具有优点，此外，后继刀具对堆积于转子前方的切削进行复拌，有利于改善拌和质量，因而现代大功率稳定土拌和机几乎都采用反转方式。

近年来国外先进机型在行走系统和转子系统间设置了功率自动调节装置。自动控制机器在负荷变化的情况下始终保持发动机在额定工况工作，还设有拌深自动调节装置等。这些自控装置的设置大大提高了机器的综合性能，减轻了司机的操作强度。

1.3 国内水平及发展方向

我国在20世纪70～80年代先由油田部门购进美国REXNORD公司的SPDM型及HDS型稳定土拌和机等，之后由道路工程部门从德国BOMAG公司购进MPH100型稳定土拌和机，1990年以后又陆续从CATERPILLAR公司购进SS-250型等稳定土拌和机。目前国内进口的拌和机保有量已达数百台。

我国从20世纪60年代就开始研制小型后置式稳定土拌和机，由于多种原因未能批量推广。80年代初期由交通部西安筑路机械厂等生产了中小功率(120kW以下级)稳定土拌和机。80年代末期，随着道路发展的需求，大力发展和生产大功率稳定土拌和机列入日程，并先后由交通部新津筑路机械厂等生产出235kW全液压稳定土拌和机，徐州筑路机械厂生产出220kW全液压稳定土拌和机。至此我国的稳定土拌和机生产开始步入成熟阶段。随着进口液压动力元件的引入和生产工艺的改进，其技术日臻完善。目前国产稳定土拌和机已达年产300台以上的生产能力。

近年来国内大量生产的全液压稳定土拌和机为后置式结构形式，且性能大致相同，仅在拌宽方面根据功率状况而稍有差别。也有个别厂家生产液压、机械组合式中置型稳定土拌和机，有些厂家正在研制300kW级全液压稳定土拌和机以获取更高的作业性能和可靠性。

随着稳定土拌和机的发展，国内在稳定土拌和机基础理论方面也开展了研究工作，特别是西安公路交通大学运用数学物理模拟方法以正转转子室内土槽单刀切削试验为基础，通过计算机模拟计算取得了一系列研究成果。目前正在开展反转转子的拌和及路面铣削方面的深入研究。

2 分类、特点及适用范围

稳定土拌和机的结构形式有多种多样。按行走方式可分为履带式和轮式，按转子旋向可分为正转与反转，按工作装置安装方式可分为后置式（后悬挂）、中置式（中悬挂）和拖式以及半悬挂式等。其中转子由专用发动机驱动的拖式和半悬挂式稳定土拌和机为一独立部件，借用其他履带或轮式底盘牵引即可作业，因而成本低廉。但一般牵引底盘不易实现稳定土拌和机所要求的超低速爬行作业速度，且不易根据转子负荷变化相应地改变牵引速度来适应，另外转弯半径大，机动性差，因此，除早期使用外，目前已不采用这种结构形式。

行走机构和转子共用发动机的半悬挂稳定土拌和机在单独的机架上安装有后支承轮，是一种中置式机型，在工程中使用比较方便，能保证拌和层有稳定的厚度，机器本身纵向稳定性好。但是由于转弯半径大、机动性差，在现代稳定土拌和机上已不采用这种结构方式。

履带式稳定土拌和机为一种后置式机型，其特点是拌和面平整，通过能力强，特别适应于松软地段的土壤改良及松软地段与沙漠地段道路基层进行水泥稳定的施工中。缺点是在修好的路面上转移时易损坏路面，使用不便。随着现代化施工机动性要求的提高及超低压超宽基牵引轮胎的出现，现代稳定土拌和机采用履带形式已逐渐减少。

多转子轮式稳定土拌和机运用多个转子联合作业，它可以看作是一台移动的拌和设备，一次运行即可完成对多种物料的拌和（包括二灰砾石）。由于结构复杂、造价昂贵、机动性差，仅苏联和美国等少数国家早期生产使用过。

目前大量使用的专用稳定土拌和机几乎都取单轴驱动的单转子轮胎自行式结构（图11-1、图 11-2），因此本文仅以这两类机型为主介绍稳定土拌和机的结构形式和工作原理。

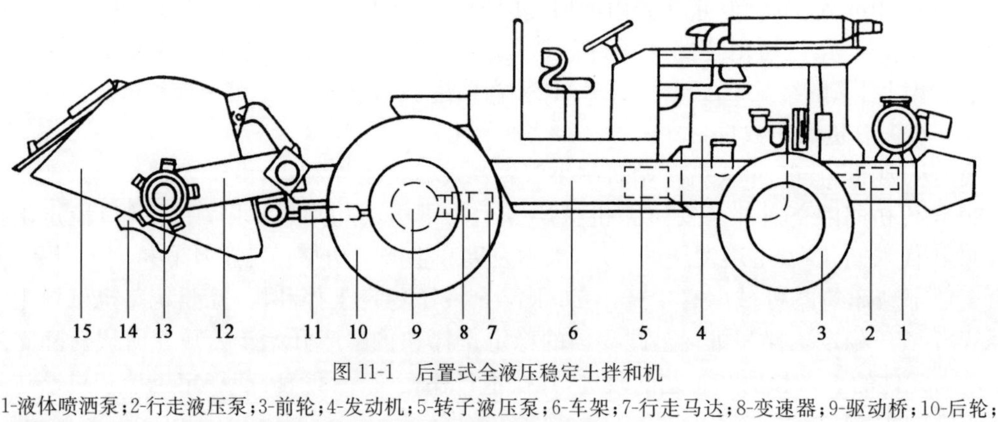

图 11-1 后置式全液压稳定土拌和机

1-液体喷洒泵；2-行走液压泵；3-前轮；4-发动机；5-转子液压泵；6-车架；7-行走马达；8-变速器；9-驱动桥；10-后轮；11-转子举升油缸；12-举升臂；13-转子马达；14-转子；15-罩壳

图 11-1 是后置式全液压轮式稳定土拌和机，其结构特点是：整体车架、刚性悬挂、偏转车轮转向方式，前桥为摆动转向桥，后桥为驱动桥；行走系统构成为：变量泵、定量马达、两挡机械变速驱动；转子传动方式为：变量泵→定量低速大扭矩马达直接驱动；转子和行走系统间通过液压控制方式连接，根据超载时转子系统压力的变化自动调节行走速度限制超载。具有结构简单、维修使用方便等优点。不足处为消耗整机功率 80%左右的转子系统采用液压传动，整

机效率为60%左右。

图11-2是转子中置的轮式稳定土拌和机,它是在单轴牵引车上安装带有支托轮的自行式机械。与前述后置式机型相同处为:整体车架、刚性悬挂,偏转车轮转向方式,行走系统也为:变量泵、定量马达、机械变速传动。其不同点为:转子置于前后桥之间,前桥为转向驱动桥,后桥为摆动转向桥,根据需要实行全轮偏转转向。转子传动方式为:发动机→离合器→机械变速→齿轮差速分动桥→链传动机械方式。转子和行走系统间通过电控方式连接,根据超载时发动机转速变化自动调节行走速度以调整载荷。中置式机型由于转子置于前后轮间,不像后置式机型那样转子传动复杂、重量大、易引起桥荷变化、纵向稳定性差,因而采用机械传动以提高传动效率。通过合理的载荷自动调节装置,能够实现可靠的作业性能。转子机械传动使整机传动效率提高约20%,即从全液压传动效率60%~65%提高到80%~85%。

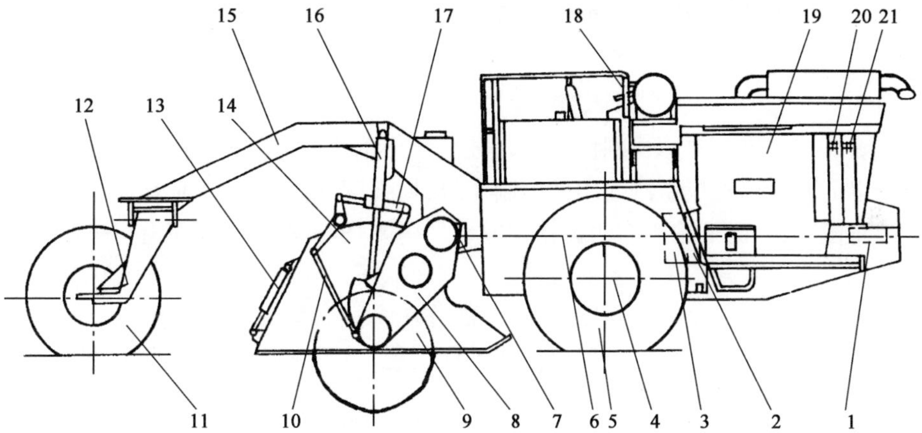

图11-2 转子中置的轮式稳定土拌和机

1-行走泵;2-离合器;3-齿轮变速器;4-转向驱动桥;5-前轮;6-传动轴;7-齿轮差速传动桥;8-链传动箱;9-转子;10-推杆;11-后轮;12-后桥;13-尾门油缸;14-罩壳;15-车架;16-提升油缸;17-调节油缸;18-操纵台;19-发动机;20-发动机散热器;21-液压油散热器

中置式机型的最大特点为纵向稳定性好、拌和工作面平整,不足处为结构复杂、维修不便。该类机型中转子也可采用液压传动的方式,但由于效率低,很少采用。

3 主要结构及工作原理

3.1 总体结构及特点

图11-1是后置式全液压轮式稳定土拌和机,其结构特点是:整体车架,刚性悬挂,偏转车轮转向方式,前桥为摆动转向桥,后桥为驱动桥;行走系统为变量泵→定量马达→两挡机械变速驱动;转子系统为变量泵→定量低速大扭矩马达直接驱动;转子和行走系统间通过液压控制方式连接,根据超载时转子系统压力的变化自动调节行走速度限制超载。具有结构简单、维修使用方便等优点。不足处为消耗整机功率80%左右的转子系统采用液压传动,整机效率为60%左右。

图 11-2 是转子中置的轮式稳定土拌和机，它是在单轴牵引车上安装带有支托轮的自行式机械。与前述后置式机型相同处为：整体车架、刚性悬挂，偏转车轮转向方式，行走系统亦为变量泵一定量马达一机械变速传动。其不同点为：转子置于前后桥之间，前桥为转向驱动桥，后桥为摆动转向桥，根据需要实行全轮偏转转向。转子传动方式为：发动机→离合器→机械变速→齿轮差速分动桥→链传动机械方式。转子和行走系统间通过电控方式连接，根据超载时发动机转速变化自动调节行走速度以调整载荷。中置式机型由于转子置于前后轮间，不像后置式机型那样转子传动复杂、重量大、易引起桥荷变化、纵向稳定性差，因而采用机械传动以提高传动效率。通过合理的载荷自动调节装置，实现可靠的作业性能。转子机械传动使整机传动效率提高约 20%，即从全液压传动效率 60%～65%提高到 80%～85%。

中置式机型的最大特点为纵向稳定性好、拌和工作面平整，不足处为结构复杂、维修不便。该类机型中转子也可采用液压传动的方式，但由于效率低，很少采用。

3.2 车架

后置机型车架为水平整体式刚性结构，与后桥间为刚性连接，与前桥通过前后向水平销铰连接。车架纵向大梁用钢板压制或用槽钢制作，根据强度和刚度需要可考虑为箱形结构。最前方横梁装置配重箱，配重箱内多用铸铁块或水泥块填充，其形状和体积由整机造型和配重量决定。后部横梁为后置式工作装置的悬挂处，一般多做成三角形断面，因而又称为三角梁。为保证车架有良好的刚度和足够的强度，其主要部分均取材 16Mn。

中置式机型车架为一中部上拱形整体式刚性结构，无配重箱，与前桥间刚性连接，与后桥间为前后向水平销铰连接。

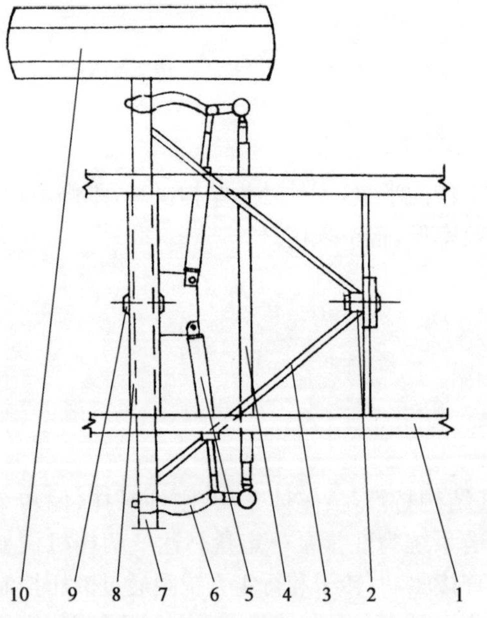

图 11-3 前桥结构原理图

1-大梁；2-销轴；3-三角架；4-横拉杆；5-转向油缸；6-转向节臂；7-前桥体；8-横夹梁；9-销轴；10-前轮

3.3 摆动转向桥

3.3.1 后置机型转向桥

后置机型的前桥为转向从动桥，又为摆动桥，即前桥和与其焊接为一体的三角架（相当于副车架）可以绕车架上前后两销轴摆动（图 11-3）。这样当前桥在不平地面上作业时可以保证四轮接地，拌和平整，操作平稳。两销轴或至少一销轴应为球铰轴以提高使用性能，而前桥体以上拱式结构为佳，取直轴式结构（汽车型）从造型和使用上都不可取。三角架根据发动机布置等要求可以置于桥前或桥后（图示为桥后）。转向方式为车轮偏转式动力转向，由转向油缸推动。

3.3.2 中置机型转向桥

中置机型的后桥为摆动转向桥，桥体即为一副车架，可绕车架前后方向的水平销铰左右上下摆动，以调整机器作业面。后轮位于垂直转向立销内侧，通过横拉杆带动立销实行后轮转向。拆除横拉杆后，后轮可以转到立销外侧，此时两后轮间距增大，便于转子从两后轮间拆卸滚出，以利维修装配。

3.4 轮胎形式

刚性悬挂的稳定土拌和机由于工作装置质量较大，整机质量分布分散，整体刚性和稳定性差，在不平路面上高速转移时颠簸较大，为改善其运动舒适性，后驱动轮以超低压超宽基林业用牵引胎为宜，前转向轮以中低压纵槽纹导向胎为宜。选用上述轮胎还可大大提高机器在松软地段或沙漠地段拌和作业的牵引通过能力。国内目前稳定土拌和机后轮多选用装载机一般宽基低压胎，而前轮多用载重汽车胎，施工实践表明，这种轮胎在一定程度上影响了机器性能的发挥。

3.5 制动系统

稳定土拌和机行走系统为闭式液压驱动，加之行驶速度较低，利用液压系统本身即可完成制动。行走系统中一般仅驱动桥设制动器。液压动力制动或气压制动均可。由于后桥采用液压马达、变速器、驱动桥联为一体的紧凑结构方式，因而停车制动器不像一般车辆那样设在传动轴上，多采用常闭式行车制动器，停车时自锁。在采用常开式行车制动器时，须另设一套停车操纵机构来操纵该制动器。图 11-4 为液压制动原理图，流量压力阀 1 调节制动速度和制动力大小，脚制动阀 2 实行行车紧急制动，手制动阀 3 实行单边制动，在原地转向或转小弯时采用，驻车制动阀 7 实行驻车制动，停车时利用蓄能器 8 保压，梭阀 4 和单向阀 9 都具有液压锁作用。

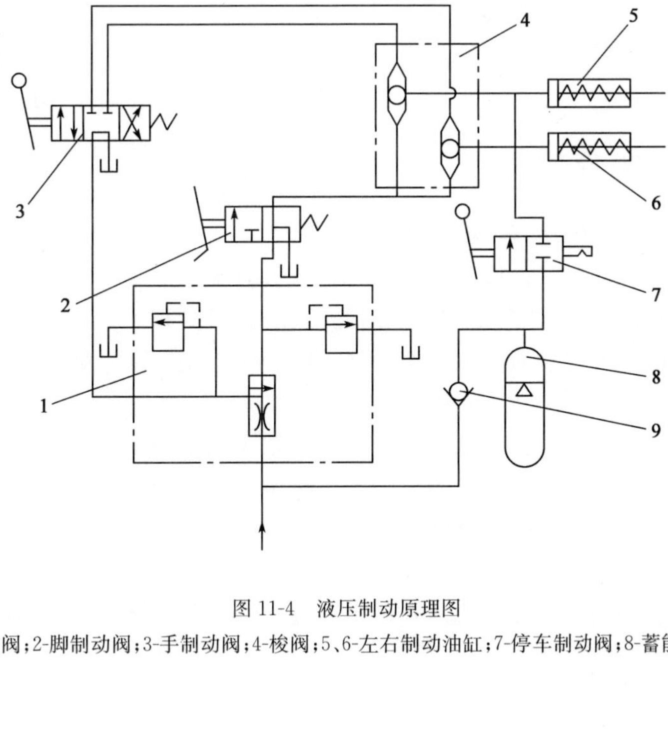

图 11-4 液压制动原理图

1-流量压力阀；2-脚制动阀；3-手制动阀；4-梭阀；5、6-左右制动油缸；7-停车制动阀；8-蓄能器；9-单向阀

3.6 行走系统

稳定土拌和机因其特殊的性能要求，其行走系统除早期采用机械传动方式外，现代机型上几乎都采用液压传动方式。稳定土拌和机有拌和及运行两种工况，工作时要求低速和较大牵引力(拌和作业时 0.5～1.5km/h，铣削作业时 0.2～0.5km/h)，而运行时希望快速(20～25km/h)，如遇坡道仍需要较大牵引力。对这两种工况，不加变速器仅通过变量泵到变量马达驱动无法实现其宽幅变速能力及功率要求。因而目前多采用高低两档变速器以适应不同速度的要求。图 11-5 为常用的液压驱动两挡变速机构的行走系统原理图。

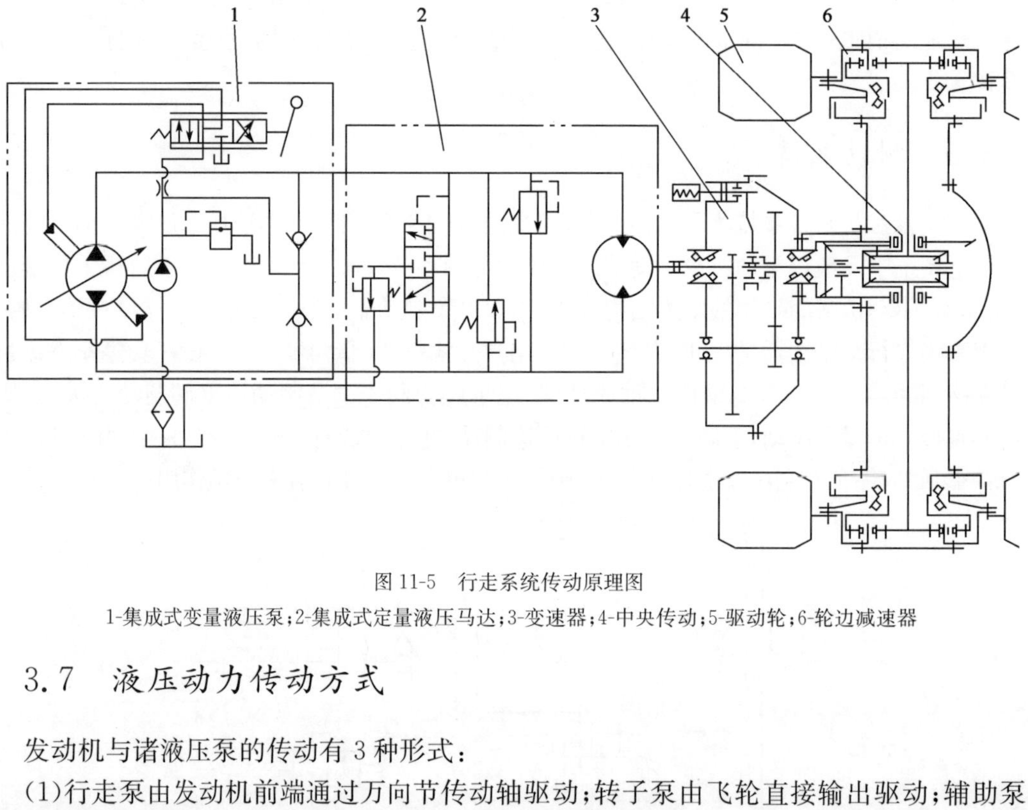

图 11-5 行走系统传动原理图

1-集成式变量液压泵；2-集成式定量液压马达；3-变速器；4-中央传动；5-驱动轮；6-轮边减速器

3.7 液压动力传动方式

发动机与诸液压泵的传动有 3 种形式：

(1)行走泵由发动机前端通过万向节传动轴驱动；转子泵由飞轮直接输出驱动；辅助泵由发动机齿轮室直接驱动，用于转向、举升、尾门开闭、液体料洒布等，有单泵分流工作和多泵串联两种方式。这种传动方式最为简单合理，国外机型采用较多，只是发动机前端有输出时风扇位置及发动机前端配置的水及液压油散热器均需上移。

(2)发动机与分动器独立安装，通过万向节传动轴驱动。传动轴上安装轴流风扇，通过分动器上的通风孔冷却分动器并带走液压泵传递之热量，以利于高温条件下的可靠作业。分动器为三轴式，受力对称，结构简单，维修便利。

(3)有的分动器与发动机刚性联为一体，共用分动器体支承。所有采用分动箱传动的方式都存在着结构复杂、故障多(与无分动箱方案比)的缺点，特别是分动器发生故障时要全部拆除液压泵，工地现场维修不便。

3.8 后置式工作装置结构原理

图 11-6 为后置式工作装置，由转子、罩壳和举升臂 3 部分及附件组成。

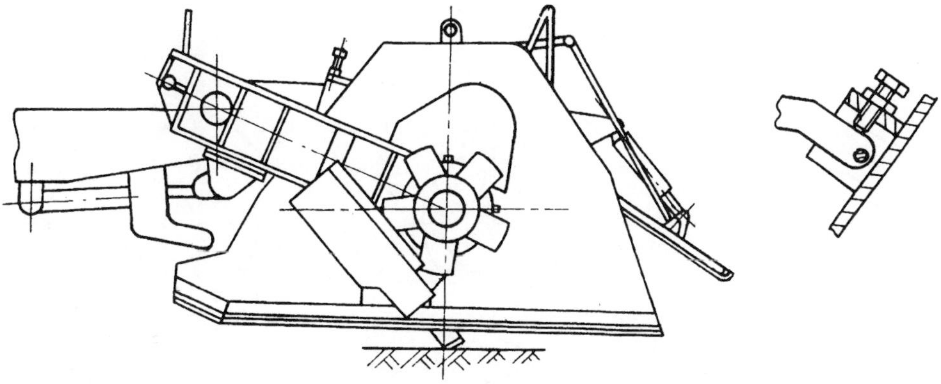

图 11-6 后置式工作装置原理图

3.8.1 举升臂

举升臂由左右两侧纵臂和两横梁组合成三角形结构，两纵臂由槽钢加封板组焊为箱形结构，两横梁为圆管组成，为便于工作装置维修，两横梁与两纵臂间均为可拆式连接。上横梁通过剖分式滑动轴承装于车架尾部三角梁上，构成转子上下运动的铰点；下横梁即举升梁，为举升油缸的上铰点，油缸伸缩则使转子升降。

3.8.2 罩壳

罩壳由两侧壁和顶壁组焊成一工作室，罩壳后方有尾门，尾门由油缸操纵，起刮平并预压土壤的作用，其开度可通过开度指示机构由司机观察调节。开度过小则罩壳内土壤不易排出而增加转子负荷，严重时将使机器无法工作；开度过大，则土壤得不到平整和预压。罩壳前上方由牵引杆支撑，牵引杆前方铰接在车架上，为罩壳的转动中心。后方铰接在罩壳上，通过调节螺钉可以调节罩壳接地面前方的仰角，旋入螺钉仰角增大，反之减小。罩壳侧壁上有弧形缺口，使其能随转子上下浮动，转子和罩壳绕各自铰点运动时不致相互干涉。转子拌土时伸入地下，侧壁弧形缺口由与纵臂联为一体的封土板封闭，罩壳则浮动于地面，通过牵引杆拖动及转子轴承座筒辅助顶推而运动。这种浮动式罩壳密封可靠、结构简单、摩擦阻力小。工作时罩壳下方与地面倾角一般为 3°～5°。倾角过小易使罩壳前方入土增加阻力，特别遇到石块等障碍物时不易托起；倾角过大使封闭不严、工作不稳。为防止罩壳因前方拥土顶起失稳，车架后方还加有限位板。

在配有液体料喷洒装置的稳定土拌和机上，罩壳顶壁前上方还横向装有一排液体料喷管。

3.8.3 转子

转子通过调心轴承支承在举升臂上。转子一般有刀盘式、刀臂式和鼓式三种结构形式，如图 11-7 所示，刀盘和刀臂式结构多用于拌和作业，为提高刀盘和刀臂刚度，管轴取外径 ϕ300mm 以上圆管（200kW 以上大功率拌和机），刀盘和刀臂焊接在圆轴上，刀库焊接在刀盘或刀臂上，刀具活装于刀库中。鼓式转子由单一的圆鼓组成，刀库直接焊接在鼓上，这种转子多用于铣削作业。近年来国外也有用这种转子兼作拌和转子的趋势，以减少改换转子的麻烦，因而拌和性能有所降低。刀盘和刀臂式转子中为易于改换不同形式的刀具，常采用在管轴上焊接一小直径圆盘，将剖分式刀盘或刀臂活装在该圆盘上的结构。

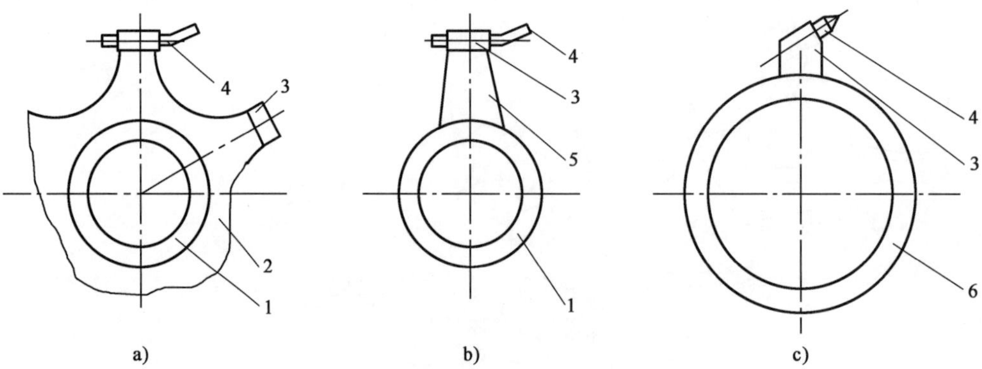

图 11-7　常用转子结构形式图

a)刀盘式；b)刀臂式；c)鼓式

1-管轴；2-刀盘；3-刀库；4-刀具；5-刀臂；6-圆鼓

刀具常用的形式有下列几种(图 11-8)。直角 L 形弯刀和弯条刀的刀柄安装为插销方式，用于松土拌和均匀性较好，多用 $60Si_2Mn$ 型材锻制并调质处理。铲刀和尖铲刀刀柄为有一定锥度的矩形断面，插入式安装，切削中有自紧能力。刀体由 40Cr 或 42CrMo 铸造并回火处理后嵌焊 YG8 或 YG11 硬质合金，用于硬土翻松或松土拌和都较适宜，耐磨性好。为避免土壤中混有石块击碎合金头，亦有堆焊耐磨合金来代替硬质合金或全部用弹簧钢等材料铸造并经调质处理的铲刀，价格适宜。子弹头型刀由刀体和合金头组成，刀柄部分有一开口的弹性套筒，通过套筒的弹性张紧作用固定于圆孔刀库中，主要用于路面铣削，亦可兼用于翻松和拌和作业。

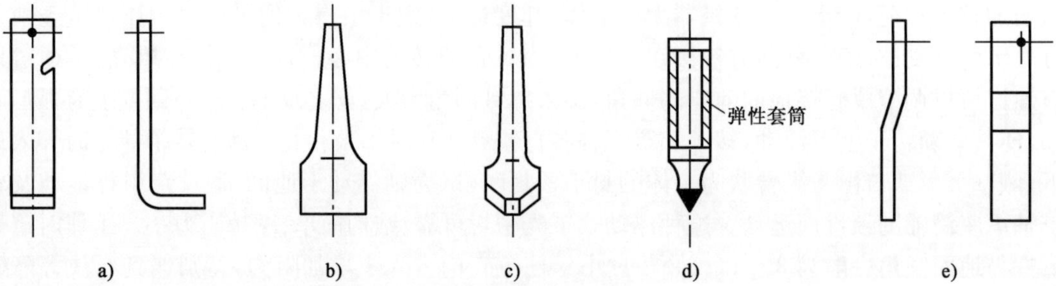

图 11-8　常用刀具形式

a)直角刀；b)铲刀；c)尖铲刀；d)子弹刀；e)弯条刀

3.9　中置式工作装置

中置式工作装置与后置式工作装置之区别仅为悬挂方式不同，其他并无差别，其结构如图 11-9所示。上管梁通过滑动轴承铰装在机架上，为转子上下运动的转动中心；下管梁上左右装一立杆 15，弹簧 16 穿入立杆托浮起罩壳前方；链条壳 3 又为举升臂，提升油缸 14 伸缩即拉动转子上下运动；推杆10、摇臂11、调节油缸13三者构成罩壳的定位装置；与左右链轮壳相连的两定位装置通过横置于罩壳顶部的管轴12限制罩壳与转子间相对位置；通过左右调节螺管9可以改变推杆10的长短以调节罩壳左右侧的高低，同时还可调整罩壳的接地面仰角，伸长推杆10则仰角变小，反之则增大。该罩壳为非浮动式工作原理，推杆10长短固定后随着拌和深度增大而仰角增大。

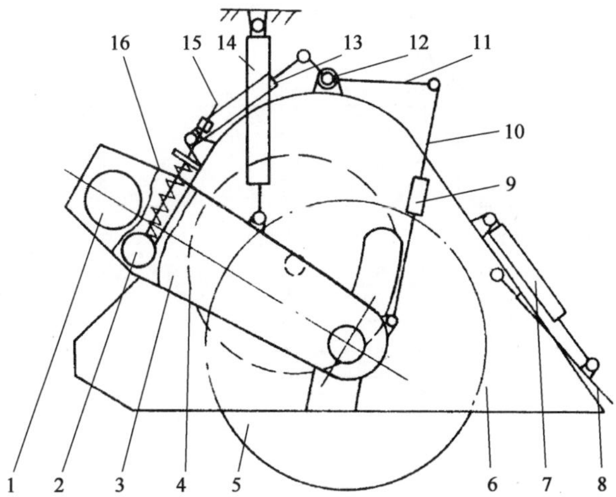

图 11-9　中置式工作装置原理图

1-上管梁；2-下管梁；3-链条壳；4-挡灰板；5-转子；6-罩壳；7-尾门油缸；8-尾门；9-调节螺管；10-推杆；11-摇臂；12-管轴，13-调节油缸；14-提升油缸；15-立杆；16-弹簧

转子上下运动时带动挡灰板4绕其中心(挡灰板中心)轴转动，从而密封罩壳侧臂上的圆弧缺口，转子工作时通过挡灰板和其中心轴推动罩壳水平运动。

3.10　转子的驱动方式

转子的驱动方式有液压传动和机械传动以及液压机械组合3种传动方式，现将目前常用的几种传动方式分别加以介绍。

3.10.1　液压传动方式

图11-10所示为液压传动方式原理图，通过低速大扭矩液压马达直接驱动转子工作。其特点是结构简单、制造和维修方便。目前国内外后置式机型几乎都采用这种传动方式。为防止在工作过程中举升臂变形造成轴承座同轴度变坏而使低速大扭矩液压马达驱动轴承受径向力而损坏，在转子与马达之间加装有浮动式联轴器。这种传动方式的最大缺点为传动效率低。

3.10.2　机械传动方式

机械传动方式为动力通过离合器直接由发动机后部飞轮引出，经齿轮变速器→万向节传动轴→安全销法兰盘装置→万向节传动轴→齿轮差速传动桥→两边链传动→转子。齿轮变速器有2～3个挡位，构成低、中、高转速。如用小直径铣削转子破碎旧路面时宜用中速以取得较大的圆周速度；用大直径拌和转子拌土时则用低速，使任何工况都有合理的圆周速度；高速多用于依靠离心力清除转子黏结之杂物等。为保护系统超负荷时不被损坏，在两个万向节传动轴法兰盘端面上加装安全销，超载时被剪断而起到保护作用，其结构比较简单。机械传动的最大特点是传动效率高，且终端链传动径向尺寸小，可以采用较小直径转子完成大深度拌和作业。不足之处为结构复杂、重量大，对后置转子的稳定土拌和机来说较为不利，用于中置转子则不失为一种良好的传动方式。

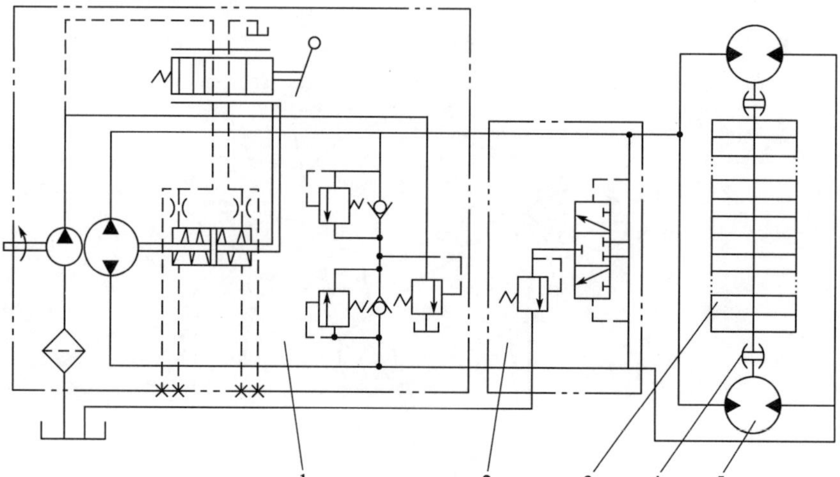

图 11-10　转子液压传动原理图

1-集成式变量泵；2-补油阀组件；3-转子；4-子形齿联轴器；5-低速大扭矩马达

3.10.3　液压机械传动方式

近年来国外兴起了由高速液压马达、行星减速机直接驱动转子的传动方式，这种方式多用 NGW 型或 NW 型单级行星传动，动力由太阳轮输入行星架输出。减速机和高速液压马达置于转子筒内，结构紧凑，可以大大减小转子直径(由 1.2～1.3m 减小到 0.9～1.0m)。同时，高速马达工作可靠、效率高、寿命长，为后置式转子液压驱动方式提供一种体积小性能好的传动方式。

3.11　拌深指示装置

拌深指示装置有手动操纵和自动控制两种方式。手动操纵由司机目测深度指示刻度，操纵举升油缸控制拌深到需要位置，这一方式结构简单，工作可靠，目前国内外稳定土拌和机上多已采用。不足之处是工作中因举升油路泄漏易使转子下沉，需要司机随时进行必要的调整。

自动控制是一种电液配合的位置控制方式，形式多样。其主要工作原理大同小异。在规定拌深的位置上(举升油缸或举升臂的转动铰点处)安装两个位置行程开关，两开关距离为拌深的允许误差 ΔH，当转子下降到第一个行程开关(断电)位置处时(规定拌深 H)，行程开关断开举升油缸电磁换向阀下降侧电源，使换向阀在中位定位工作。因举升油路泄漏等使转子偏离标准拌深 ΔH 时，第二行程开关(通电)使电磁换向阀上升侧通电，转子上升，达到规定位置时又定位工作。如此反复，始终控制转子在深度 $H+\Delta H$ 范围内工作。

3.12　液体料喷洒系统

稳定土拌和机在施工中，有时需要加入液体稳定剂如乳化沥青等，有时为防止灰土污染或保证土壤合适的含水率时需要喷洒水，为此，现代稳定土拌和机多配带有液体料喷洒装置。

自控式液体料喷洒系统由3部分组成，即检测控制部分、液压驱动部分、液体料喷洒部分。其中液压驱动部分由齿轮泵、电液比例流量阀或伺服阀和齿轮马达组成一进口式节流调速系统。工作原理为：由五轮测速仪测量机器实际的行驶速度，根据行驶速度和喷洒量要求定出的液体流量，并将其转换为液压系统的液压油流量，进而转换为电液比例流量阀或伺服阀的控制电流量，由控制器输出需要的电流操纵电液比例阀工作，使液压马达以所需要的转速驱动液体喷洒泵供给所需要的液体。还可在终端增加流量检测仪，检测最终实际的液体流量，将其反馈到控制始端进行闭环修正，从而使系统达到更精确的控制要求。

4 总体设计及主要参数的确定

4.1 主要设计参数的确定

进行稳定土拌和机设计时，要确定的主要参数有：进距 s、拌和挡和运输挡行走速度、转子圆周速度、整机重量、前后桥荷分配、拌和宽度、拌和深度、转子半径等，以下分别加以说明。

4.1.1 进距 s 的确定

刀具的水平进距 s 为转子同一切削位置上相继切削的刀具轨迹1与2之间的水平距离(图11-11)，即转子在转过同一横断面上相邻刀具之间夹角这一角度的时间 Δt 内转子轴线前进的水平距离。当转子上每排两把刀时(不是每个刀盘上的刀数，而是同一切削位置上的刀数)，进距为：

$$s = u\Delta t = u \cdot 2\pi/(Z\omega) = 2\pi R/(Z\lambda) \tag{11-1}$$

式中：s——进距，m；

u——行走速度，m/s；

ω——转子角速度，s^{-1}；

λ——运动学参数，$\lambda = u_0/u$，$u_0 = \omega R$；

u_0——转子圆周速度，m/s；

R——转子半径，m。

因为在稳定运动时 λ 为常数，所以不论将刀具轨迹的那一点作为起点，其进距均为一常量 s。刀具的进距是稳定土拌和机主要的工艺参数之一，它可决定被拌和土壤的破碎程度。

要考虑一种极限状态，即相邻轨迹不相交而是相切为分离的状态，此时：

$$s = (2R/\lambda)\arcsin(1/\lambda) \pm 2R\sqrt{1-(1/\lambda^2)} - \pi R/\lambda \tag{11-2}$$

设计机器时，进距 s 应小于式(11-2)计算的极限值，否则将产生漏拌现象。

根据石灰土拌和过程所作试验绘制的满足上、下层平均不均匀度小于10%时圆周速度和进距可以选择的工作范围为一直线，称为质量控制线，其方程为

$$u_0 = 3.6 + 290(s - 0.015) \tag{11-3}$$

除对拌和质量产生影响外，进距 s 还对功率消耗及生产率也产生影响，因而必须综合考虑

才能选定。式(11-3)是针对一次拌和工艺而言,当发动机功率富余时,可以考虑增大进距 s 值以提高生产率,通过重复拌和来满足质量要求。

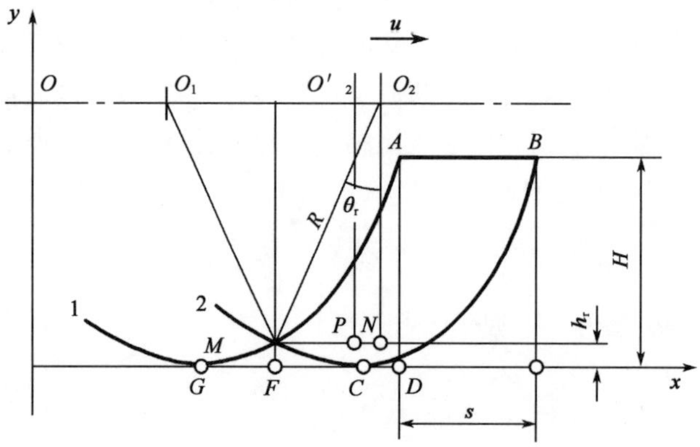

图 11-11 求刀具进距 s

4.1.2 行走速度的确定

稳定土拌和机有低速拌和作业和高速运输作业两种工况,因此需有相应的挡位与其适应。对目前普遍采用的定量液压马达加两挡或三挡齿轮变速传动的方式,首先确定低速挡和高速挡的行走速度。至于中速挡,则可根据通用底盘设计理论来确定。

对低速挡位速比要求:对应于 0.5～1.5km/h 的拌和速度,变量泵排量为总排量的15%～50%;变量泵全排量时低速挡速度达 3.0～3.5km/h 为宜。速度设置过低虽有利于拌和作业的低速稳定性,而变量泵有可能进入 10%排量以下工作,而此时其效率降低,性能恶化。高速挡速度以 20～25km/h 为宜,速度过高因颠簸过大而无法行走。稳定土拌和机的运输工况在整个工作中所占比例较小,它不像装载机那样,必须用高速来提高装卸效率。

4.1.3 圆周速度的确定

圆周速度也是一个对上述各项指标有着重大影响的参数,其选择受到进距 s 值约束,应以式(11-3)作为选择依据。一般选用较高的圆周速度,这样可以允许以较大的进距工作,保证有较高的生产率,尽管比能耗较大,但可以利用宽度较小的转子来容纳较大的发动机功率、提高机器的功率重量比,增强机动性。现代大功率稳定土拌和机取 $u_0=8\sim9$m/s,有时达 10m/s,$s=30\sim40$mm 是比较适宜的。圆周速度进一步提高,将使工况恶化,功率消耗急剧增加,刀具磨损加快。

4.1.4 整机质量与桥荷

后置式稳定土拌和机由于后悬较大易使重心后移,需加配重调整。一般应保证前桥静负荷为整机质量的(30±2)%。前桥负荷太小易于跳头失稳,前桥负荷过大则使整机质量无谓增大,且配重过大影响整体造型。

对中置式稳定土拌和机同样要求后支承桥荷不小于整机质量的 30%。由于中置式机型工作装置位于两桥之间,只要各部件设计合理一般不加配重即可满足这一要求。

关于整机质量,由于拌和机的转子为一种旋转式主动型工作部件,它的工作由发动机通过传动装置直接驱动，不像推土机一类平移式被动型工作部件那样，须有一定的附着质量以增大牵引能力。稳定土拌和机工作时要克服转子切削力的水平分力和轮胎的滚动阻力，但由于其牵引力与同样功率的牵引型机械相比，仅为其20%左右，因此稳定土拌和机的整机质量仅为一种结构质量，满足整机稳定性要求后应越小越好。

4.1.5 拌和宽度及深度

转子的最大拌和深度由施工工艺要求和发动机功率决定。在设计新的稳定土拌和机时，往往预先根据作业对象的工艺要求定出拌和深度，然后再配置发动机功率，如不合理再通过拌和宽度或行走速度等参数进行调整。

国产中小功率稳定土拌和机一般最大拌深为200～300mm，而大功率稳定土拌和机可达400mm。这一深度主要考虑到现有压实机械对拌和材料的压实能力。一般施工中多使用250～300mm的拌深进行多层作业。近年来国外一些大功率稳定土拌和机拌和深度可达600mm，这主要用于土壤改良的特殊作业。从国内的施工实践来看，路用稳定土拌和机以400mm拌深为宜，无谓增加拌深将使转子直径加大，会恶化机器的工作性能并使整机尺寸和重量增加。

拌和宽度也是一个十分重要的参数。确定拌和宽度应从以下因素考虑：

(1)要求拌和宽度与路面宽度相适应，即考虑两幅拌宽之间必要的重合(一般为50～100mm)后要求以整数幅拌完整个路面。尽管这是一个最好的设想，但由于路基高度不同，因坡度形成的实际路基宽度不同，加之路面宽度的差异，做到上述组合是很困难的。

(2)要求拌宽应超过轮胎压痕外沿宽度，这样可以使机器始终在未拌和的硬土层上行走。但由于轮胎外沿较宽，常用的轮距为2000～2200mm，轮胎外沿达2500～2600mm，如使拌宽接近轮胎外沿宽度对后置式机型来说，工作装置质量和配重将大大增加，而影响横向稳定性。此外，装于转子外部的低速大扭矩马达会大大超宽，通过性能将变坏，行走不便。

(3)通过增加拌和宽度增加转子工作容量，以此来提高作业生产率。实际上对一确定的发动机功率，在一定的作业参数条件下仅与唯一的转子容量(拌宽与拌深乘积即拌和横断面积)相适应。增加转子容量必须降低行走速度来减小进距以求动力适应，其结果仍将保持大致不变的作业生产率。

综上所述，拌和宽度的选择原则应以降低整机质量、提高机器机动性为前提，结合考虑整机的结构尺寸要求来确定。对后置机型，中、大功率稳定土拌和机以2000～2200mm为宜，中置机型以等于轮胎压痕外宽为宜。

4.1.6 转子半径 R 的确定

试验和分析表明：在拌和宽度 H、进距 s 和圆周速度 U_0 不变情况下(作业质量不变)，随着比值 H/R 的增大，比能耗降低，生产率提高。这主要是由于转子半径减小后切削路程变短且转子上抛土壤能力增加使转子前方堆积物料减少(反转转子)。此外，小半径转子可以降低转子轴扭矩，减小其传动系统负荷，同时减小了结构尺寸，这一切都会有利于降低整机质量和造价，提高机动性。

转子半径的最小值为：当转子在较硬土壤上工作时(此时并不是转子设计中的最大深度)，轴端的大臂或其他传动元件以不碰撞土面为好，而在较松软土壤上以额定拌深工作时，可以考虑在轴端传动元件前加装一开沟器，利用开沟器在松土中开出的沟槽让传动元件下入沟中，这样将有利于减小转子半径。

4.1.7 拌和机综合性能的评价指标

良好的总体设计参数可以保证拌和机工作中有最优的动力性、经济性、生产率以及作业质量。取比能耗作为动力性和经济性的指标，即：

$$W_b = P_n/(BHu) \tag{11-4}$$

式中：W_b——比能耗，kJ/m³；

B——转子拌宽，m；

H——拌和深度，m；

u——拌和行走速度，m/s；

P_n——转子轴功率，kW。

理论生产率为单位时间内拌和的土壤体积，即

$$\upsilon = 3600BHu \tag{11-5}$$

式中：υ——理论生产率，m³/h。

B 和 H 的乘积为转子的工作断面，称之为转子容量，由发动机功率决定。对一系列结构及动力相似的机器，发动机额定功率和转子容量的比值是大致不变的。因此，为本质地评价不同功率稳定土拌和机的生产率，引入相对生产率的概念，即：

$$\upsilon_0 = \upsilon/(BH) = u \tag{11-6}$$

式中：υ_0——相对生产率，m/s。

显然行走速度就表示相对生产率。

4.2 拌和机功率的合理匹配与选择

4.2.1 整机功率的合理匹配与计算

稳定土拌和机作业时，发动机功率消耗在以下几方面：

(1)操纵系统包括转向、转子举升及尾门开闭。转子举升和尾门开闭仅在转子开始切土和结束切土时进行，拌和作业中不再动作；转向在拌和中也只是偶尔进行。测试表明：这部分功率为 3～5kW，为总功率的 2%～3%，当配备液体料喷洒装置时另计。除去这部分消耗的功率称为净功率。

(2)行走和转子系统。由于土壤条件、拌和深度、运动状态经常变化，因此行走系统和转子系统功率比值也在不断变化。现场测试表明：正常运动状态下(u=0.5～1.5km/h，u_0=8～9m/s)，反转时行走功率 P_x 为净功率的 15%～25%，转子功率 P_n 为 75%～85%；而正转时行走功率 P_x 为 5%～15%，转子功率 P_n 为 85%～95%。

尽管拌和机可以通过行走速度来调节外部载荷，使发动机动力始终与荷载匹配。但发动机功率的配置还是有一定要求的，配置太小，生产率太低；配置太大，则易于功率富余或因拌和作业速度太大而降低作业质量。稳定土拌和机转子的比功率按下式计算：

$$P_b = P_H\eta_Z/(BH) \tag{11-7}$$

式中：P_b——转子比功率，kW/m^2；

P_H——发动机额定功率，kW；

η_Z——整机传动效率，对反转转子估算式为：

$$\eta_Z = 0.2\eta_{1Z} + 0.8\eta_{2Z}; \tag{11-8}$$

式中：η_{1Z}——行走系统液压和机械传动总效率，取 $\eta_{1Z}=0.65$；

η_{2Z}——转子系统总传动效率，机械传动取 $\eta_{2Z}=0.8\sim0.85$，液压传动取 0.65。

统计结果表明：现代大功率稳定土拌和机为提高作业生产率和机动性，对拌和转子（非铣削或其他转子），P_b 为 $180\sim200kW/m^2$。在这样的比功率条件下，可以保证机器按 $u_0=8\sim9m/s$，$u=0.5\sim1km/h$ 的运动状态在全拌深条件下工作。

比功率是一个十分重要的统计参数，设计时可以根据已定的发动机功率和比功率确定转子容量，也可以根据已定的转子容量和比功率确定发动机功率，特别是可根据比功率值引申出重量比、机动性等，对设计和选购机器都有着重要的指导作用。

4.2.2 拌和作业过程中的功率及载荷自动控制方式

拌和机作业过程中，当机器负荷增加，以致按给定的运动参数无法工作时，可以通过适当地降低行走速度即减小进距以调节载荷，使机器始终在合理的负荷工况下工作。液压系统具有无级调速的特点且特性硬，因此对任何土壤状态、任一拌和深度总可以找到一个合适的行走速度与之适应。

所谓载荷调节及控制，就是有效地调整行走速度为需要值，使行走和转子两系统在合理的参数条件下工作，使发动机动力得到充分发挥而又不超载，同时保证拌和质量。因此也可称作为功率自动分配。

利用行走速度调节载荷时，转子圆周速度有两种情况：一是圆周速度保持不变，这一方法在硬土条件下利用较高的圆周速度和小进距有利于提高作业质量。此外这种方法只有单一调节元件、实施方便、成本低廉。二是在调整行走速度的同时，相应改变圆周速度，以使机器有较高的功率利用率。这一方法多用于额定圆周速度较高或行走速度偏低的场合，此时适当地降低圆周速度 u_0 对拌和质量影响不大，而功率利用率则显著提高：

1)电液控制方式(过程测控方式)

这是一种在行走速度调速过程中转子圆周速度也不断调整的一种全过程控制，适合于全液压稳定土拌和机采用。首先确定液压系统的匹配参数。取极限工况（$u\to0$，行走功率 $P_x\to0$）为转子液压泵和马达的匹配工况，此时发动机为额定工况，称为转子全功率匹配。不考虑管路压力损失，则有：

$$0.97P_H = (P'_2 - P_{20})Q'_2/(60\eta\eta_2) = (P'_2 - P_{20})n'_0q_0/(60\eta\eta_2\eta_{v0}) \tag{11-9}$$

式中：P_H——发动机额定功率，kW；

P'_2——转子液压系统额定压力，MPa；

P_{20}——转子液压系统背压，MPa；

Q'_2——转子液压泵额定流量，即发动机额定转速、泵全排量流量，L/min；

η——分动箱传动效率，无分动箱时为 1；

η_2——转子液压泵总效率；

n'_0——转子马达额定使用转速，r/min；

q_0——转子马达理论排量，L/r；

η_{v0}——转子马达容积效率。

根据上式即可确定转子泵与马达排量。

关于行走系统，其液压元件要兼顾拌和作业和运输作业两种工况，为了提高运输工况的行走能力，其参数往往根据需要功率较大的运输工况而不是拌和工况确定。

在行走系统和转子系统液压泵与马达之间管路中分别安装压力和流量传感器，连续检测两系统的工作压力和流量。设行走和转子系统压力和流量分别为 P_1、P_2 和 Q_1、Q_2，则两系统功率分别为：

$$P_x = (P_1 - P_{10})Q_1/(60\eta_1\eta) \tag{11-10}$$

$$P_n = (P_2 - P_{20})Q_2/(60\eta_2\eta) \tag{11-11}$$

式中：P_x——行走系统功率，kW；

P_n——转子系统功率，kW；

η_1——行走泵总效率；

P_{10}——行走系统背压，MPa。

比较 P_x+P_n 是否小于 $0.97P_H$，如果小于则增大 Q_1 以提高行走速度 u，使行走功率 P_x 特别是转子功率增大；重新比较 P_x+P_n 是否小于 $0.97P_H$，直到相等为止，控制发动机功率始终在额定工况附近工作。

如果土壤松散、拌和深度小，则载荷调节是向提高行走速度的方向进行，而转子圆周速度保持额定值 u_0 不再增大。为了在满足动力合理分配的情况下还同时满足拌和质量要求，每增加一次行走速度 u 值需按质量控制线方程检查进距 $s=2\pi Ru/(Z_{u0}')$ 是否超值。应控制进距 s 大于质量控制线给定之值，即行走速度 u 有一极值。如 u 已达极值仍然有 $P_x+P_n<0.97P_H$，则表明在这种工作条件下机器能力过剩。要么继续增大 u 值以利用机器动力提高生产率，利用复拌工艺满足拌和质量要求；要么使机器在部分负荷条件下工作。反之，如土壤坚硬、拌和深度大，则控制是向降低行走速度的方向进行。如进距 s 在 30～40mm 之间，则仅降低 u 而保持 u_0' 不变，以保证拌和质量。如按 $u_0=u_0'$ 不变计算的 s 值在 20～30mm 之间[$s=2\pi Ru/(Zu_0')$]，则 u_0 随 u 降低而同时降低，其对应值为 $u_0=6\sim9$m/s，使 s 实际值[$s=2\pi Ru/(Zu_0)$]保持在 30mm 不变。u 进一步降低，则意味着土壤坚硬难以破碎或拌和深度大，为确保拌和质量要求，u_0 保持于 6m/s 不再降低。

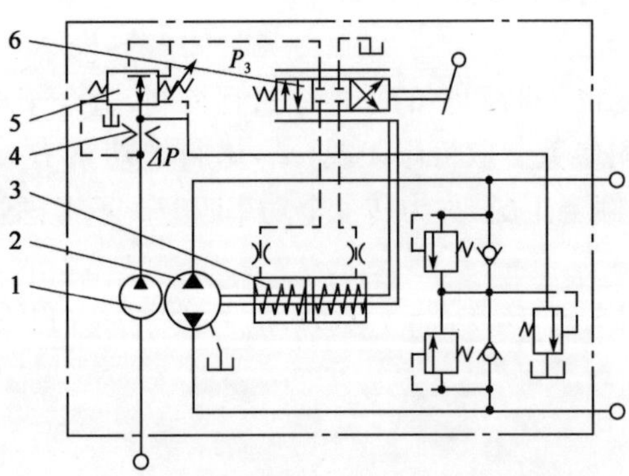

图 11-12　带有 DA 控制的手动变量泵工作原理图
1-补油泵；2-主泵；3-变量油缸；4-节流孔；5-调节阀；6-手动变量阀

2)转速控制方式(设计Ⅰ)

这种控制方式是借助于发动机转速的变化来控制行走泵和转子泵排量，达到调整 u 和 u_0 的目的。下面先介绍 DA 控制原理。

图 11-12 是 DA 控制工作原理图，控制油来自补油泵(或称增压泵)，其流量与发动机转速成

正比，进入调节阀后，经节流孔产生压降 ΔP，此压降将调节阀的阀口打开，在操纵管路内建立起控制压力 P_3，经手动变量阀后推动变量油缸控制主泵排量。P_3 又是调节阀的反馈压力，它将调节阀的阀口关闭。结果使主泵排量随发动机转速增减而增减。DA 控制方式可以在行走系统和转子系统同时采用，使行走和转子速度得到较好配合，发动机功率得到充分利用且满足拌和质量要求，然而控制方式较为复杂。这种行走系统采用 DA 控制的转速控制方式对转子系统采用机械传动的拌和机同样有效，只要转子系统有安全销保护避免产生意外突然超载即可。

3)转速控制方式(设计Ⅱ)

这种控制方式的基本原理与上述Ⅰ方式基本相同，都是以发动机转速为信号控制行走速度，达到调节载荷的目的。其区别仅在于方式Ⅱ不是将发动机转速变化转换为变量泵伺服控制压力，而是将其转换为成比例的电压或电流，以此来控制电液比例泵的排量。

发动机皮带驱动的交流发电机转速在不计皮带打滑时先与发动机转速以一定比例同步，取发电机一相正弦交流电作为控制信号，将其整形、计数，然后通过专门的放大和转换电路，输出与发动机转速成正比的电流信号，将此电流信号作为行走系统电液比例泵的控制电流，即得到与发动机转速同步的行走速度。

4)压力补偿控制方式设计

这是一种目前使用较多的控制方式。其控制原理为：当负荷增加使转子系统工作压力(转子为液压传动)超过设定值 P'_2 时，行走泵压力补偿器感受到这一压力，切断伺服控制油源，泵的排量控制油缸在弹簧力作用下自动回中，控制行走泵排量减小，达到降低工作负荷之目的(图 11-13)。转子负荷降低后，系统压力降低到 P'_2 以下，行走压力补偿器又停止工作，机器在这一新的工况下工作。

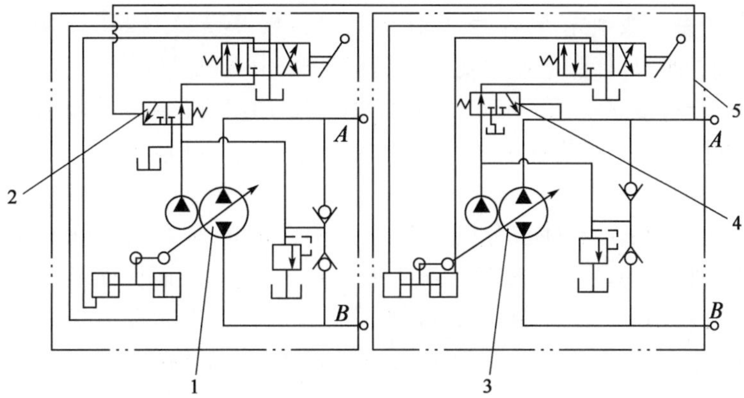

图 11-13 压力补偿控制原理图

1-行走泵；2-行走泵压力补偿器；3-转子泵；4-转子泵压力补偿器；5-控制油管

在正常的拌和条件下，由于行走泵压力补偿器总是预先动作，调节转子负荷不致太高，因而转子系统的压力补偿器并不起调节工作负荷的作用。它的工作过程及作用如下：如果转子碰到大障碍物处于堵转状态时，尽管行走速度已经很低，转子负荷仍将迅速升高，当压力超过 P'_2 增大到 P''_2 时转子泵压力补偿器开始动作。当转子泵排量小到一定值时，则系统压力降低。当这一压力低于补偿器动作压力时，则补偿器停止工作。因此压力补偿器(内控式)的控制只能动态地维持在一个较小的排量状态，压力补偿器的作用最终减小了泵排量，即减小了溢流量，达到了降低系统发热之目的，同时因转子速度降低避免刀具因高速冲击而破坏。

转子在堵转状态时，行走泵压力补偿器（外控式）将持续地感受到这一压力而使行走泵排量为零，机器停止前进。压力补偿器的工作仅受压力控制而与伺服变量手柄的位置无关。

压力补偿控制方式的匹配与设计时，对转子液压泵和马达同样实行全功率匹配，按式(11-12)确定转子泵的排量和额定工作压力 P'_2，而以发动机最大扭矩工况为转子系统溢流压力计算工况，即

$$P_{2m}=k_mP'_2 \tag{11-12}$$

式中：P_{2m}——转子系统溢流压力；

k_m——发动机扭矩储备系数；

P'_2——转子泵额定工作压力。

行走泵压力补偿器动作压力为 P'_2，转子泵压力补偿器动作压力为 P''_2，其计算式为

$$P''_2=(0.9\sim0.95)P_{2m} \tag{11-13}$$

式(11-13)是基于转子系统常用的先导式溢流阀的超调压力，一般为调定压力的5%～10%而考虑的，即要求溢流阀刚刚开启时，转子泵压力补偿器开始动作。P''_2 值偏小时转子过早降速不能充分利用发动机非调速段扭矩，P''_2 值偏大时起不到减小溢流流量的作用。

行走泵压力补偿器的控制只能在伺服变量阀给定的速度以内进行，即速度只能调低而不能调高，最大速度是由伺服变量阀控制的。因此，在作业中变量手柄要放在比较合适的位置上，速度偏高则易使压力补偿器频繁动作；速度偏低，则不能满负荷工作。合适的速度以补偿器偶然产生动作为宜，此时发动机在额定负荷附近工作，机器有最好的动力性和经济性。

5）手动伺服变量控制（固定功率分配方式）

这是一种转子系统按预先给定的功率比例确定参数，行走系统按照运输工况所需能力选择参数的传统控制方式。拌和作业中发生渐缓超载时，由司机降低行走速度来调节；当发生突然超载来不及调节时，依靠转子系统安全溢流阀限制极限载荷。由于土壤状态的多变性，超载是经常发生的，为降低司机的操作强度，提高机器抗超载的工作能力，往往使机器的动力参数匹配有较大裕量。

具体方法为：转子驱动元件在分配的功率范围内取极小值，即净功率的75%（有时取70%），这样机器在作业中，发动机多数情况为非满负荷工作，从而保证了发动机的正常运转。显然这种固定分配功率的匹配控制是以降低机器的动力性为代价的，尽管不十分科学，但由于设计简单、工作可靠、操作方便，目前在国内外的许多拌和机上仍在使用这一方式。

4.3 牵引计算

为简化计算，仅讨论在水平地面上匀速作业的后置式拌和机牵引平衡问题。图11-14所示为正转转子拌和机工作中的受力状态示意图，转子反转时仅 F、F_x、F_y 方向相反。

关于反转拌和机整机的力学平衡，计算可以按照一般轮式牵引型作业机械的计算方法进行。而正转拌和机，转子工作阻力 F 的水平分力 F_x 对整机行走起着推进作用，本节仅对这种特殊的非牵引型机械的动力学平衡进行讨论：

$$\left.\begin{aligned}F_k+F_x&=F_{f1}+F_{f2}+F_r\\G&=F_1+F_2+F_y\\F_{f1}+F_{f2}&=(F_1+F_2)f\\F_x&=F\cos\alpha\\F_y&=F\sin\alpha\\F_r&=F_2\varphi\end{aligned}\right\}\tag{11-14}$$

式中：F_k——后驱动轮切线牵引力；

F_{f1}、F_{f2}——前、后轮滚动阻力；

F_1、F_2——前、后轮支反力；

f——滚动阻力系数；

F、F_x、F_y——工作阻力及其水平和垂直分力；

G——整机重力；

F_r——制动力，F_r 和 F_k 不会同时产生；

φ——附着系数，近似认为制动力等于附着力。

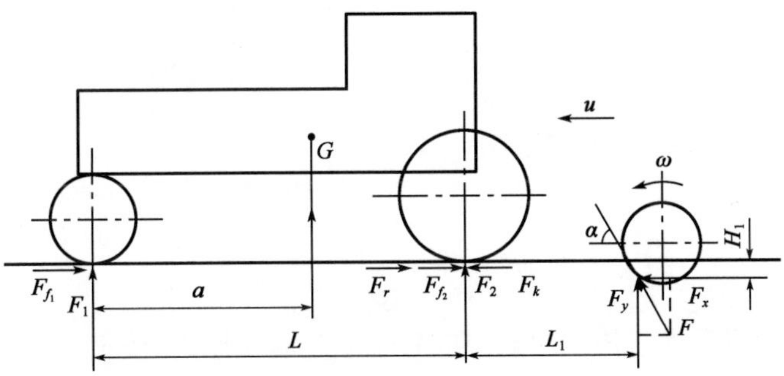

图 11-14　正转拌和机工作时的受力状态示意图

近似取工作阻力 F 沿转子切向且方向角 α 为 60°，转子系统与行走系统工作中功率比为 0.85∶0.15，则：

$$F=0.85P'_H\eta_2/(\omega R)\tag{11-15}$$

式中：P'_H——发动机净功率；

η_2——转子系统总效率；

ω——转子角速度；

R——转子半径。

当工作阻力 F_x 增大到某一临界状态时，即

$$F_x=F_{f_1}+F_{f_2}$$

或
$$0.85P'_H\eta_2\cos60^\circ/(\omega\gamma)=[G-0.85P'_H\eta_2\sin60^\circ/(\omega R)]f\tag{11-16}$$

机器虽未产生全滑移，但实际上作业速度已无法控制，这种情况为机器设计的一个极限工况。

当工作阻力 F，增大到另一临界状态时，即

$$F_y(L+L_1)=F_xH_1+G_a$$

或
$$0.85P'_H\eta_2\sin60^\circ(L+L_1)/(\omega\gamma)=0.85P'_H\eta_2\cos60^\circ H_1/(\omega R)+G_a\tag{11-17}$$

转子将产生上跳现象，后驱动轮支反力 F_2 为零，机器无法正常行驶作业，这种情况为机器设计的另一极限工况。

上述两极限工况中任何一种在设计中都应避免。

4.4 工作装置设计

工作装置各部分结构前述已经说明，转子一些主要的运动学及动力学参数也作为整体参数做了说明。关于工作装置总的设计原则可以总结为：在满足使用性能情况下，结构尽量紧凑、重量轻、后悬小为好。必要时可通过优化方法求解结构尺寸。

4.4.1 工作装置的作用力计算

工作装置各部分的受力计算应按极限工况，即转子遇到障碍物堵转、行走速度为零的工况进行。此时发动机全部净功率及扭矩输入转子系统，与转子刀具端部的工作阻力平衡。机械传动时，有：

$$F_{1m} = 0.97M_m i\eta_1/R \tag{11-18}$$

式中：F_{1m}——转子刀端的最大切向阻力，N；

M_m——发动机最大扭矩，N·m；

i——机械传动比；

η_1——转子传动系统总机械效率；

R——转子半径，m。

液压传动时，有：

$$F_{1m} = (p_{2m} - p_{20})q_0\eta_0/2\pi R \tag{11-19}$$

式中：p_{2m}——与发动机最大扭矩工况对应的转子系统溢流压力，按式(10-12)计算，MPa；

p_{20}——系统背压，MPa；

q_0——转子马达理论排量，mL/r；

η_0——马达机械效率。

F_{1m}力的作用点因工况不同而异，近似计算可以认为在刀具端部的转子圆周方向，且位于刀具切削开始点（沟底）和结束点（地面）之间的轨迹弧段中点。

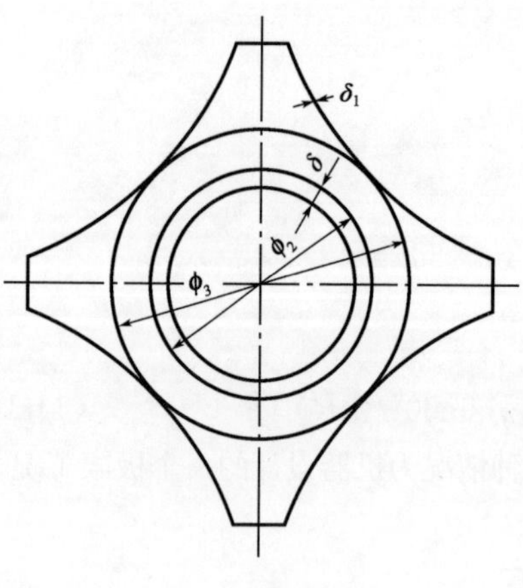

图 11-15 刀盘式转子结构尺寸示意图

4.4.2 转子及其刀具参数设计

1)转子参数

转子有刀盘式、刀臂式和鼓式几种，其中刀盘式转子制造方便，只要将各个刀盘错开一定角度即形成需要之刀具排列，因而国内外拌和机拌和转子多采用这种方式。一般刀盘式转子轴径及其壁厚有足够的强度，设计中对其轴径选择主要从刀盘刚度和转子重量以及要便于选用型材角度考虑。轴径过细则刀盘横向刚性差，工作中易于变形；轴径过大则使型材难选，卷管不便。图11-15所示为转子结构尺寸示图。

刀盘缺口直径 ϕ_3 外的刀臂部分结构尺寸由强度计算预先确定，根据转子直径和刀臂尺寸可以确定 ϕ_3 值，δ、δ_1、N、(刀盘数)B_1(转子轴长)也都为预先可确定值，仅 ϕ_2 即 R_2 为待定参量。求极值有：

$$R_2 = B_1\delta/(N\delta_1) \tag{11-20}$$

转子轴直径应尽量大于该计算极值。如不用型材而卷管制造时取等于即将刀臂直接焊接在管轴上最好。

2)刀具的切削角度(切削后角)

对破碎粒度和切削阻力都有重要影响。在 30°～45°范围内会产生最好的破碎效果，而比能耗却随切削角增加而增大。综合考虑这两种因素以及考虑不应使刀具背部及刀库等在切削中与工作面摩擦，一般取切削角为 40°～45°较好。

3)刀具排列方式

刀具在转子上的排列会影响到转子扭矩的变化和拌和机作业行走的稳定性，一般应根据下列原则布置：

(1)全部刀具按等角距布置，任何瞬时只有一把刀开始切削，以保证载荷平稳。

(2)相邻刀盘上(非刀排)相继切削的两把刀相位间距(称为邻刀间距)应尽可能大(最小应大于 12°)，以避免夹石夹土。

(3)尽量使刀具左右对称排列，以消除横向扭矩，保持机器前进方向的稳定性及拌深稳定性。近似对称(人字形)的多头螺旋线排列方式可同时满足上述条件。

铲刀在每个刀盘上为左、中、右三排布置，计为三排刀；直角 L 形刀则为左弯、右弯两排布置，计为两排刀。现以 11 个刀盘的转子为例用圆周向展开图的方式说明其排列方式(图 11-16)。

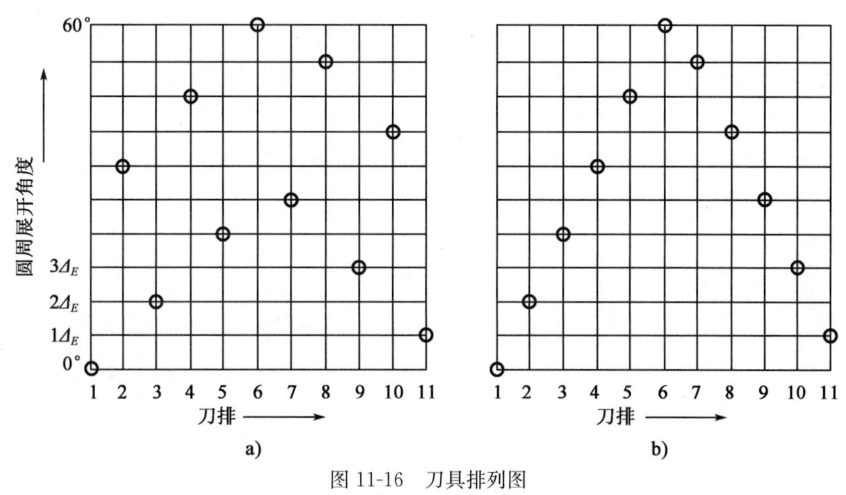

图 11-16　刀具排列图

a)双人字排列；b)单人字排列

图示仅为转子上一组刀的排列方式，图 11-16a)为双人字排列，每个刀盘上六把刀时(两左、两中、两右)，则整个转子为 12 组人字排列，邻刀间距最为 $4\Delta_E$＝28°(如第 2 与第 3 刀盘间)，其中 Δ_E 为相继入土两刀角距，为转子上总刀数平分圆周所得。图 11-16b)为单人字形排列，邻刀间距仅为 $2\Delta_E$＝10.9°，易于夹土。为减小切削阻力，两排刀间可留 5～10mm 侧隙。

4.4.3 罩壳形状的设计

罩壳形状如图 11-17 所示，EF 为前壁，ED 为顶壁（亦可为圆弧形），Djm 为后壁，GF 为料室前封板。

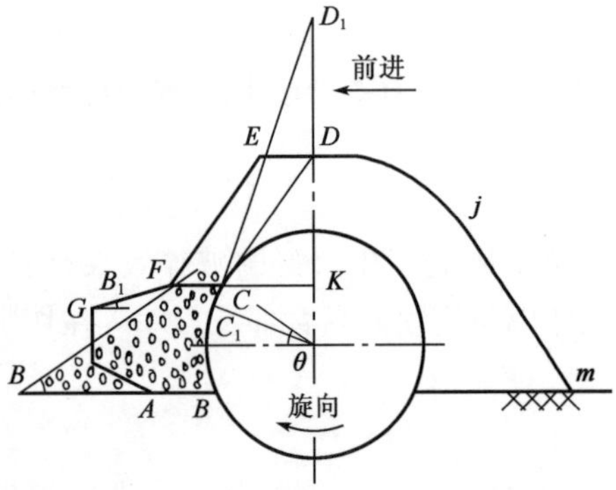

图 11-17 罩壳形状的合理设计示意图

过转子中垂线与罩壳顶部交点 D 作转子的切线，从切点 C 开始物料向后上方作抛射运动与罩壳顶部碰撞后才会下落于转子中垂线后方。否则，尽管脱离了刀具经罩壳顶部碰撞后仍落于转子前方形成堆积。根据这一分析，可对罩壳各部尺寸与形状进行设计。

1）顶壁高度

顶壁高度 KD 为罩壳最关键参数之一，由图可见，增加顶壁（高度由 D 变为 D_1）有助于降低堆料高度（由 C 变为 C_1）。顶壁高度的最大值应小于物料自 C 点开始进行抛射运动所上升的最高距离，以使物料抛射后经与顶壁碰撞达到破碎、混合之目的，即

$$|KD| < u_0^2\cos^2\theta/(2g)$$

式中：g——重力加速度。

在此范围内只要结构及造型许可应尽量加大顶壁高度。顶壁高度的最小值应保证当转子升起、拌和机在运输状态时转子与顶壁及后壁圆弧区的最小距离不小于 100mm，顶壁高度及转子直径确定之后，转子前方的物料堆积高度就基本确定且与拌深无关。

2）前壁设计

前壁 EF 后方为物料抛射运动的空间通道，其倾角与 CD 线倾角一致为好，这样可以保证抛射物料运动不受阻碍。若前壁倾角小于 CD 倾角，则易使抛射之物料在未达顶壁时与前壁碰撞落于转子前方。前壁倾角过大则无意义且结构庞大。根据实践经验，前壁与转子间距离以 200～300mm 为宜，过小则产生摩擦阻力，过大则结构庞大。此外，前壁下方 F 点以与 C 点平齐为宜。

3）料室设计

FG 下方为物料堆积室，为使转子有最小的功率消耗，该料室形状和体积设计应保证转子在工作中对物料施加作用时物料在料室内能自由运动而不受挤压。为此要求前封板 GF 与水平面夹角 β_1（F 点已预先确定）应小于物料的运动安息角 β，以保证前封板不与物料接触。β 一般为 30°～40°，因此 β_1 取 15°～25°为宜。

4）后壁设计

后壁只要能够形成必要的储料空间即可，宁大勿小，一般根据造型需要设计。

4.5 液压系统设计

全液压稳定土拌和机液压系统由辅助系统、行走系统、转子系统三部分组成，分别介绍如下。

4.5.1 辅助系统

辅助系统包括转向、转子举升、尾门开闭等,为齿轮泵和油缸组成的通用开式系统,其元件计算和选择原则。

1)转向系统

转向油缸的行程由转向梯形机构的结构尺寸确定,其油缸缸径和工作压力则根据拌和机静止时转向所需的推力计算。

转向阀排量由转向油缸完成一个工作行程所需的方向盘转数即转向阀转数确定。设转向阀排量为 q_E,则:

$$q_E = \pi D_E^2 l_E/(4n) \tag{11-21}$$

式中:q_E——转向阀排量,mL/r;

D_E——转向油缸内径,cm;

l_E——转向油缸行程,cm;

n——转向油缸完成一个工作行程(单向行程)所需之转向阀转数,取 6~8。

转向所需液压油流量为

$$Q_E = q_E n_E/10^3 \tag{11-22}$$

式中:Q_E——转向所需油量,L/min;

n_E——转向阀转速,取 60~70r/min。

2)举升油路计算

举升油缸行程由转子工作机构图确定,其缸径和工作压力由举升工作装置之推力确定,工作装置下降切土工作依靠自重完成无须加压。举升工作装置时油缸大腔供油,所需油量为

$$Q_j = 60\pi_j^2 D_j l_j/(4\times 1000 t_j) \tag{11-23}$$

式中:Q_j——举升油量,L/min;

D_j——举升油缸内径,cm;

l_j——举升油缸行程,cm;

t_j——举升所需时间,取 8~10s。

尾门开闭油缸无特殊要求,故不赘述。在进行辅助液压系统设计时,一般为简化结构辅助系统多用单泵分流工作。分流方式有采用普通转向阀加稳流分流阀和采用负荷传感转向阀加优先阀两种。采用前种方式时当发动机额定转速时油泵流量应比转向和举升系统流量之和大10%~20%;而采用后一方式时,由于转向和举升同时工作机会很少,因此油泵流量只要比转向和举升两系统油量大者大 20%~30%即可。

为了准确调节工作装置上升和下降速度以及尾门开闭速度,在举升和尾门开闭油路中应设置单向节流阀,此外还应设置液压锁以使油缸能定位工作。

4.5.2 行走系统

行走马达的计算原则为:低速挡时马达最大扭矩所产生的切线牵引力应大于拌和机驱动轮附着力,即

$$M_{om} \geqslant F_2 \varphi r_k/(i_1 \eta_3) \tag{11-24}$$

式中:M_{om}——行走马达最大压力(溢流压力)时产生的输出扭矩,N · m;

F_2——驱动轮在水平地面，工作装置升起时的支反力，N；

φ——附着系数，取 0.6～0.8；

r_k——驱动轮动力半径，m；

i_1——一挡时行走马达至驱动轮间总减速比；

η_3——马达至驱动轮间传动效率，估算时取 0.8。

根据 M_{xm} 和系统最高工作压力即可确定行走马达排量。行走泵一般与马达取同一系列、同一排量规格元件。该系统为典型的行走车辆闭式传动，采用液压泵和马达集成式结构。常用系统有德国 REXROTH 公司 A_4VG 系列斜盘式变量柱塞泵加 A_2F 系列斜轴式定量柱塞马达系统和美国 SUNDSTRAND 公司 20 或 90 系列斜盘式变量柱塞泵加该系列定量马达系统。

按本节式(11-24)计算所求行走液压系统功率远大于拌和时的匹配功率，这主要为了提高机器运输工况能力，在运输工况，转子系统不再工作。按式(11-24)所配置功率约为整机功率的 40%～60%。

4.5.3 转子液压系统

该系统是拌和机液压系统设计的关键，像拌和机这样将 200～300kW 功率全部用液压元件且在 20～30MPa 高压下长时间传给转子工作的机器并不太多，因此在系统设计时必须周密考虑。

图 11-18 为典型的转子液压传动原理图。关于转子液压元件动力参数计算在前述有关部分已详述，这里仅介绍系统辅助元件的配置计算。

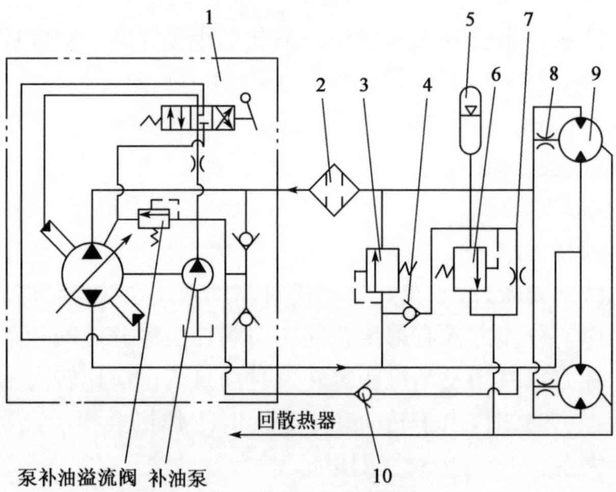

图 11-18 转子液压系统原理图

1-集成液压泵；2-回油细滤器；3-高压溢流阀；4、10 吸油单向阀；5-回油蓄能器；6-马达补油溢流阀；7、8 节流阀；9 转子液压马达

转子系统为闭式液压回路单向工作系统，其特点在于：拌和结束时转子提出地面因惯性会继续转动，此时液压变量泵已关闭，液压马达的泵油作用使闭式系统高、低压反向。尽管回油侧有马达补油溢流阀，但该阀流量较小，低压回油侧压力有可能升高到正常工作时的数倍。系统设计时必须考虑这一特点，各元件设计原则如下：

(1)回油细滤器过滤精度取5～10μm,以过滤液压马达等元件工作中产生的颗粒磨料,确保大功率液压元件可靠工作。该滤油器耐压应为回油压力P_{20}的2～3倍以上,流量应为系统总流量的1.5倍以上。

(2)高压溢流阀溢流压力按全功率匹配时发动机最大扭矩工况计算。当变量泵带有压力流量调节阀时溢流阀流量可根据变量泵的流量调节特性适当减小,无压力—流量调节阀时按系统全流量确定。

(3)吸油单向阀为防止转子惯性转动时马达吸空背压腔(即正常工作时的高压腔)而补油,两单向阀总流量取补油泵流量即可。

(4)补油泵(或称为增压泵)补油流量约为主泵流量的20%～25%,这些油量用于补充液压变量泵与马达的容积损失和泵、马达补油溢流阀排泄油量。工作压力较高时,液压泵和马达容积损失各为8%～10%,此时泵与马达补油溢流阀仅有少量油液排出。

马达补油溢流阀泄出必要的热油以冷却系统,其调节压力P'_{20}时流量压力特性一般取为:当压力为P'_{20}时流量为主系统流量的3%～4%。

(5)系统中3个节流阀压力流量特性可分别取为:压力为P_{20}'时流量为主系统流量的1%～2%。其中节流阀7组成一滤波油路,可以吸收消除回油路中的压力波动(由转子各刀具不连续入土产生的转速波动而引起),改善主泵的吸油条件。节流阀8为了增加马达的壳体冷却油量以降低使用温度而设置。

(6)回油侧设置蓄能器为了稳定背压,必要时可以补充油量以改善主泵的吸油条件,提高其使用寿命,其容量可根据通用设计原则确定。气囊式蓄能器的充气压力可取P_{20}的60%左右。

(7)关于行走和转子系统的高压胶管,由于液压油压力高、流量大,配置较难。一般设计手册提供的根据流量和流速计算管径的方法对拌和机这种大流量的行走机械很不适用、建议在拌和机液压系统(特别是转子系统)设计时取管道流速为:高压主管道6～9m/s,吸油管道0～5m/s,壳体泄油3～4m/s。

高压主管道按根据流速计算之内径选择胶管时耐压强度往往不够(同一层级的胶管内径越大,耐压力越低),对此,建议用两根稍细管路合流方式解决。对30MPa级以上的管路,胶管接头建议用法兰形式或A形扣压形式。

第12章

稀浆封层机

1 概述

1.1 用途及工作对象

乳化沥青稀浆封层是用适当级配的集料、填料、沥青乳液和水等 4 种材料，按一定比例掺配、拌和，拌制成均匀的稀浆混合料，并按要求厚度摊铺在路面上，形成密实坚固耐磨的表面处治薄层。乳化沥青稀浆封层机是完成稀浆封层施工的专用设备。

稀浆封层机的特点是在常温状态下在路面现场拌和摊铺，因此能大大降低工人的劳动强度，加快施工速度，并节省资源和节省能源；适用于公路和城市道路部门对路面磨耗层进行周期性预防养护，以保持路面的技术性能和延长使用寿命；还可对路面早期病害进行修复，以提高路面的防水能力，提高平整度及提高抗滑性能等。

微表处技术于 20 世纪 70 年代在欧洲出现，80 年代进入美国，如今已经成为美国、加拿大、欧洲等很多国家高等级公路的主要养护手段之一。从 2000 年开始我国进行微表处技术研究和推广应用以来，微表处技术的优越性已得到广大公路工作者的认可，并在的全国 20 多个省市，40 多条高速公路的路面养护中得到应用。

1.2 国外水平及发展趋势

自 1928 年以来，先后在法国和德国开展了稀浆封层的研究。早期的稀浆封层设备是用水泥混凝土拌和机拌制稀浆混合料，再用罐车将其运到现场，用人工进行摊铺。从 20 世纪 60 年代以来，欧洲国家开始研制稀浆封层机，它可以使稀浆混合料的配制、拌和与摊铺融合为一体，从而使稀浆封层施工法有了显著的发展。多年来，欧美国家对稀浆封层机不断地改进和完善，使这种施工法真正体现了经济、有效、快速、可靠。新的稀浆封层机不断出现，更加有力地推动了这项技术在世界范围的应用。

世界上生产稀浆封层机的公司有代表性的是美国斯堪道路公司（ScanRoad lnc）和德国百灵公司（Breining）。

美国斯堪道路公司是瑞典诺贝尔工业集团（Nobel Industry）内专业生产乳化沥青设备、稀浆封层机、乳化剂等产品的子公司。它们从 20 世纪 50 年代就开始研制稀浆封层机，先后开发出 SA、SB、SH 等型号的稀浆封层机产品。目前，该公司主要生产 SB 系列，HD10 和 CRM500 三大类稀浆封层机。

德国百灵公司也是一个专业生产沥青乳化设备和稀浆封层机的公司，已经有 20 多年的生产历史，目前主要生产 S—HY，S—HY—s，S—HY8000sl 等型号的稀浆封层机。

微表处是一种低成本的养护方法：根据美国 VSS 公司的施工经验，微表处的费用是：1.44～1.8 美元/m^2。而铺设厚度为 1.9～3.8cm 的热拌和沥青路面的费用是：4.74～7.25 美元/m^2。可见热拌和沥青摊铺的成本是微表处成本的 3～4 倍。

国际上先进的稀浆封层机主要有以下特点：

(1)产品规格系列化：集料箱的容积一般有 4～15m^3，车型有单车和半拖挂形式。工作方式除了传统的车载式封层机外，现在发展有途中上料连续摊铺的封层机，其生产能力达到每日 500t 以上，拌和器采用双轴强制搅拌桨叶，叶片顶部装有硬质合金，其寿命比传统淬火叶片延长 10 倍，且叶片角度可调，除了可以拌制普通稀浆混合料外，还可以拌制聚合物改性乳化沥青稀浆混合料，扩大了稀浆封层机的适用范围。

(2)采用机、电、液一体化技术。现代稀浆封层机均装有电子检测装置，准确测试各种物料的级配，各部分的运行工况，并通过计算机进行监视和控制。机、电、液一体化技术的应用，使整机操作实现集中控制，自动化程度高，操作方便。

(3)采用先进的卡车底盘，最高运速可达 80km/h 以上，这样，封层机可以实现迅速运料和转移，封层作业时一般用液压传动，使工作速度稳定在 1～4km/h。使用一台辅助发动机为各部工作装置提供动力。摊铺槽的宽度可以调节，以适应不同的路宽，摊铺槽中的布料器，有单轴螺旋桨叶，也有双轴或三轴桨叶，除了方形摊铺箱外，还有摊铺车辙的 V 形摊铺箱等。

1.3 国内水平和发展方向

我国最早应用稀浆封层是在 1981 年，当时在援建赞比亚塞曼公路上采用乳化沥青稀浆封层进行了双层表面处治。1987 年辽宁省组织力量对稀浆封层机进行了研究，并参照塞曼工程中使用的 SB—804 型稀浆封层摊铺机，研制出了 XF6 型自行式和 XF7 型半挂式乳化沥青稀浆封层机。该机选用国产 JN 162 型黄河汽车二类底盘，载重 10 t，集料箱容积 4m^3，拌和方式采用单轴螺旋桨叶。XF6 型稀浆封层机的研制成功为推动我国稀浆封层技术的应用起到了重要作用。之后，辽宁省又开发出拖式稀浆封层机，尽管这类机型结构简单，但易于制造，价格比自行式封层机低，国内许多省市进行了推广。

1989 年河南省从美国斯堪道路公司引进了我国第一台 SB—1000A 稀浆封层机。时隔不久，广东省又引进一台 SB—1000A 型和一台 HD—10 型稀浆封层机。这些机型的引进，不但保证了稀浆封层的质量和速度，推动了稀浆封层技术的应用，而且使我国的工程技术人员对国际现代稀浆封层机的性能有了更深的了解。此后，河南省交通厅公路局、洛阳矿山机器厂和河南省交通科研所等单位联合研制出 RT—30 型稀浆封层机。该机参照 SB—1000A 型，选用国产 30 吨级载重汽车，集料仓容积 8m^3，承载能力大；采用特殊结构叶片式乳液泵，流量可调、精度高；采用集中控制操作，机、电、液一体化技术，设置了供料监视装置。20 世纪 90 年代，河北省卢龙县第二机械厂选用解放 141 型底盘，开发了 ZRF—40 型自行式稀浆封层机。徐州工程机械集团公司引进德国韦西格公司的技术和关键部件，开发出 SOM 1000—2 型稀浆封层机，这是我国生产的第一台可以进行普通稀浆封层和聚合物改性稀浆封层的机型，集料仓容积 $8m^3$，采用强制式桨叶，除了底盘因采用国产斯太尔底盘，性能稍有差异外，其上部工作装置和摊铺装置均达到国际水平。

我国稀浆封层机的发展方向有以下几点：

(1)实现多品种、系列化。目前，国内生产稀浆封层机的厂家均是单一品种，集料仓容积仅有 $4m^3$、$6m^3$、$8m^3$ 三个品种，还是不同厂家生产，底盘选型也各不相同，随着稀浆封层施工逐年增大，大型稀浆封层机将会出现，集料仓容积将会达到 $10m^3$、$12\ m^3$、$15\ m^3$。除了引进国外先进技术和部件开发系列稀浆封层机外，还应努力开发全部采用国产部件价格较低的改性稀浆封层机，这将对我国改性稀浆封层技术的推广应用起到重要影响。西安筑路机械厂引用国外技术生产的 HD—10 型稀浆封层机全自动液压伸缩摊铺箱、高压清洗系统及车辙填补箱，具有很高的技术水平。

(2)努力提高我国稀浆封层机产品的整机质量水平。为此，除了汽车底盘受我国汽车厂家的制约外，上部工作装置在材质和元件的选用方面，应保证部件的耐用性，电子元件和液压元件更应保证灵敏、可靠、无泄漏。

2 分类及用途

稀浆封层机可以根据机动性、作业方式、主要结构及拌和方式等进行分类。

2.1 按机动性分

按稀浆封层机的机动性可以分为拖式稀浆封层机、半挂式稀浆封层机和自行式稀浆封层机。

拖式稀浆封层机选用略加改造的挂车安装各种装置，集料仓容积多为 $2\sim4m^3$，装有独立的辅助发动机，工作时，由拖拉机或运料车拖挂着，牵引它进行摊铺作业。这类稀浆封层机机动性较差，摊铺作业速度受牵引车的影响，故生产率较小，适用于县乡道路或小型稀浆封层工程。

自行式稀浆封层机均采用卡车底盘(图 12-1)，由底盘提供行驶和作业速度的全部动力，行驶速度快，可自驶转移工地，机动性好，生产量大，对于坡道和弯道摊铺质量好，是目前国外稀浆封层机采用的主要结构形式。

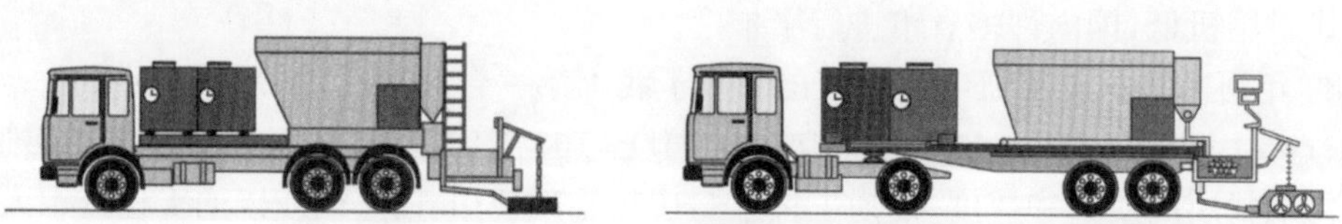

图 12-1　自行式稀浆封层机

2.2 按作业方式分

按照作业方式可以分为有前接料斗和无前接料斗两种稀浆封层机类型。

无接料斗式稀浆封层机是当今国外较多使用的一种机型，该机在施工前，需将各种材料装进车上的集料仓、水箱、乳液箱等容器内，一车料摊铺完需到料场再次添加各种原材料。

有接料斗式稀浆封层机的前部为受料斗，工作时，受料斗前面的滚子顶着自卸车的后轮胎，由封层机推着汽车一起行驶，同时受料斗接受自卸卡车卸下的集料，由封层机前部的刮板提升机将集料送到车上的料仓内。各种液体原料都配有抽液泵，可从运液罐车上将液体抽进车上的各种罐体中。该车在装料时不中断摊铺作业，可以实现稀浆封层无横向接缝，生产量大大提高，特别适用高等级公路和大型稀浆封层工程。

2.3 按拌和方式分

按稀浆封层机的拌和方式可以分为单轴螺旋式搅拌器和双轴桨叶式搅拌器。

单轴螺旋式搅拌器主要用于拌制普通型稀浆混合料，适用集料粒径在3～10mm以内，可以保证物料在大流量短行程的条件下搅拌均匀。

双轴桨叶式搅拌器主要用于拌制聚合物改性稀浆混合料，适用于高等级公路上的精细表面处治和填补车辙，双轴桨叶式搅拌器也可以拌制各种稀浆封层混合料，因此，这种类型的稀浆封层机均有较大的适用范围。

3 主要结构及工作原理

根据稀浆封层施工工艺要求，稀浆封层机必须具有给料、拌和、摊铺和计量控制等功能，它能将集料、矿粉、水、乳化沥青按一定比例输送到拌和筒内，加入添加剂，经快速搅拌形成流动状态的乳化沥青稀浆混合料，通过分料器送入摊铺槽内，然后，均匀平坦地摊铺在路面上。稀浆封层机的施工工艺流程图见图12-2，稀浆封层机的工作流程图见图12-3。稀浆封层机的结构可分为两大部分：一是行驶底盘部分，这部分是机器的行走和承重部件，其功能是使机器能够按预定速度行驶，完成运输和作业中的行驶任务，并在其上布置全套的作业装置；二是作业部分，这部分的功能是完成机器作业过程中的各种物料的存贮、输送、搅拌、摊铺、控制、操作等。这部分主要由给料系统、拌和系统、动力传动系统和计量控制系统组成，稀浆封层机的结构见图12-4所示，稀浆封层机的工作示意图12-5所示。

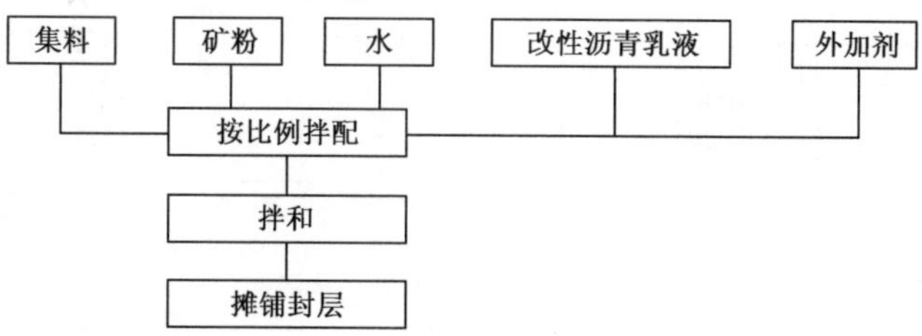

图12-2 稀浆封层机施工工艺流程图

3.1 底盘

稀浆封层机一般都是选用承载能力符合设计要求的卡车底盘并经过改制后成为封层机的底盘，改制部分主要是增加一级换挡变速系统，能使汽车的最低稳定行驶速度可达到1～

4km/h 范围，以满足摊铺作业的要求。

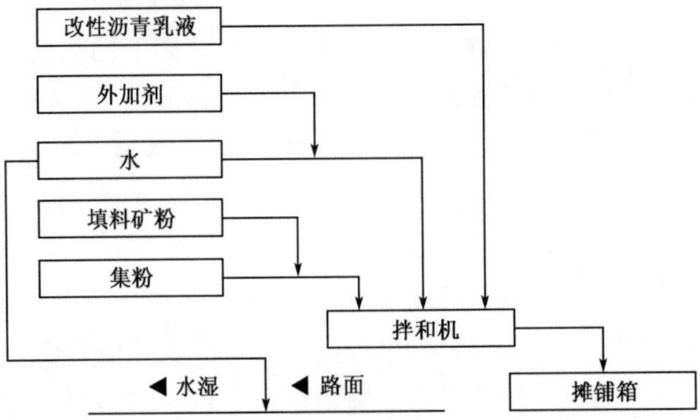

图 12-3　稀浆封层机工作流程图

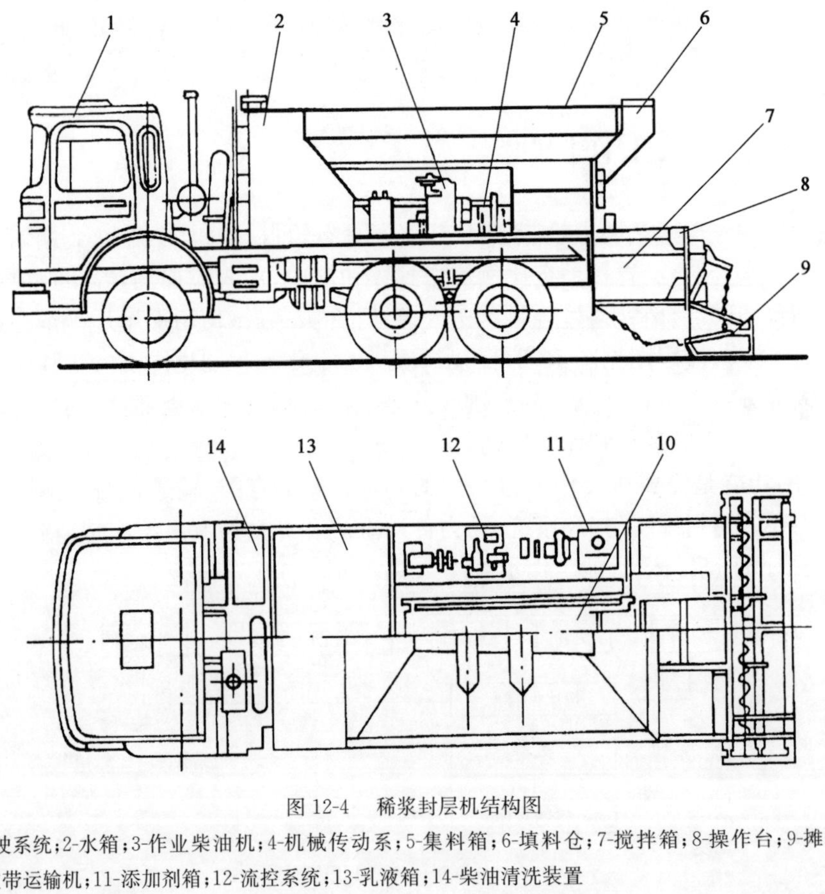

图 12-4　稀浆封层机结构图

1-行驶系统；2-水箱；3-作业柴油机；4-机械传动系；5-集料箱；6-填料仓；7-搅拌箱；8-操作台；9-摊铺器；10-皮带运输机；11-添加剂箱；12-流控系统；13-乳液箱；14-柴油清洗装置

3.2　给料系统

给料系统由 5 部分组成，集料给料装置、乳液供给装置、供水装置、填料供给装置、添加剂供给装置。

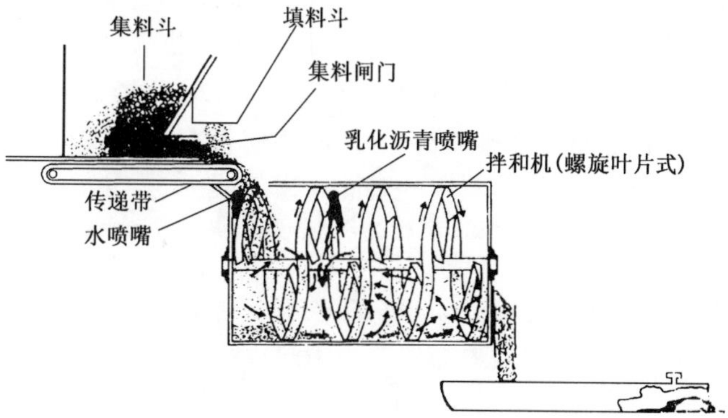

图 12-5　稀浆封层机的工作示意图

3.2.1　集料给料装置

集料给料装置由料斗、料门、集料输送皮带机及驱动装置等组成，主要具有以下功能：

(1)存贮集料；

(2)为搅拌器输送集料；

(3)调节集料的输送量。

料斗由钢板焊成，通常做成倒置梯形形状，以便使全部集料能自行滑落到输送皮带上，斗壁上装有液压仓壁振动器，以消除集料有时的起拱现象。出料闸门安装在料斗下方，通过螺旋机构使出料闸门上下移动，调节开启高度以改变皮带机的供料量，辅助发动机的输出动力经过减速机和机械换向传动直接驱动输送皮带机，也有采用液压马达经减速机驱动。输送皮带需制成无接缝环行带。皮带机后部装有张紧装置，用于调节皮带机的正常张紧度和修正皮带跑偏量。集料输送皮带机的作用是将集料从料斗中带出并对材料进行计量，其计量方式是通过调节料斗闸门的开启高度和输送皮带机转速的方法来改变集料体积量。

3.2.2　乳液供给装置

乳液供给装置主要由乳液箱、乳液泵、三通阀、运转循环阀及一整套连接管路等组成。其主要功能是：存贮乳液，向搅拌器输送乳液，实现乳液循环，对乳液箱进行装料。乳液箱一般布置在集料箱的右前方，形状因厂家不同各有差异，有矩形、立式圆柱形，也有采用卧式圆罐。当三通阀标记指向乳液箱和乳液泵，乳液就通过管路和泵进入搅拌器中，当三通阀的标记指向乳液箱和外部大气，就可以为乳液箱装料，或者抽出乳液箱中的乳液。

乳液泵应具有变量泵的功能，应能根据油石比要求，调整泵的排量，一旦整机经过标定，乳液泵的流量就无须进行调节。乳液泵要具有夹套预热能力，可利用汽车的热水对其加热，软化泵内可能破乳的沥青。

运转循环阀的作用一是沟通乳液箱和搅拌器之间的管路，为搅拌器提供乳液，另一个作用是接通乳液箱和乳液泵之间的管路，实现循环。

三通阀和运转循环阀也要有夹套保温功能，以软化阀内可能破乳的沥青，使阀转动灵活。

3.2.3　供水装置

供水装置主要由水箱、三通阀、水泵、主水管、主喷管、水阀等组成。

水箱用来存贮水,同一车型其外形与乳液箱相同。水泵一般采用离心泵。通过三通阀的换向可以使水泵抽出水箱中的水供向主水管,也可以为水箱装水。主水管的作用一是为搅拌器供水,二是为主喷管供水,主水管中间应设置供水量调节阀。主喷管主要是用于湿润封层前的路面,主喷管在封层机底部布置多排喷头。另外,还应带有手持式单头喷水枪,用来补洒未被主喷管洒到的地方和冲刷摊铺槽等装置的表面污物。

3.2.4 填料装置

填料装置主要由填料箱、螺旋送料器、填料疏松器及传动链轮等组成。

填料箱用来存贮填料。螺旋送料器布置在填料箱底部,其作用是向搅拌器输送填料,填料疏松器则布置在箱中部,用来疏松填料箱内的填料。传动链轮一般布置在填料箱的右侧,用来驱动螺旋送料器和疏松器。而自动型的稀浆封层机则是采用液压马达来驱动螺旋送料器和疏松器。

3.2.5 添加剂装置

添加剂装置主要由添加剂箱、添加剂泵、转子流量计、阀门及管路组成。

添加剂箱和添加剂泵都需要采用耐腐蚀材料制成,转子流量计的作用是检测并显示添加剂泵的流量,以便对添加剂的流量进行精细的监控。添加剂通过管路直接排入搅拌器中。

给料系统是稀浆封层机最重要的部分,也是以上几种材料能否按配比要求制取稀浆混合料的关键所在。

3.3 拌和系统

拌和系统必须具有在短时间里将集料、填料、添加剂、水及乳液彻底均匀的搅拌成理想的稀浆混合料的功能,如图12-6所示。

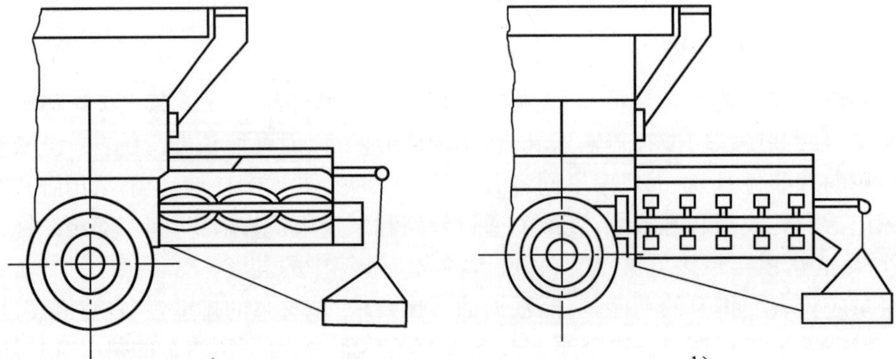

a)　　b)

图12-6　拌和系统简图

a)单轴螺旋式搅拌器;b)双轴桨叶式搅拌器

单轴螺旋式搅拌器由搅拌筒、出料门、底部闸门、分配器等组成。搅拌筒由筒壁、搅拌器、搅拌筒盖等组成,主要用来将筒内各种物料混合均匀,特殊结构形式的搅拌器可使物料在向后运动的总趋势下,夹杂着向前运动,以保证物料搅拌均匀。底部闸门水平布置在搅拌筒后部,开启此门可使搅拌筒内物料全部流出，以便在工作完毕后，清扫搅拌筒。出料门垂直布置在搅拌筒的后部，为使物料充分拌和，筒内物料应有一定存留量，存留量由出料门开度来调节。分配器布置在出料门下方，左右移动分料口，可调整进入左右摊铺器中稀浆的多少，以满足摊铺工作的需要。

双轴桨叶式搅拌器由搅拌筒、出料槽和支承装置等组成。搅拌筒由筒壁、搅拌轴、联动齿轮、搅拌筒盖等组成。出料槽形式各异，橡胶槽形较多，用液压缸控制橡胶槽泄料的方向。

3.4 摊铺系统

摊铺系统是一个独立的作业系统，它的作用是将稀浆均匀的摊铺到路面上并按要求控制稀浆摊铺的宽度和厚度。它由摊铺箱、螺旋摊铺器、液压马达、封浆刮板、刮平胶板以及滑轨调节器等组成。

摊铺箱由左右主框架组成并通过销轴连接，以便随路拱自行调拱。横向可以伸缩的摊铺箱能够适应不同宽度的路面施工需要，摊铺宽度的调整范围一般在 2.5～4.5m 之间。

螺旋摊铺器起到再次拌和并将稀浆摊向两侧的作用，它由液压马达驱动，其旋转方向和转速分别可调。用于普通稀浆的摊铺箱一般布置单排螺旋摊铺器(二轴)，用于聚合物改性稀浆封层的摊铺器则需要二排以上的螺旋摊铺器(四轴)，以增强搅拌强度和效果，图 12-7 为摊铺箱结构示意图。

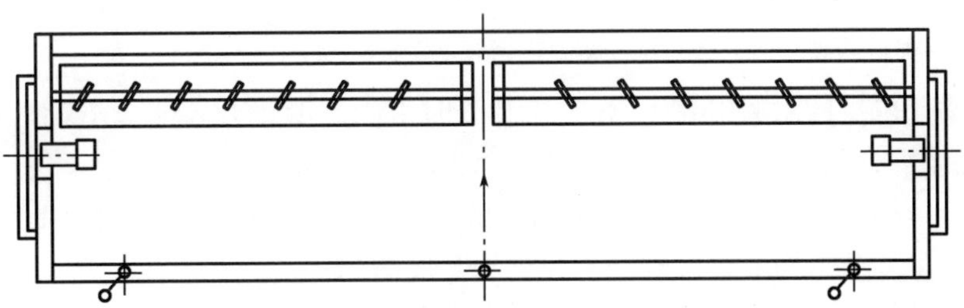

a)

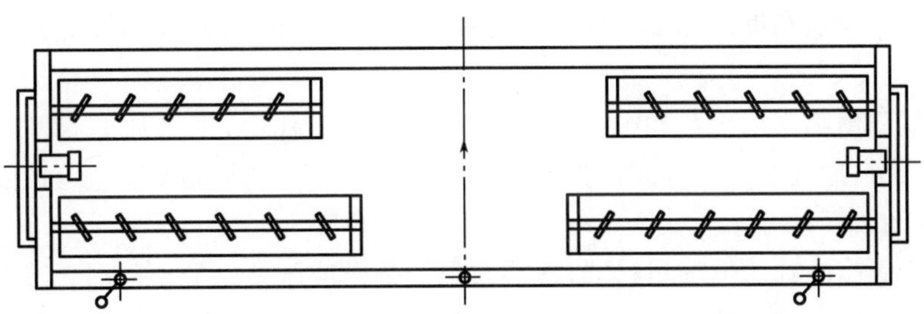

b)

图 12-7 摊铺箱结构示意图

a)普通稀浆封层摊铺箱；b)聚合物改性稀浆封层摊铺箱

封浆刮板、刮平胶板以及滑轨调节器可以保证摊铺箱向前移动时，稀浆混合料从压向地面的刮平胶板与地面之间形成的间隙流出。滑轨一般布置 3 个，通过螺旋机构可以控制封层的厚度，滑轨的另一个作用是支承摊铺箱的重力，减轻稀浆对刮平胶板的磨损，因此，滑轨底面应是硬质耐磨材料制成。

西安筑路机械厂生产的HD—10型稀浆封层机全自动液压伸缩摊铺箱、高压清洗系统及车辙填补箱，具有很高的技术水平。图12-8为全自动液压伸缩摊铺箱的结构示意图，其技术特点如下：

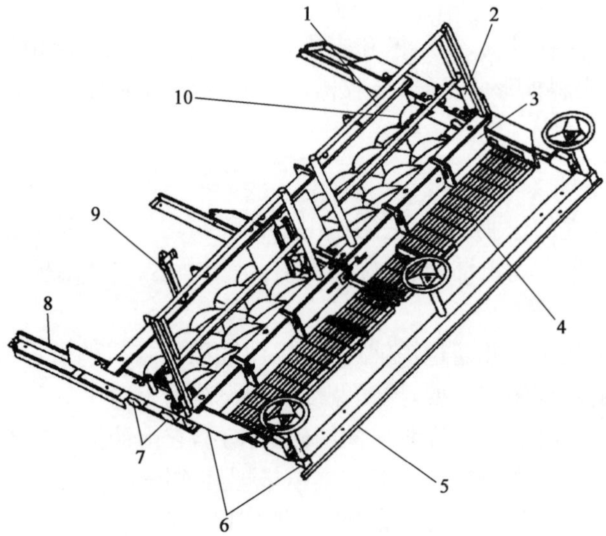

图12-8　HD—10型稀浆封层机摊铺箱的结构示意图

1-弧度调整机构；2-高度调节机构；3-摊铺箱伸缩装置；4-通道；5-刮平器；6-橡胶刮板；7-螺旋布料器传动装置；8-滑靴；9-电子/液压控制装置；10-螺旋布料器

(1)采用易于更换的耐磨滑靴8，滑靴在升高时由内部滑靴升高外部滑靴，以防止破坏前次未硬化的稀浆混合料；

(2)采用液压操纵的摊铺箱伸缩装置3，因液压油缸布置在伸缩装置内而得到了保护；

(3)通过高度调节机构2可实现三种摊铺箱高度的调节；

(4)通过各端的电子/液压控制装置9，在控制摊铺箱宽度的同时也改变了摊铺宽度；

(5)附有易于安装和拆卸的第一橡胶刮板和第二橡胶刮板6，橡胶刮板的长度可用于全宽度摊铺；

(6)刮平器5由第二刮平器和第一刮平器组成，整机工作中，第二刮平器可抹平第一刮平器滞留的过大集料造成的刮痕，同时对摊铺层进行最终刮平，刮平器宽度也可以随着摊铺箱宽度的改变而自动改变；

(7)采用全螺旋叶片的螺旋布料器，螺旋布料器是由液压马达带动采用无滚轮链条的链传动装置7实现驱动的；螺旋叶片的宽度可同摊铺箱一起实现液压伸缩，其宽度的改变不需要增加额外构件，且可以实现稀浆拌和料的连续拌和；

(8)铝制通道4也可随摊铺箱宽度的改变而自动伸缩。

除了矩形摊铺箱以外，还有修补车辙用的V形摊铺箱，图12-9所示。

3.5　动力传动系统

稀浆封层机的工作部分一般都采用独立的动力系统，主要由油箱、发动机、主离合器、主减速器和通向各工作系统的传动装置等组成。

发动机一般采用柴油机，利用电起动，主离合器的作用是在起动发动机时，切断发动机与传动系统之间的连接，实现空负荷起动。

稀浆封层机一般有两种传动形式，一种是机械传动形式，一种是液压传动形式。

机械传动形式主要由主减速器、链轮、链条、电磁离合器、蜗轮、蜗杆减速器等组成，通过一系列的机械结构，分别驱动搅拌器、皮带输送机、乳液泵、添加剂泵、摊铺器搅拌器、填料搅拌器则是采用液压驱动，以实现动力和运动的远距离传递。

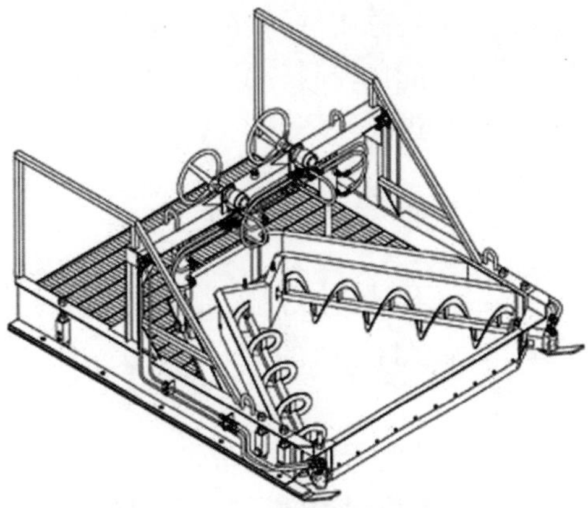

图 12-9　V 形摊铺箱

液压传动形式则全部采用油泵——油马达形式来驱动搅拌器，皮带输送机以及其他工作装置。

3.6　控制操作系统

稀浆封层机一般应实现集中控制操作，即操作人员站在平台上可以轻易地接触到所有控制器，这样操作人员会将注意力集中到路面封层质量上而不是开动机器上。

控制操作系统由电控部分和液压控制两部分组成。

电控部分包括发动机的电起动部分，作业系统的各种开关、电磁阀、指示灯及计量部分的计数器、压力表、转速显示仪表等。

液压控制部分主要用来完成部分作业装置动作要求，如搅拌器中出料门的开口高度调节，分配器的左右移动，摊铺器的上升或下降等，液控部分由液压主泵、换向阀、液压马达、液压油缸等组成。

自动控制的封层机对各个作业部分的动作实现程序控制，从而大大减少了操作人员的误动作，提高了摊铺质量。同时，自动控制封层机还有一套手动控制装置，操作时可自由切换。

4　总体设计及主要参数的确定

4.1　总体设计

稀浆封层机的总体设计首先应考虑主参数——物料的装载量，主参数的确定可根据摊铺宽度、厚度和作业速度求出摊铺量，并考虑国内外稀浆封层机的性能参数后，按照特定的物料配比求出整机的主参数。

自行式稀浆封层机一般是用汽车底盘改装的专用车，因此，主要参数的确定还要满足原车的设计参数，如：车辆的承载能力、行驶速度、转弯半径、最小离地间隙等。同时，还要符合国家有关车辆标准的规定。

在设备主要参数确定后，应着重分析和制订结构方案，主要包括：工作装置的布局，各总成几何尺寸、设备总质量、轴荷分配等。这些基本参数在设计时，必须符合设计任务书的要求。同时，对物料配比控制、搅拌器性能、传动方式等要进行多种方案的分析比较，选择先进可靠的设计方案，并进行经济性论证，使设计具有先进性、可靠性和经济性。

4.2 主参数的确定

稀浆封层机各种物料的装载量应该按照稀浆混合料的特定配比进行恰当的选择。物料的总量 G 和稀浆封层机的摊铺量有关，即：

$$G=QBv \tag{12-1}$$

式中：G——总的稀浆出料量，kg/min；

Q——单位面积的稀浆用料量，kg/m^2，由路面情况和封层要求决定，稀浆封层厚度一般控制在 3～15mm 之内；

B——摊铺宽度，m，一般按 3m、3.5m、4.5m 三种规格选择；

v——作业速度，m/min，稀浆封层机作业速度一般在 15～70m/min 之间，生产率大的封层机可取大上限值，反之取小值。

将所有稀浆封层材料的重量按 100%计，根据稀浆混合料的配比可以计算出混合料中各组成成分的单位时间内的用量(kg/min)，比较典型的稀浆混合料配比见表 12-1。

稀浆混合料配比 表 12-1

材料品种	集料	沥青乳液	水	水泥
含量(%)	70～74	10～20	5～15	占集料 0.13～1.0

从上表中可以看出，稀浆封层机上集料的装载量占主要部分，因而国内外稀浆封层机主参数代号均以集料箱的容积(m^3)表示，如 XF4、XF6 等。

4.3 给料系统

稀浆封层机各种物料的单位用量确定以后，给料系统中各种组成部分其供应量应该满足上述用量要求。

4.3.1 集料给料装置

集料给料装置的结构分上下两大部分，其上部为料斗、下部为集料皮带输送机，料斗的装载高度及料斗宽度在设计时应考虑装载机的实际使用宽度和最小装载高度相匹配。

为了保证物料在料斗中能沿斗壁自由下滑，料斗斗壁与水平夹角 α 一般不应小于 50°。

(1)集料皮带输送机的最大线速度 v_1 用式(12-2)计算。

$$v_1=\frac{G_1}{3600A\eta\gamma} \tag{12-2}$$

式中：v_1——集料皮带输送机最大线速度，m/s；

G_1——集料的单位最大用量，t/h；

A——出料口面积，m^2；

η——容积效率；

γ——集料容重，t/m^3。

(2)皮带输送机驱动功率 P 用式(12-3)计算。

$$P=(k_3/\eta_{总})(P_1+P_2+P_3) \tag{12-3}$$

式中：P——皮带输送机驱动功率，kW；

k_3——安全系数，一般取 1.05～1.20；

$\eta_{总}$——传动总效率；

P_1——驱动滚筒的功率，kW；

P_2——弦板阻力的功率，kW；

P_3——皮带上运动物料与上部物料间摩擦阻力所消耗的功率，kW。

(3)驱动滚筒的功率 P_1 用式(12-4)计算。

$$P_1=G_1 a/300 \tag{12-4}$$

式中：a——滚筒中心距，m。

(4)弦板阻力所消耗功率 P_2 用式(12-5)计算。

$$P_2=10h^2L\gamma v f\eta \tag{12-5}$$

式中：h——出料门开口高度，m；

L——弦板的计算长度，m；

η——侧压系数；

$$\eta=(v_1+1.2)/(1+\sin\varphi) \tag{12-6}$$

φ——物料内摩擦角，一般取 1～1.18；

f——弦板和料的摩擦做系数，$f=0.5$。

(5)皮带上运动物料与上部物料间摩擦阻力所消耗功率 P_3 用式(12-7)计算。

$$P_3=G_b v_1/400 \tag{12-7}$$

式中：G_b——上部物料压力，kN。

皮带输送机的驱动滚筒直径、宽度、传动系统的计算等可按一般皮带机计算方法选取。

4.3.2　填料装置

稀浆封层使用的填料主要是水泥，水泥装在填料箱中，并通过填料箱底部的螺旋送料器，将水泥送向搅拌器，螺旋送料器一般采用带式面型螺旋叶片。使物料不与螺旋叶片一起旋转，以减少物料自身重量和机壳对物料的摩擦阻力。

螺旋叶片直径 D 由式(12-8)计算。

$$D=K_Z\left(\frac{Q_{\max}}{k_d\gamma_o}\right) \tag{12-8}$$

式中：D——螺旋叶片直径，m；

$Q_{\max}$——水泥的单位时间最大用量，m^3/h；

K_z——物料综合特性系数，$K_z=0.0565$；

k_d——充填系数，$K_d=0.25$。

螺旋送料器所需功率 P_4：

$$P_4=Q_4WL/367 \tag{12-9}$$

式中：P_4——螺旋送料器功率，kW；

Q_4——单位时间水泥用量，m^3/h；

W——阻力系数，$W=3.2$；

L——螺旋送料器送料长度，m。

给料系统中还有乳液输送泵，水输送泵以及添加剂泵，泵的动力计算和选择以每种液体单位用量为依据，参照液体泵的设计原则考虑。

第13章

水泥混凝土搅拌设备

1 概述

1.1 用途及工作对象

水泥混凝土搅拌设备是制备新鲜混凝土料的成套专用机械，其功能是将水泥混凝土的原材料——水泥、水、砂、石料和附加剂等，按预先设定的配合比，分别进行输送、上料、储存、配料、称量、搅拌和出料，生产出符合质量要求的成品混凝土。这种设备广泛用于道路、建筑、水坝、码头、机场等工程施工。

1.2 国外水平及发展趋势

国外开发生产水泥混凝土搅拌设备的时间比较早，从1888年法国申请登记第一个用于修筑战前高速公路的搅拌机专利，到1903年建造世界上第一座生产水泥混凝土的预拌加工厂，迄今已有上百年的历史。美国、日本和西欧一些工业发达国家，相继在20世纪50年代左右，也都建造了自己的混凝土预拌厂，用以生产商品混凝土，供给各种建筑工程和道路建设部门。随着商品混凝土的大力推广，以及建筑规模的大型化、复杂化和高层化对混凝土质量不断提出的高要求，有力地促进了混凝土生产设备在使用性能和技术水平方面的迅速提高和发展。目前国外一些先进的水泥混凝土搅拌设备均已采用了电子计算机自动控制和屏幕监控技术，对配合比的选择、上料、称量、搅拌、出料、集料含水率的测定、配合比的调整以及各种数据的储存记录等全部实现了自动控制。一些更为先进的混凝土搅拌场(站)，还设置有对粗细集料粒度分布进行调整的粒度补偿、对集料表面含水率的补偿、容量变更控制、集料精称控制、废水回收浓度补偿等控制手段，从而能够得到比较高的配合比精度。当今国外的水泥混凝土搅拌设备不仅技术性能先进，自动化程度高，生产的混凝土质量有保证，而且产品的品种规格齐全，供用户选择的余地较大。主要有下列几个方面的动向：

(1)不断开拓新的主机结构形式。近年来一些著名生产厂家，在原有的自落式和强制式两种基本结构形式的基础上，先后推出了无叶片搅拌机、行星式搅拌机、超临界转速搅拌机、滚筒式搅拌机、带振动装置的搅拌机、声波搅拌机和自落—强制搅拌机等。这些新型搅拌主机在降低耗能和提高搅拌质量以及对多品种集料的适应性等方面都有新的突破。

(2)致力于改进搅拌工艺。在经过漫长的发展历史之后,水泥混凝土搅拌设备在技术性能和操纵控制方面都已达到近乎完美的程度。德国、美国和日本等一些工业发达国家开始把注意力放在对传统搅拌工艺的改进方面。它们几乎同时在各自的国家研制成功双层立轴式搅拌机。这种搅拌机具有上下两个相互独立的搅拌筒,将原来的一次搅拌出料改为两次搅拌出料。有些生产厂家依据相同的二次搅拌理论,先后开发研制出恒功率变速搅拌机和双速搅拌机,使两次搅拌工艺能在同一个搅拌筒中完成,收到异曲同工的效果。与此同时,美国和日本的一些制造公司还试图在传统的周期式搅拌工艺的基础上,开发研制出连续式混凝土搅拌设备,并已在施工工程中推广应用。

(3)进一步向多功能、大型化发展。为了适应国际市场多样化的使用需求,以及建筑规模越来越大的发展趋势,国外厂商极尽所能,一方面不断完善产品的服务功能,如增设空调、水冷及热搅拌设备,以适应酷暑和严寒的气候条件;进一步改进质量监控体系,以确保产品质量,降低使用成本;改善工作环境,保证操作安全,以便符合安全卫生法规要求等。另一方面,进一步加大生产能力,以适应工程规模发展的需要。目前国外一般的混凝土搅拌楼(站),产量都在60～100m^3/h,大的可以达到200m^3/h以上。

1.3 国内水平及发展方向

我国开发生产水泥混凝土搅拌设备,起步于20世纪50～60年代,当时的产品仅限于已被淘汰的JG型鼓式搅拌机。70年代末期在引进国外样机的基础上,陆续开发了新一代的JZ型双锥自落式搅拌机和JD、JS型单双轴卧式强制搅拌机系列产品,老式产品被取而代之。进入80年代,为了满足国内飞速发展的建筑业和道路工程的紧迫需要,混凝土搅拌设备的开发和研究工作有了长足的进步,建设部所属的科研院所和国内一批骨干企业,先后开发出了一批性能比较先进的复式搅拌机,如JDF350、JF200和JF350型等,还研制出10多种混凝土搅拌楼(站),如HZW20、HZW25、HZD25及其他产品。这些产品除了配备有技术性能比较先进的搅拌主机外,还设置了水泥、砂、石料、水和附加剂等所有集料的储存、输送、称量、投放和出料等一系列工作装置,并由单板机或微电脑对生产过程实施程序化全自动控制。

近几年来,国内一些科研机构在分析研究国外最新产品的基础上,结合我国的实际情况,又陆续开发研制出生产率为20～75m^3/h的6种不同规格形式的混凝土搅拌站,不仅采用微机控制技术、"双掺"料位显示,而且具有配合比预选、落差补偿、砂石含水率测定和容量变更、原始数据记录、储存等一系列自动功能。目前专门从事开发研制和生产的科研院所和大小企业上百个,定型生产的产品包括带有微机自动控制的成套设备和单机人工上料的小型料站,共有18个系列、10大类、160个产品。

大致说来,国内产品无论是技术水平、品种规格,还是在产品的质量、数量上都尚处于开发、研制的初级阶段,还远不能适应国内大市场的发展需要,距国外先进水平还有相当大的差距。

2 分类、特点及适用范围

水泥混凝土搅拌设备,按其生产能力和自动化程度高低,可分为大、中、小型混凝土搅拌设备。大型混凝土搅拌设备主要是用于预搅拌混凝土工厂和混凝土制品厂的混凝土搅拌楼,生产效率可达 100～200m^3/h，且均采用计算机控制，自动化程度很高；中型混凝土搅拌设备主要是作为中小型建筑工程和道路修建工程现场使用的各种混凝土搅拌站，其生产能力一般为 60～100m^3/h；小型混凝土搅拌设备，主要指那些适用于零散浇筑的简易式单机站，生产率一般在 20m^3/h 以下，控制方式以程序控制和手动控制较常见。

按其现场安装和搬运方式，又可分为固定式搅拌设备和移动式搅拌设备。其中，固定式搅拌设备因其整体布置形式的不同，可分为垂直式搅拌设备和水平式搅拌设备两种；移动式搅拌设备因其移动的方式不同，可为拆迁式、拖行式和集成式 3 种。

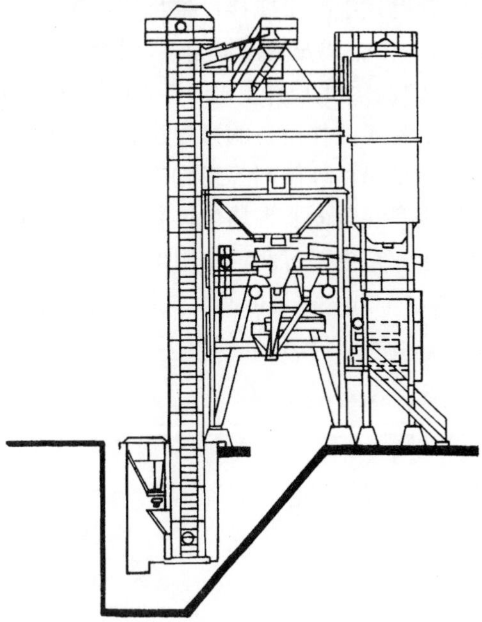

图 13-1 垂直式水泥混凝土搅拌设备示意图

垂直式搅拌设备如图 13-1 所示，属大容量高效率搅拌设备。其材料可直接提升到位于顶层的储料仓，然后靠材料的自重下落至各道工序，故又称为重力式或单阶式搅拌设备。其优点是占地面积小，易实现自动控制，生产率高；缺点是结构较复杂，制造成本高。

水平式搅拌设备如图 13-2 所示，使用装载机将物料送入到储料斗，经称量配料后再次提升加入搅拌机。这种设备因其集料需经两次运送才能装入搅拌机，故又称为双阶式或低阶式搅拌设备。其优点是结构简单，投资少，建筑高度低；缺点是材料需经过二次提升，作业时须有供料配套设备。

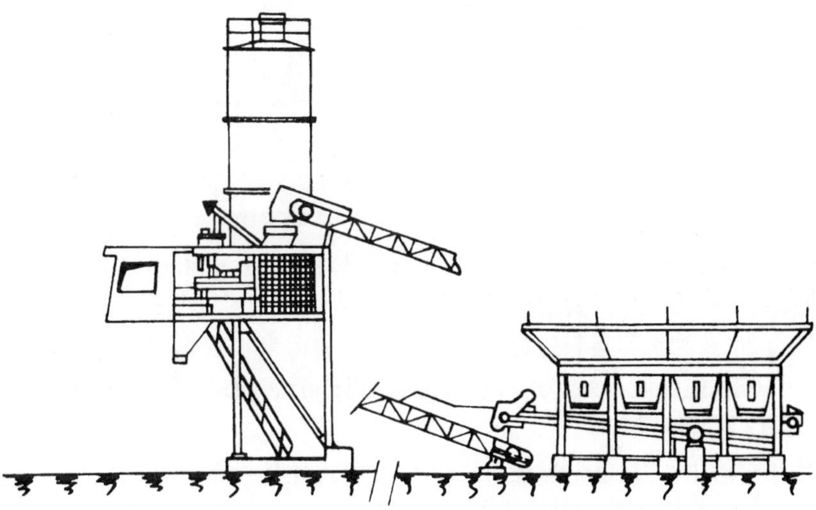

图 13-2 水平式水泥混凝土搅拌设备示意图

拆迁式混凝土搅拌设备一般将储料斗、水泥仓和搅拌机等分设成几个大部件，由几辆货车分别装运到使用现场，然后再组装使用。

拖行式混凝土搅拌设备是把水泥仓、搅拌机和储料仓等工作部件，设计成可以折叠起来的结构，并在底架安装行走轮系，由牵引车牵引转移。

按所采用的搅拌主机的工艺特征分类，又可以分为自落式搅拌设备和强制式搅拌设备两大类。

自落式搅拌设备的搅拌过程，是靠搅拌筒体内壁上设置的刮料叶片在随筒体转动中，将砂、石、水泥和外掺剂等组成集料提升到一定高度，在物料自重作用下沿叶片的斜面向下滑落产生相互混合而实现均匀拌和的。这种搅拌设备适用于建筑工程中坍落度低、集料粒径大的混凝土。它主要有两种结构形式，一种如我国现有的JZ型双锥反转出料式搅拌机，如图13-3a)所示。另一种是可倾翻式搅拌机，其出料方式是将搅拌筒倾翻一定角度，使已拌好的混凝土混合料从筒口倒出，如图13-3b)所示。

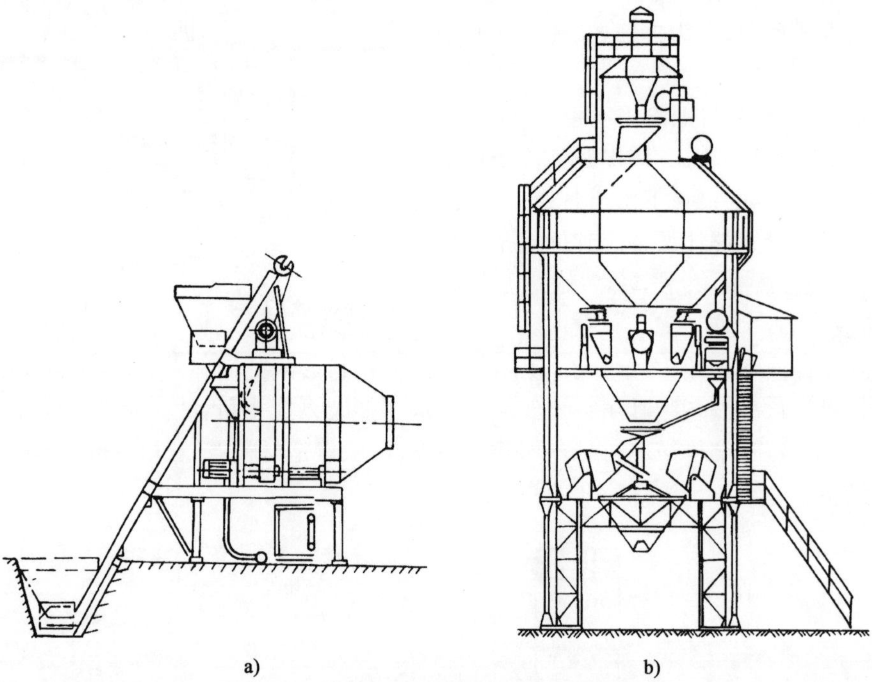

a)　　b)

图13-3　自落式水泥混凝土搅拌设备示意图

a)双锥反转出料式搅拌设备；b)可倾翻式搅拌设备

强制式搅拌设备区别于自落式搅拌设备的显著特点，是它所采用的搅拌机是强制式搅拌机，如立轴圆盘式搅拌机、单卧轴搅拌机、双卧轴搅拌机等，通过安装在搅拌轴上的若干对铲板（或叶片）将砂石、水泥和水等集料进行强制性铲、刮、翻腾来实现物料搅拌。其优点是搅拌作用剧烈，搅拌时间短，搅拌质量好。这种搅拌设备可拌制低塑性混凝土，适用于水泥混凝土路面工程等，如图13-4所示。

若按搅拌过程的生产方式区分，还可以分为周期式搅拌设备和连续式搅拌设备。周期式搅拌设备的特征是物料的选料、搅拌、出料是分批进行的，即它的称量、配料机构按设计容量将物料分批送入搅拌机，搅拌机按设定的时间搅拌后，然后进入下一循环。

连续式混凝土搅拌设备，虽然国外早有研究，但实际用于生产则是近十几年的事。它区别于周期式搅拌设备的特征是:供料、搅拌及出料都是连续进行的,因而,必须配置精确的计量装置,才能生产合格的混凝土。

若按混凝土搅拌设备的操作方式分类,也还可以分成手动式、半自动式和全自动式3大类。

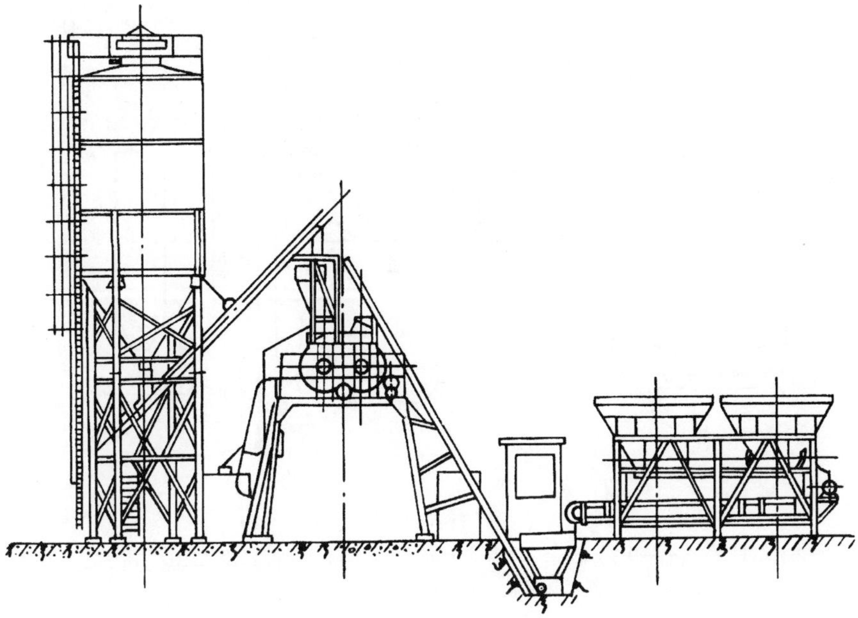

图13-4　强制式水泥混凝土搅拌设备示意图

3　主要结构与工作原理

水泥混凝土搅拌设备的类型和品种虽然很多,其结构组成和安装方式也不尽相同,但都是由上料机构、集料储存装置、计量装置、搅拌主机、卸料装置和辅助设备组合而成的。下面结合混凝土搅拌楼和混凝土搅拌站两种主要设备形式,概略介绍其有关结构及工作原理。

3.1　总体结构及工艺流程

一般混凝土搅拌楼的基本结构主要由皮带输送机、水平螺旋输送机、斗式提升机、回转配料器、集料仓、水泥筒仓、集料称量斗、称水器、搅拌机、成品料储存斗、控制台和其他辅助装置组成。立式水泥混凝土搅拌楼工艺流程如图13-5所示,砂、石集料由皮带输送机提升到搅拌楼的顶部,通过回转配料器送入集料仓的各个储料斗,水泥则经由下部螺旋输送机和斗式提升机装进水泥筒仓,水和附加剂通过专设的泵和相应的管路直接送入称量容器,从而完成上料和储存工序。称量是由集科称量斗、水泥称量斗和水(含附加剂)称量斗分别进行的,经过称量的各种集料一起投入设在进料槽下方的搅拌机里进入搅拌工序。成品料可以直接卸进运输车内或送入成品料斗暂存。

水泥混凝土搅拌站的总体结构一般采用水平式布置,主要由集料存储装置(包括砂、石集料、水泥、水和附加剂的存储设备)、集料一次提升机构、称量机构、集料二次提升机构、搅拌机、成品料斗、控制台和辅助设备等组成。

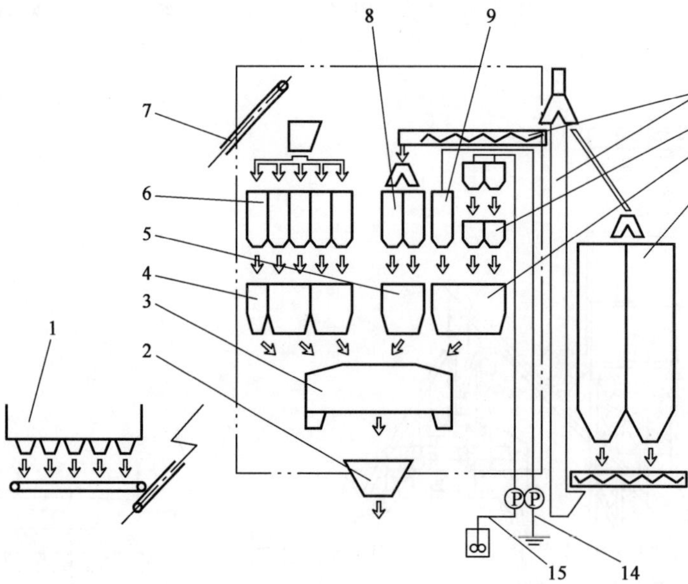

图 13-5 混凝土搅拌楼的工艺流程示意图

1-集料给料器;2-储料斗;3-搅拌机;4-集料称量斗;5-水泥称量斗;6-集料储存斗;7-上料皮带机;8-水泥料斗;9-水箱;10-水泥供料机构;11-添加剂称量斗;12-水称量斗;13-水泥仓;14-供水系统;15-添加剂供给系统

其工艺流程如图 13-6 所示。砂、石集料经一次提升装进集料斗仓。集料斗仓的个数不少于 3～4 个,根据级配设计中集料品种的多少确定,斗容一般为 2～3m^3/个,同样,水泥经一次提升装进水泥筒仓备用。砂、石集料的称量斗置于斗仓的下方,便于斗仓直接投料,一般采用累计称量的方式进行集料计量。经称量的集料放入提升斗中,经二次提升加进搅拌机中。水泥由筒仓底部的料门经斜架式螺旋输送机提升到位于搅拌机上方的水泥称量斗中,进行单独计量。计量过后直接投入搅拌机。水和附加剂分别由水泵和附加剂泵,从储存箱直接泵入搅拌机。搅拌机的卸料口下方一般设有容量不大的成品料储存斗,用于运输车辆间隔期间的成品料暂存。

3.2 主要部件结构及特点

3.2.1 上料机构

1)集料上料机构

集料上料机构用于水泥混凝土搅拌楼的集料上料机构,最常见的是皮带输送机和斗式提升机,如图 13-4 和图 13-5。采用皮带输送机的优点是生产效率高,不受气候影响,可连续作业而不易产生故障,维修费用低;缺点是占地面积大,尚需依靠其他设备给皮带上料。采用斗式提升机的优点是设备投资费用低,占地面积小;缺点是传动链易于损坏,生产效率低。目前,采用以皮带输送机为主,为了尽力缩小皮带机占地面积,增大皮带安装角度,已开始使用带波纹的槽形皮带，其安装角可以增大到 25°。

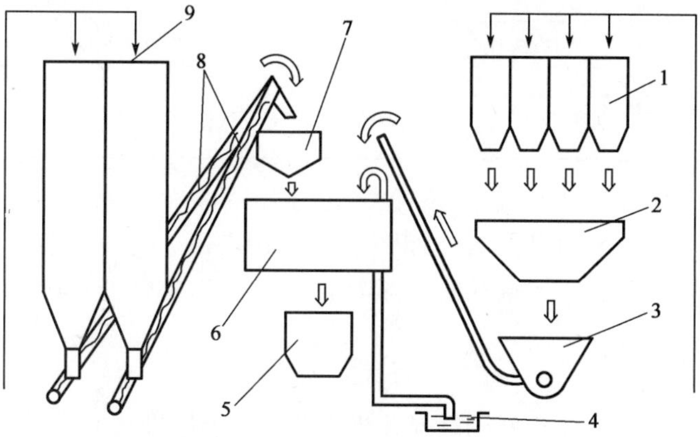

图 13-6　水泥混凝土搅拌站工艺流程

1-集料仓；2-集料称斗；3-提升斗；4-水和附加剂；5-成品料斗；6-搅拌机；
7-水泥称量斗；8-螺旋输送机；9-水泥仓

搅拌站的砂、石集料上料机构主要有悬臂拉铲上料、悬臂链斗上料、装载机上料和皮带上料等几种形式。

(1)悬臂拉铲上料机构

悬臂拉铲上料机构适用于采用扇形隔板式斗仓储料的场合，也叫星形储料仓，如图 13-7 所示。扇形隔板斗仓的储料半径为 15～19m，一般能分储 5～6 种不同规格的砂、石材料。悬臂拉铲结构简单、使用方便，易于实现自动控制，因而在可搬式搅拌站中较多采用。拉铲一般由卷扬机牵引，拉铲速度为 1～1.25m/s，回程速度是铲料速度的 1.5 倍。卷扬机、操纵室和悬臂安装在一个高置于塔架的平台上。这一平台可整体在塔架上回转 180°～210°以使悬臂铲斗覆盖全部料场。

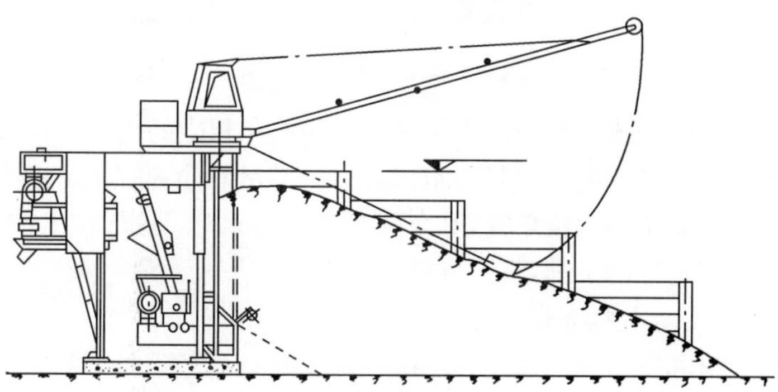

图 13-7　悬臂拉铲上料示意图

在拉铲的作用下，每个隔板料仓中的集料都能在受料斗槽的上方，形成一个容积很大的“活料堆”，这部分材料可以靠自重从出料口卸出，以确保在拉铲循环周期内，有充足的材料供连续生产所需。悬臂拉铲一般由 1 名操作人员在操纵室进行控制，也可以设计成自动控制的形式。拉铲的各项技术性能参数见表 13-1。

悬臂拉铲的技术性能参数　　表 13-1

悬臂长度(m)	铲斗容量(L)	铲料运行速度(m/s)	卷扬机功率(kW)	理论生产率(m^3/h)
12	200	1～1.3	7.8～10	30
16	380	1～1.3	15～20	35～40
20	550	1～1.32	21～28	50～55

在拉铲上料方式中，除悬臂拉铲外还有手扶式拉铲和桥式拉铲两种形式。前者因劳动强度大、生产效率低、不易实现自动控制，已很少采用。后者由于另设门架、行走轮和相应的预制轨道设施，使机构趋于庞杂，给搬迁和使用都带来不便，只有在臂架长达 16～20m，产量较大的情况下才被采用。

(2)悬臂链斗上料机构

悬臂链斗上料机构适用于集料围绕搅拌机呈辐射状分散堆放的堆料方式，无须挡板隔离。因其机构简单，装拆方便，容易实现自动化控制，在搅拌站中应用也较广泛，如图 13-8 所示。

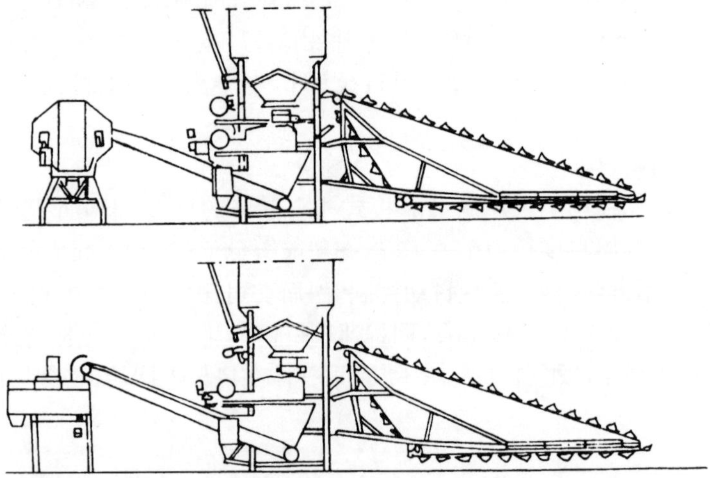

图 13-8　链斗上料机构示意图

悬臂链斗机构由钢管制成的三角形支架、链轮、斗链和相应的传动机构组成。斗链由在两条平行的链条上等距离安装着的一周料斗组成，因此，其链轮也是具有双排轮齿的结构形式。主动链轮安装在三角形支架的上顶角处，其余两个为被动链轮。这样在工作时，能保证链斗三角形的底边始终紧贴着料堆的下部，直至堆料装完为止。

(3)装载机上料和皮带上料方式

搅拌站采用装载机和皮带输送机作为一次上料的设备比较普遍，这主要是因为这两种方式具有上料机动灵活、生产准备工作量小、搬迁方便、生产效率高等优点。它们适于各种集料一字堆放的储料场合，采用这两种上料方式的搅拌站，都应配备分格式斗仓。且采用装载机上料时，在分格斗仓靠近料堆的一侧还应配置斜坡，供装载机顺坡爬升，以减小上料高度，如图 13-9 所示。侧面斗壁高度一般应低于 4m，以利于装载机卸料。

采用皮带输送机上料时，虽不需配置斜坡，但皮带机的受料端需设置地沟，以安装受料斗或采用其他方式给皮带上料。

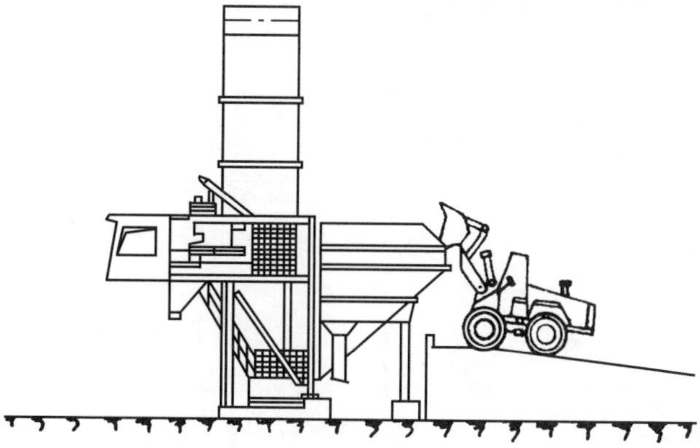

图 13-9　装载机上料示意图

2)水泥上料机构

搅拌楼用的水泥上料机构，主要有两种形式：一种是常见的由螺旋输送机和斗式提升机组成的机械输送形式；另一种是风动输送形式。风动输送形式是使水泥在压缩空气的作用下悬浮在空气中使之形成混合气体并沿管道输送。这种风送水泥的方法，优点是占地面积小，管道易于布置，对空间位置无特殊要求，输送速度快。其输送系统由空压机、喂料器、输送管道和除尘器等设备组成。

水泥混凝土搅拌站所用的水泥一般以散装水泥为主，由水泥运输罐车直接打入水泥筒仓存储备用，从而可省去一次提升设备，有时因货源紧张而需提前储备水泥，或限于厂家的供货状态，也有采用袋装水泥的情况。这时，就有必要在筒仓前面设置提升袋装水泥的设备，包括破袋装置、过滤网、料槽和螺旋输送机等。

3.2.2　集料储存机构

为了适应大容量连续生产的需要，搅拌楼一般都配备有容量足够大的储料仓，包括集料储仓和水泥筒仓。储料仓一般应储存搅拌楼生产几小时所需的用料，以防止因后备料一时供应不上而中断生产。

集料仓位于搅拌楼的顶部，形状多种多样，有正方形、矩形、六方形、八角形和圆形等。但内部结构却大同小异，一般都是由隔板分割成 5～6 个储料斗，每个储料斗的下方，都单独设有出料斗门，可向称量斗排料；并在每个储料斗中装设有料位指示器。在集料仓的顶部装有一台回转配料器，是用来将由皮带机或斗式提升机输送上来的集料按品种、规格分别配送到相应的储料斗中。它是由一台电动机经减速机驱动的，可以根据储料仓中材料的需要状况，自动选择加料位置。

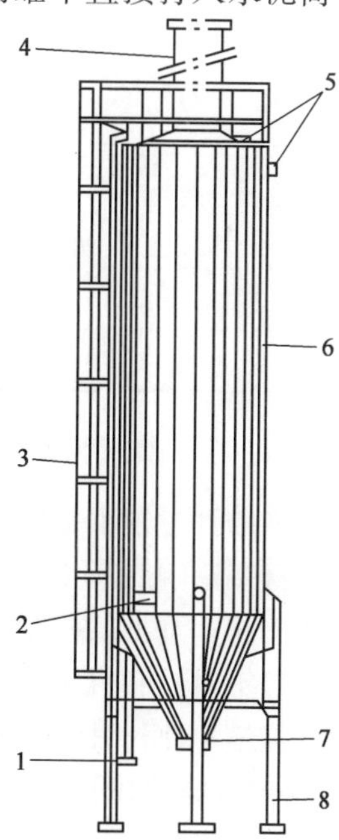

图 13-10　水泥筒仓结构示意图

1-进料管；2-下料位指示器；3-爬梯；4-除尘装置；5-上料位指示器；6-筒体；7-出料口；8-支架

设置一个搅拌站，需配置一个占地 1200m^2 左右的砂、石集料场，其储料容量一般为 1500～2000m^3。料场的布置形式有扇形隔板式、辐射散堆式和一字形堆放形式。储料的品种一般依据设计需要而定。水泥也采用筒仓储存。

水泥筒仓一般应配备2～3个，以满足不同品种和强度等级水泥储存的需要。水泥筒仓的结构如图13-10所示，一般由仓体、仓顶、下圆锥、底架和辅助设备5部分组成。其主体一般由钢板焊接而成，规格一般为直径2.4～3.5m，高度6～15m，容量为50t或100t甚至更大。

筒仓中的水泥易形成拱塞，所以在筒仓上都设有不同形式的破拱装置，以防水泥中断供应，影响设备的连续运转。常见的破拱方式有在仓壁上加设振动器的，有采用压缩空气定时吹喷系统的，还有采用可膨胀薄膜系统的等。筒仓中设有料位指示器，以显示筒仓内水泥的储量。常用的料位指示器有薄膜式料位器、力矩马达式料位器、电流式料位器、伸缩杆式料位器和超声波料位器等。其中超声波料位指示器是一种无触点能连续测定的理想料位器。

水和附加剂等液体分别储存在水箱和附加剂箱内，其结构无特殊要求，只是需作防腐处理。确定集料储仓容量的依据是搅拌设备的额定生产率和材料的补充速度和可靠性。储料仓的容量可参照表13-2选用。

混凝土搅拌设备储料仓的匹配容量 表13-2

额定生产率 (m^3/h)	集料储仓		水泥筒仓		额定生产率 (m^3/h)	集料储仓		水泥筒仓	
	4种集料 (m^3)	6种集料 (m^3)	主要品种 (t)	其他品种 (t)		4种集料 (m^3)	6种集料 (m^3)	主要品种 (t)	其他品种 (t)
3.0	38	—	68	64	62	203	260	215	107
3.6	38	—	68	64	68.8	229	287	245	122
15.3	57	76	68	64	76.5	260	325	265	133
22.9	76	99	82	67	95.6	—	382	332	163
30.6	99	134	107	69	115	—	459	400	205
38.2	134	172	133	71	134	—	516	470	235
45.9	145	203	159	81	153	—	650	530	266
53.5	172	229	180	90					

3.2.3 供水系统

水的计量精度是搅拌设备重要的技术性能指标之一。由于水灰比w/c的控制稳定与否，不仅直接影响混凝土和易性等施工工艺性，而且还影响最后的结构强度，所以历来受到人们的极大关注。常见的控制方法有定时控制、流量控制和容积控制方法的3种控制形式。

1)定时控制机构

这是一种利用控制供水时间的长短来控制供水量的装置，即通过时间继电器控制水泵从启动到停止这段时间内的泵水量。这种装置结构简单、成本低廉。但水泵的实际流量会随给水箱的压力变化而变化，导致供水误差较大，一般在±2%左右，故只适于在要求不高的场合使用。

2)流量控制机构

这种控制方法是采用流量数字定量控制仪进行自动供水计量，其系统结构如图13-11所示。其控制原理是当控制仪器接收到涡轮流量变送器的电脑脉冲信号后，经放大整形使之变为矩形波，再经设定系数器整定成为单位脉冲量，通过计数器递减到设定值后，关闭电磁阀停止供水。同时该系统还采用大小电磁阀分时控制，以提高控制精度，即当计数器减到设定值的20％时发出PA脉冲，控制器发出指令关闭大电磁阀，此时输水管径变小，慢流供水。当减到零时，发出PB脉冲，控制器发出指令关闭小电磁阀，停止供水。采用分时控制，可使供水计量误差减小到±0.5％，这对质量要求严格的混凝土搅拌楼(站)都是十分适用的。

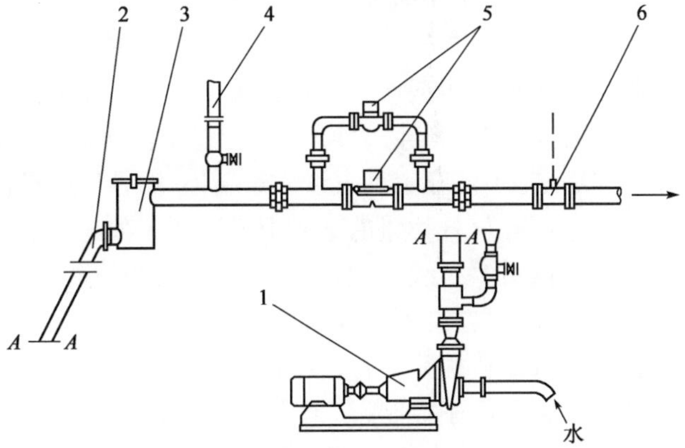

图13-11　流量数字定量控制仪供水系统

1-水泵；2-输水管；3-过滤器；4-冲洗管；5-电磁阀；6-蜗轮流量变速器

对于已采用单片机或工控机实现自动控制的搅拌设备，除部分采用称水量斗进行供水量控制外，也有以蜗轮变送器输入脉冲信号的方式，由电子计算机进行系统控制的，此时其计量误差小于±1％，还可提供整个供水过程的数值显示，便于操作者实时控制。

3)容积控制机构

这种控制机构是在用钢板焊制成的截面积相同的水箱容器中，装设微型接近开关，排、供水电磁阀。其控制过程是，当系统发出排水信号时，排水电磁阀启动，开始排水(即向搅拌机供水)，当水箱中的水位下降到下限定位处，微型接近开关动作，关闭排水电磁阀，停止向搅拌机供水；排水后的水箱水位下降，于是延迟一段时间后，供水电磁阀启动，开始向水箱进水。当水箱水位上升到上限定位处时，微型接近开关启动，关闭进水电磁阀，准备下一循环。这种供水装置计量误差为±1％，具有结构简单、实用性强、使用寿命长、可靠性好等优点，是一种较好的供水装置。

3.2.4　称量机构

称量机构是水泥混凝土搅拌设备的重要组成部分。称量精度的高低，对所生产的混凝土质量，包括稠度、和易性、可浇灌性以及成型后的强度指标等，起决定性作用。因此，要求称量机构必须满足下列使用条件：

(1)对各种材料的称量精度应符合规范要求。如对铺筑混凝土路面所用的混凝土在生产时的称量精度为

水泥	±1％
粗、细集料	±2％
水	±1％
附加剂	±2％

(2)称量后的材料能正确无误的投入搅拌机;

(3)操作简便,动作可靠;

(4)称量值调整方便、快捷;

(5)结构应坚固耐用。

在水泥混凝土搅拌设备中,较常采用的称量机构有机械杠杆式、表盘拉线式、穿孔卡式和电子秤等几种形式。

机械杠杆式称量机构一般采用三组或四组杠杆比为1/800的多级杠杆秤。在最后一级杠杆的平衡位置安装微型触点开关,与进料斗门连锁,实现程序自动控制。这种机构结构简单、坚固耐用、故障少、易维修;缺点是不能显示和直读称量结果,而且反应迟钝,称量时间长。

表盘拉线式称量机构是一种在杠杆称量的基础上改进和完善起来的称量装置。它能够将称量斗上的材料重量,经过杠杆机构、拉线、摆锤轴、推杆、杆头和齿条等一条传动链,使安装在齿轮轴上的指针转动一定角度,便可在有刻度的表盘上直接读出具体的称量值。同时它还具有称量值预选功能。穿孔卡式称量机构是一种在杠杆称量和表盘拉线式称量的基础上发展起来的称量装置。这种称量机构采用电子控制,易于实现遥控,而且各种混凝土的配合比均能在一张穿孔卡中按规定冲出孔后,插入读出器,就能得到所需配合比的混凝土。穿孔卡可以反复使用,又易保存,对于要求混凝土种类繁多的预拌混凝土工厂显得尤为合适。

电子秤称量机构也称为微机处理秤,由拉力传感器和前置放大器、RC滤波器、光电隔离装置、A/D转换和微处理器CPU等部分组成,是目前比较先进的称量机构。其突出优点是简化了结构,缩小了体积,减少了环节,容易操作。称量精度也比机械式称量机构高。其改变配合比的操作,是通过与电子秤相联系的计算机控制软件实现,其配合比的变化范围很大,可以同时储存9种材料的63种配合比,在调整时,只需按动键盘上的两只按键,即可调用63种配合比中的任意一组。对配合比的修改也很方便。但是,由于传感器和电子元件对周围环境条件比较敏感,如潮湿、振动、电源干扰和扬尘等物理因素,都会影响电子秤的正常工作,因此,采用电子秤称量机构时,应当采取相应的防护措施,像电源稳压,信号由屏蔽线传递,RC滤波,输入、输出光电隔离以及分级布线、封闭操作间等,以尽量减小外界的干扰。

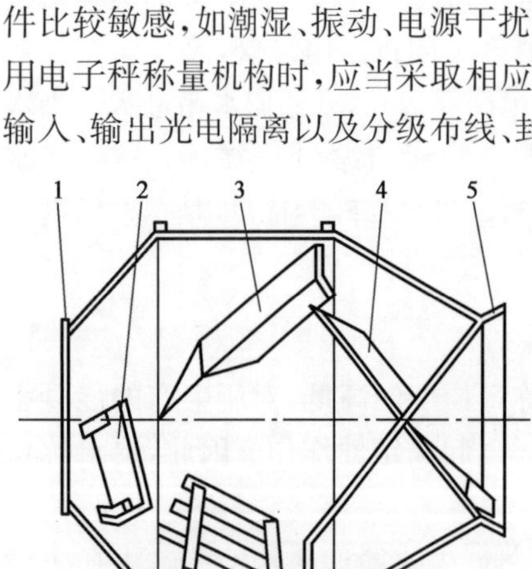

图13-12 双锥型搅拌机筒体结构

1-进料口;2-挡料叶片;3-主叶片;4-出料叶片;5-出料口;6-托轨环;7-副叶片;8-筒身

3.2.5 搅拌机构

搅拌机构是混凝土搅拌设备的主要组成部分,根据设备生产率的大小不同,可由一台或多台不同结构形式的搅拌机组成,从工作原理上看,搅拌机可分为自落式和强制式两大类型,而每种类型的搅拌机的设计构思和结构形式则各具特色。且搅拌质量也有很大区别。下面就搅拌设备上较常采用的几种产品的结构和特点作概略介绍。

1)JZ系列双锥型搅拌机

双锥型搅拌机是自落式混凝土搅拌机的一种,其筒体结构如图13-12所示。它外形呈双锥体状,内部沿筒体内壁设有挡料叶片,主、副叶片和出料叶片,其几何形状和安装角度是根据它们在搅拌过程中所起的作用而设计的。这种搅拌机在工作时，筒体横卧回转，叶片能使物料产生提升、推翻和轴向窜动，形成较强烈的搅拌运动从而获得较均匀的搅拌效果，且生产效率也比较高。

这种搅拌机按其出料方式又可分为反转出料式和倾翻出料式两种结构形式。前者出料是通过改变搅拌筒的回转方向，靠出料叶片将混合料向外推出；后者筒体可绕与拌筒轴线相垂直的水平轴倾翻一定角度（50°～60°），使出料口朝下，将混合料迅速排出倒净。

2）裂筒式混凝土搅拌机

裂筒式混凝土搅拌机融合了自落式和强制式两种搅拌方式的优点，是比利时 AMEY 公司开发的新型大容量搅拌机，其主体结构和工作原理如图 13-13 所示。其搅拌筒由等分的两个半球形筒体和一根水平卧装的半轴组成，左半筒通过两条十字交叉的搅拌臂与半轴连接在一起，右半筒滑套在半轴上可以轴向移动，与左半筒形成“合拢”或“裂开”两种状态。左半筒的球面中心位置开有进料口与进料斗相对接。

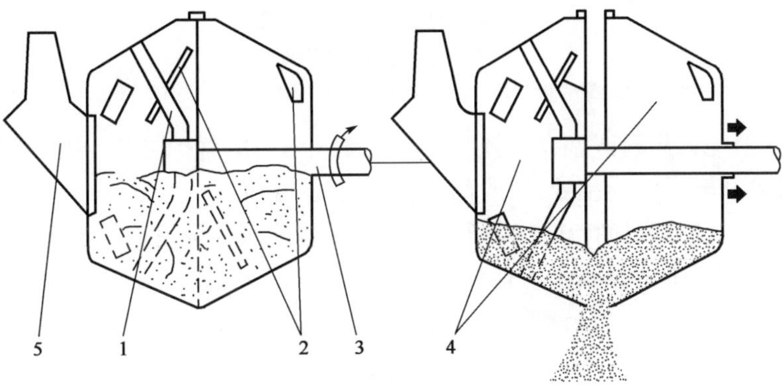

图 13-13　裂筒式搅拌机

1-搅拌臂；2-叶片；3-搅拌轴；4-左、右拌筒；5-进料斗

搅拌时，两个半筒合拢靠紧，同步回转，在搅拌臂和筒内叶片的共同作用下，能使物料产生强烈的交叉料流，达到迅速均匀的搅拌，搅拌周期一般为 90s，卸料时右半筒体向右滑移分开，拌好的混合料能从裂缝处迅速排出，卸料时间为 10～15s。

为了防止搅拌中水浆外泄，在两个半筒的结合处，还装有橡胶密封圈，防漏效果良好。

裂筒式搅拌机具有适应性强，可以搅拌各种干、湿混凝土，出料快而很少产生离析、磨损小，功率消耗少等优点，特别适用于搅拌使用大集料混凝土的水坝工程。

3）圆盘式混凝土搅拌机

圆盘式混凝土搅拌机，也称立轴式搅拌机或涡桨式搅拌机，是强制式搅拌机的一种。其搅拌器的结构如图 13-14 所示。主要由盘式搅拌筒、转子臂架、叶片或铲板和驱动机构等部分组成。盘式搅拌筒固定不动，在其中心安装着一个由减速机驱动的转子臂架。转子臂上装有各种搅拌叶片和内、外壁铲刮叶片。搅拌时，搅拌叶片以平均 3m/s 的圆周速度回转，借助各组叶片的不同安装位置和倾斜角度，能对停留在圆盘内壁和转子外壁之间的环形容积以内的物料进行剧烈的铲翻拌和。设置转子外壁是为了减少死区和低速区，提高搅拌效率。

为了有效地防止脏物和潮气侵入转子驱动机构，国外有的机型采用了下置式驱动方案，其电动机和传动机构置于拌筒下方,全部外露,维修和润滑都可从外部进行,而转子本身则装在一个铸造的壳体之内,与拌筒内壁的连接部采用了迷宫式油封加外密封圈两道密封。

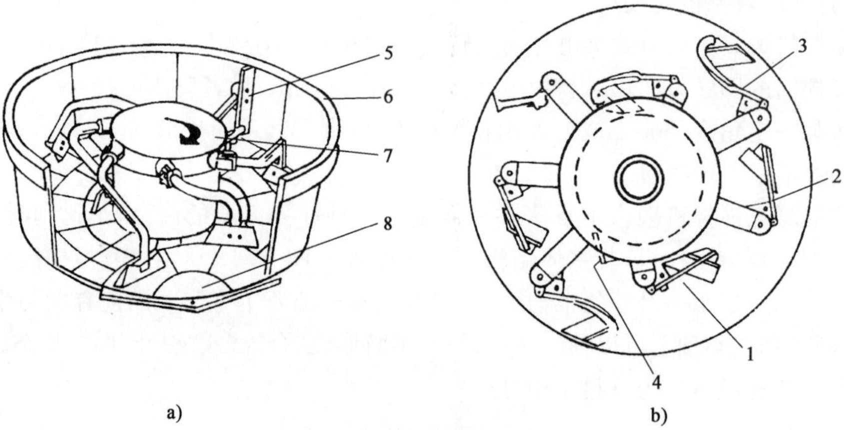

图 13-14 圆盘式强制搅拌器

a)搅拌器结构;b)叶片布置

1-内铲叶片;2-中铲叶片;3-外铲叶片;4-内壁铲刮叶片;5-外壁铲刮叶片;6-搅拌筒;7-转子臂架;8-卸料门

另外,为了避免大集料嵌塞在搅拌叶片和底板或侧板的缝隙之中,造成机件损坏,在涡桨搅拌机的叶片臂和转子轴连接处,一般都设有弹性缓冲装置。

这种圆盘式立轴强制搅拌机结构简单,使用可靠,适应性强,搅拌均匀性好,质量稳定,搅拌时间短,适合于大、中型混凝土搅拌楼(站)的配套选用;其缺点是功率消耗大,叶片线速度高,极易磨损。

4)行星盘式混凝土搅拌机

行星盘式混凝土搅拌机的结构特点是搅拌臂转子架的回转中心和搅拌器圆盘的几何中心不重合,两者之间具有一个小于转子臂架半径的偏心距。工作时转子臂架除可绕其中心轴作自转运动外,还能绕圆盘中心轴线作公转运动。由于搅拌臂的回转直径一般大于拌筒(圆盘)的半径,因此,其搅拌叶片可以涉及整个圆盘形拌筒底面的任何位置而不留“死区”,其使用性能优于普通涡桨搅拌机。

行星式混凝土搅拌机分为定盘式和转盘式两种结构形式。定盘式行星搅拌机的构成如图13-15 所示。在搅拌机拌筒机罩的顶部,安装一台立式电动机直接驱动一个带有降速功能的传动箱,传动箱可以绕其安装轴即盘式拌筒的几何中心转动。在传动箱的下伸输出端,连接着带有十字接头的转子轴,轴上装着 4 个叶片臂杆和搅拌叶片。当传动箱绕拌筒几何中心公转时,转子轴同时带动十字头上的搅拌叶片绕自身轴线转动,其叶片在拌筒底面上铲刮出的轨迹如图 13-15 右图所示。

转盘式行星搅拌机和定盘式行星搅拌机的主要区别,在于转子轴只有自转运动,公转由拌筒的逆向回转所取代,两者的相对运动关系保持不变,只是转子轴和拌筒的运动,分别由两台立式电动机驱动。

和普通立轴盘式搅拌机一样,行星搅拌机同样具有进出料口和其他相应的辅助机构。为了防止嵌料引起的机械损坏,其叶片臂上也设置有专门的弹性缓冲装置。

与普遍涡桨式搅拌机相比，其突出优点是搅拌叶片的线速度较低，消耗功率小，磨损小，拌筒容积利用率高；缺点是结构比较复杂。转盘式功率消耗节约不明显，推广应用不及定盘式。

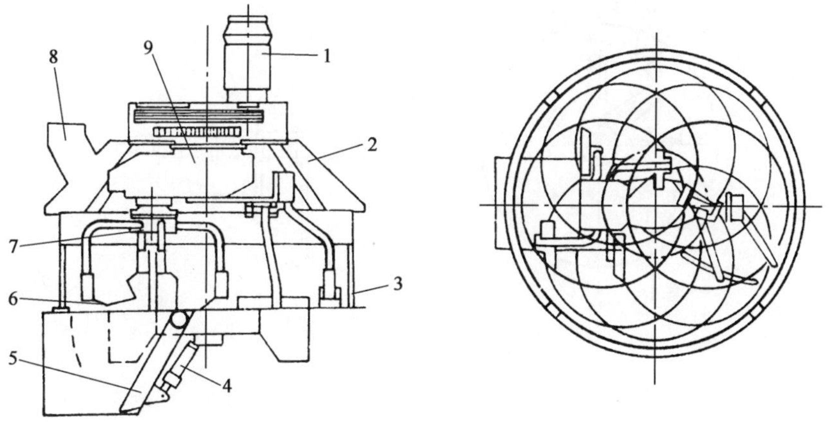

图 13-15　定盘式行星搅拌机

1-电机；2-机罩；3-拌筒；4-气缸；5-卸料门；6-拌叶片；7-十字臂架；8-水泥加料口；9-传动箱

5)单卧轴混凝土搅拌机

单卧轴混搅拌机主要由水平安置的C形拌筒、水平搅拌轴、搅拌叶片和传动机构组成。图 13-16 所示是这种搅拌机的一种结构形式。其搅拌叶片为斜对称布置的两条反向螺旋带，通过辐射状的端支臂和中支臂分别固定在搅拌轴的两端。搅拌时，混合料在两条反向螺旋带形叶片的推送下，从搅拌筒的两端向中部作剧烈的对流搅拌运动，可以在较短的时间内形成均匀的混凝土混合料。它的每条螺旋带叶片可以通过连接螺栓沿径向调节，以保证在叶片磨损后能随时调整它与筒壁之间的合理间隙。在两个端支臂的外侧面还装有刮料叶片，能够随时清除附着在拌筒端板上的积料。

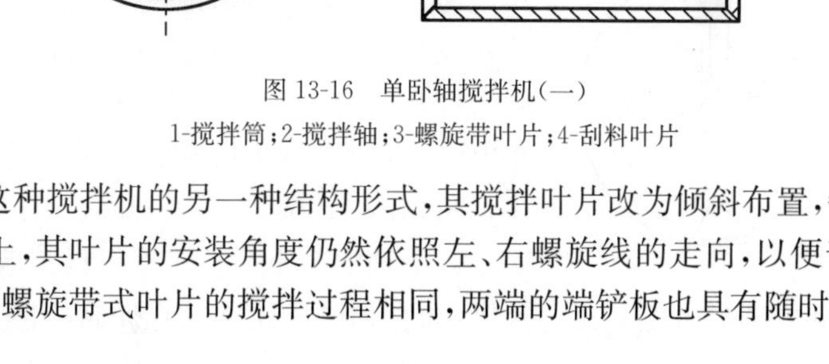

图 13-16　单卧轴搅拌机(一)

1-搅拌筒；2-搅拌轴；3-螺旋带叶片；4-刮料叶片

图 13-17 是这种搅拌机的另一种结构形式，其搅拌叶片改为倾斜布置，每个叶片由拌臂固定安装在搅拌轴上，其叶片的安装角度仍然依照左、右螺旋线的走向，以便于控制混合料的流向，其搅拌过程和螺旋带式叶片的搅拌过程相同，两端的端铲板也具有随时刮清拌筒端板上混凝土积料的作用。

单卧轴混凝土搅拌机的拌筒内壁和搅拌叶片上都嵌装了可拆换的耐磨陶瓷片。搅拌轴的两端支承轴座上，设置有专用的密封装置，用以防止灰浆水侵入轴承，并能对轴承自动加注润滑油。

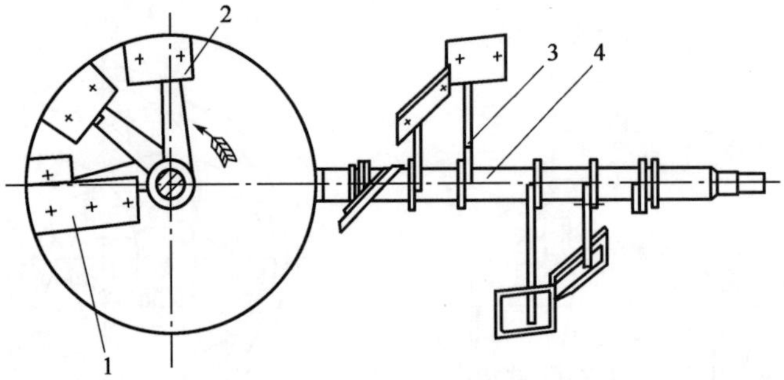

图 13-17　单卧轴搅拌机(二)
1-端铲板；2-中铲板；3-铲臂；4-搅拌轴

目前，国产的系列产品有 JD50、JD100、JD200 和 JD250、JD350 等型号，由于这种搅拌机具有结构紧凑、消耗功率小、耐磨性好、搅拌质量好、生产效率高、适用范围广等优点，是国内较常见的搅拌机机种之一。

6)双卧轴混凝土搅拌机

双卧轴搅拌机的结构示于图 13-18。它主要由水平安置的双圆槽形拌筒、两根平行安装的搅拌轴和相应的传动机构组成。在两根搅拌轴的圆周方向安装了几组搅拌叶片。这些叶片的形状和安装角度，都是在大量试验和使用考核后取得的最佳值。叶片在两根轴上的分布，前后和上下都交错开一定空间，以利于混合料能在两个拌筒内轮番地被搅拌。两根搅拌轴在特定的传动机构保证下作同步反向旋转，使两轴中间的混合料产生强烈的运动，如图 13-19 所示，这一区域称为主搅拌区或激烈搅拌区。在这里，混合料一方面在搅拌叶片的作用下由拌筒底部向上翻腾，一方面又在叶片倾斜面的强制推压下沿轴向窜动，从而被快速均匀地搅拌。图中混合料在主搅拌区的堆积高度 H 和具体的混合料堆容积质量、稠度以及叶片圆周速度等因素有关。

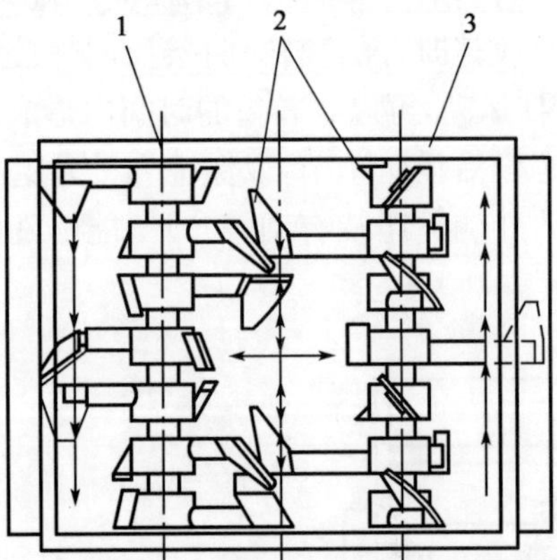

图 13-18　双卧轴搅拌机结构示意
1-搅拌轴；2-叶片；3-搅拌筒

双卧轴搅拌机的出料由开设在两个拌筒中间底部的出料口进行。出料门的结构形式有双门式、单门式，其运动方式有转动式、滑动式、摆动式等，由气缸控制其开或关。出料门长度比拌筒长度短 200mm 左右，在料门打开后，有 80%～90%的混凝土可以靠自重向外卸出，残留的混凝土则靠搅拌叶片强制向外排出。出料时间只需 4～6s。

双卧轴混凝土搅拌机不仅搅拌效果优于圆盘式搅拌机，而且耐磨性比圆盘式提高 2 倍，叶片的圆周速度相当于圆盘式的 1/2，是一种极有发展前途的新机种。

缺点是制造成本偏高，适于配套大容量的搅拌设备。

3.2.6　操纵控制机构

混凝土搅拌设备的操纵控制机构有手动式、半自动式、自动式和微机全自动控制式几种。

手动式控制机构基本是手柄式操作。它需要配备较多的操作人员，劳动强度大，设备精度低。目前除了在一些简易的单机搅拌场还继续延用手柄式控制方式外，几乎都已被较先进的方式所取代。

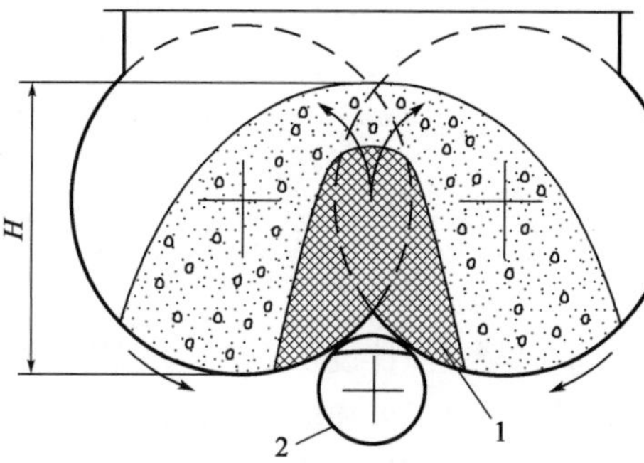

图 13-19　双轴搅拌物料运动特性
1-主搅拌区；2-卸料门

半自动控制机构具有简单的继电器程序控制功能，可利用电力或压缩空气，对供料、搅拌和卸料进行有限间接控制，操作人员数量较少，劳动强度相对减小。目前，这种控制方式在中小型单机站仍然被广泛采用。

自动式控制机构是介于全自动式和半自动式之间的一种具有可编程序控制器的自动化程度较高的控制方式。对材料能够进行自动供料和称量，并能按设定的程序自动进入搅拌和卸料工序。只是补料、称量和搅拌仍需分别设专人监视和操作，彼此间的联络由一人总管。

全自动式控制机构是微型计算机加可编程序控制器方式，是目前大中型混凝土搅拌楼(站)较多采用的控制方式。全自动控制方式为混凝土搅拌设备整体技术性能的提高和现代化的质量管理提供了可靠的手段。它不仅利用微电脑的智能化服务，把操作人员从繁重复杂的体力和脑力劳动中彻底解放出来，而且某些系统的服务功能是人力所达不到的。全自动控制的主要功能有以下内容：

(1)混凝土配合比自动计算和调整功能。微机控制系统能根据给定的原材料物理参数和数学模型，自动计算出混凝土的配合比，并能适应商品混凝土多用户多配比的使用要求，迅速有效地转换配合比。系统中常可存储 32～64 种不同的配合比，供随时调用。

(2)砂、石含水率的自动补偿功能。为了提高配合比的精度，全自控混凝土搅拌楼大都采用了中子法、高频介电常数法及微波等形式的集料表面含水率测定仪器，对砂、石集料表面的含水率进行实测、记录，并经控制中心对多含的水分进行扣减或减水补砂运算。

(3)对物料的粗、精称量和超称处理功能。为提高称量精度，减小投料冲击引起的称量误差，进料斗门具有开度控制，粗称开度大，当称量达到预定值的 90%时，开度减小，开始振动喂料到足称。如果发现由意外落料冲击产生超称，系统具有扣称功能，即在向搅拌机投料时能将多称部分截留在称斗中，转入下个循环使用。

(4)对称量、投料、搅拌和出料实现顺序自动控制功能。有些全自控系统设有动态模拟显示装置，能把从配料到卸料的全过程实现动态模拟显示，并具有精度较高的定时控制装置能保证各工序按预定程序和时间准确无误地往复循环。

(5)对可能发生的主要机械故障和电器故障进行监视和报警功能。全自控混凝土搅拌楼，一般都设有对主要机械和电器仪表的工况监视仪器，如监视搅拌机负荷状况的坍落度计就是一例。对生产过程中出现的异常情况能够及时报警，并打印出故障信息，以便维修。

(6)快速自动打印、记录功能。能对生产过程中的各种有关信息和数据进行快速自动打印和记录,为科学管理提供了依据和保证。比如打印用户单位、每罐混凝土生产的日期、时间、配合比和数量、混凝土强度等级、已拌立方数、砂石含水率等“每罐信息”;实时打印出该用户各物料耗量的累计值、总混凝土立方数、需拌总数、已拌总数、已拌立方数等“批信息”,以备查考。

4 总体设计及主要参数确定

水泥混凝土搅拌设备是生产水泥混凝土的成套专用机械。由于它的服务对象涉及大、中、小各种类型的建筑工程和道路工程,应用范围非常广泛。各种不同的使用部门,因其所承担工程的性质和生产规模不同或使用环境条件的特殊需要等,会对搅拌设备的使用性能、技术水平、自动化程度以及成本价格等提出各种不同的要求。因此,在进行产品的总体设计时,首要的是要明确产品的主要服务对象和适用范围,以便在进行具体结构设计时做到心中有数,有的放矢。

4.1 总体设计的一般原则

(1)总体设计的主要依据是产品设计任务书或具体的项目合同书,在经济技术指标方面,应力争有所突破或留有余地。

(2)作为机械产品,所采用的材料、工艺和设计标准应符合国家正式颁布的有关标准和规范,并应在设计中注重贯彻执行系列化、通用化和标准化方针,努力提高产品零部件的互换性,降低生产成本和维修费用。

(3)就道路施工而言,产品的主要技术性能应能满足国家已颁布的有关施工规范中关于公路、城市道路、厂矿道路、机场道面等所用水泥混凝土的施工性质和级配精度的要求。

(4)对于公路施工,采用适于频繁搬迁的移动式结构方案,其中尤以拆迁式拼装结构和拖行式结构为好。对于城市道路施工,则以固定结构方案为宜。

(5)技术方案的起点要贴近国内外当代同类产品的先进水平,要认真研究和消化当代具有代表性的技术性能先进的典型产品、典型结构和最新科技成果,力争在拟定的技术方案中有所改进、有所发展、有所创新。

(6)应坚持多方案评议优选,分析比较,权衡利弊,选择出综合指标最佳的技术方案。

4.2 主要技术参数的确定

本节仅以适用于道路等施工的周期式搅拌设备为例加以介绍。

4.2.1 生产率的确定

生产率是搅拌设备的主参数,也是确定其他技术参数的主要依据。生产率的确定一般应根据产品系列和配套需要合理抉择。目前国内生产的移动式搅拌站其生产率大致为 $15m^3/h$、$20m^3/h$、$22.5m^3/h$、$25m^3/h$、$50m^3/h$、$75m^3/h$ 等几种规格,与水泥混凝土摊铺机的施工能力相匹配的不多,大部分偏小。以轨道式摊铺机铺筑幅宽 4.5m 板厚 0.22m 的路面为例,摊铺速度以m/min 计,其生产能力为 $59.4m^3/h$ 这是采用摊铺机进行路面施工的最低生产能力。因此,为了满足路面施工的配套需要,所设计的水泥混凝土搅拌设备的最低生产率应不低于 $60m^3/h$。

生产率的确定除了应符合设计任务书或项目合同书的要求，满足使用配套需要外，还受到其他配套技术的制约，故应综合分析，全面考虑。

4.2.2 其他技术参数的确定

1)水泥混凝土搅拌机的容量

搅拌机的容量是指周期式搅拌设备每搅拌一次能生产新鲜混凝土的实方数——公称容量。小时产量、循环周期与搅拌机容量的关系：

$$Q=V\times t$$

则：

$$V=Q/t \tag{13-1}$$

式中：Q——搅拌机小时产量，m^3/h；

V——搅拌机容量，m^3；

t——每小时循环次数。

循环周期与搅拌机的工作效率和容量大小有关，一般性能较好的强制搅拌机循环周期在45～90s之间，有效搅拌时间为30～60s。按照GB 9142—88混凝土搅拌机技术条件规定，强制式搅拌机每小时循环次数应大于50～60次。对生产率较大的搅拌设备，当一台搅拌机无法满足使用要求时，可以采用多台搅拌机组合方案。

2)砂、石集料储仓与水泥筒仓的数量和存储量

考虑到正常生产不受供料准时性的影响，各种集料都须有合理的存储量，一般取生产率的1.25～2.5倍或更大，作为集料的有源储量——指无须提升即可靠自重落入称量斗中的集料存量，对分格斗仓来说，就是斗仓的容量；对星形储料仓来说，则是指位于各隔板之间顶部那部分可直接滑落到称斗中的活料。

根据一般水泥混凝土路面所用混凝土的级配设计，集料应有砂、粗石、碎石和外掺剂(粉煤灰类)4种。但由于每种集料的配额多寡悬殊，有时为了调整上料和投料的速度，配额较大的集料不得不占用两个以上的斗仓，这样，储料仓的设置数量应不少于4个，一般为5～6个。

考虑到所提供的水泥可能不是同一标号，水泥的筒仓的数量应不少于2个。集料储仓与水泥筒仓存储量的选用可参考表13-2。

3)各种材料的称量范围及控制精度

依据经验一般路用混凝土中，各种材料的大致含量为：

水：　150kg/m^3

水泥：　350kg/m^3

砂：　840～912 kg/m^3

石料：　988～1060 kg/m^3

参照以上数据即可初定出称量装置对各种材料的称量范围。为了满足用户对不同配合比的使用要求，作为配料手段的称量装置，其工作范围应最大限度地满足所有配合比的配料需要，并留有余地。各种材料的称量范围可参考如下数值：

水：　0～250 kg

水泥：　0～500 kg

集料：　0～2500 kg

附加剂： 0～9 L(可视具体设计附加)

称量装置的称量控制精度须符合混凝土的级配精度要求，对路面混凝土而言，其允差值应为

水： $\ngtr \pm 1\%$

水泥： $\ngtr \pm 1\%$

砂、石料：$\ngtr \pm 2\%$

附加剂： $\ngtr \pm 2\%$

4)混凝土卸料高度

根据水泥混凝土运输车的运行高度确定。

4.3 主要部件结构设计要点

在总体设计方案和主要技术性能参数确定的基础上，即可开始着手进行各主要组成部件的结构设计。由于搅拌设备的工作机构形式多种多样，完成同一种作业功能常可采用几种不同的执行机构去实现，这就需要在设计时依据具体的使用要求，正确分析各种结构方案的特点和利弊，做到合理抉择。

4.3.1 搅拌机

搅拌机是搅拌设备的核心组成部分，其结构性能好坏，会直接影响到混凝土搅拌的均匀性和整套设备的生产效率。强制式搅拌机，包括立轴(圆盘式)和卧轴(圆槽式)搅拌机，具有搅拌强烈，拌和质量好，生产效率高，适应性强，塑性、半塑性、干硬性混凝土及砂浆均能生产等一系列优点，深受用户欢迎。下面简要介绍其性能参数和结构参数的设计计算和部分结构的确定方法。

1)强制式混凝土搅拌机转速的确定

合理确定强制式搅拌机的转速。关系到搅拌混凝土的质量和生产率，若转速偏低，使搅拌时间增加，会降低生产率，若转速过高，又会形成较大的离心力，促使混凝土产生离析现象，破坏均匀性，导致质量下降。目前，国内外对强制式搅拌机的转速计算尚无统一的方法。一般在设计中，除了应考虑物料在拌和中产生离心力外，还宜考虑被搅拌物料与搅拌叶片之间的摩擦系数，推荐采用下式进行近似计算：

$$n \leqslant 23.54/\sqrt{R} \tag{13-2}$$

式中：n——搅拌机主轴转速，r/min；

R——搅拌筒内腔的半径，m。

此外，也有按搅拌叶片的圆周线速度为1.5m/s左右进行反算的。对双卧轴式搅拌机，其叶片线速度宜控制在1.4～1.6m/s之间，对单卧轴式搅拌机，其叶片线速度一般在1.25～1.8m/s之间。而对于立轴圆盘式搅拌机，由于其内外铲片的线速度悬殊较大，当限制外铲片的线速度不超过设定的理想值时，其内铲片的线速度会过低，不利于对处于拌筒内壁附近混合料的有效搅拌和推翻，因此，立轴圆盘式强制搅拌机的外铲片线速度一般宜控制在3m/s左右，而主轴转速在20r/min左右为宜。对于单卧轴采用螺旋带搅拌叶片的强制搅拌机，其合理转速可依下述公式计算：

(1)当公称容量为0.5～2m^{3}时，

$$n = \frac{15 \sim 17}{\sqrt{R}} \tag{13-3}$$

(2)当公称容量小于 0.33 m^3 时，

$$n = \frac{24 \sim 25}{\sqrt{R}} \tag{13-4}$$

2)强制式混凝土搅拌机功率的确定

精确地描述混凝土拌和物的搅拌运动及受力状态，从而精确地计算出强制式搅拌机的搅拌功率是十分困难的，从工程应用的观点来看也无多大必要。

这里仅以卧轴式强制搅拌机为例，推荐一种比较贴近实际的近似计算方法。

(1)铲片式单、双卧轴强制搅拌机轴上功率的计算

$$P = \frac{Mn}{9740\eta} \tag{13-5}$$

式中：P——搅拌机轴功率，kW；

n——搅拌轴的转速，r/min；

η——搅拌系统传动总效率，一般取 0.86；

M——叶片工作的阻力矩，N·m。

$$M \approx K(Lbr\sin\beta + zHB\sin\alpha \cdot R) \tag{13-6}$$

式中：L——侧叶片高度，cm；

b——侧叶片宽度，cm；

r——侧叶片中径，cm；

β——侧叶片与搅拌轴径向夹角；

z——同时参加工作的叶片总数；

H——叶片高度，cm；

B——叶片宽度，cm；

α——叶片中径上螺旋角；

R——叶片中径，cm；

K——阻力系数，N/cm^2。

在某一特定的坍落度时，阻力系数 K 是叶片线速度 u 的函数。对卧轴式搅拌机来说，线速度较低，可取 $K=7\sim9$。经验表明，在叶片线速度大于 1.5m/s，搅拌干硬性混凝土时取较大值；反之取较小值。

(2)电动机的功率计算

$$P' = K_1 P \tag{13-7}$$

式中：K_1——电动机容量储备系数，一般取 $K_1=1.1\sim1.25$；

P——搅拌机轴上功率，kW。

3)搅拌机有关结构的设计与计算

(1)搅拌筒的容积利用系数的确定

容积系数是指出料容积与筒体几何容积之比，它的确定主要以搅拌质量的优劣为依据。在确保搅拌质量的前提下，容积利用系数越大越好。但是，容积系数的大小还受到其他条件的

制约，其一，搅拌机的设计需考虑应具备10%的超载能力；其二，按设计标准规定，出料体积与进料体积之比为0.625，而几何容积应该大于进料体积，这样容积系数最大不得超过0.58。一般单卧轴搅拌机的容积利用系数取0.33～0.4，双卧轴搅拌机的容积利用系数取0.32～0.35，立轴圆盘式搅拌机的容积利用系数取0.30～0.33。

(2)搅拌筒长度L与直径D之比L/D的确定

在出料容量一定时，应考虑以最小的结构尺寸获得最大的空间容积。以利于收到节省制造材料、外形美观和搅拌质量好的综合效益。因此长径比L/D一般不宜过大，因物料的轴向运动主要靠叶片的螺旋角产生有限的轴向推力，如果物料的轴向流动距离过长，很难快速达到匀质效果。通常长径比宜控制在1.3以内，一般情况下取$L/D=1.05\sim1.15$。对圆盘式(立轴)强制搅拌机而言，不是长径之比，而是拌筒的高度H与直径D之比从上面相同的几个方面考虑，圆盘式搅拌筒的高、径比宜在0.27～0.46范围取值，圆盘直径在2m以下取大值(0.33～0.46)，在2m以上取小值(0.27～0.3)。

(3)搅拌叶片与拌筒衬板之间合理间隙的确定

在强制搅拌过程中，混合料中的集料常会被挤夹在叶片与衬板之间，轻者集料被挤碎，增大功率消耗和衬板的磨损；重者会造成机械损坏，导致停工停产。为了防止这种情况发生，可视集料粒径的大小合理调整叶片与衬板之间的间隙。其合理值应小于粗集料的最小粒径，而大于细集料的最大粒径。一般宜控制在3～5mm。

(4)搅拌叶片安装角度的合理选择

在搅拌过程中，混合料在叶片的强制作用下所产生的纵向和横向的掺和过程与叶片的安装角度关系很大。以卧轴式搅拌机为例，倘若使叶片表面与搅拌轴之间的夹角为90°，此时混合料仅受到叶片立面和铲臂的切割作用，只有少部分物料产生很小的横向位移，几乎没有纵向的位移，搅拌作用则十分有限；当使其夹角为0°时，则物料的横向搅拌作用比较强烈，但依然缺少轴向的运动，此时功率的消耗会明显增大。只有夹角为45°时(如图13-20所示)，物料才会同时产生较大的轴向运动和横向运动。同样，圆盘式立轴搅拌器的内、外搅拌叶片也需要具有合理的安装角度，才能使处于环形槽中的物料，一方面作圆周运动，一方面不停地向内、向外翻腾，从而产生理想的搅拌效果。该角度合理取值的原则是，在混凝土位移量一定的前提下，阻力最小，而被搅动的混凝土面积最大。运动最强烈。对单、双卧轴搅拌机，叶片与搅拌轴的安装夹角一般取35°～40°，圆盘式搅拌机的内、外铲板倾角，可参照取值。

(5)轴端密封结构的考虑

对于卧轴式混凝土搅拌机，因工作时主轴完全浸没在摩擦能力很强的砂石水泥材料之中，如果没有行之有效的轴端密封措施，主轴辅颈和轴承会很快被磨损毁坏。常见的密封装置为浮动环密封，如图13-21所示。其工作原理是：用压盖7、耐磨橡胶圈6和旋转圈5构成第一道密封。为防止砂浆浸入缝隙B'，需由注油孔B向内腔注入压力油脂，至B'缝中有少量挤出为止，用油脂外溢来阻挡砂浆浸入。第二道密封由静环2、动环3和O形密封圈组成，即浮动环密封。浮动环组件借助O形圈的弹性保持一定压紧力和磨损后的间隙补偿，要求轴承座9和静环2的加工安装尺寸具有一定精度，轴向误差不大于±0.5mm，并由孔A注入润滑油脂。浮动环为粉末冶金专用件，密封面经研磨加工。最后由两只相对安装的J形骨架密封10组成第三道密封，以有效地隔离浮动环腔内不太洁净的油脂，使其不致进入轴承。

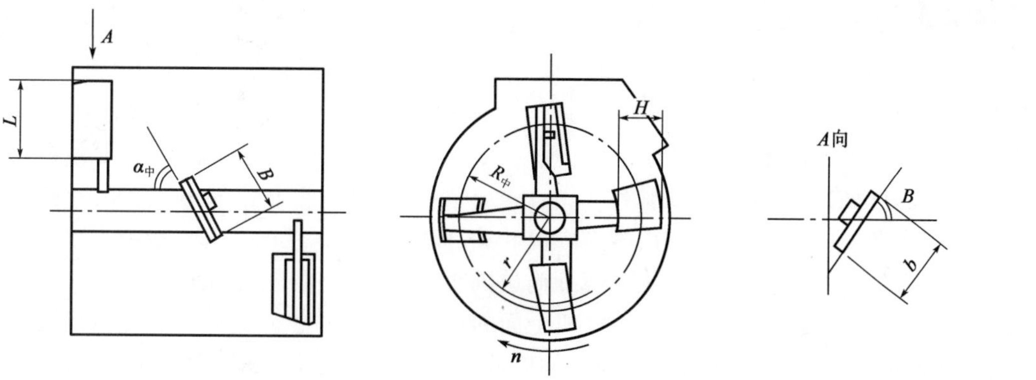

图 13-20　叶片尺寸图

这种密封装置设置了三道密封，在使用得当的情况下，完全可以有效地防止水泥浆浸入轴承。

此外，较好的轴端密封装置还有压水密封装置和夹持式浮动密封装置，其结构简单，易于制造，成本低廉，密封可靠，也可采用。

(6)其他部分的结构设计

其他部分结构设计应符合《混凝土搅拌机技术条件》(GB 9142)中的具体规定和要求。本文不再赘述。

4.3.2　机架结构

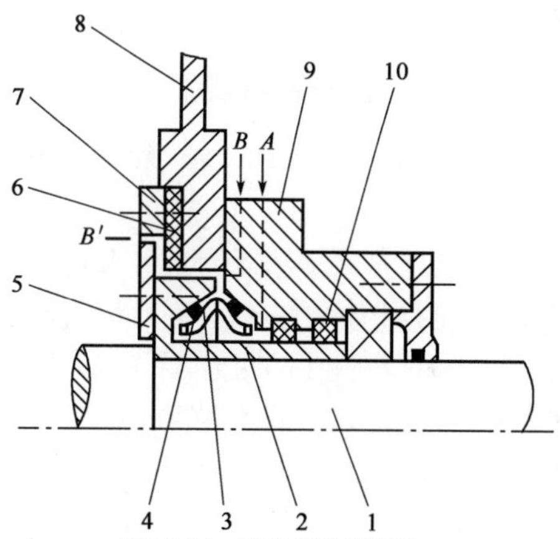

图 13-21　浮动环密封装置

A-润滑油孔；B-封浆油孔；B′-缝隙；

1-主轴；2-静环；3-动环；4-O 形密封圈；5-旋转圈；6-耐磨橡胶圈；7-压盖；8-搅拌槽；9-轴承座；10- J 形骨架密封

机架是连接和支撑各工作部件的载体，同时为操作人员上下操纵室、巡视各部件运转情况和检修机器提供通道和扶梯等安全防护设施。因料场的布局形式和整机拆迁方式的差异，机架的结构可有不同形式。常见的拖式搅拌设备，其机架不仅能把各部件有机地连接在一起，而且也是拖行底盘，下面装有行走轮系和气制动装置。为了运输的方便，整个设备分为配料和搅拌两个部分，可以分装在两个或两个以上的底盘上。配料部分安装集料储存斗和集料称量配料器；搅拌部分安装搅拌机、水泥称重配料器、水称量配料箱、提升料斗和卷扬机、操纵台等。这样的机架一般设有自架设装置，拖运现场后，凭借自身的起顶设备便可在短时间内架设到位开工生产。

用于带星形料仓的机架一般分上下两个单元：上部单元安装着搅拌主机、二次提升料斗的上部轨道、提升卷扬机、投料斗、水泥秤、水计量装置和操纵控制台等；下部单元安装料仓支撑架、投料口、称量机构、空压机、提升下部轨道和护栏等。两个单元在出厂前已完成预装配，分由两部载货汽车或拖车运到现场后，借助吊装机械可以迅速安装就位。

上述两种机架结构形式，都比较适合于移动式搅拌设备选用，但在具体设计时，还须从便于维修，安装方便，符合公路，铁路运输对高度和宽度的要求，以及占地面积小等诸方面分析比较，来决定取舍。

4.3.3 上料机构

移动式搅拌设备的总体布局，多数属于水平式结构，其所需的集料在配料过程中均需经过两次提升才能进入搅拌机内。一次提升设备的选用，主要视料仓形式而定，采用星形料仓时，只能采用拉铲上料方式；而采用分格斗仓或塔式斗仓时，可视具体条件选用皮带上料或装载机上料等。

二次提升机构一般都是由提升料斗、卷扬机和料斗爬升轨道几部分组成。提升料斗沿轨道升降，在底部开设卸料门，行程由微型限位开关自动控制。水泥的提升一般由大倾角螺旋输送机承担。目前搅拌站常采用的水泥螺旋输送机倾角为 30°～45°。水泥从筒仓的底部料门经由螺旋输送机可直接提升送入位于搅拌机上面的水泥称量斗中。水的输送和配给机构多为带有自控和显示、记数装置的水量计量仪及相应的泵、阀、管路系统。该系统通过控制中心与集料表面含水率监测装置联系，以便随时补偿和修正。另外，为了保护计量仪和开关阀门，在输水管路的前段部分应设置泥土集中器，用以清除水中的杂质和泥土。

4.3.4 称量机构

目前，电子秤的技术性能已趋于成熟，因其具有体积小、反应快、灵敏度高、易于与微处理机配套，实现粗称、精称和多扣少补各种功能的自动化控制等优点，而被广泛推广采用。只是在采用电子称量装置时，应就防振、防潮、防尘和抗干扰等方面采取必要的保护措施。

4.3.5 操纵控制机构

新设计的混凝土搅拌站，控制机构宜采用先进的工业控制计算机配以可编程自动控制系统。该系统应具备如下基本功能：

(1)全屏幕显示功能。全屏幕显示混凝土搅拌站的动态工艺流程，实时显示出各种集料、水泥、水、附加剂的配方值、称量值、补偿值，并实时显示各出料门状态，螺旋输送机和破拱电机的工作状态，集料斗的提升、下放和倾翻时的时间和位置，水泥筒仓和其他储仓的料位等。

(2)自动计算和调整混凝土的配合比。机内应存储多种混凝土配合比的数据，可随时通过键盘修改或调整配合比，也可通过键盘随时改变搅拌及出料时间，或调出其他用户的有关参数投入工作。

(3)对砂、石集料的表面含水率具有自动检测补偿功能。系统应配置含水率测定仪，能实时测定、记录并反馈砂石集料表面含水率值的信息，经控制中心进行减水补砂运算或由给水系统进行扣减和补偿。

(4)能自动对配料称量过程进行落差补偿或粗称、精称控制，保证配料称量满足精度要求。

(5)具有对系统故障进行自检、显示和报警的功能。一旦某一机构控制失灵或出现机械损伤事故，能够及时通知管理人员进行维修和处理。

(6)自动化管理功能，系统应配置快速打印机和用户服务系统，可以同时为多个用户建立各自的数据信息库。可实时打印出每一用户的供求情况及搅拌站的工作报表，包括每锅信息和每批信息。还可以建立网络管理，便于大型工地或多台搅拌机同时工作时统一调度和管理。

为了实现上述基本功能，系统在硬件和软件的配置上，应采用安装操作方便，调试简单，显示直观，投产周期短，性能价格比高，抗干扰能力强，可防振、防尘，适宜在恶劣环境中进行长时间工作的工控微机和可编程软件。系统硬件框图如图 13-22 所示。

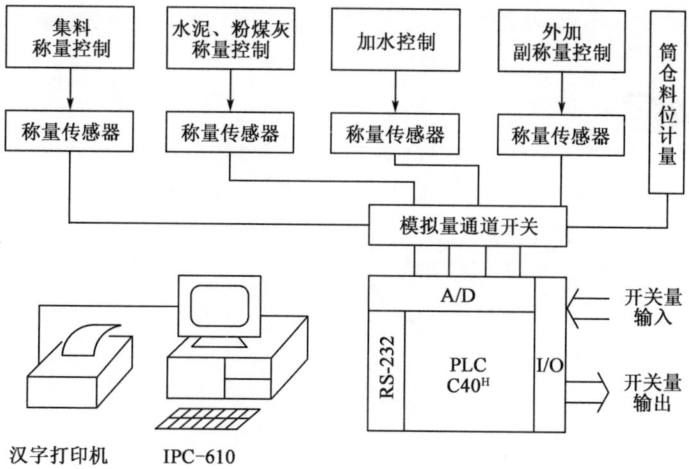

图 13-22　硬件框图

目前，软件系统可采用C语言和汇编语言混合编写，其过程控制如图13-23所示。它应具有运行速度快、显示功能强等特点。

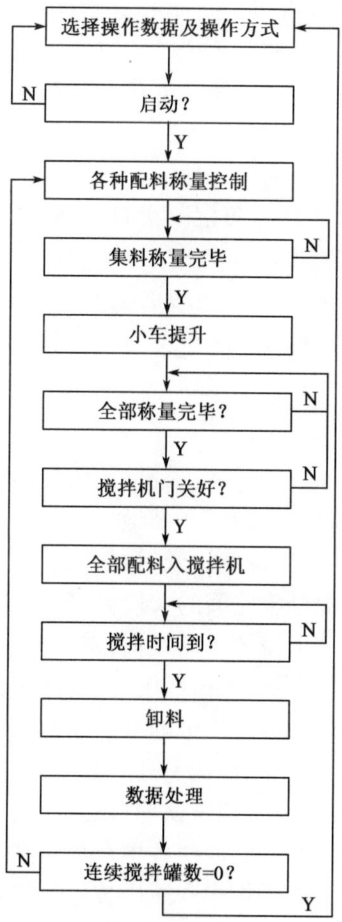

图 13-23　软件系统框图

第14章

水泥混凝土摊铺机

1　概述

1.1　用途及其功能

水泥混凝土摊铺机，是修筑水泥混凝土路面的主导施工机械，也是铺筑机场跑道、停机坪、水库坝面等设施的关键设备。其主要功能是把已经搅拌好的水泥混凝土料均匀、平整地摊铺在路基上，再经过振实和光整作面等工序，使之形成符合标准规范要求的混凝土路面。为此，水泥混凝土摊铺机应满足以下技术要求：

(1)布料必须均匀，不能产生集料离析现象；

(2)摊铺在路基或其他作业面上的虚方混凝土料，能够留出均等的余留厚度，以确保经振实和光整工序后符合规定的铺筑厚度；

(3)能对所铺设的混凝土层进行充分而有效的振实，确保路面或设施的内在质量；

(4)所铺筑的路面或设施，应达到表面平整度的设计要求，误差应控制在标准规范之内。

1.2　国外水平及发展趋势

国外开发生产水泥混凝土摊铺机的时间比较早。从20世纪40年代德国将简易的轨道式摊铺机用于战时道路的修筑算起，至今已有50多年的发展历史。基于水泥混凝土路面具有承载能力大、使用寿命长、防滑性能好、维修费用低、材料资源丰富等一系列优点，在世界各发达国家早已有了长足的发展。水泥混凝土路面的大规模修建和施工技术水平的不断提高，有力地推动了水泥混凝土摊铺机生产技术持续不断地向前发展。继20世纪60年代中叶，美国在轨道式摊铺机的基础上，开发研制出滑模式摊铺机之后，苏联、比利时和日本等国，相继开发和生产具有各种不同功能和用途的技术性能先进的水泥混凝土摊铺机。

据资料介绍，目前从事水泥混凝土摊铺机系列产品开发、生产的厂家或集团公司有20多个，分属于十多个国家。其中仅美国一个国家就拥有这种厂家和公司13个之多。激烈的市场竞争，大大地缩短了产品更新换代的周期，促使各生产厂家在产品的技术性能和品种、规格上不断地探索和提高。尤其是近年来电子技术和液压技术的飞速发展，进一步为摊铺机的研制和开发注入了新的活力。电—液比例控制技术、传感器技术和电子随动技术等一批新技术成果的发明和被采用，很快使水泥混凝土摊铺机的自动化程度和综合技术性能提高到一个新的水平。代表当今先进水平的滑模式摊铺机，采用履带行走，自带滑动成型模板，自动导向，自动找平，且集布料、整平、振实、光整等各种自动作业功能于一身，一次成型。可以达到极高的生产效率。

国外水泥混凝土摊铺机的发展趋势是：

(1)不断开拓产品的新功能，使之具有一机多用的特点。例如路缘成型机具有多种工作装置，可以用来承担路缘石铺筑、隔离墙铺设路边排水沟及人行道路面铺筑等多种施工任务。

(2)改进和完善产品的综合性能，致力于突破性的开发和研究。例如有的在滑模式摊铺机上应用了最新专利技术——犁式布料器，这种布料器具有布料均匀、不卡料等优点；有的为了提高大型滑模摊铺机的转向精度，设计成功与传感器相匹配的程序逻辑控制器，在弯道施工中，与传感器控制履带行使方向的同时，程序逻辑控制器可控制液压系统将更多的液压油引向机器快速的一边，然后再流到慢速的一边，可使两边履带的压力油分配比达 10∶90(或 90∶10)，从而非常精确地控制机器按施工半径要求进行施工，铺筑出圆滑平整的弯道路面。

(3)向高效率大型化发展。为了适应目前水泥混凝土路面工程修筑规模日益增大和路面技术等级不断提高的需要，国外一些著名厂家已陆续开发出发动机功率在 430kW 以上，最大摊铺宽度达 23m，最大摊铺厚度达 762mm，生产效率达 540～2100m^3/h 的大型滑模摊铺机。

1.3　国内水平及发展方向

国内开发研制水泥混凝土摊铺机起步于 20 世纪 70 年代中期，当时还很少修筑水泥混凝土路面。建设部长沙建筑机械研究所和广州空军后勤部等单位曾联合研制出一套“混凝土道面铺筑机组”主要用于机场跑道和停机坪的施工。铁道部第 11 工程局机械厂与中国铁道建筑研究设计院同期开发研制的 HT—1208 型轨道式混凝土摊铺机组，用于第二汽车制造厂试车场的水泥路面施工。进入 20 世纪 80 年代，山西省公路局和江苏省平山机械厂、江苏建筑机械厂等单位陆续推出几种结构比较简单的水泥混凝土摊铺机，开始用于低等级路面的铺筑施工。

由于上述简易式摊铺机在结构和技术性能上均存在一定缺陷，不能满足铺筑高等级混凝土路面的使用要求，20 世纪 80 年代后期，国内一些工程部门为了承担某些重点公路的修建任务，先后从国外引进了一些水泥混凝土摊铺机。黑龙江省路桥公司引进一台美国产 SF—250 型滑模式水泥混凝土摊铺机，山西省公路局引进一套德国产“J”型轨道式水泥混凝土摊铺机组，广州公路工程公司引进了美国的 GP1500 型滑模式水泥混凝土摊铺机，河南省公路局、铁道部第 12 工程局、安徽省路桥公司、湖北省路桥公司、江西省公路局和安徽省公路机械厂工程处等单位陆续从国外购进不同形式的水泥混凝土摊铺机，分别用于各自的施工工程。应该说，这些先进设备的引进，对我国处于起步阶段的高等级水泥混凝土路面的发展，起到了积极作用。但代价也是昂贵的，它需要国家支付数额巨大的外汇。对于尚属发展中国家的我国来说，这绝非长远良策，因此开发我国自己的水泥混凝土摊铺机械是形势所迫、当务之急。

在“八五”期间，国家有关部门开始把注意力放在引进国外生产制造技术和消化研究、开发具有先进水平的国产化设备上来。由山西省交通科学研究所和山西省公路局联合研制的“J”型轨道式水泥混凝土摊铺机，及由交通部规划设计院和江阴交通机械厂联合开发的“S”型轨道式水泥混凝土摊铺机，先后于 1990 年 10 月、1991 年 11 月通过省、部级技术鉴定，研究成果达到了国内外同类产品的先进水平。由西安公路交通大学和黄河工程机械厂、天津工程机械研究所共同承担的国家“八五”攻关项目——开发研制 HTH7900 型滑模式水泥混凝土摊铺机，开始对滑模式水泥混凝土摊铺机进行探索和研究。

与此同时，镇江华晨华通机械集团公司引进了美国 PR0—HOFF 的制造技术，开发生产出 1220MAXI—PAV 滑模式水泥混凝土摊铺机；江苏建筑机械厂引进了德国 Wirtgen 公司的制造技术，开发生产出 SP500 型滑模式水泥混凝土摊铺机；交通部郴州筑路机械厂也引进了美国 Power Curbers 公司的生产技术，开发生产出 HTH5000 型多功能滑模式水泥混凝土摊铺机。

2　分类、特点及适用范围

水泥混凝土摊铺机按其行走方式的不同，可以分为轨道式摊铺机和履带式摊铺机。轨道式摊铺机采用固定模板铺筑作业，而履带式摊铺机采用随机滑动的模板进行施工，所以又分别称之为固定模板式摊铺机和滑模式摊铺机。

按摊铺作业的功能和施工对象，水泥混凝土摊铺机也可以分为路面摊铺机、路缘边沟摊铺机和路基修整机等。在结构形式上，有的从属于滑模式，有的从属于轨道式。

2.1　轨道式水泥混凝土摊铺机

轨道式摊铺机的优点是结构简单、造价低廉、工作可靠、容易操作、故障少、易维修以及对混凝土要求较低等，因此至今仍然受到许多发展中国家的青睐。其缺点是自动化程度较低，铺筑的路面纵坡、横坡、平直度和转弯半径的精度，在很大程度上取决于钢轨和模板的铺设质量，钢轨模板需要量大、装卸工作频繁而笨重。

轨道式摊铺机，因其作业方式、执行机构和整体功能的差异，又可进一步分为列车型轨道摊铺机、综合型轨道摊铺机和桁架型轨道摊铺机。

2.1.1　列车型轨道摊铺机

列车型轨道摊铺机如图 14-1 所示。在施工作业中，其布料、整平振实和光整做面等各道工序，分别由两台或两台以上的单机来完成，这些单机依据作业的先后顺序，一字排列在预先铺设好的钢轨上行走和作业。图 14-1 中是摊铺中间带钢丝网的混凝土路面的情形。由两组 4 台单机共同完成铺筑工作，前面两台单机铺筑底层，后面两台单机和一个拖式精整器，铺筑面层。

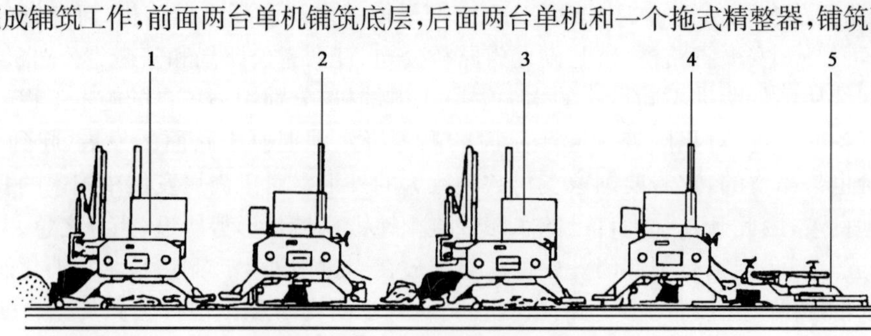

图 14-1　列车型轨道摊铺机

1、3-布料机；2、4-整平振实机；5-光整做面器

2.1.2 综合型轨道摊铺机

综合型轨道摊铺机的结构是将螺旋布料器、刮平板、插入式振捣器组、梁式振动器和浮动式精整梁等作业机构集中安装在一个框形机架上，可以实现一次成型，与列车型相同的是它也要架设侧模板，行走机构也是由 4 个钢轮在轨道上运行。美国的 CMSF 型摊铺机属这种类型。

2.1.3 桁架型轨道摊铺机

桁架型轨道摊铺机的机架采用框形桁架结构，可由一端加长或减短，使其最大摊铺宽度达 42.7m，适用于大面积摊铺整平作业。此外其作业机构还另具特点：没有通常的刮平板和梁式振捣器，只有一个或一对可作高速旋转的圆柱滚和安装在轴端的短螺旋叶片。在与发动机相连接的长链条的牵引下，这种作业机构可沿机架上的滑道在整个摊铺宽度上往复移动，借助圆柱滚和螺旋叶片的高速旋转运动，对倾卸在左右模板之间的混凝土料实施摊铺整平作业。我国进口美国的 C650—F、C450 型摊铺机即属于这种类型。

2.2 滑模式水泥混凝土摊铺机

滑模式摊铺机是一种自动化程度高、技术性能先进的施工机械。一般由机架、履带行走机构、操纵控制系统和悬挂在机架下面的一整套作业装置组成。与轨道式摊铺机相比，在使用性能方面主要有以下优点：

(1)整机采用全液压驱动，操纵控制系统采用电液伺服、传感器自控技术，只需 1～2 人即可胜任施工作业。

(2)摊铺路面时，路拱、纵坡、横坡和弯道均可通过调整成型板和导引机构自动实现。整个路面可以全幅施工，一次成型。

(3)生产准备：工作简单，无须铺设模板和轨道，只需架设钢丝基准导引拉线即可施工。

滑模摊铺机的结构较为复杂，操纵技术难度较大，对操纵人员的素质要求比较高。同时对所用混凝土的级配和坍落度等技术指标的要求也比较严格。这些也给它的具体应用造成一定局限。

滑模式摊铺机因其主机功率的大小和作业宽度、作业对象的不同，其行走机构有双履带、三履带和四履带等几种形式。图 14-2 所示为四履带滑模摊铺机。属大型路面施工机械，通常其发动机功率在 250kW 以上，作业宽度可达 15m，作业厚度可达 500mm。其生产能力很大，每小时可摊铺混凝土 540～2100m^3，它的每条履带均可绕其支臂与机架的铰接点水平摆动一定角度，以改变宽度尺寸，垂直摆动一定角度可调整机架离地高度，适用于双车道全幅施工、一次成型的规模较大的路面铺筑工程。

图 14-3 所示为一台三履带滑模摊铺机。这种结构形式常见于机动性很强的多功能摊铺机。由于它的 3 条履带也可以绕支腿和机架的铰结点摆动一定角度，且支腿高度可以独立调整，能够满足铺筑各种交通设施的施工要求，因而它附带有各种结构形式的滑动成型模板，可以随机更换，完成路缘石、边沟水槽、中央分隔带、人行道等多种混凝土结构的铺筑作业。

中等功率的滑模式摊铺机，一般采用四立柱双履带行走机构。黑龙、江省路桥公司引进的美国 SF250 型摊铺机即属于这种形式。它在结构上和四履带摊铺机大同小异，比较适合我国目前一般工程规模不大的使用场合。

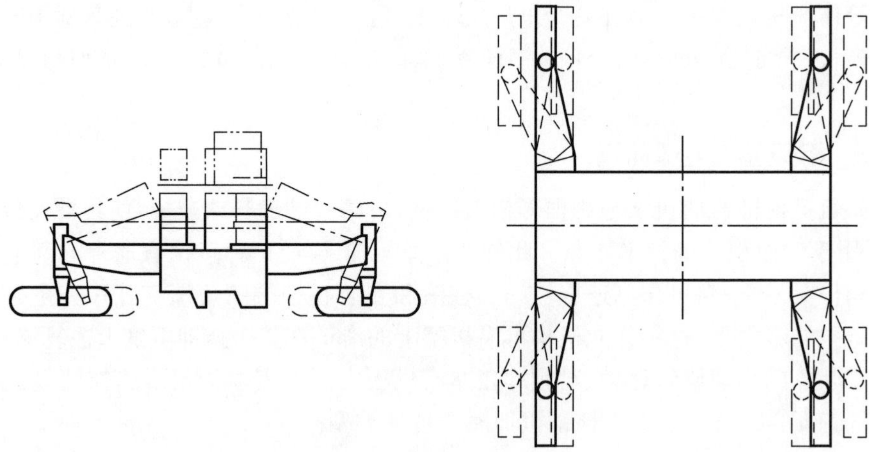

图 14-2　四履带滑模摊铺机

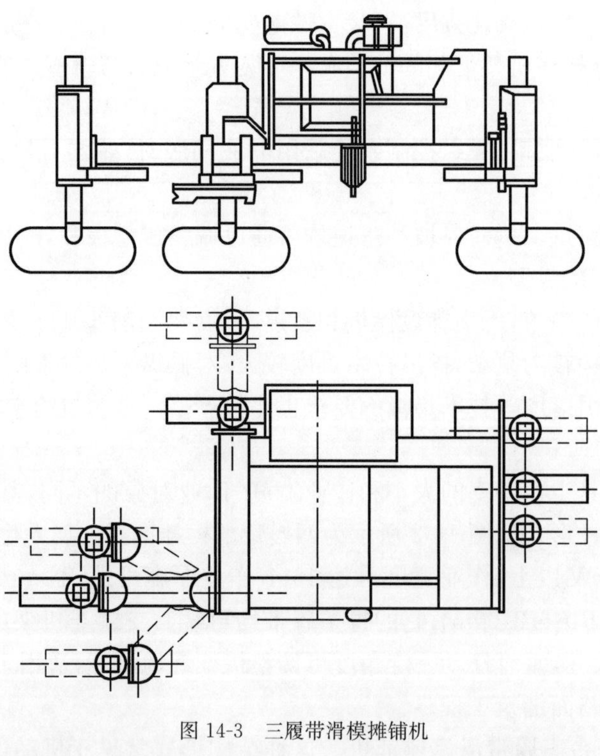

图 14-3　三履带滑模摊铺机

图 14-4 所示的是滑模式摊铺机家族中的一个特殊成员。虽然它也采用履带行走方式、自带随机滑动的成型模板，但它的机架结构和作业机构与前面提到的桁架型轨道摊铺机相同。由此，也称为桁架型滑模摊铺机。由于其机架采用可拼装的桁架式结构，可以在较大范围内加长和减短，适宜于摊铺面积较大的混凝土设施。

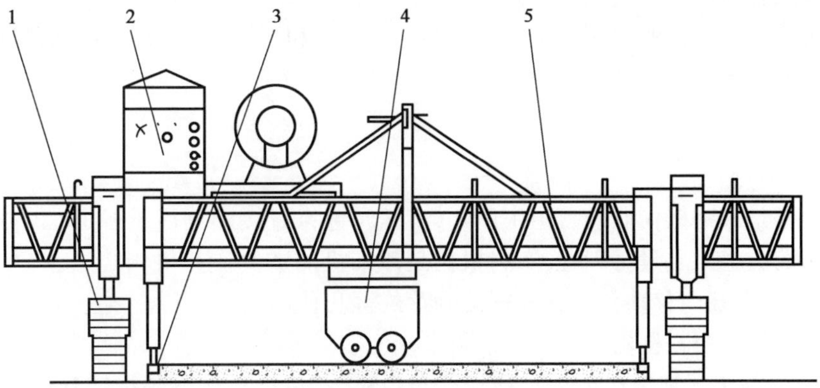

图 14-4　桁架型滑模摊铺机
1-履带；2-控制箱；3-滑模板；4-作业机构；5-机架

2.3　各类摊铺机的适用范围

表 14-1 列出各类摊铺机的主要特点及用途，供使用者参考。

水泥混凝土摊铺机特点及用途表　　表 14-1

类型		结构特点	适用范围	代表机型
轨道式摊铺机	列车型	基本机组：由 1 台布料机、1 台整平振实机和 1 部精整作面器组成，具有重复作业功能	一般水泥混凝土路面、城市街道和飞机跑道等施工	BV590 型 “J”型 “S”型
		复合机组：由 2 台布料机、2 台整平振实机和 1 部精整作面装置组成，可重复作业	双层摊铺工程，中间可加设钢丝网或钢筋	
	综合型	各种作业装置集中在 1 个机架上，可实现一次成型	一般公路、城市道路和停机坪、跑道施工	CMSF 型
	桁架型	机架为框型桁架，伸缩余地大，作业机构为单、双圆柱辊加同轴螺旋叶片	塑性混凝土大面积作业，最大作业宽度 42.7m	C650—F C450
滑模式摊铺机	四履带	发动机功率 250kW 以上作业宽度 15mm，摊铺能力达 540～2100m²/h	高等级公路路面工程，双车道全幅施工，一次成型	GP5000 SF500
	三履带	3 条支腿可以摆动角度和伸缩稳定性、机动性强，可适于在复杂地面上行走和作业	路缘石、边沟水槽、中央分隔带、人行窄道等杂结构物的铺筑	HTH5000
	双履带	马力适中，作业宽度 9m，综合性能好。机动性强	中等规模公路、街道、机场路面工程	SF250
	桁架型	机架为框形桁架式，作业机构为圆柱辊加螺旋叶片	大型桥面板塑性混凝土整平作业	C—650—S

3　主要结构及工作原理

水泥混凝土摊铺机完成对混合料的均匀布料、计量整平、振捣压实和最终的光整作面等各道工序的作业，是通过专门设置的布料机构、整平机构、振捣压实机构和光整作面机构等各种作业执行部件实现的。同时，还需要机架、行走机构、操纵控制系统和其他一些辅助机构的有机配合。虽然各类摊铺机的结构形式各具特点，它们所采用的作业执行部件也不尽相同，但每一种摊铺机都是若干作业职能结构部件和特定的辅助机构的有机组合。下面就比较通用的主要作业部件的结构形式及其工作原理作一概括性介绍。

3.1 布料机构

布料工序是摊铺机作业的首道工序，其施工质量将直接影响后续各道工序的正常进行和整个摊铺作业的施工质量。因此，布料机构是摊铺机的重要作业机构之一。常见的布料机构有旋转刮板式、底开门移动料箱式和螺旋叶片式等几种形式。

1)旋转刮板式布料机构

图 14-5 是轨道式摊铺机的旋转刮板式布料机，其执行机构就是旋转刮板，主要组成部件是刮板体、滑道和牵引拉绳等。滑道固接于机架上，与机架横梁相平行，是刮板沿摊铺宽度横向移动的支撑导轨。刮板体形似滑车，通过上下 4 个辊轮和左右 4 对导轮套装在滑道上。刮板垂直安装在刮板体的中心位置，通过一对液压油缸和齿条、齿轮传动，可以绕自身轴线旋转 ±180°。加上随机架的前后运动，刮板本身具有 3 种运动形式。操纵者可视料堆大小和卸料位置，同时操纵机架、绳轮和液压油缸，做到三种运动的有机配合，即可快速、充分地均匀布料。

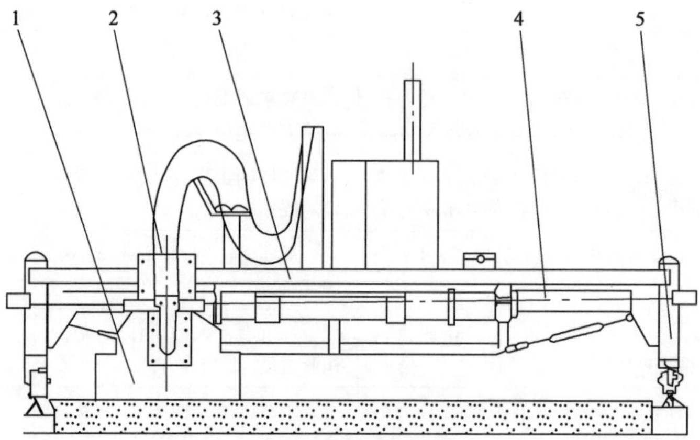

图 14-5　旋转刮板式布料机

1-刮板；2-刮板体；3-滑道；4-牵引拉绳；5-机架

混合料的虚铺厚度由刮板底缘距路基表面的高低来控制。根据设计要求，它可以通过调整机架高度实现精确控制，调整范围达 300mm。滑道具有几种长度不等的加长组件，可以满足 3～9m 摊铺宽度的使用需要。

这种布料机构的优点是机构简单，机动灵活，容易操作，布料速度快捷。缺点是刮板底缘以下部分的混凝土料，在卸料过程中形成的非压实性密度不均匀现象无法消除。因此采用它来布料时，必须事先控制产生非压实性密度异常的诸因素和条件。

2)料箱式布料机构

料箱式布料机构的料箱容量一般为 3.0～4.5m^3，它通过 4 个辊轮架设在两根平直的轨道上。轨道固接在机架上，距路基表面的高度可随机架一起调整，并保持与路基表面平行。根据加料的方式不同，料箱可以纵向布置或横向布置，纵向布置适宜于正前方加料，横向布置适宜于侧向在路肩上加料。

当料箱加满混凝土料后，启动驱动机构，使料箱沿轨道运行到需要布料的位置，然后操纵液压油缸打开箱底料门，使料箱一边运行一边卸料。由于料箱高度已预先调定好，在料箱卸料时，其料门侧口板如同刮板一样，能把卸下来的虚方混凝土料控制在预定的厚度上，以保证后面振实作业有足够的余量。布料宽度可达 12mm，适宜于大型路面铺筑工程。

这种布料机构操作简单，布料均匀，可消除非压实性密度不均匀现象，但结构比较笨重，在机动灵活方面不及刮板布料机构。

3)螺旋叶片布料装置

螺旋叶片布料装置，常见于大中型滑模式摊铺机，如图 14-6 所示。它一般横向安装在机器的正前方，其旋转轴线平行于路基表面，高度可以随机调整。螺旋叶片的直径通常为 40～45cm，由一台可正反转动的液压马达独立驱动。操纵者可视卸料位置情况，通过螺旋叶片的正反旋转实现均匀布料。由于螺旋叶片在作业过程中将近三分之二的叶片始终深埋于混凝土料中，通过叶片的左右推送运动，将混凝土料横向摊铺在路基上，并同时对混合料再施加一次搅拌作用，即可有效地消除卸料过程中形成的离析和密度不均匀现象，这是其突出优点之一。

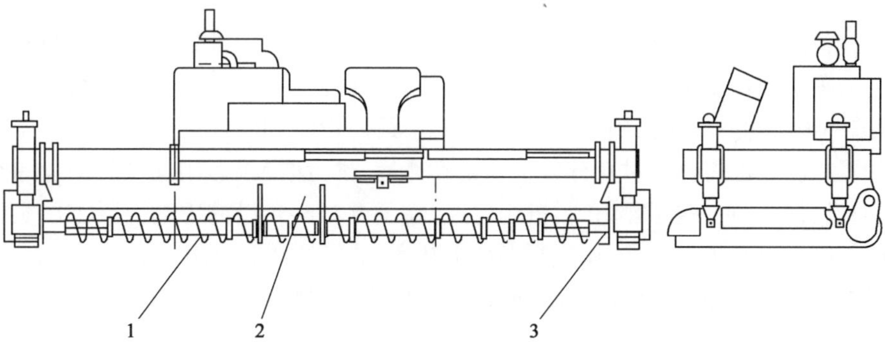

图 14-6　螺旋叶片布料装置

1-螺旋叶片；2-水平刮板；3-滑动刮板

在螺旋叶片的后面，装有一块水平刮板，用来控制虚铺层的厚度，起到整平和计量作用。螺旋叶片和整平刮板都配有加长部件，以便适应不同摊铺宽度的使用需要。

4)侧向布料机和侧向布料装置

为了适应一些特殊工况的使用要求，国外还开发了一种适应于从机器的侧面上料的专用布料机。它可以自带机架和行走机构。独立完成上料、布料作业。也可以将输料皮带、移动刮板、进料斗和布料斗等作业部件组成的执行机构整体加装在其他摊铺机上，如图 14-7 所示。其自备底盘采用全液压驱动，行进速度为 0～6.7m/min，可实现无级调整。输料皮带也能无级调整速度。移动刮板除可沿输料皮带的纵向平稳移动外，自身还可以转动 0～55°，以确保混合料在输送过程中不致外泄。同时能够有效防止产生离析现象。

一些大中型滑模式摊铺机都预留着加装侧向布料机构的空间位置和结合机构，一旦用户提出加装要求，即可将其快速装上。在铺筑中间夹带钢丝网的混凝土路面时，滑模式摊铺机就必须加装侧向布料机构，否则无法实现二次布料。

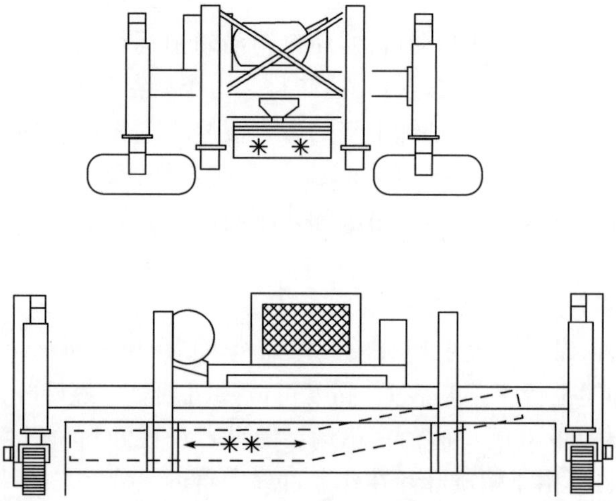

图 14-7　加装在滑模机上的侧向布料机

3.2　整平(计量)机构

混凝土料经过第一道工序后,形成具有一定余留厚度的均匀铺层。但这时尚不能进行振实作业,因为采用刮板式布料机构所布的料,虽然表面比较平整,但其内部的密度差异比较大,如不采取进一步匀化的作业措施,这些隐患势必会最终影响到路面的平整度。采用其他布料机构所布的料,同样也需要经过充分整平和精确计量,才能进入振实作业工序。整平机构就是为此目的而设置的。它一般紧随布料机构之后,除了可对已布设的虚铺混凝土层实施揉搓挤压,使之内部组织进一步匀化外,还能起到填平补齐、精确计量的作用。

常见的整平机构有固定刮板、摆动刮板、圆弧板叶轮和螺旋叶片等几种形式。

1)固定刮板整平器

固定刮板整平器,多见于滑模式摊铺机。由图 14-6 可以清楚看到,紧靠螺旋布料器之后有一块长条形钢板,横向安装在机架上,即为刮板整平器。由于采用螺旋布料器可以有效地消除密度不均匀现象,在这里它只起刮平计量的作用。在作业过程中,刮板随机向前移动,将超过刮板底缘以上的多余混合料推向前方。刮板底缘相对于振捣梁底面的垂直距离,在理论上与混凝土虚实方在厚度方向的差值相等。因此,根据所用混凝土虚实方体积变化的比值,准确调整刮板底缘的高度,即可达到对虚铺层厚度的精确控制。

这种固定式刮板整平器结构简单,容易制造和维修。唯其工作阻力较大,仅适用于大功率摊铺机。

2)摆动刮板整平装置

图 14-8 是在机架前方横向安装的一种摆动刮板整平装置。刮板体由中厚钢板和角钢筋条焊接而成。下缘部分装有宽约 50mm 的耐磨棱带,大面朝下,且前部抬高约 100mm,与混合料虚铺层表面形成一个夹缝。刮板后面的支架上垂直装有一对辊子紧顶在刮板体的后表面上,是刮板体横向摆动的支撑点。在作业过程中,一方面刮板受变速器外连的曲柄连杆的推拉,在整个摊铺宽度上不停地摆动,通过其下缘上的耐磨棱带对混凝土铺层实施挤压和揉搓,

同时它又能随机架徐徐向前移动，对铺层表面进行推刮整平和填平补齐。

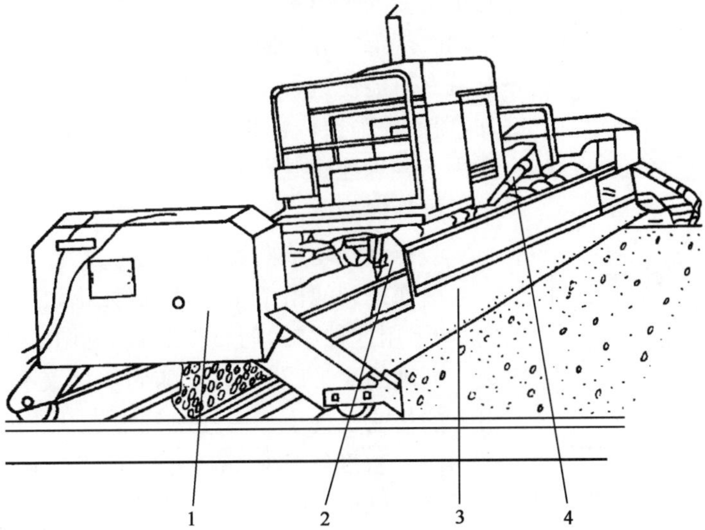

图 14-8 摆动刮板整平装置

1-机架；2-刮板支架；3-刮板组件；4-驱动连杆曲柄

摆动幅度可以通过改变曲柄长度在 0～80mm 范围内实现无级调整，刮板底缘高度除可随机架与振实梁一起调整外，尚可通过支架上的一对手轮丝杆实现独立调整，以便确定其底缘与振实梁底面的相对位置。

3)圆弧板叶轮整平器

圆弧板叶轮的结构如图 14-9 所示，是由若干弧形叶片按照相同方向交错一定角度焊接在管轴上而成的。通常圆弧叶轮整平器也是安装在振实机构的前面，其轴心线距路基表面的距离，除同振实梁一起随机架升降外，通过两端支架上的一对垂直丝杆可实现无级调整，以获得相对于振实梁底面的合理位置。叶轮在长度上配备有加长件，以满足不同摊铺宽度的需要。

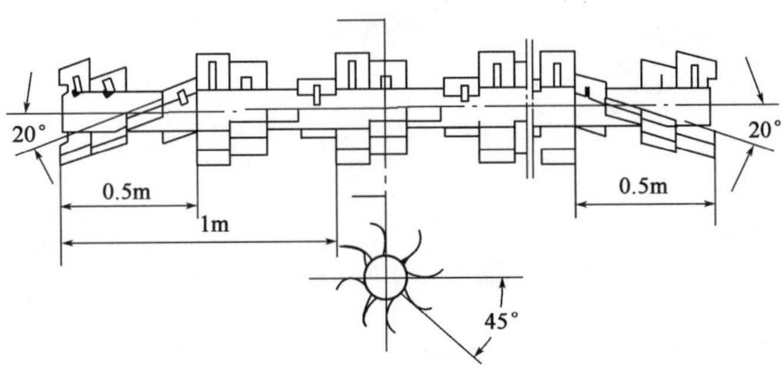

图 14-9 圆弧板叶轮结构示意图

圆弧叶轮一般由一台液压马达独立驱动，在作业过程中，叶轮一方面随机架徐徐向前移动，一方面通过转动中的每个叶片将多余混合料向前推滚。叶轮旋转母线在最低位置形成的轨迹，即是被修整过的平面。

由于其叶片呈圆弧形，在向前推滚多余混合料的同时，会对虚铺层产生一个指向内部的挤

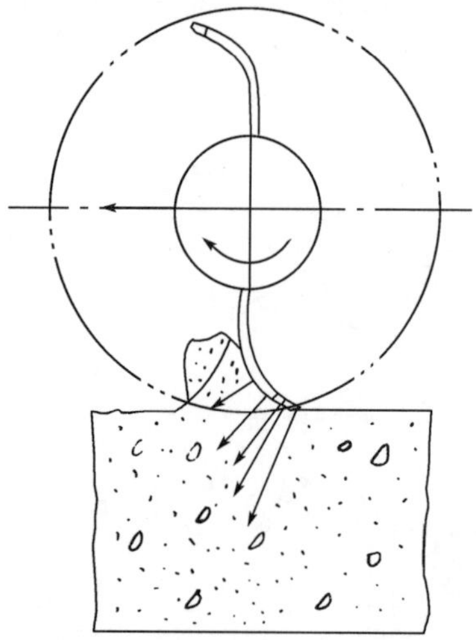

图 14-10　圆弧板叶片挤压原理

压力，如图 14-10 所示。叶轮转动速度在 20r/min 以上，在每个横断面上对称安装着两个叶片，叶轮每转一转，就会产生两次挤压作用。而向前移动的速度仅为 1.0～1.5m/min，这就有可能使这种挤压作用，在同一处表面产生重复和叠加，促使虚铺层内部组织趋于均匀和密实。因此这种结构适用于各种性质混凝土的摊铺，包括水灰比在 0.45 左右的半干硬性混凝土。

4）螺旋叶轮整平装置

前面提到的桁架型摊铺机，无论轨道式的还是滑模式的，均采用这种结构的整平装置，见图 14-11。螺旋叶轮安装在同轴的滚子端部，并且随同圆柱滚子一起安装在形似滑车的作业机构上。圆柱滚和螺旋叶轮的直径相同，均为 ϕ254mm，长度约 600mm。由于滑车的运行轨道直接安装在桁架型机架的内侧，可随机架一起通过特设的 PAT 调拱装置，调整其在垂直面内的形状，使其与路面设计拱度相吻合。因此，螺旋叶轮沿整个摊铺宽度上的运行轨迹也与路面设计拱度相一致。它的工作原理是通过叶片的高速旋转，对超过其运行轨迹以上的混凝土料向前推削，同时也实现其填平补齐功能。路面经滚轮擀压后，即可形成平整的表面。

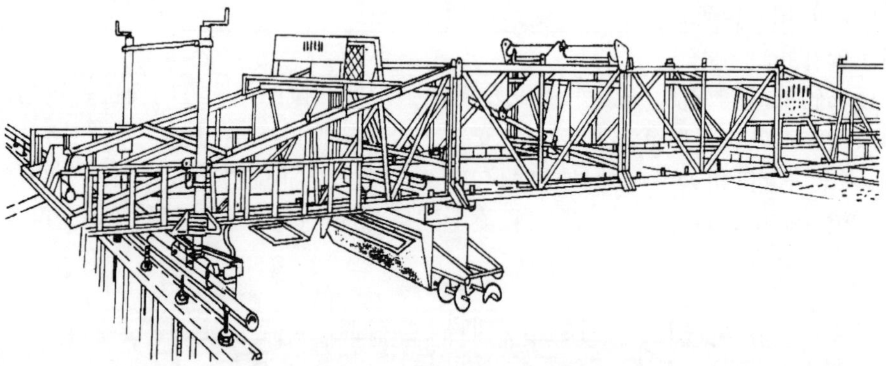

图 14-11　螺旋叶轮整平装置

这种整平机构比较新颖独特，使用效果尚好，只是叶轮处于悬臂受力状态，对混凝土料产生的推削能力有限，故仅适用于水灰比较大的塑性混凝土摊铺施工。

3.3　振捣压实机构

混凝土料经均匀布料和整平计量之后即可进入振实工序。混凝土料的振捣和压实是影响摊铺作业内在质量的关键工序。实践证明，高频振动能够有效地减少混凝土料粒之间的摩擦阻力，使其充分密实。因此用于混凝土振实的机具均采用高频振动。其主要的结构形式有梁式振捣器、插入式（棒式）振捣器和组合式振捣器等。

1）梁式振捣器

梁式振捣器俗称振捣梁，属附着式振动装置，它通过底面压附在混凝土表面将振动能量传递到铺层内部的，一般由底板、偏心块、传动轴、轴承和皮带轮等部件组成，如图 14-12a)所示。振捣梁通过一组减振块横向悬挂于整平捣实机的正下方，由发动机通过一对三角带轮直接驱动，可实现频率为 75Hz 的高频振动。它的底板呈段圆弧状，如图 14-12b)所示。其前方约有 5°的仰角，使前部底缘抬高 6cm 左右，与水平面形成一道夹缝。在振实作业中，被推刮在前面的混凝土浆料，可以经由该夹缝对铺层混凝土进行强制性补充和预压，从而能保证充分振实。同时，可以减少前进阻力，便于起浆和逸出空气。

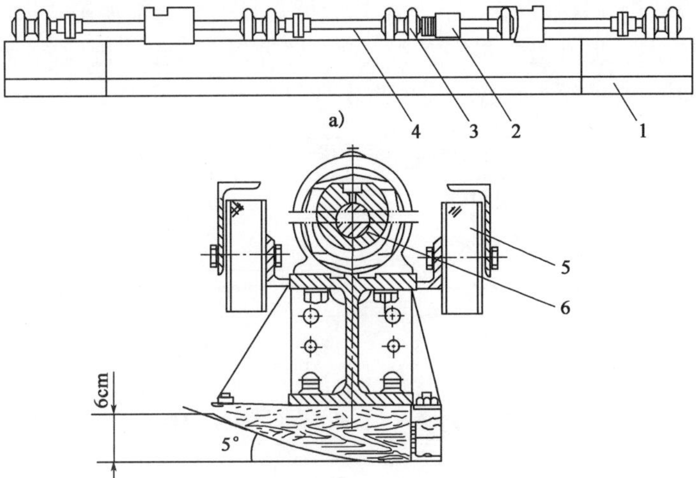

图 14-12　梁式振捣器结构

a)整体结构；b)底板结构

1-底板；2-皮带轮；3-轴承；4-传动轴；5-减振块；6-偏心块

梁式振捣器还有一种振荡式结构。在作业中，除了整体能作垂直振动外，它的底板前缘还可以周期性升降 50mm 左右，由此对混凝土铺层增加了一种揉搓作用，其振实效果优于纯振动式结构。

通常振捣梁的振子块配备有不同质量的调整垫块，根据摊铺厚度和宽度的不同需要，通过选择和增减垫块，可实现对激振力和振幅大小的随机调整，以获得最佳振实效果。

2)插入式振捣器

插入式振捣器俗称振捣棒，和附着式振动装置不同，它是将振动体全部埋入混合料内部，通过棒体表面直接将振动能量传给混凝土铺层，因而，不受铺层厚度的影响，振实效率较高。振捣棒因其功率大小和驱动方式不同，产品有多种规格。它的直径系列为 ϕ30mm、ϕ35mm、ϕ50mm、ϕ60mm 和 ϕ70mm 等。振动频率范围分别为：液力驱动 0～167Hz；电力驱动 200～316Hz。振幅为 1.1～5mm。由于高频振动的有效影响半径通常为 45cm 左右，因此在摊铺机上一般是成组成排使用。选用的根数依据摊铺宽度和厚度的大小，结合主机所能提供的动力许可，可以是 4 根、6 根、8 根、12 根、14 根和 16 根等。

振捣棒在摊铺机上的安装方式，通常是通过减震弹簧将上端固定在一根横向支架上，下部统一向后倾斜 30°～40°，以便减少在混凝土中的前进阻力。

目前在摊铺机上采用的振捣棒分液力驱动和电力驱动两种。液力驱动的振捣棒，其激振频率可以通过控制油液流量实现无级调节。据资料介绍，目前新一代的摊铺机普遍采用了一种“内置式电振捣棒”的新产品。在其棒体顶端内部装有一台特制的微型电动机，直接驱动偏心块产生振动。其电压为100V，振动频率为200Hz，单根功率为0.88kW。由一台40kV·A、200Hz的高频电机专门驱动。其作业效能优于液力振捣棒。

3)复合式振实机构

复合式振实机构实质上是插入式和附着式两种振捣器的有机组合，如图14-13所示。即在计量整平板后安装一排振捣棒，在混凝土料铺层的内部先进行振实，使其产生“触变”现象，可使铺层的底部得到充分有效的振实。紧接其后再安装一个全幅振荡式振捣梁，进一步从铺层表面实施挤压和振捣，促其进一步密实和成型。这种复合式振实机构，对各种不同性质和不同厚度的混凝土铺层，都能获得比较满意的振实效果。

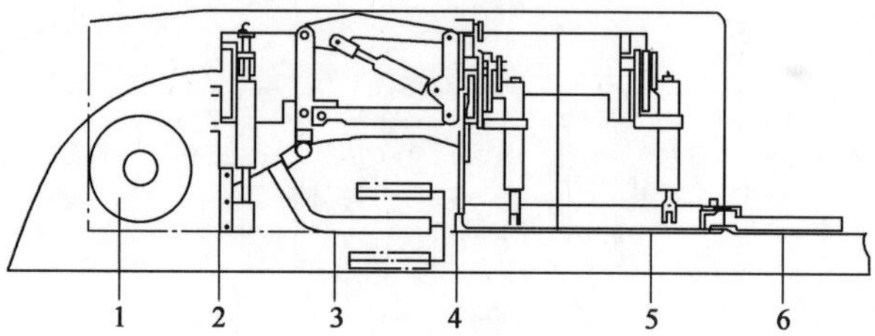

图14-13　复合式振实机构

1-旋转布料器；2-整平刮板；3-插入式振捣器；4、5-梁式振捣器；6-浮动式精整器

3.4　光整作面机构

光整作面是摊铺施工的最后一道工序，也是决定混凝土板面成型的重要环节。作业机构有斜向往复梁（如10°精整器，30°精整器等）、水平修光机、斜滚式整平机和浮动式精整器等。

1)10°精整器

图14-14所示即为10°精整器在整平振实机上拖挂的结构形式。它是由一根与路面宽度方向成10°夹角并作往复运动的抹光梁和左右两个行走支架组成。

作业动力由牵引它的整平振实机的液压系统提供，往复运动的频率和幅度可依据混凝土的性质实施单独调整，频率调整范围为0～1Hz，幅度调整范围为50～80mm。其底板前缘可向上抬高1～3mm，形成刮料倾角，有利于抹光表面。在行走支架上装有一对垂直油缸，与抹光梁的托架相连，可以使其整体抬高30mm，与已成型的路面相脱离。在遇到需要重复摊铺或修补缺陷的时候，它可以随牵引主机一起快速移动。

将抹光梁设置成与宽度方向成一定角度是别具匠心的构思。因为前面的整平、振实作业装置，基本上都采用横向布置，即作业迹线均与宽度方向平行，难免在混凝土表面会形成横向波纹。如果抹光梁亦采用横向布置，则其底板在作业时如同在波浪上行船，虽然原来的波纹经过底板刮揉后会有所减缓，但彻底被消除则比较困难。而采用斜向布置后，抹光梁的底板正好是压在波峰上拖刮和揉搓，能够起到削平波峰、填平波谷的作用。

2)水平修光机

水平修光机是在10°精整器基础上改进和完善的光整机构，如图14-15所示。和10°精整器相比，它具有如下特点：

(1)在抹光梁的前面增设了一根与之平行的微振整平梁,可以对初步稳定下来的混凝土铺层再次振实处理,有利于平整度的提高,同时微振整平梁和抹光梁在同一直线上作反向往复运动,可使动量大体平衡,减少了冲击;

(2)其托架为矩形框架,4 个伸出臂分别铰支在 4 个双轮行走小车上,这种结构能减小轨道的不平度对摊铺平整度的影响;

(3)其托架通过一个较长的三角形拉杆与振实机相连,加长了二者之间的距离,有利于振实后的混凝土在抹光之前,有足够的时间稳定下来。

水平修光机的光整精度优于 10°精整器,常用于铺筑高等级路面工程。

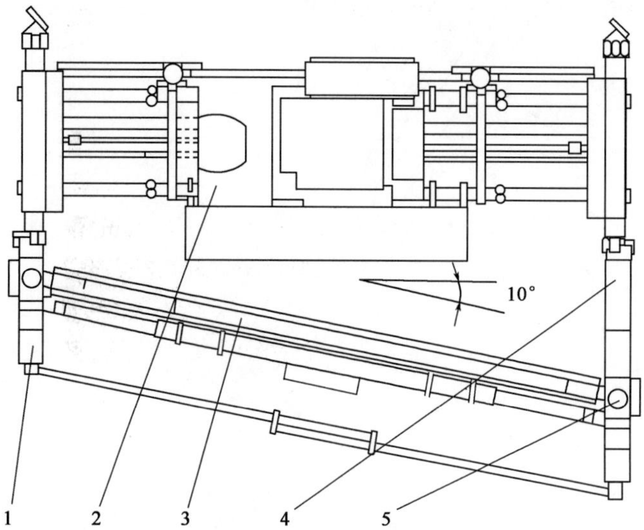

图 14-14　10°精整器

1-左行走支架;2-振实机;3-抹光梁;4-右行走支架;5-升降油缸

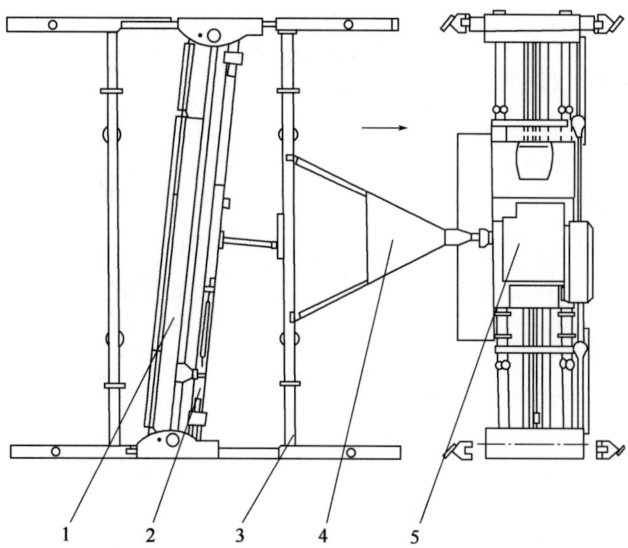

图 14-15　水平修光机

1-抹光梁;2-微振整平梁;3-行走托架;4-拉杆;5-振实机

3)30°大斜度修整机

30°大斜度修整机与水平修光机的结构有些相似,其作业装置也是由一根斜向微振梁和一根与之相平行的精确修整梁组成,只是它的斜度更大,精整效果更好,如图 14-16 所示。一般由一台 19.5kW 的柴油发动机通过两个双向液压泵实现全液压独立驱动,具有较好的机动性能。由图可以看出,其托架为锐角 60°的平行四边形框架,也是铰支在 4 个双轮行走小车上,用以消除轨道不平度的影响。前面的两个小车通过两个液压马达独立驱动,为整机提供牵引动力,后面两个小车随行,可以不受前面作业机组的影响和限制,是铺筑高等级路面的首选光整设备。

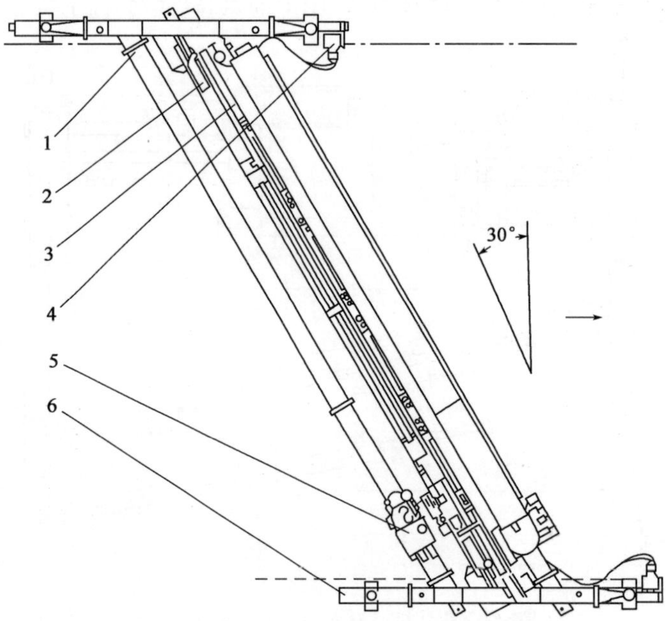

图 14-16 大斜度修整机

1-托架;2-精修整梁;3-微振梁;4-牵引小车及马达;5-发动机;6-随行小车

4)浮动式精修整器

浮动式精修整器常见于滑模式摊铺机。如图 14-13 中 6 所示,是国外某机型,由两段长 3.05m、宽 1.37m 和两段长 0.6m、宽 1.37m 四块修光板组合而成。底板的前缘向上卷轧成弧面形状,用两条 Z 形铁链与机架相连,使其在作业过程中呈拖拽状态。其上面设有一套凸轮机构和调整杆、校准螺钉等,可以使其拱度精确调整到与路面设计拱度相一致的程度。由于它是浮动在已成形的混凝土料铺层的表面上,因而能够对已成形的表面作进一步修整,使其更加符合设计要求。

3.5 机架

机架是摊铺机各种作业机构赖以悬挂和安装的基础,也是发动机、传动系统、控制台、油料箱和其他辅助机构的载体。它除应具有足够的刚度和强度外,还应当满足摊铺机在宽度调整时各构件能够方便地增减和伸缩的条件。常见的结构形式有采用钢板或异型钢材焊接的箱形梁框架结构、钢管伸缩套式结构和拼装桁架式结构等。

1)箱形梁框架式机架

箱形梁的截面材料分布合理、抗弯模数较大,能满足刚度和强度的要求,一些大中功率的滑模式摊铺机均采用这种由箱形梁焊接的框架式机架。根据强度和刚度的不同要求,有的采用单管横梁,有的采用双管横梁。国外标准型机架的长度为8.9m,宽度为3.05m,上面设有发动机室、控制台、司机室、油料箱、蓄电池箱及管路、电缆等设施,并铺装有网格防滑板供驾驶人员巡行。周围装有护栏、扶手和爬梯。支撑在履带行走机构的4只立式油缸上,就固定在机架的前后两根可加长的横梁端头上,用来调平和升降机架。机架宽度的调整,一般是通过更换不同长度的横梁加长件实现的。每组加长件都具有和机架横梁相同的箱形截面,通过强有力的矩形法兰和多根螺栓实现牢固的连接。

2)钢管伸缩套式机架

钢管伸缩套式机架的主体,由两根直径较大的无缝钢管作横梁,与一块矩形钢板焊接成长方形的框架。在横梁的两端用盘形法兰连接4个与横梁截面相同的弹性夹头。而在每根横梁的内孔中各配有两根较细的无缝钢管。与横梁组成伸缩部件,用以调整机架的宽度,以便满足各种摊铺宽度的需要。当调整尺寸确定后,即用两端的弹性夹头锁紧固牢,以防止窜动引起尺寸变化。这种机架结构虽然简单易行,但调整范围较小,连接刚性较差,不能承受太多的负荷,只适用于摊铺宽度在9m以下的中小型轨道摊铺机。

3)拼装桁架式机架

前面提到的桁架型摊铺机,无论轨道式的还是滑模式的均采用拼装桁架式机架,这种机架由一个主桁架和若干个用于加长的桁架组件连接而成。国外主桁架的长度为7.3m,宽度2.16m,加长组件的长度为1.22m、2.44m和3.66m三种规格,依据摊铺宽度的实际需要而选择组合,组合后最大摊铺宽度可达42.7m。发动机一般常安装在主桁架的固定端,控制台就近安装,方便操作。

这种机架还可以根据工程的不同需求,拼装成U形、厂形等多种几何形状的机架,以便适应水渠、斜坡、坝顶等各种摊铺任务的需要。

3.6 行走机构

摊铺机的行走机构,除了给摊铺机提供足够大的牵引力以克服混凝土的摊铺阻力外,还应具有稳定的工作速度和较快的运行速度,以满足摊铺机作业和工地转移的特殊要求。同时,大部分摊铺机机架的升降,也是通过行走托架或支撑部件的状态改变来实现的。因此,行走机构是摊铺机的重要组成部分。其常见的结构形式是履带行走机构和钢轮行走机构。

1)履带行走机构

在2.2一节中已经提到,滑模摊铺机均采用履带行走机构。无论是采用几条履带行走,其每条履带的结构形式都基本相同,且多数情况下采用液压传动,即每条履带均由一台双向液压马达独立驱动,且同一侧履带的液压马达都是同步的。为了获得较低的作业速度(一般最佳作业速度为3~5m/min),一般采用高速液压马达与行星齿轮减速器相连,再通过链传动将动力传到履带主动轮。履带的长、宽尺寸依据摊铺机的功率大小、所需牵引力和着地比压等因素确定。国外大型摊铺机的履带长可达3.05m,宽可达0.61m;中型摊铺机的履带长可达3.05m,宽可达0.305m;而小型多功能摊铺机的履带长为1.52m,宽0.254m。

与机架相连的立式调平油缸，通过支架与每条履带直接铰接在一起，它除了支撑整个机器的重量外，还能通过调平传感器和方向传感器随时将履带在行走过程中的实际变动情况反馈到控制台，以实现对机器的摊铺厚度和行走方向的自动控制。

2)钢轮行走机构

由于钢轮行走机构结构简单、使用可靠、故障少、易维修，大多数轨道式摊铺机均采用这种结构形式。

为了防止脱轨，钢轮一般做成带槽的轮缘形状，如图 14-17a)所示。考虑到在摊铺相邻的第二幅路面时，有一侧的钢轮须在硬化后的新铺混凝土路面上行走，有些厂家将轮缘做成可装卸的结构，如图 14-17b)所示。这样当需要时，卸去轮缘夹板，就成为光轮，可直接在混凝土板面上行走，省去铺设导轨的麻烦。

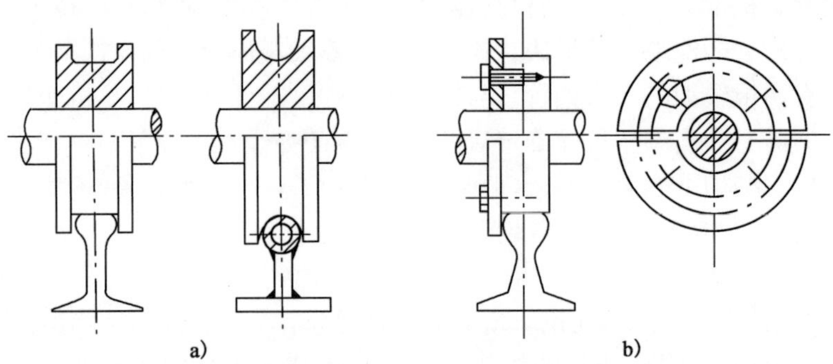

图 14-17　行走钢轮结构简图

对机架高度的调整是通过行走支架的升降实现的。图 14-18a)、图 14-18b)分别列举出两种钢轮行走支架结构及其升降原理。图 14-18a)为鞍形行走支架，它是由一个架体和两条可以展开和合拢的支腿组成。当支腿合拢时，机架抬高；支腿展开时，机架降低。支腿开合由一个单作用液压油缸完成，精确定位则由上部的手轮丝杆实现。图 14-18b)为一平行四边形行走支架，由一对平行的支腿和一个丝杆调整机构组成。机架的离地高度 H 随支腿与机架横梁间的夹角 α 的变化而变化。当丝杆接紧时，α 增大，机架拉高；反之则降低。

此外，桁架型轨道摊铺机的钢轮行走机构轮径较小，且成对组成小车，采用液压马达驱动，每侧前面的一个小车为主动小车，与马达相接，后面的小车从动随行。机架高度调整通过各支腿上端的手摇丝杆完成。

3.7　操纵控制机构

操纵控制机构关系到摊铺机各作业机构能否正常工作，因而是摊铺机的核心组成部分。

对摊铺机的操纵控制，基本包含两个方面的工作内涵：

(1)随机对各作业机构，诸如布料机构、整平机构和振实作面机构等下发指令，令其按照作业工况的变化作相应调整，以期达到最佳的施工效果；

(2)对所铺筑路面的几何形状，即如路面的线形、路拱、纵坡、横坡和平整度等进行随机调控，使其达到设计要求。

对轨道式摊铺机而言，由于路面的几何形状在很大程度上由模板和导轨的铺设质量来保证，因而其操作控制的任务就比较单一，主要是对各作业机构实施手柄式操作，而且有些机型，如列车型轨道摊铺机，各作业机构又分设在几台单机上，操纵起来比较容易。但对滑模式摊铺机来说，因其结构比较复杂，各种作业职能集于一体，摊铺速度快、工效高，其操纵控制的难度较大，因而多采用先进的传感器、电—液伺服机构和全液压自控等装置，使其操作程序大为简化，而易于掌握。

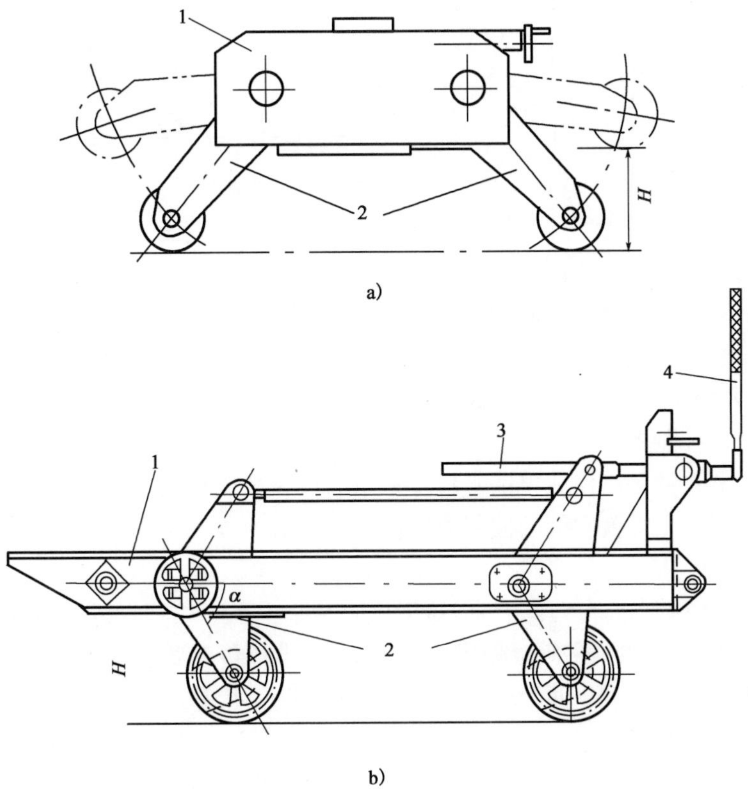

图 14-18　两种钢轮行走支架

1-机架；2-支腿；3-调整丝杆；4-手柄

下面就滑模摊铺机自动控制系统的工作原理作概略介绍。

1）传感器的分类及其工作原理

传感器是摊铺机自动控制系统的核心元件，无论实现自动转向还是自动调平，都离不开传感器的工作。传感器实际上是一个人工智能元件，它可以代替人工感知和判断路基的高低变化和转弯要求，并能随机向液压系统发出工作指令，及时改变供油通路和流量，以适应变化了的作业工况，因而传感器的工作精度和质量决定着滑模摊铺机的性能和水平。目前在摊铺机上采用的传感器分两种类型，一类是电—液控制式的电控传感器，一类是机—液伺服控制式的液控传感器。

（1）电控传感器工作原理

电控传感器的工作原理如图 14-19 所示。它是将感受到的路基高度变化或转向改变的情况，以电信号形式给出，通过相应的放大电路控制电磁阀动作，从而改变高压油通路来控制相应的调平油缸或转向油缸的运动。这种传感器技术比较成熟,应用也比较普遍。

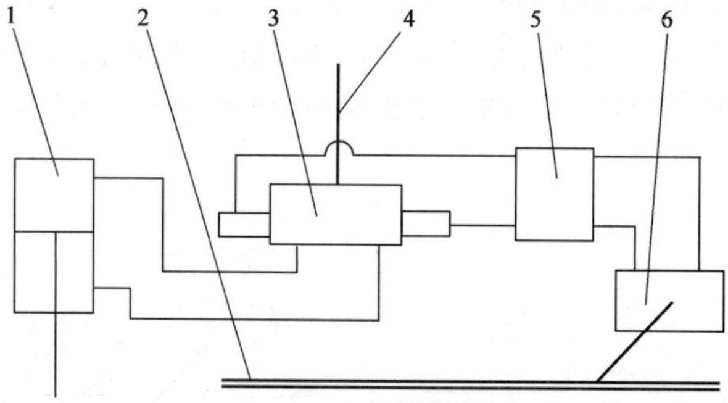

图 14-19　电控传感器工作原理示意图

1-执行油缸;2-基准导向钢丝;3-电磁阀;4-高压油路;5-放大器;6-电控传感器

(2)液控传感器的工作原理

液控传感器和电控传感器不同的是,液控传感器能把所感受到的路基高度或转向的改变,直接输出液压信号来改变高压油的通路,进而控制相应的液压缸按照指令动作;省去了一些中间转换环节,使系统为之简化,从而提高了系统的控制精度。

2)电—液自动控制系统工作原理

电液自动控制系统是滑模式摊铺机较多采用的操纵控制形式,由自动调平系统和自动转向系统两部分组成。下面就它们的控制原理作简要介绍。

(1)电液自动调平系统

图 14-20 所示为电—液自动调平原理简图,其中省略了一些辅助线路,以便于更加直观地了解主控元件的工作过程。图中虚线所包容的部分是电控传感器,它是由滑叉 1、配重 2、微型开关 3、4 和限制开关 5 组成。两个微型开关通常处于断开状态,当滑叉摆动时,某个开关即被接通,其动作十分灵敏,可以感受到滑叉沿导向线运动中任何轻微的摆动。微型开关的一端通过限制开关 5 和转换(手动或自动)开关 7 与电路的正极相连;另一端分别通过接线 9 和 10 与电磁换向阀 8 的 A 端和 B 端的线圈相接,并经由 A、B 线圈接负极。电磁换向阀 8 是其中一个升降油缸的控制阀。

当转换开关 7 处于“自动”状态时,正极经由接线 11 和限制开关 5 通到传感器的微型开关 3 和 4,此时如果路基出现低凹,履带下陷,则沿导向线移动的滑叉就会朝上摆动,使微型开关 3 接通,电流就会经由接线 10 通向电磁阀 A 端线圈与负极形成回路,从而电磁阀控制高压油进入升降油缸的上腔,使机架抬高。反之,如果路基出现凸起使履带上扬,则滑叉就下摆,接通微型开关 4,电源就会经由接线 9 和电磁阀 B 端线圈接通,控制高压油进入升降油缸的下腔,使机架降低。如此控制,动作不止,始终保持机器沿预定的水平高程行驶。

当转换开关 7 处于“手动”状态时,接线 11 被切断(即图示情况),电源经由接线 12 通向手动升降开关 6,并沿接线 10 及 9 连接电磁阀的 A、B 端。此时传感器被脱开而失去控制作用,机器的升降便由手动开关 6 直接操纵。手动操作回路在自动化控制系统中也是不可缺少的组成部分。

在实际应用中,自动调平系统分单边控制、双边控制和无导引线控制 3 种形式。其工作原理分别是:单边控制形式是在摊铺机前进方向的一侧设置基准导向线,由安装在机器一侧的纵向调平传感器和安装在机器中部的横坡传感器实施联合控制。当纵向传感器将一侧的高度误差信号传送到系统中,经过处理放大,指令电磁阀动作,接通相应的油路,使油缸执行一侧的调整动作。此时,将会产生一个附加的横坡信号,这一信号被横坡传感器所感知,并迅速传送到系统处理中心,经过放大处理后,指令另一侧的电磁阀动作,使该侧油缸执行调整,直到机器回复到原来的横向位置,调平动作结束。当未设导向线的一侧发生高差变化时,虽然纵向传感器未直接得到信号,横坡传感器会首先感知到坡度的变化,同样会按照上述的控制过程最终实现调平。双边控制形式也称为"四点控制",是在摊铺机的两侧各设置一根基准导向线,并在机器的两侧各安装两个调平传感器,分别控制高程。横坡则由两侧的基准导向线保证,此时横坡传感器被解除。这种控制方式,增加了布设基准导向线的麻烦,一般情况下较少采用。只有在弯道较多时,为了避免因采用单边控制产生的厚度增值,使路面平整度恶化,才采用双边控制。此外,由于在弯道曲线段以内,无法将导向线架设成连续曲线,只能尽力缩短标桩的间距,使之形成由若干段小直线组成的折线。无导引线控制形式用在已铺路面或其他构筑物适宜作为基准的场合,因而无须架设基准导引线。传感器通过拖架或拖靴在已铺路面或构筑物上滑行,实现对标高和坡度的控制。

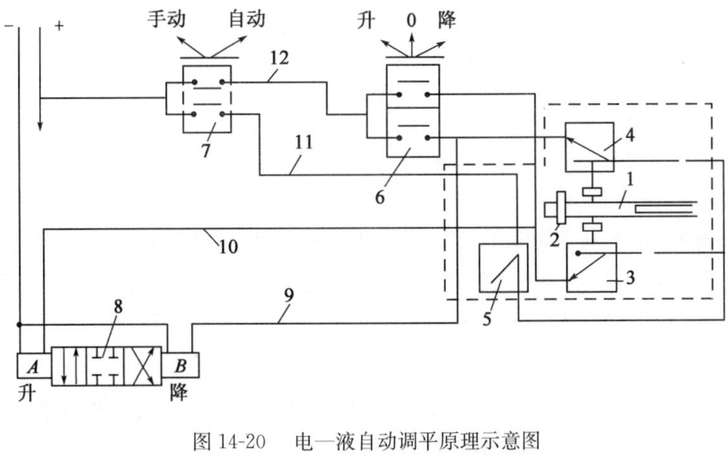

图 14-20 电—液自动调平原理示意图

1-滑叉;2-配重;3、4-微型开关;5-限制开关;6-手动升降开关;7-转换开关;8-电磁换向阀;9、10、11、12-接线

(2)电—液自动转向系统

图 14-21 是电—液自动转向原理示意图。图中虚线所包容的部分为转向传感器,和调平传感器的安装方式不同,它的滑叉是垂直安装的,可以左、右摆动。微型开关 2 和 3 通常处于断开状态,滑叉 1 在前进中稍有或左或右的轻微摆动,就会触发 2 或 3 的闭合。由图上可以看出,微型开关的一端通过接线 8、限制开关 4、接线 9 和转换开关 5 与电路正极接通,另一端通过接线 10、11 分别连接电磁换向阀 7 的 A 端和 B 端,再经由接线 14 与负极接通。当机架向右偏离了行驶方向时,滑叉则在导引线的作用下左摆,开关 2 被触发闭合,电流就会沿接线 10 通向电磁阀 7 的 A 端线圈,控制高压油的流向,使转向油缸动作,产生向左转向;反之,则向右转向。

同样在系统中接入了"手动"操作状态回路,当转换开关 5 处于"手动"状态时,传感器被脱开,正极电流通过接线 12 和手动转向开关 6 分别经由接线 10 和 11 通向电磁阀的 A 和 B 线圈形成回路，直接控制高压油的通路，使转向油缸产生向左或向右的动作。

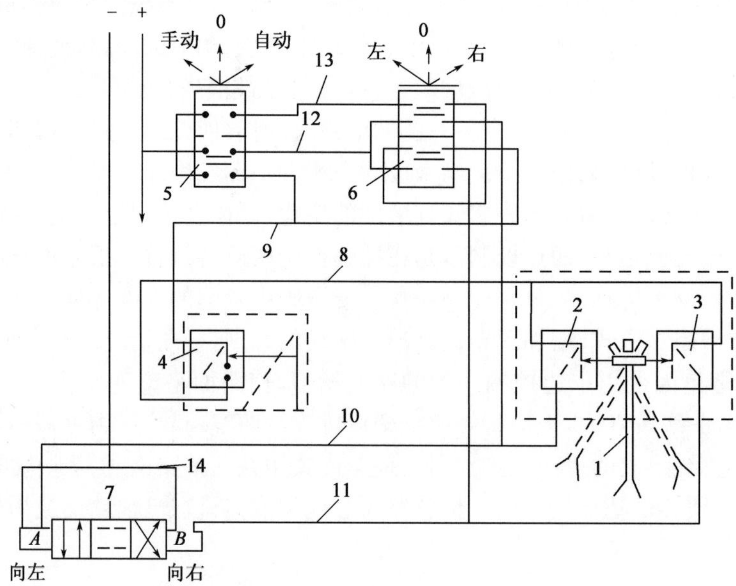

图 14-21 电—液自动转向原理

1-滑叉；2、3-微型开关；4-限制开关；5-转换开关；6-手动转向开关；7-电磁转向阀；8、9、10、11、12、13、14-接线

3)基准导引线的装设及作用

基准导引线是传感器工作的基础，其安装精度会直接反映到路面的摊铺质量上来，因此，装设导引线的工作不容忽视。

基准导引线一般选用直径为 2.0～2.5mm 的钢丝为宜。它在路基上的安装是靠标桩、夹线标等组件进行固定，标桩与标桩之间的最佳距离为 6～8m，在弯道处则依据弯道半径大小而定，一般取 0.8～1.0m。基准导引线的安装高度以所铺路面的厚度加 0.3～0.6m 为宜。为了保证基准引导线在衔接处的平滑过渡，其始点到第一个标桩的距离及终点到后一个标桩的距离为 4～6m，在弯道上为 1.2m。标桩的走向必须与路面设计中心线保持平行，并且距新铺路面一侧的水平距离要适中，一般控制在 0.8～1.2m 的范围。基准导引线每次张拉长度不宜超过 200m，张拉力不小于 80kg，安装高程误差应小于 2mm。

4 总体设计及主要参数确定

4.1 总体设计的一般原则

水泥混凝土摊铺机，包括轨道式摊铺机和滑模式摊铺机，在进行总体设计时，应充分考虑符合下列原则：

(1)作为机械产品，应以国家正式颁布的有关机械设计、生产制造的标准和规定为依据，注重贯彻系列化、通用化、标准化要求，努力提高产品零部件的互换性、降低生产成本和维修保养费用；

(2)产品的适用范围和主要技术性能应能满足《水泥混凝土路面施工及验收规范》

(GBJ 97—87)、《公路路线设计规范》(JTJ 011—94)和《公路水泥混凝土路面设计规范》(JTJ 012—94)中有关公路、城市道路、厂矿道路、民航机场道面和高速公路等混凝土板的设计和施工要求;

(3)在确保产品先进性的同时,在材料选用、配套设备选型和主要技术依托方面,应立足国内,尽力提高国产化水平。

4.2 总体方案的制定

总体方案的制定是总体设计的中心环节。为了使所设计的产品在技术性能上具有一定的先进性,同时在生产制造过程中诸多相关技术的解决又要切合本国的实际情况,其中有许多具体技术问题,需要认真分析研究,权衡利弊而后加以抉择。因此,在制定总体方案时,应特别注意做到以下几点:

(1)技术方案的起点要高,要贴近国外同时代同类产品的先进水平。在充分调查收集资料的基础上,要认真研究和消化吸收国外典型产品、典型结构和最新科技成果的先进技术,并结合国内情况使技术方案,有所创新。

(2)持多方案评议优选,分析比较,权衡得失。因为在制订方案时考虑问题的侧重点不同,各种方案会有各自不同的特点和利弊,所以要经过认真地分析评议和比较,以选择出最恰当的技术方案。

(3)总体技术方案应符合产品设计任务书或具体的项目合同书的要求,在经济技术指标方面,应力争有所突破或留有余地。

4.3 主要参数的确定

水泥混凝土摊铺机的主要技术参数包括最大摊铺宽度、最大摊铺厚度、最佳摊铺速度、摊铺(生产)能力、摊铺精度以及主机功率、自重等。这些参数的确定除了应符合总体技术方案的目标要求外,还应依据下列两个方面做出正确选择:其一是有关公路、城市道路、厂矿道路、民航机场道面和高速公路等混凝土面板设计的国家标准和规范等技术文件,其二是国内外已有的同类产品的技术参数。必要时,应对部分重要参数进行校核计算。

在交通部部颁标准《公路路线设计规范》(JTJ 011—94)中规定了各级公路行车道(即板面)的设计宽度如表14-2所列。在《公路水泥混凝土路面设计规范》(JTJ 012—94)中对混凝土面板的厚度根据交通等级的不同,初估出其设计值的范围,如表14-3所列。同时,对高速公路和一、二级汽车专用公路的其他技术指标也作了相应规定。如路面平整度为3mm/3m,路面拱度为1.0%~2.0%,路面纵坡不大于8%,最小弯度半径为100~1000m等。

各级公路行车道宽度 表14-2

公路等级	汽车专用公路								一般公路					
地形	高速公路				一		二		二		三		四	
	山岭重丘	平原微丘	重丘		山岭	平原微丘	山岭重丘	平原微丘	山岭重丘	平原微丘	山岭重丘	平原微丘	山岭重丘	平原微丘
行车道宽度(m)	2×7.5	2×7.5	2×7.5	2×7.0	2×7.5	2×7.0	8.0 (9.0)	7.5	9.0	7.0	7.0	6.0	3.5 (6.0)	3.5

注:当车辆组成中大型车辆比例较大或交通量较大时,平原微丘区汽车专用二级公路和四级公路的行车道宽度可采用括号值。

混凝土面板初估厚度　表 14-3

变通等级	特重	重	中等	轻
初估厚度 h(cm)	>25	23～25	21～23	<21

注:混凝土面板的最小厚度为 18cm。

另据有关资料介绍,国内外现有摊铺机产品的主参数如表 14-4 中所示。

现有产品主参数情况　表 14-4

机型		最大摊宽(m)	最大摊厚(mm)	最佳摊速(m/min)	摊铺能力(m^3/min)	功率(kW)	重量(t)	备注
轨道式	1	12	450	1～1.5	2.5	32、48	13～18	
	2	7.5	300	1～1.5	2.3	33～57	7～6	
	3	7.5	400	1～1.5	7.5	100	20	
	4	4.5	300	1～1.5	1.5	28	6	
	5	9	400	1～1.5		50	10	
	6	3.66	203	1～1.5	5.4	26	4	桁架型
滑模式	1	15	533	3～5	35	200	40～52	
	2	8.5	450	3～5	17	160	20～30	
	3	16	450	3～5	25	250	20～30	
	4	3	381	3～5	1	61	7	
	5	15	500	3～5	35	220	40～52	
	6	5.5～8.6	610	3～5	10.2	298	50	桁架型
	7	3.7～9.8	356	3～5	5.94	105	12	
	8	15	500	3～5		250	28～60	
	9	8.5	350	3～5	4.5	242	48	
	10	9.75	457	3～5	6	149	25	

参考以上所列的有关标准和资料数据,结合国产搅拌设备的容量匹配情况,摊铺机主参数应在下列范围内甄选:

1)轨道式摊铺机

标准摊铺宽度　3m;
加宽等级　3.5m,3.75m,4.0m 和 5m;
摊铺厚度　180～300mm;
摊铺速度　1.0～1.5m/min;
摊铺能力　60～120m^3/h;
摊铺精度　3mm/3m;
路拱调节　由模板保证 1.0%～2.0%;
发动机功率　30kW×2(或由计算确定);
自重　7～15t。

2)滑模式摊铺机

标准摊铺宽度	3m;
加宽等级	3.5m,3.75m,4.0m,4.5m,6.0m,7.0m,8.0m 和 9.0m;
摊铺厚度	180～300mm;
摊铺速度	1.5～3m/min;
摊铺精度	≤3mm/3m;
摊铺能力	120～250m^3/h;
路拱调节	1.0%～2.0%;
爬坡能力	>8%;
作业半径	100～1000m;
发动机功率	250～300kW(或由计算确定);
整机重量	30～40t。

上述主要参数值仅适于普通机型,对于特殊用途的水泥混凝土摊铺机,可结合其结构特点和特殊要求另行确定。

4.4 有关性能参数和结构的设计校核计算

在初步确定上述技术参数的基础上,应结合摊铺机总体技术方案所确定的结构特点,对主要作业机构和重要性能参数进行设计校核。

1)螺旋布料器的强度校核

在螺旋布料器处于工作状态时,其上同时作用有轴向力 F,横向力 P 和扭矩 M_{kp},如图14-22所示。

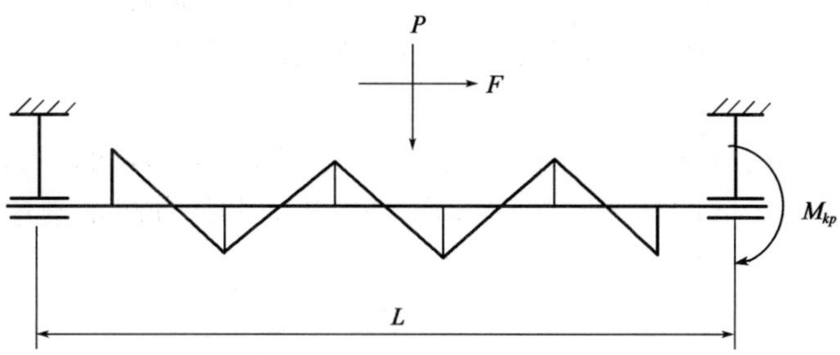

图 14-22 螺旋布料器受力简图

其中扭矩可按下式计算:

$$M_{kp}=9470\ P_{21}/n_1 \tag{14-1}$$

式中:M_{kp}——螺旋布料器扭矩;

n_1——螺旋布料器转速,r/min;

P_{21}——螺旋布料器的驱动功率,kW。

假定横向力作用在螺旋半径 R 的 0.7～0.8 处,则横向力 P 可按下式计算:

$$P=M_{kp}/(0.7\sim0.8)R \tag{14-2}$$

轴向力 F 可按下式计算:

$$F_2 = P_{21}/[\tan(\alpha \times \rho)] \tag{14-3}$$

式中：α——在布料器的(0.7～0.8)R处螺旋线的升角，(°)；

ρ——混凝土料与布料器表面的摩擦角，$\rho=30°\sim35°$。

在进行强度校核时，可把横向力看作是沿螺旋布料器长度方向作用的均布载荷。这样在F、P和M_{kp}作用下，在螺旋布料器上将产生弯曲应力σ_u、压应力σ_c和剪应力τ，这些应力可按下列公式计算：

$$\sigma_u = PL^2/8W \tag{14-4}$$

$$\sigma_c = F/S \tag{14-5}$$

$$\tau = M_{kp}/W_0 \tag{14-6}$$

式中：L——螺旋布料器的长度，m；

W——螺旋轴抗弯截面模量，m^3；

S——螺旋轴截面积，m^2；

W_0——螺旋轴抗扭截面模量，m^3。

总应力为：

$$\sigma_{pc} = \sqrt{(\sigma_u + \sigma_c)^2 + 3\tau^2} \tag{14-7}$$

安全条件为：

$$\sigma_u \leqslant [\sigma_u];\sigma_c \leqslant [\sigma_c];\tau \leqslant [\tau]$$

式中：$[\sigma_u]$——螺旋轴用材料的抗弯容许应力，Pa；

$[\sigma_c]$——螺旋轴用材料的抗压容许应力，Pa；

$[\tau]$——螺旋轴用材料的抗剪切容许应力，Pa。

2)振动梁有关参数的设计计算

工作底面尺寸、振动频率、激振力和振动部分的质量是振动梁的主要技术参数。试验表明，在最佳参数时，能以最少的能量消耗达到对混凝土的最大振实效果。

(1)工作底面尺寸的确定

宽度振动梁的最小底面宽度一般应大于铺层厚度，即$b_{min}>H$，同时为保证振动梁在移动过程中对混凝土层要有足够的振实时间，振动梁的宽度b和摊铺机前进速度u_p之间有如下关系：

$$u_p = b/t_{min} \qquad (t_{min}=15\sim30s)$$

如果摊铺机的工作速度事先已知，可通过此式反算出振动梁底面的宽度：

$$b = u_p t_{min} \tag{14-8}$$

长度(振动梁底面长度)由摊铺宽度确定，即：

$$L = B$$

(2)激振动频率的确定

当激振频率接近混凝土料的固有振动频率时，能产生共振现象，此时振实效果最佳。但因材料的固有频率难于测定，在工作实践中还是凭经验来选定振动元件的振动频率。用于道路水泥混凝土料的表面振动器(附着式振动器)，其激振频率通常取75～80Hz。

试验表明，在其他条件相同的情况下，振动梁的激振频率随其质量的增加而减小。为此正确设计和确定振动部分的质量十分重要。

(3)振动部分质量的正确选取

振动部分的质量，通常可以根据振动梁底面对混凝土料产生的压强近似计算确定，即：

$$m_z = Sp/g \tag{14-9}$$

式中：S——振捣梁底面积，m^2；

g——重力加速度，$g=9.81m/s^2$；

p——当水泥混凝土层厚为 20～25cm 时，振捣梁底面对混凝土料产生的压强，视混凝土的性质而定：

对塑性混凝土　　$p=3000 \sim 4000Pa$

对硬性混凝土　　$p=3000Pa$

(4)激振力计算

激振力的计算按下式进行：

$$F_z = m_G e \omega^2 \tag{14-10}$$

式中：m_G——一偏心块质量，kg；

e——偏心距，m；

ω——偏心块旋转的角速度，s^{-1}。

(5)振动梁的许用挠度计算

振动梁的刚度对其振实效果沿长度方向的分布特性有重要影响，为此，振动梁的总挠度值应按下式进行控制：

$$Y = 10^{-4}L \tag{14-11}$$

式中：L——振动梁的长度，m。

在计算时，可把振动梁视为简支梁处理。

(6)各振动器之间的最佳距离确定

试验表明，振动梁的振幅沿长度方向分布的均匀性，取决于各振动器之间的距离 A，其理想值可依下面经验公式计算：

$$A = 3\sqrt[4]{\frac{10EJ}{mf^2}} \tag{14-12}$$

式中：E——振动梁材料的弹性模量，Pa；

J——振动梁截面的轴惯性矩，m^4；

m——振动梁 1m 长度的质量，kg；

f——激振频率，Hz。

此时，可保证沿长度方向振幅的分布与计算值的偏差不大于 25%。

3)抹光梁的刚度设计与校核

由于抹光梁的长度一般比所铺路面的宽度还要大，有的可达 9m 以上。在这样大的跨距内，要想保证抹光梁的自身挠度小于路面平整度(3mm/3m)的要求，势必要增大其横断面的结构尺寸。如果考虑到工作过程中混凝土表面对抹光梁产生的支撑作用将会抵消部分自重时，则抹光梁可视为一弹性基础梁进行刚度设计。

抹光梁的横截面形状，如图 14-23 所示。依据材料力学中截面力学特性，其截面积 S 为：

$$S = HB - hb$$

惯性矩：　　$J_x=(BH^3-bh^3)/12$

截面模数：　$W_x=(BH^3-bh^3)/6H$

偏心距：　　$e_x=H/2$

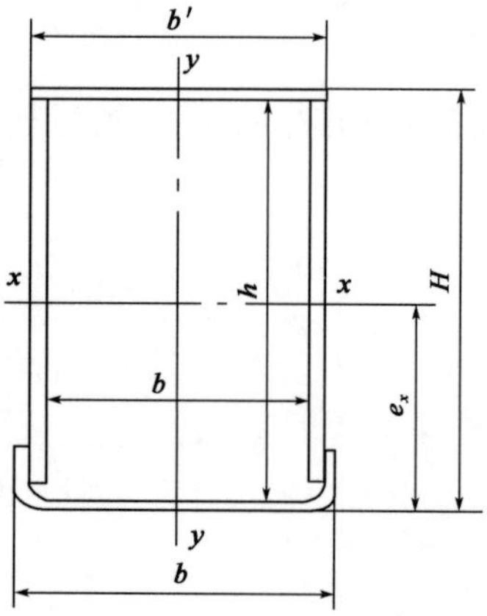

图 14-23　抹光梁横截面简图

抹光梁的受力分析简图见图 14-24。图中 P_A、P_B、P_C……是分别加在抹光梁上 A、B、C……各点的集中载荷；M_A、M_B、M_C……分别为加在对应各点的附加弯矩；而 X_A、X_B、X_C……则为各点到梁左端的距离，抹光梁全长为 L。

(1)确定弹性基础梁的柔性指数 λ

$$\lambda=\sqrt[4]{\frac{KB}{4EJ_x}} \tag{14-13}$$

式中：K——基床系数，对于湿的半干硬性混凝土材料，尚无此类数据，故参照可塑性及弱可塑性黏土或弱黏土，$k=1\sim4\mathrm{kg/cm^3}$；

B——抹光梁底板宽度，m；

E——抹光梁材料的弹性模量，Pa；

J——抹光梁横截面对 X 轴的惯性矩，$\mathrm{m^4}$。

由于 $\lambda L>\pi$，故该梁属于柔性长梁，又由于外加的载荷 P 到梁端的最大距 X_{min} 已知，且 $2\pi/\lambda>X_{min}$，因此，应按有限长梁来计算。

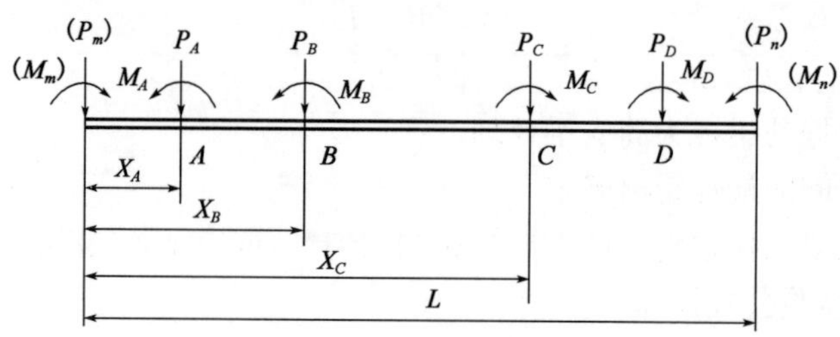

图 14-24　抹光梁受力简图

(2)抹光梁的刚度校核

当已知梁上某点的外加载荷 P_i 或附加弯矩 M_i 时，可按下列公式计算梁上该点的挠度：

$$Y_P=\frac{P_i}{8\lambda^3EJ_x}e^{-\lambda x}(\cos\lambda X+\sin\lambda X) \tag{14-14}$$

$$Y_m=\frac{M_i}{4\lambda^2EJ_x}e^{-\lambda x}\sin\lambda X \tag{14-15}$$

该点的总挠度 Y_i 为：

$$Y_i=\frac{e^{-\lambda X}}{4EJ_x\lambda^2}\left[\frac{P_i}{2\lambda}(\cos\lambda X+\sin\lambda X)+M_i\sin\lambda X\right] \tag{14-16}$$

通过计算梁的最大挠度 Y_{max}，可以判定其是否能满足使用要求。

4)摊铺机生产率(摊铺能力)的校核

$$Q=60HBu_pK_b \tag{14-17}$$

式中：H——摊铺厚度，m；

B——摊铺宽度，m；

u_p——摊铺工作速度，m/min；

K_b——时间利用系数，$K_b=0.80\sim0.85$。

5)摊铺机工作速度的校核计算

$$u_p=60b/t_{\min} \tag{14-18}$$

式中：b——振动梁的宽度，m；

$t_{\min}$——混凝土所需最小振捣时间，s。

从全深料层均匀捣实的条件出发振动梁的最小宽度 $b_{\min}$ 应大于或等于铺层厚度 H，即 $b_{\min}\geqslant H$。

试验结果表明，对振捣塑性混凝土，振捣时间不小于 15s；对干硬性混凝土，振捣时间不小于 15～30s。

6)摊铺机牵引力的计算

在计算机器的牵引力之前，应首先计算出机器在工作时的总阻力：

$$F=F_1+F_2+F_3+F_4 \tag{14-19}$$

式中：F_1——机器的运行阻力；

F_2——各工作机构前面混凝土料堆的移动阻力；

F_3——各工作机构与混凝土之间的移动摩擦阻力；

F_4——机器起步时的惯性阻力。

这些分阻力的计算分别按下列公式进行，机器的运行阻力 F_1 按下列公式计算：

$$F_1=mg(f+i) \tag{14-20}$$

式中：m——机器的质量，kg；

g——重力加速度，$g=9.81\text{m/s}^2$；

f——运行阻力系数，对于履带式行走机构，$f=0.08\sim0.10$；对于轨道行走机构，$f=0.05$；

i——路面最大纵向坡度，$i=0.05$。

各工作机构前面混凝土料堆的移动阻力 F_2 按下列公式计算：

$$F_2=(V_1+V_2+V_3)g\rho\mu_1 \tag{14-21}$$

式中：V_1、V_2、V_3——分别为整平、振捣和光整作面机构前面混凝土料堆的体积，m^3；

ρ——虚方混凝土料堆的密度，kg/m^3；$\rho=(1.8\sim20)\times10^3$；

μ_1——混凝土料的内摩擦系数，$\mu_1=0.5\sim0.6$。

各工作机构与混凝土之间的移动摩擦阻力 F_3 按下列公式计算：

$$F_3=(m_1+m_2+m_3)g\mu_2 \tag{14-22}$$

式中：m_1、m_2、m_3——分别为机器各工作机构的质量，kg；

μ_2——工作机构与混凝土料之间的摩擦系数，$\mu_2=0.5$。

机器起步时的惯性阻力 F_4 按下列公式计算：

$$F_4=mu_p/t_p \tag{14-23}$$

式中：u_p——摊铺机工作速度，m/s；

t_p——机器加速时间，t_p=1.5～2.0s。

为了得到能足以克服总阻力的牵引力，必须根据附着条件进行验算：

$$m_g\psi > F \tag{14-24}$$

式中：m_g——机器的附着重量，N；

ψ——附着系数。

滚轮对轨道的附着系数，ψ=0.25；履带对路基的附着系数，ψ=0.4～0.7。

7）发动机功率的校核计算

摊铺机的发动机功率 P，在理论上应包括三个方面的功率消耗：机器运行消耗功率 P_1、工作机构驱动功率 P_2 和辅助机构驱动功率 P_3。

即：

$$P = P_1 + P_2 + P_3 \tag{14-25}$$

（1）机器运行所消耗功率 P_1 可按下式计算：

$$P_1 = Fv_{max}/\eta \tag{14-26}$$

式中：F——机器工作运行总阻力，N；

v_{max}——机器最大工作速度，m/s；

η——行走机构机械传动效率，取 0.8～0.9。

（2）工作机构的驱动功率 P_2 应包括螺旋布料器驱动功率 P_{21}、振捣梁和抹光梁等各作业机构的驱动功率 P_{22}、P_{23}，即：

$$P_2 = P_{21} + P_{22} + P_{23} \tag{14-27}$$

螺旋布料器的驱动功率 P_{21} 为：

$$P_{21} = \xi Q_L B\omega g\eta \tag{14-28}$$

式中：ξ——考虑由螺旋布料器直接输送部分混凝土料的系数，$\xi<1$；

Q_L——螺旋布料器的生产率，kg/s；

B——摊铺宽度，m；

ω——料运动阻力系数，对于混凝土料或黏性磨料 ω=4；对于砂、石和水泥料 ω=3.2；

η——螺旋布料系统传动效率，0.9～0.95；

g——重力加速度，g=9.81m/s^2。

振捣梁的驱动功率 P_{22} 为：

$$P_{22} = eS(m_z ga + \pi fF_Z d)n/\eta_2 \tag{14-29}$$

式中：e——单位能耗量，W/m^2，e=(1～1.3)×10^3；

S——振捣梁的底面积，m^2；

m_z——振捣梁的质量，kg；

a——振捣梁的振幅，m；

f——振动轴承摩擦系数，f=0.005～0.01；

F_z——振动器的激振力，N；

d——振动器轴颈直径，m；

n——振捣梁主轴转速，r/min；

η_2——传动机械效率，η_2=0.8～0.9。

抹光梁的驱动功率 P_{23} 可按下式计算：

$$P_{23} = 4a_d z(V_3 g\rho\mu_1 + m_3 g)\mu_2 k_4/\eta_3 \tag{14-30}$$

式中：a_d——抹光梁的横向摆动幅度，m，a_d=0.4～0.7；

z——抹光梁横向摆动次数，s^{-1}；

V_3——在抹光梁前面料堆的体积，m^3；

ρ——混凝土料的密度，kg/m^3，ρ=(1.8～2.0)×10^3；

μ_1——混凝土料内摩擦系数，0.5～0.6；

m_3——抹光梁的质量，kg；

μ_2——抹光梁底面与混凝土之间的摩擦系数，取0.5；

k_4——克服惯性力的功率损失系数，取1.1～1.2；

η_3——抹光梁传动机械效率，取0.8～0.9。

(3)辅助机构，包括液压操纵系统的驱动功率 P_3，可以根据实际需要给定。

$$P_3 = (8 \sim 12) \times 10^3 \tag{14-31}$$

4.5　主要部件的结构设计要点

在总体方案和主参数确定后，机器的设计框架就已形成，即应着手每种作业机构的结构设计。各作业机构在结构和功能上应能保证整机的预定技术性能充分得以体现，为此，在进行各部件的结构设计时，必须做到以下各点：

1)机架

机架为优质钢板或钢管焊接结构，应具有足够的刚度和强度，以保证其在作业中或宽度调节中能保持应有的直线性；它应配备有横梁加长件，以满足摊铺宽度调整的需要；还应设有钢制操纵台、发动机支架、燃料箱和电池箱等附件的固定安装位置，并应铺设防滑网纹钢板、扶梯和护栏等。

2)驱动

整机驱动无论采用机械、电力和液力何种方式，均应自成完整的系统，具体要求是：

(1)发动机

发动机应是性能可靠的定型产品，尽量选用适合工程机械的多缸风冷内燃柴油机，并应配备下列附件：

①电起动系统；

②燃料箱，容量能满足8h正常工作；

③各种控制仪表，如油压表、充电指标仪、冷却剂温度指标仪等；

④机壳和安全防护装置。

(2)电动机

应设置一台独立驱动的内燃发电机组，以提供足够电力来满足各电动器具之需，像电动振捣器等；

(3)动力变速装置

动力变速装置作业或运行应具有多挡选择，前后最低不少于两挡。变速器应为全密封油浴式。所有控制杆应集中于操纵台附近，处于司机容易够到的地方，且应有明显的标志；

(4)液压系统

液压系统应包括液压泵、油箱、安全阀控制器、压力表、油管、油缸和马达等。系统应配备全流量滤清器，精度不低于 10μm，控制阀应置于司机座附近。油管尽可能安装在机架的被防护位置，且应用卡箍加以固定，卡箍间距不应大于 800mm。

3)行走机构

履带或钢轮均应以承受整机在最大负载(包括自重和牵引力)时的重量为前提，相应的传动链、传动皮带和履带等均应设置张紧调节装置。转向机构应满足在摊铺作业的整个坡道和弯道上精确调整，包括摊铺最小半径 $R=100$m 的弯道。还应具有可靠的制动机构以保证机器在任何作业位置时都能及时停止运行。

4)控制系统

控制系统设在机架上的操纵台上，应提供全天候和防尘良好的主控仪表柜，所有控制仪表均应设置按钮、号码盘、旋钮或操纵杆，并清楚无误地表示出各按钮等控制元件的功能、用途。控制盘在机架上的位置应具有良好的可视性，保证司机在操纵台上可容易地观察到机器每个部分的运行情况，包括履带(钢轮)行走装置。滑模式摊铺机还应配备调平、转向传感器和 300m 长的基准导向系统，以实现自动转向和自动调平功能。

5)布料整平机构

布料整平机构应具有在整个摊铺宽度上均匀布开混凝土料的能力，且布料装置垂直可调，长度可增减，以满足铺料厚度、形成路拱和摊铺宽度变化的调整需要。整平装置除能减少或消除虚铺层混凝土内部存在的初密度不均匀现象外，还应具备底缘高度调整机构，精确控制余留高度。

6)振实机构

振实机构采用插入式或附着式或复合式振动器，无论采用内燃发动机驱动还是采用独立的电力、气力或机械驱动，均应具有足够的功率能对低坍落度的半干硬性混凝土料进行充分而有效的振实。为此所采用的插入式振动器频率宜为 166～200Hz，附着(梁)式振动器频率宜为 75～80Hz。滑模摊铺机的附着振动器还应具有拱度快速调节装置。由于插入式振动器对混凝土层的振实作用随距离增大而衰减，故宜成组成排使用，布置间距宜为 500～600mm，两边靠近边模的距离宜为 200～300mm。

第15章

水泥路面维修机械

1 概述

水泥混凝土路面(以下简称水泥路面)常见的破损有:面板断裂、接缝破损、接缝处面板破损、板边缘角隅破损、磨损、麻面、面板垂直错台、面板拱起、裂缝等。水泥混凝土路面破损大多是由面板、基层和土基的缺陷等引起的,有时是几种原因共同作用的结果。另外,路面破损后,水将沿接缝渗入会造成基层的破坏。

水泥路面的维修方法是根据破损的实际情况确定的。维修常用的工艺有:扩缝、清缝、灌缝、凿孔、灌浆、切槽、罩面、凿毛、搅拌、振捣、摊铺、钻孔、顶升、破碎、翻修等。

破损形式和维修工艺的多样化,导致维修机具的多样化。维修水泥路面常用的机具有:破碎机、凿岩机、空气压缩机、高压水清洗机、切缝机、封层机、搅拌机、振捣器、挖掘机、装载机等。

对于大面积的翻修,要先用专门设备将旧路面拆除,然后用施工机械重新修筑。对于小面积的维修,也可以将需要维修的路段经过处理后,利用现有的小型机具进行施工维修。

2 分类

2.1 按维修机具功能分

1)单一功能维修机械

在道路维修中只实现单一的功能的维修机械,如路面破碎机、清缝机、切缝机、封层机等。

2)多功能维修机械

在维修水泥路面作业中可进行两种或两种以上工作的机械。主要用于小面积维修,一般都有动力输出、破碎、混凝土搅拌、振捣、夯实等功能,如水泥路面综合维修车、多功能工程车等。

2.2 按使用的动力源分

1)液压机械

液压机械包括:液压镐、液压凿岩机、液压破碎机、液压打桩机等。

2)电动机械

电动机械包括:电动镐、电动凿岩机、电动夯、电动振捣器、电动切缝机、搅拌机、空压机等。

3)气动机械

气动机械包括:风镐、气动凿岩机、气枪等。

4)内燃机械

内燃机械包括:内燃凿岩机、内燃振动夯板、内燃切缝机等。

3 水泥路面破碎机

3.1 概述

破碎机是维修水泥路面的重要机具。目前,破碎水泥混凝土结构主要有以下几种方法:

1)落锤冲击法

它是指利用液压或机械手段先将一定质量的重锤提到一定高度,然后让其自由降落,靠重力冲击砸碎混凝土的方法。这种方法简单、效率高,目前使用较多,但振动和噪声都较大。

2)活塞往复运动冲击法

使用这种方法的机械有一个活塞和一套自动换向系统,利用液压或气压系统推动活塞运动,冲击钎杆破碎水泥混凝土。这种机械振动小、噪声小,大功率的造价高,水泥路维修中使用很少,中小功率的液压镐、液压锤目前使用较多。

3)锯片切割法

在水泥路面维修中,常用切缝机把要维修部分切除,虽然工作效率不高,但切缝整齐、容易控制。

4)高压水射流切割法

这种方法无灰尘、噪声很小、不会产生附加裂纹,但设备昂贵,目前国外已有采用。

5)胀裂法

使用这种方法要先在水泥混凝土上打孔,然后在孔里插入膨胀楔,用液压缸使楔膨胀,混凝土就会被膨胀产生的力拉裂。这种方法公害小,但钻孔速度慢,水泥路维修中使用较少。

6)夹裂法

这种方法就是利用液压钳将混凝土夹裂。这种方法在水泥路面维修中极少采用,因为水泥路面的路面板下面紧贴着路基,液压钳难以插入。

3.2 落锤式水泥混凝土破碎机

落锤式水泥混凝土路面破碎机,目前应用广泛。中小型落锤式破碎机除了可以破坏混凝土路面外,还可以用来在混凝土上开沟、剥离表层,也能用于打桩、拔桩、夯实路基等作业。

3.2.1 工作原理

图 15-1 为小型手推式落锤式水泥路面破碎机简图。

图 15-2 为车载式落锤式水泥路面破碎机简图,以下介绍车载落锤式水泥路面破碎机。

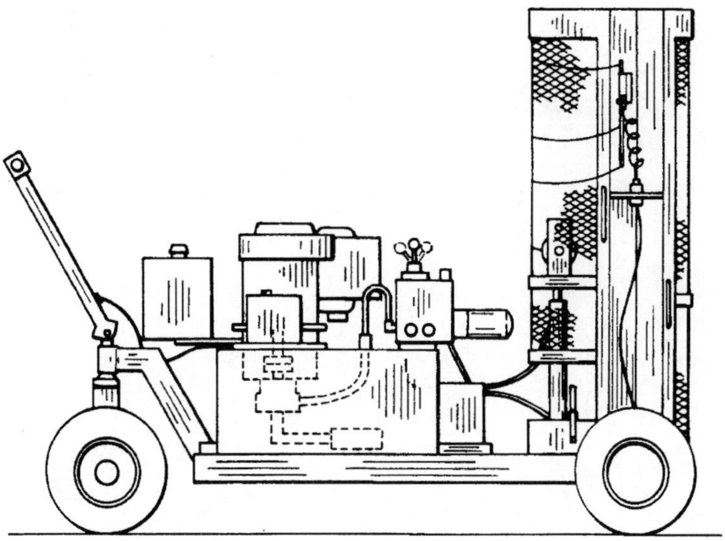

图 15-1 小型手推落锤式水泥路面破碎机

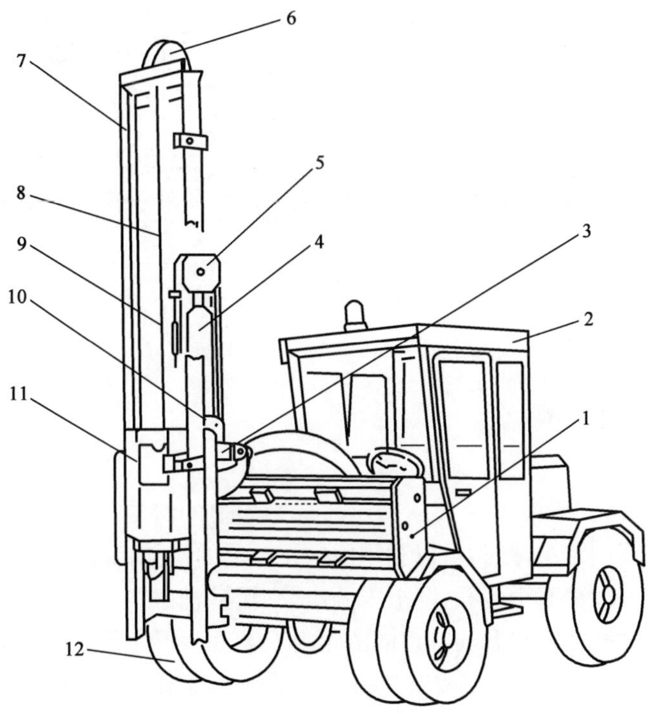

图 15-2 车载落锤式水泥路面破碎机

1-平移导轨;2-驾驶室;3-摆动油缸;4-提升油缸;5-动滑轮组;6-提升滑轮;7-提升架;8-钢丝绳;9-油缸导向机构;10-定滑轮组;11-重锤;12-底盘

图 15-3 所示为车载式落锤式水泥路面破碎机。破碎机工作时,当液压油进入提升油缸 4 的下腔后,其活塞杆会向外伸出,推动动滑轮组 5 向上移动。由于有相应的定滑轮组 10 装在

油缸 4 的底座下面，这样，油缸的推力通过滑轮组会转变为钢丝绳 8 的拉力，当此拉力将锤 11 提升到一定高度时，则油缸下腔的油会迅速回油箱。重锤 11 便以近似于自由落体的速度落下，装在锤头上的刀具就会冲击地面、击碎混凝土。提升架 7、提升油缸 4 以及重锤 11 可以一起在平移导轨 1 上左右移动，以便使机械有一个比较宽的作业幅度。在运输状态下，水平导轨连同提升架等可以放倒(图 15-2)以降低高度提高稳定性。摆动油缸 3 可以使提升架及其上面的机构相对于平移导轨 1 摆动，摆动幅角一般为±9°。由于摆动油缸的作用，机械可以在不平整的地面上保持提升架的垂直状态，也便于打桩时定向，开沟时清角。

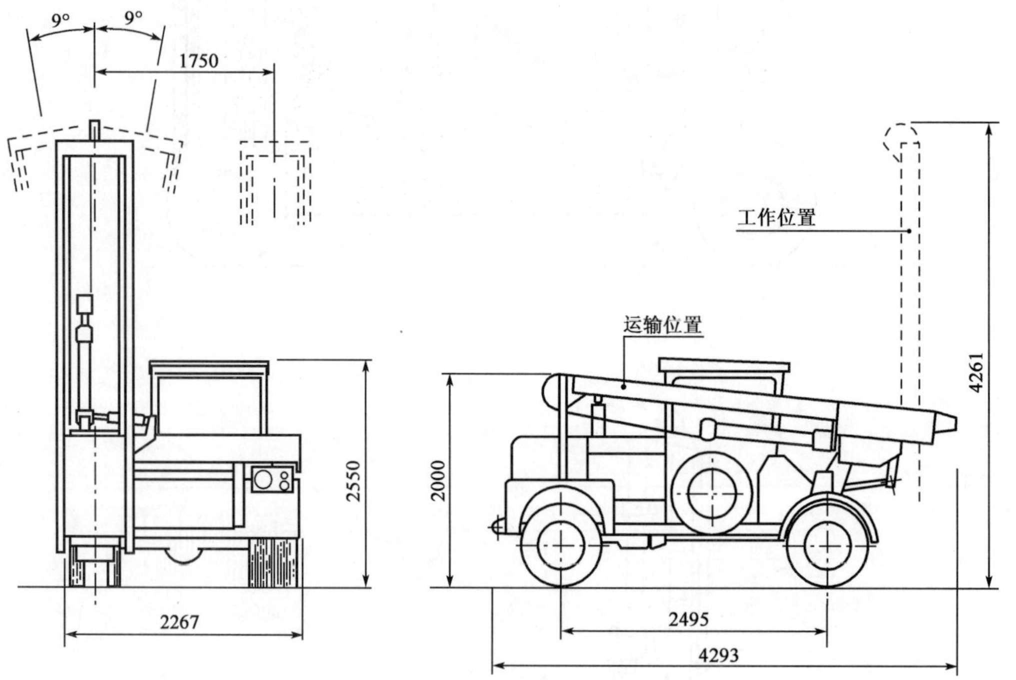

图 15-3　落锤式水泥路面破碎机外形图(尺寸单位：mm)

3.2.2　主要构件结构

1)提升架

提升架为焊接件，其结构如图 15-4 所示。提升架上的滑轮 1 用来改变钢丝绳的方向，以便提升重锤。当需要固定重锤时，可以利用插销座 8 上的销孔将锤与导轨插在一起(锤上也有一个销孔)，插销座一般也有个销孔(图上未画出)。摆动油缸的一端装在摆动耳环 3 上，另一端装在拖板的相应销孔上。提升油缸连同滑轮组安装在提升缸座 4 上，该缸座偏向一边是为保证由滑轮组到滑轮 l 的钢丝绳与提升架中心线平行。简化提升架的受力状态。当需要提升架左右摆动时，摆动轴 5 是它的转动中心。由于锤头落地后会在水平方向产生较大冲击，U 形连板 6 与加强板 7 均须有足够的强度。

2)提升油缸总成

图 15-5 为提升油缸总成结构图。提升油缸 2 固定在定滑轮组 5 的架子上；动滑轮组 1 装在活塞杆的顶端；钢丝绳 3 的一端用楔 4 固定于定滑轮架的侧边，另一端通过滑轮组、提升架

与重锤相连。由6个滑轮组成的滑轮组形成一个行程放大机构，这样，油缸的行程仅为锤行程的六分之一。导向杆7的上端固定于动滑轮组的侧边，它的下端可在固定于定滑轮座上的导向套6内滑动，以防止动滑轮组绕油缸中心转动。动滑轮组相对于定滑轮组转动了一个角度，这个角度大小由滑轮组结构尺寸决定。其目的是让滑轮组前后的钢丝绳大体平行，使导向杆受力最小，以便于导向。

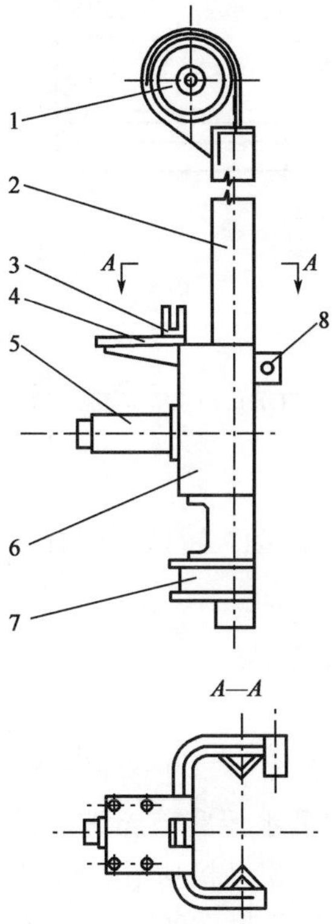

图15-4 提升架

1-滑轮；2-提升导轨；3-摆动缸耳环；4-提升缸座；5-摆动轴；6-U形连板；7-加强板；8-插销座

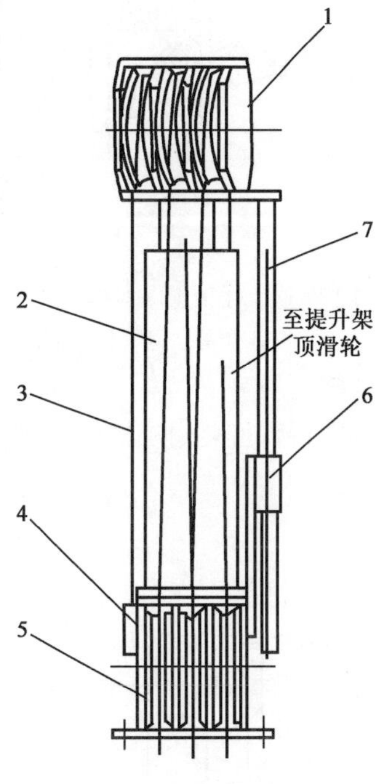

图15-5 提升油缸总成

1-动滑轮组；2-提油缸；3-钢丝绳；4-楔与楔套；5-定滑轮组；6-导向套；7-导向杆

3)拖板与平移导轨

拖板总成(图15-6)由拖板15、摆轴座1、上滑座2、下滑座14等组成。提升架的摆动轴装在摆轴座1中间。在上下滑座2与15上，各装有两块衬板3，拖板及提升架等横移时，衬板3相对于上下导轨6、11滑动。

拖板上的孔7为摆动油缸销孔。调节螺栓9可使下滑座14上下移动，以调节拖板总成与平移导轨之间的间隙。

平移导轨总成是由上导轨6、下导轨11、举升架4以及其他连接件组成。导轨总成通过错孔13铰接在车架上。错孔12为举升油缸孔，工作时，举升油缸将整个工作装置竖起来；运输状态下，举升油缸将工作装置放倒。

通常，拖板总成与提升装置是用链条10牵引作水平移动的。链条的布置形式如图15-6所示。主动链轮8由摆线马达驱动，当链轮8按箭头方向转动时，拖板向左移动；反之，则向右移动。链条的这种布置形式还起到了减速的作用，其结果使拖板移动的速度降为链轮线速度的三分之一。

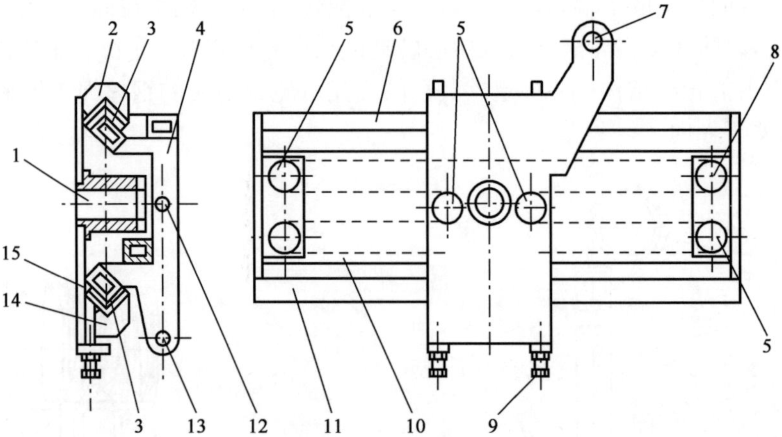

图 15-6　拖扳与平移导轨

1-摆轴座；2-上滑座；3-衬板；4-举升架；5-从动链轮；6-上导轨；7-摆动缸销孔；8-主动链轮；9-调节螺栓；10-链条；11-下导轨；12-举升缸销孔；13-安装销孔；14-下滑座；15-拖板

4)重锤

重锤为铸铁件，其两边有滑槽，以便在提升架导轨中间滑动。重锤下面有夹头，用来夹持各种刀具。

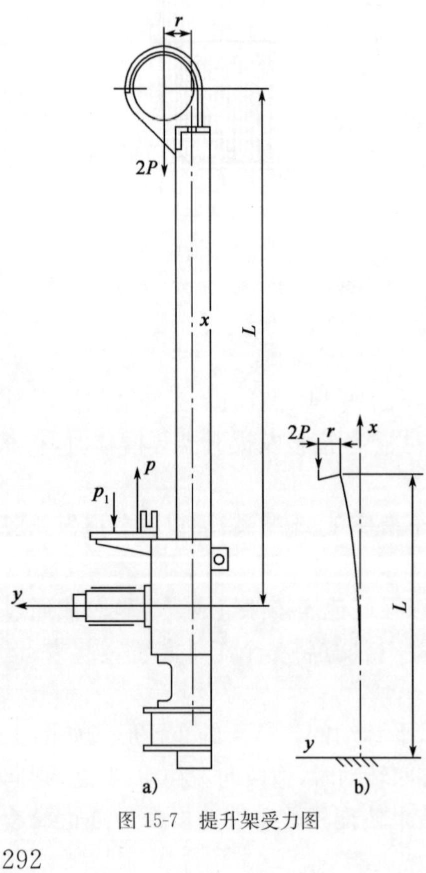

图 15-7　提升架受力图

3.2.3　设计要点

1)总体布置

水泥混凝土路面破碎机的主参数为锤头质量，本节介绍的是中型水泥路破碎机，它的锤头质量在400～600kg之间。发动机功率为50kW左右。国外大型破碎机锤的质量达7000kg，但没有横移机构，锤头的冲击宽度约为2m。

水泥路面破碎机的工作装置也可做成后置式，后置式适于在汽车底盘上改装，有利于降低制造成本。

底盘设计与其他轮式工程机械相似，靠近工作锤的这个车桥必须为刚性悬挂，以提高其工作稳定性。如果在汽车底盘上改装，工作时将弹性悬挂改为刚性悬挂，在行驶状态下要恢复其弹性悬挂。对工作时的稳定性要进行校核，并要保证前后桥负荷分配合理。

2)提升架的设计

为了提锤方便，提升架顶部的滑轮是偏置的。所以，提升架实际上是一个偏心的受压杆(图15-7)。如果在 xy 平面内把摆动轴看作固定端，则它的受力状态可以简化为图 15-7b)的形式,当提升架在 xy 平面内弯曲时,它应满足的强度条件为式(15-1)。

$$\frac{nP}{A}+\frac{nPr}{W\cos\left(\sqrt{\frac{np}{EI}}L\right)}\leqslant[\sigma] \tag{15-1}$$

式中:P——重锤重力,N;

A——提升架一边导轨的断面积,m^2;

r——滑轮半径,m;

E——弹性模量;Pa;

W——一边提升导轨强度模量,m^3;

I——一边提升导轨截面模量,m^4;

L——提升架摆轴中心到滑轮中心的距离,m;

n——安全系数;

$[\sigma]$——许用应力,Pa。

考虑到工作时的冲击力 P 不一定与提升架平行、摆轴摆轴处并不是固定端等因素,安全系数应取大一些,最好使 $n\geqslant 6$。

提升油缸座主要承受两个作用力,一个是锤的重力 P,另一个是提升油缸总成的重力 P_1。在运输状态,由由于要将提升架连同提升油缸总成放倒,这时,P_1 将对提对提升缸座产生较大的弯矩。

由于提升架、重锤、提升油缸总成的全部重力是由摆动轴承受的,所以,摆动轴与提升架体的焊接必须可靠、牢固。

3)提升油缸的设计

(1)提升油缸所承受的压力 P_c 应按式(15-2)计算:

$$P_c=kP/\eta_{m1} \tag{15-2}$$

式中:P_c——提升油缸所承受的压力,N;

k——滑轮组的行程放大系数;

η_{m1}——提升机构的机械效率。

通常,滑轮组有三个动滑轮和三个定滑轮,这时,$k=6$。

(2)提升油压 P_c 按式(15-3)计算:

$$P_c=\frac{4P_c}{\pi D^2\eta_{m2}} \tag{15-3}$$

式中:D——活塞直径,m;

P_c——提升油压,Pa;

η_{m2}——液压系统的机械效率。

(3)提升流量 q_c 按式(15-4)计算:

$$q_c=\frac{v}{k}\cdot\frac{\pi D^2}{4}\cdot\frac{1}{\eta_v} \tag{15-4}$$

式中:q_c——提升流量,m^3/s;

v——提锤速度,m/s;

η_v——液压系统容积效率;

其他符号意义同前。

(4)液压泵的输入功率按式(15-5)计算：

$$N = P_c q_c \eta_b \tag{15-5}$$

式中：N——液压泵的输入功率，W；

η_b——液压泵的效率。

(5)提升油缸稳定性按式(15-6)验算：

$$P_c \leqslant \frac{\pi^2 EI}{4n_k l_0^2} \tag{15-6}$$

式中：E——活塞杆的弹性模量，Pa；

I——活塞杆截面模量，m^4；

l_0——提升油缸安装距，m；

n_k——提升油缸安全系数，$n_k \geqslant 6$。

4)液压系统的设计

(1)液系统应设置蓄能器，在锤下落时，可以储备一定的发动机功率，以稳定液压泵的负载，提高功率储备系数；

(2)锤的工作频率应根据使用行程的大小，确定在30～120次/分之间；

(3)液压系统中应有使锤停止的功能和缓慢动作功能，以便于控制冲击强度；

(4)液压系统中应有使锤自动换向的功能，以便于进行连续敲击。目前有两种办法实现这种功能：在举升油缸导杆附近安装液压换向机构；在重锤、打桩帽等处安装继电器，然后用电磁阀使其换向。

3.2.4 使用要点

(1)作业时提升架一般应与工作面垂直，需要斜打时，锤开始不要提得太高，待凿出工作面后方可重打，这样可以减少提升架受侧向冲击。

(2)经常清理粘在滑动导轨上的杂物，并在其上涂抹润滑油。

(3)在运输状态下，或者人工在锤下作业时，要用安全销将锤固定。

(4)进行破碎作业时，地面上的工作人员应远离作业点，以保安全。

4 高压水泥混凝土切割机

4.1 原理与特点

高压水切削技术是近20多年来发展起来的冷切割新工艺。20世纪70年代初，美国研制成功了高压水射流切割样机。20世纪80年代，美国首次研制成功了实用的磨料射流切割机，这种切割机可以用来切割各类金属、非金属、塑性或脆性材料。

高压水射流切割的原理(图15-8)是利用机械手段将水加到高压(一般100MPa以上，有的可达到700～1000MPa)状态，再经过小孔节流，使水的压力势能转变为射流功能，其流速可达

900m/s，利用这种高压射流进行切割。磨料射流则是让高压水射流经过一个混合管，在混合管内向水射流中添加磨料（铁砂、沙子等），使其形成磨料射流。由于磨料的质量大，在射流中被高速水流加速后，会产生更强的切削效果，图15-9是瑞典高压水射流切割机及切割效果图。

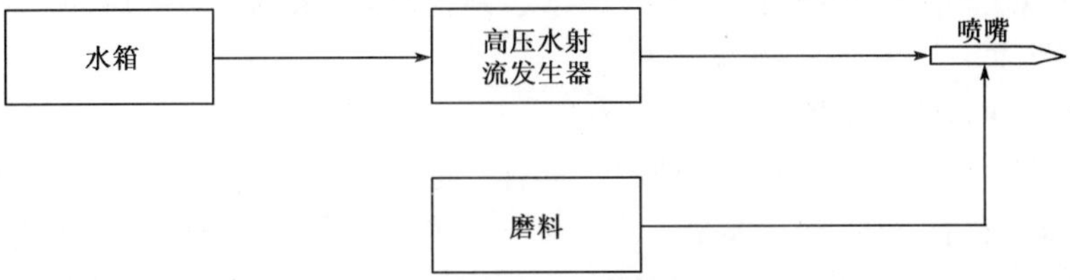

图15-8　高压水射流切割原理

图15-9　瑞典高压水射流切割机及切割效果图

高压水切割有以下特点：

(1)不存在刀具变钝问题，永远“锋利”；

(2)可以切割各种金属、非金属材料；

(3)切缝窄、节省材料，这一点在贵重材料加工中尤为重要；

(4)无灰尘、噪声小、不污染环境；

(5)切割温度低、无火花、可以切削易燃材料；

(6)在切割钢筋混凝土时，只要压力调整适当，会产生“欺软怕硬”的效果。也就是说，可以只切割凝固的水泥，保持其中钢筋完好；

(7)与冲击破碎比较，利用高压水拆除坏混凝土时，不会在保留部分中产生裂纹。

4.2　高压水射流发生器

高压水射流发生器有两种类型：

1)连续细射流发生器

这种发生器采用高压泵或增加器连续不断地向喷嘴输送高压水。瑞典制造的高压水混凝土破坏机就采用这类高压泵,该泵是一个三缸柱塞泵,工作时 3 个缸依次向管路输送高压水。用这种方法可以连续不断地切割,但压力难以达到很高,一般为 100～140MPa。利用这种装置可以破碎坏路面。

2)高压水脉冲射流发生器

图 15-10 是这类发生器的一种原理图。具有一定压力的水由进口进入压力腔,使大活塞 2 向右移动,并压缩右腔气体、储存能量。当大活塞右移到极限位置时,气体压力升高到一定程度。压力腔的进水口关闭、出水口打开使活塞卸压,于是右侧气体迅速膨胀,推动活塞加速向左运动。当小活塞进入高压腔后,关闭高压腔右端水口,并且对高压腔中的水进行冲击,冲击力加上气体压力使高压腔中的水形成一股高压脉冲由喷嘴射出。

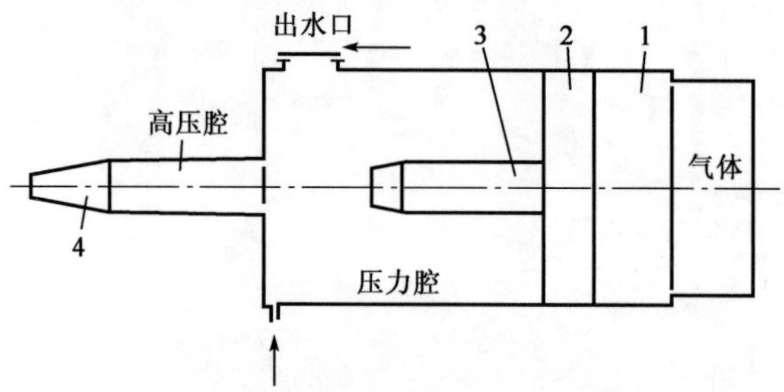

图 15-10　脉冲高压水射流发生器原理

1-缸体;2-大活塞;3-小活塞;4-出水器

脉冲水射流发生器由于有气体储能并产生冲击,因而可以用较小的持续功率产生强大的高压脉冲。目前,利用这种原理可产生 1000MPa 的高压。

4.3　高压水射流切割机喷嘴

通常,喷嘴用蓝宝石制作,当水射流压力较低时,也可用淬火钢或不锈钢制作。

喷嘴直径大多在 1mm 以下,切割混凝土的喷嘴直径在 1.5mm 左右。但是,日本制造的用于在施工中切削混凝土的高压水射流机器人,其喷嘴直径竟达 7mm。该机以铁屑为磨料,切削能力很强。

多数情况下喷嘴是直的,混凝土切割机的喷嘴有 30°的偏角,射流以 70r/min 的速度旋转。

4.4　高压水射流的参数计算

4.4.1　射流速度

射流速度是指射流在喷嘴出口处的速度,假设水是无黏性、不可压缩的条件下,射流速度可以用式(15-7)计算:

$$v=\sqrt{\frac{2P_s}{\rho}} \tag{15-7}$$

式中：v——射流速度，m/s；

P_s——流向喷嘴的射流压力，Pa；

ρ——射流密度，kg/m³。

4.4.2　射流比

射流破碎混凝土的效率是用比能来表示的。比能的定义为破碎单位体积混凝土所需要的功。射流功的计算公式为：

$$w = vtP_s\pi d^2/4 \tag{15-8}$$

式中：w——射流的功，J；

d——喷嘴直径，m；

t——射流做功的时间，s。

射流比能的表达式为：

$$a = w/V \tag{15-9}$$

式中：a——射流比能，J/m³；

V——在时间 t 内破碎混凝土的体积，m³。

通过喷嘴的射流功率按式(15-10)计算：

$$P = vP_s\pi d^2/4 \tag{15-10}$$

式中：P——通过喷嘴的射流功率，W。

高压水射流技术有广阔的前景。我国目前在这方面已有了很大的进展，高压水采煤已有20多年的经验，高压水切削机床目前已进入市场。

5　多功能水泥路面维修机

多功能水泥路面维修机的底盘可利用汽车底盘改装或直接采用工程机械底盘。无论哪一种形式，都有以下共同特点：

(1)轮式底盘，机动灵活。

(2)有一个多用途的工作臂，可以进行破碎、凿毛、夯实、挖坑、抓料、钻孔等工作。

(3)可以输出动力，用来驱动其他维修机具。

5.1　以汽车底盘为基础车的多功能水泥路面维修车

5.1.1　特点与形式

以汽车底盘为基础的多功能水泥路面维修车具有速度快、可乘坐施工人员、能载运维修机具及材料等优点；但汽车是高速行驶车辆、弹性悬挂，作业时必须放下支腿保持底盘平稳才能正常作业。利用汽车底盘的多功能水泥路面维修车作业装置可前置，也可后置。

1)工作臂前置式

工作臂前置式水泥路面维修车结构见图15-11，工作臂位于驾驶室与车箱之间，其负荷由前后两个车桥共同承担，车架受力好。由于这个位置离变速器的取力口近，液压管路短，所以工作功效率高。但这种形式只能在车辆的左右两侧进行维修作业，占用车道宽，对交通影响较大。

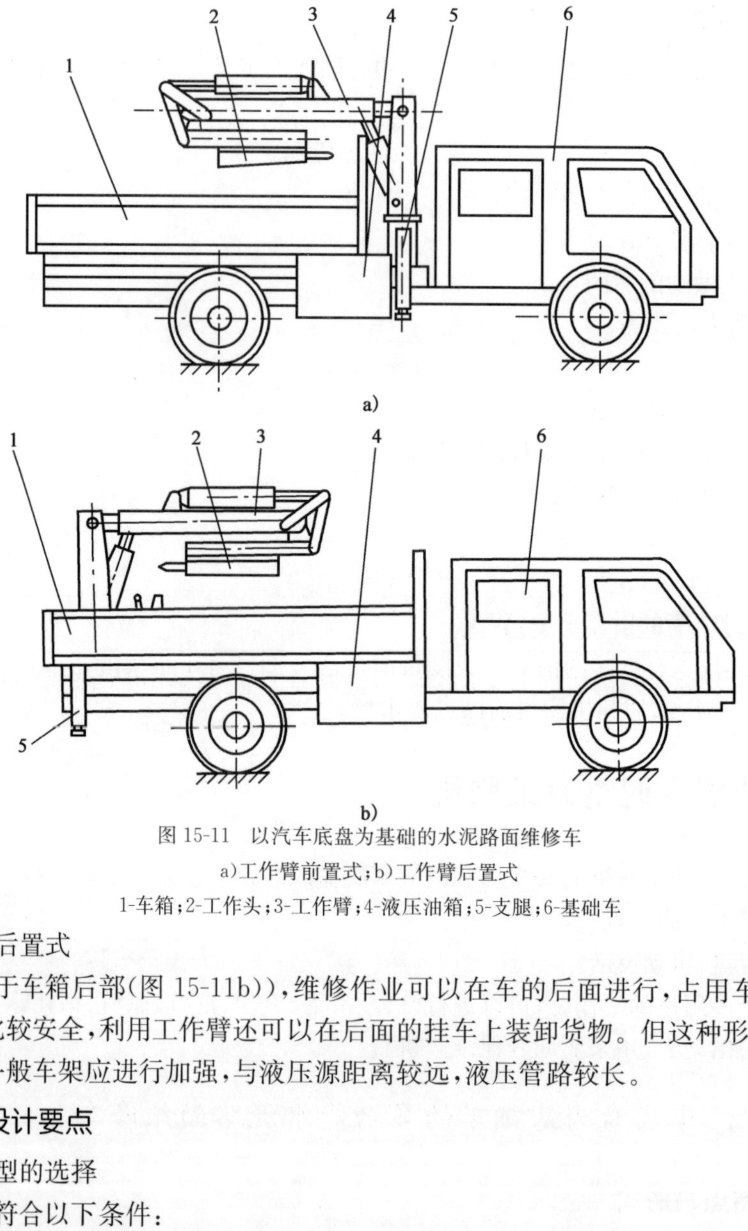

图 15-11　以汽车底盘为基础的水泥路面维修车

a)工作臂前置式；b)工作臂后置式

1-车箱；2-工作头；3-工作臂；4-液压油箱；5-支腿；6-基础车

2)工作臂后置式

工作臂位于车箱后部(图 15-11b))，维修作业可以在车的后面进行，占用车道窄，因而对交通影响小，比较安全，利用工作臂还可以在后面的挂车上装卸货物。但这种形式汽车车架受力状况偏载，一般车架应进行加强，与液压源距离较远，液压管路较长。

5.1.2　设计要点

1)基础车型的选择

基础车应符合以下条件：

(1)要符合机动车一切行驶技术条件；

(2)要有较大的承载能力，以承受工作臂及各种机具的工作负荷；

(3)驾驶室内要有施工人员乘坐；

(4)变速器应有取力口，可取出足够功率的动力，以便于驱动所选定的维修机具；

(5)要考虑到使用要求和制造成本，使产品有良好的市场需求。

2)整机参数确定

(1)桥荷

分别验算车辆工作状态和行驶状态的桥荷，其数值不能超过基础车的许用桥荷。

(2)工作臂起重量

工作臂在各种工况下能安全承受的最大起重量称为额定起重量，它随工作臂的臂长和幅度的变化而变化，通常将最大额定起重量称为最大起重量，简称为起重量。

工作臂的起重量不能太大，以能承受维修中常用机具的重量为限。过大的起重量会增加工作臂重量，减少基础车对其他物料的承载量。

(3)起升高度

起升高度指工作臂从地面到取物装置(吊钩的钩环中心)上极限的距离。起升高度也是随臂长和幅度的变化而变化，通常用最大起升高度表示。

起升高度以能满足从车上装卸常用的机具为度。过大的起升高度会增加重量，减少稳定性，削弱工作能力。

(4)作业深度

作业深度是指机械在地面以下的工作范围，不同的配套机具其作业深度不同，但要满足道路维修的要求。

(5)作业幅度

作业幅度是指基础车不移位时，工作臂在地面上的作业范围。用最大幅度和最小幅度表示。

作业幅度也是随机具的不同而变化的。为了提高工效，维修车应有一定的幅度变化范围，一般大于1m。

(6)起升速度

起升速度不宜过快，一般以0.3m/s为宜，过高的起升速度将增加机械的动载。

(7)回转速度

回转速度一般在0～2.5r/min范围内，速度可无级调节，这样能满足各种作业的需要。

(8)支腿跨距

支腿跨距越大，工作稳定性越好。但过大的跨距会增加占地宽度，影响道路通行能力。

3)其他部件设计

立柱、支腿、工作臂起升部分结构，可以参照随车起重机的结构进行设计。工作臂头部的结构是随配用机具的变化而变化的，应参考相应的破碎机、挖沟机、凿岩机、抓斗等设计方法进行设计。

5.1.3　使用要点

(1)当工作臂动作时，支腿必须可靠接地；

(2)破碎锤、凿岩机等冲击工具不能空打；

(3)液压机械要特别注意保持液压油干净；

(4)轮胎气压要满足要求；

(5)液压管路不能有泄漏；

(6)工作臂动作时,工作人员要远离工作臂。

5.2 工程机械底盘为基础车的维修机械

5.2.1 特点与分类

这类产品由于利用工程机械底盘,工作装置设计比较灵活,可以用来进行装载、挖掘、推土、搅拌、松土、挖坑、开沟、铣刨、破碎等工作。其缺点是底盘车上不能携带物料,行驶速度较低。其产品也分两类:

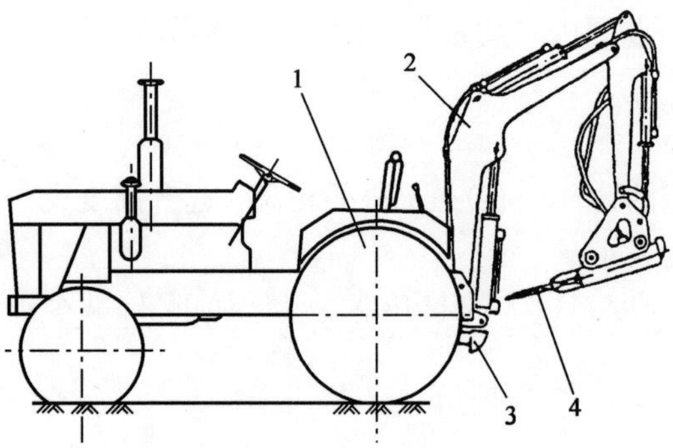

图 15-12 路面开凿机

1-拖拉机;2-工作臂;3-支腿;4-工作头

1)直接利用现有的机械底盘

在现有的拖拉机,装载机等基础底盘上改装,这种底盘价格较低,但工作装置设计要受到所选用底盘的限制。如图 15-12 所示的路面开凿机,俗称两头忙,前部为装载,后部为破碎或挖掘,其后面工作臂的作业能力就受到所选拖拉机的桥荷、重心等限制。

2)专用底盘

专门设计底盘的多功能机械,由于底盘和工作装置可以统一考虑,因此设计较灵活。有的这类机械功能可以达到 10 多个甚至更多(图 15-13);还可设计专用动力输出装置,能输出电力,以便在工地使用电动机具等。

5.2.2 底盘方案确定

1)选用现有底盘

应考虑以下因素:

(1)由于这类维修车一般用于小面积的维修,底盘功率不宜过大;

(2)底盘的动力输出应能与所用的机具相配套;

(3)底盘的强度足以承受因改型而增加的载质量;

(4)产品成功后,应能与市场相适应。

2)设计专用底盘

设计专用底盘除要满足选用底盘的条件外,还要考虑以下因素:

(1)具有一些特殊功能,如可以使用许多可更换方便的作业辅具;

(2)标准化程度高,车桥、变速器等尽量在现有产品中间选用;

(3)为了降低成本,便于操作,变速器的挡位可以减少,以满足完成施工作业及转移工地的需要为度,行驶速度一般在 18～25km/h,可采用液压传动,实现无级调速。

5.2.3 工作装置设计

选用工程机械底盘的维修机械,根据原底盘的特点进行工作装置的设计。

设计时,其结构形式和强度计算可以参照轮式拖拉机、装载机、挖掘机的相应部分进行。最后对整机稳定性要作以校核。

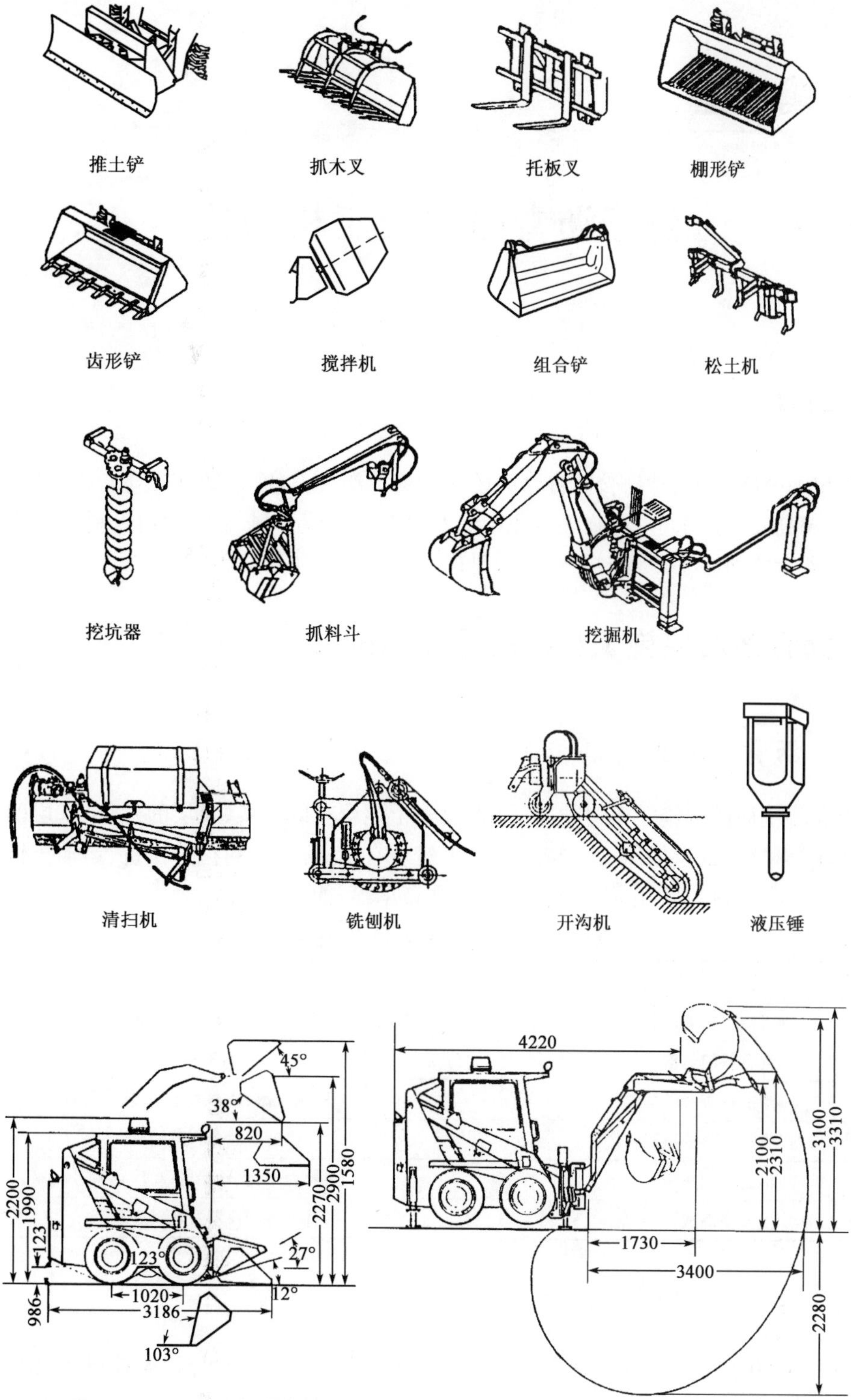

图 15-13　多功能工程机械及辅助工具(尺寸单位:mm)

第16章

公路沥青路面施工机械化

1 概述

随着我国公路等级的提高,沥青路面已成为高等级公路的主要路面结构,为了修筑优质的沥青路面,提高其质量水平,在施工过程中除及时对沥青混合料、矿料等原材料进行检测、控制和检验外,沥青路面施工设备的配套选型是保证沥青路面质量的关键。

2 沥青路面层施工机械的选型与配套

2.1 沥青混凝土面层施工工艺

沥青混凝土面层的施工工序包括:沥青混凝土混合料的制备、基层的检查、基层的处理、混合料的运输与摊铺、铺层的压实。相应的施工机械有:沥青混合料搅拌设备、运输车辆、沥青混合料摊铺机、压实机械、乳化沥青设备和沥青洒布车等,如表16-1所示。

沥青路面层施工工序及选用的机械设备 表16-1

施工工序	施工机械及设备
沥青混合料的拌制	沥青混合料搅拌设备(附设沥青脱桶设备、发电机组等)
混合料的运输	自卸汽车
基层的检查及处理	有关检测仪器、沥青洒布车、乳化沥青机
沥青混合料的摊铺	沥青混合料摊铺机
混合料的压实	静力光轮、轮胎、振动压路机
压实度及路面成形检测	有关检测仪器及数据处理器

2.2 主导机械的确定

在沥青路面的施工中,为了保证机械化施工的连续性,沥青混合料搅拌设备、混合料运输车辆、沥青混合料摊铺机的合理配合是一个关键,而面层成形的质量又与沥青混合料搅拌设备和沥青混合料摊铺设备的合理选配密切相关,并在很大程度上决定了沥青混凝土面层施工机群的生产率。故沥青混凝土面层施工中的第一主导机械是沥青混合料搅拌设备，第二主导机械是沥青混合料摊铺机。

2.3 沥青混合料搅拌设备的选型及设置

对于沥青混合料搅拌设备，应根据工程量和工期选择其生产能力和移动方式（固定式、半固定式和移动式），且生产能力比摊铺能力小30%左右。高等级公路沥青混凝土面层的施工，应选用拌和能力较大的搅拌设备，以使其单位产品所消耗的人工、燃料和易损配件等费用较低，故应选用生产率在100t/h以上的沥青混合料搅拌设备。

沥青混合料搅拌厂一般包括原材料存放场地、沥青贮存、熔化及加热保温设备、搅拌设备、试验室、办公用房及职工宿舍等。因搅拌设备工作中会产生较大粉尘及噪声等污染，故厂址不宜选在目前和将来的居民区，供电和排水应满足拌和的要求。厂址离工地应越近越好，最大不超过50km，并应处于主交通干线或至少有7m宽路面道路的旁边。

搅拌设备的占地面积应能容纳工厂的所有设施，面积取值与设备的生产能力有关，如表16-2所示。场地形状以矩形为佳，厂内各项设施的布置应协调。一般说来，设备的主体应布置在中央位置，办公楼、宿舍、试验室等房舍应位于厂进口处，并沿路边建造。砂石料堆场或储仓的设置应便于向搅拌设备供料，又便于车辆从外面运进和卸下砂石料，砂石料的贮量以不少于3～5个工作日需要量为宜，矿粉仓、沥青库和燃料罐等设施的布置也应以便于向主设备供送所需材料为准，考虑进料方便并便于管理。配电间或发电机房应安置在较偏僻而又安全的地方，称量矿料及成品料的地磅应设置于车辆的出口处。

另外，若需要洒布沥青透层，则应配置相应的沥青洒布车及沥青乳化设备。

沥青混合料搅拌厂场地面积参考表 表16-2

生产能力(t/h)	搅拌器容量(间歇式)(kg)	场地面积(m^2)
60～80	1000	6500
90～120	1500	9000
120～160	2000	12000
180～240	3000	15000
240～320	4000	22000

2.4 沥青混合料摊铺机的选型

在对沥青混合料摊铺机进行选型时，应结合所铺筑沥青混凝土面层的宽度、厚度、技术要求，在确定摊铺作业方式（以全幅式摊铺或梯队作业方式为宜）后，应选择精度高、故障率低的沥青混合料摊铺机，所确定摊铺机的型号、台数应与沥青混合料搅拌设备的生产能力相适应。履带式沥青混合料摊铺机的牵引力及接地面积都较大，可减少对下层的作用，对下层的平整度不太敏感，故高等级公路沥青混凝土面层的铺筑，应优先考虑选择履带式沥青混合料摊铺机。

沥青混合料摊铺机生产率Q_T由下式计算：

$$Q_{\mathrm{T}} = hBv_0\rho K_B \tag{16-1}$$

式中：h——铺层厚，m；

B——摊铺带宽，m；

v_0——摊铺机摊铺速度，m/h；

ρ——沥青混合料密度，$\rho=1.8\sim2.0$t/m³；

K_B——时间利用系数，$K_B=0.75\sim0.95$。

2.5 运输车辆的配置

对于沥青混凝土混合料的运输，应根据铺筑现场具体位置、施工条件、摊铺能力、运输路线、运距和时间，以及混合料的种类和数量等，合理配置运输车辆的型号及数量。配置时应保证拌和设备及摊铺机连续生产，又不能使车辆因工地卸料和等待时间过长而造成浪费。

运输车辆的数量 n 由下式计算：

$$n = \alpha \frac{t_1 + t_2 + t_3}{T} \tag{16-2}$$

式中：α——储备系数，视交通情况而定，一般取 $\alpha=1.1\sim1.2$；

t_1——重载运程时间，min；

t_2——空载运程时间，min；

t_3——工地卸料等待总时间，min；

T——拌一车混合料所需时间，T 按下式计算：

$$T = 60m/Q \tag{16-3}$$

式中：m——运输车辆的轴载质量，t；

Q——搅拌设备的生产率，t/h。

2.6 碾压机械的选型与组合

压实机械对沥青混凝土混合料的压实主要取决于它的单位线压力，而不同单位线压力的选定由路面材料的强度和压实后应达到的承载能力决定。

压实工序分为初压、复压和终压。初压的目的是整平和稳定混合料，同时，为复压创造有利条件，是压实的基础；复压的目的是使混合料密实、稳定、成形，混合料的密实程度取决于这道工序；终压的目的是消除轮迹，最后形成平整的压实面。沥青混合料在不同碾压工序下，压路机的数据选择如表 16-3 所示。

沥青混合料碾压中压路机的选择数据表 表 16-3

压实阶段	单位线压力(N/m)	行驶速度(km/h)	质量(t)	选型
初压	3000～4000	1.5～2	6～10 6～10	双轮两轴压路机 振动压路机(静压)
复压	4000～7600	2.5～3.5 3.5～4.5 5～6	12～15 12～15 6～10	三轮两轴压路机 轮胎压路机 振动压路机(振压)
终压	3000～4000	2.5～3.5 2～3	6～10 6～10	双轮两轴压路机 振动压路机(静压)

当混合料矿料含量增加或最大尺寸增大，以及沥青稠度高时，应选择较大压实能力的压路机，以使面层压实后的密实度达到要求。选择压路机质量和振幅应与摊铺层的厚度相适应。摊铺层厚度小于6cm时，应选用振幅为0.35～0.6mm的中型振动压路机(15～6t)，以避免混合料出现推料、波浪、压坏矿料等现象；在压实较厚的摊铺层时(厚度大于10cm)，应选用高振幅(可达1.00mm)的大、中型振动压路机(6～10t)。此外，若有陡坡、转弯的路段，应考虑压路机操作的机动灵活性。

压路机的数量由摊铺机的生产率、压路机生产率及有效压实时间(指混合料从摊铺后的温度冷却至最低压实温度所需时间)来决定。有效压实时间在摊铺初期经观察、测试和试验得出；压路机生产率 Q_r 由下式计算：

$$Q_r = \frac{60(b_1 - b_2)LK_b}{(L/v + t_n)n} \tag{16-4}$$

式中：b_1——一次碾压宽度，m；

b_2——相邻两碾压带的重叠宽度，b_2=0.15～0.25m；

L——碾压路段的长度(见表16-4)，m；

K_b——时间利用系数，K_b=0.8～0.9；

v——压路机作业速度，m/min；

n——同一地点碾压遍数；

t_n——换向、换挡时间，t_n=0.07～0.08min。

施工中环境温度与碾压长度值 表16-4

环境温度(℃)	碾压长度(m)	环境温度(℃)	碾压长度(m)
<10	20～40	20～30	50～80
15	40～50	>30	100

2.7 施工机械选型与配套实例

例：某一级公路沥青混凝土路面面层施工，道路全长52km，面层上层厚4cm，面层下层厚5cm，路面全幅宽2×7.5m。根据工期要求，日平均铺筑1.5km，采用全幅梯队铺筑，试对该面层施工进行机械的选型及配套。

1)第一主导机械的确定与选型

以沥青混合料搅拌设备作为第一主导机械，设沥青混合料压实后的密度 ρ=2.35t/m³，每日铺筑面层下层所需混合料数量 V：

$$V = LBh\rho = 1.5 \times 10^3 \times 2 \times 7.5 \times 0.05 \times 2.35 = 2648(\text{t/d})$$

设混合料的耗损率为5%，搅拌设备每日工作10h，时间利用系数为0.9，则搅拌设备的实际生产率为：

$$Q = (1+5\%)V/tK_b = (1+5\%) \times 2648/(10 \times 0.9) = 308(\text{t/h})$$

故可选用两套生产率为160t/h，并配置140t成品料仓的沥青混合料搅拌设备。

2)第二主导机械的确定与选型

根据施工要求，可选用国内外有关厂家生产的沥青混合料摊铺机作为第二主导机械，摊铺机的最大摊铺宽度在 7.5m 以上，两台摊铺机采用梯队作业，取 $K_b=1$，由式(16-1)，其工作速度 v_0 为：

$$v_0=\frac{Q}{hB\rho K_b}=\frac{308}{0.05\times 15\times 2.35\times 1}=218.4(\text{m/h})$$

采用该摊铺速度(6m/min)进行铺筑以保证摊铺机摊铺作业的连续性。

3)混合料运输车辆的配置

根据施工要求，混合料运输车辆采用 15t(后倾翻式)自卸车以使混合料在运输中的降温小。设最大运距 40km，自卸车在工地卸料和等待的总时间为 5min，车辆运行平均时速 45km/h。

由式(16-3)：

$$T=60m/Q=60\times 15/308=2.92(\text{min})$$

取车辆贮备系数 $\alpha=1.15$，由式(16-2)，可得运输车辆对应不同运距的最少辆数，见表 16-5。

不同运距时的自卸汽车最少数量表 表 16-5

运距(km)	2	5	8	10	15	18	20	22	25	28	30	35	38	40
自卸车数(辆)	4	8	11	13	18	21	23	25	29	32	34	39	42	44

4)压实机械的选型与配套

对沥青混合料铺层的压实，初压和终压采用 8t 串联振动压路机进行碾压(静压)，复压采用 15t 轮胎压路机和 8t 串联式振动压路机(振动压实)一道进行；压路机初选数量见表 16-6，各工序压路机的实际数量经摊铺初期观察，测量和试验后再确定。

5)其他机械设备的选型与配套

其他机械设备的选型与配套详见表 16-6。

沥青路面施工机械与设备配套一览表 表 16-6

机械设备名称	数　量	性　能
沥青混合料搅拌设备	2 套	间歇式每套 160t/h(带 140t 成品料仓)
沥青混合料摊铺机	2 台	自动传感，最大摊铺宽度大于 7.5m
轮胎压路机	3 台	9～15t(可调)
振动压路机	3 台	8t，双轮双振
自卸汽车	44 辆(最多)	15t 后倾翻式
装载机	3 台	载质量 50t
沥青洒布车	1 辆	5000L
乳化沥青机	1 台	4t/h
柴油发电机组	2～3 套	发电总功率 800kW
锯缝机	1 台	
沥青脱桶设备	2 套	每套 4t/h
柴油罐或重油罐	6 个	每个 20000L

3　沥青混合料搅拌设备的运用与管理

3.1　沥青混合料搅拌设备的安装

3.1.1　选址

1)原则

大型沥青搅拌设备的占地面积较大,石料的堆放须有一定的储存量。选场地时,应靠近本标段的路基,并设在该标段的中点附近,水、电来源方便,原材料及成品料的进出交通便利。

2)场址的自然条件

场地面的环境应干爽,地势稍高,地下水位较低,选择地质情况好的场地,可减少设备安装费用,避免沉降带来的设备变形。由于原材料的含水率对沥青搅拌设备的生产有很大影响,含水率高,燃油消耗增加,生产能力也会下降,增大使用成本;因此设备周围要有良好的排水系统。

3.1.2　安装

1)安装前的准备工作

(1)在所有辅助设施及成套设备全部运抵现场之前,绘制各大总成与基础的相互位置图,保证安装时一次起吊成功。

(2)安装场地应符合要求,并做到"三通一平"。

(3)组织一支有经验的安装队伍进入施工现场,安装人员配备如下:

组织者1人,技术人员2人(机械工程师、电器工程师各1人),安装钳工4人,安装电工2人,电气焊工1人,管理工1人,起重工1人,劳力工4～6人,土木工2人。

2)安装必需的机具

汽车吊(起吊能力按设备最大部件选用);5t千斤顶1个,30m大绳1根,10m能伸缩的梯子1件,3m以上的人字梯1件,撬棍、大锤、大剪、手锯、砂轮机、压线钳、各种扳手、安全带、水平尺等常用工具齐备,ZL50装载机1台。

3)安装主要顺序

沥青辅助设施(锅炉)、拌和楼 →烘干机→ 粉料机、集料提升机 →布袋除尘器→冷提→总配→成品仓→中心控制室→布线

4)其他工作

沥青路面施工季节主要在夏季,为保证安全还需安装避雷装置。

3.2　沥青搅拌设备的调试

3.2.1　调试前的准备

(1)电力供应正常;

(2)配备齐全的生产、维修人员;

(3)计算搅拌设备各部分导热油的用量,同时备齐各种润滑油脂;

(4)生产沥青混合料的各种原材料的储备:燃油(柴油、重油或渣油)、沥青、液化石油气以及符合规范要求的砂、石料、石粉;

(5)设备现场验收所需的化验、检验仪器(主要指试验室内的马歇尔试验仪、油石比快速测定仪、温度计、方孔套筛等);

(6)试验路段的准备。

3.2.2 导热油供给系统调试

1)调试前的准备

(1)设备及工艺系统检查确认

①必须在所有设备安装、就位施工验收完毕后,方可进入调试阶段。调试前对所有主机、附机、附件、产品质量、安装质量,确认合格后方可进行调试。

②检查膨胀槽安装高程是否足够。

③检查热油主循环管流通截面是否足够大。所有管道及附件无泄漏,焊缝及密封结构严密。

④检查旁路调节阀是否有利于方便操作。

⑤检查排污阀、排气阀、放空阀是否装妥。

⑥检查各阀门的型号、规格、耐温、耐压是否符合要求,操作灵活可靠、开关标记是否正确。

⑦检查油气分离器布置是否合理。

⑧检查过滤器是否清洗干净。

⑨检查所有试压工艺盲板是否拆除。

⑩检查电气控制柜布置是否符合要求,利于操作维修。电气仪表接线正确,按钮操作是否灵活。

⑪检查各温度、压力、压差、液位、流量仪表、传感元件、变送器、执行器配备是否齐全,安装是否合理。

⑫检查、清除吹扫管及设备内所有积水等异物。

⑬检查导热油牌号、数量是否合理,是否充足(包括加热炉、输油管、用热设备、膨胀槽的容油量)。

2)安全检查

(1)检查消防器材是否符合要求并有专人管理,是否定期检查更换。

(2)检查燃油、燃气炉安全防爆门是否安装合理、开启灵活可靠、销钉牢靠。

(3)检查各报警、控制装置是否工作正常。

(4)检查各设备安全阀安装位置是否正确合理。

3)冷态调试

(1)控制仪表的调整

首先检查和排除仪表线路故障,仪表显示正常后,方可进行参数设定和调节。

①温度仪表的调整设定

当切换开关置于测量位置时,显示值为被测介质的温度。设定前,首先要根据设备工艺要求的温度范围确定要控制的上上限、上限、中限、下限(即 T_{HH}、T_H、T_L、T_{LL})设定值。

通常用出口油温表、进口油温表控制。

②流量显示表的调整

首先根据工艺要求确定流量不能低于的最小值即流量控制下限 F_L。将切换开关拨至设定位置,旋转设定旋钮至所要求的流量下限 F_L 值,即得到控制流量的下限。一般不小于额定流量的70%。设定好后将切换开关拨至测量位置。

③压差表的调整与参数设定

压差是指导热油在加热炉进口的压力减去出口压力的差值,主要反映导热油在炉管及系统内的流动情况。压差过大,意味着炉管流动阻力过大,有结焦、堵塞的可能;压差过小,意味着流速过小,导热油容易结焦,一般控制压差为0.05～0.08MPa,但这并不是最佳工况,应根据各用户具体工艺系统阻力及其工况数值决定。

压差显示仪上设有测量与设定的切换开关,当需要设定压差显示仪的下限时,则需将切换开关拨至设定位置,再调节设定旋钮,使面板上屏幕显示值达到设定要求。

当压差设定完毕,应将切换开关拨至测量位置,使屏幕显示实际测量压差。

④控制仪表调节注意事项

a. 如果温度显示实际测量值为无穷大(+1),应检查热电阻是否接通。

b. 如果温度显示实际测量值为无穷小(−1),应检查热电阻及其连线是否短路碰线。

c. 如果压差显示值为负值,可在调零后检查进出口导热油压力表是否接反。

d. 如果仪表无显示,并不一定是故障,应将仪表钮子开关(在电柜内部)接通。

(2)电气控制系统的调试

①合上总电源开关(空气自动开关),电气控制柜上信号显示应正常,电压表应指示380V。

②打开钥匙开关,接通两次线控制电源,电源指示灯亮,若是模拟面板,还需按一下启动(复位)按钮。当膨胀槽内无油时,低液位报警信号灯亮,同时可能有警铃报警。

③接通电柜内部的仪表电源开关,电柜面板上的仪表开始显示。

a. 温度表显示均基本接近常温。

b. 热油循环泵正常运行前,压差显示接近于0,若出现负值,应将进出口压力表接线对调。

c. 热油泵工作前流量表显示为0。

d. 试验各设备控制按钮的动作是否灵活,指示灯灵敏,动作正确。

e. 试验各报警系统是否动作正确、指示正确,包括低压差报警、低流量报警、超温报警、低液位报警、燃气燃油炉的燃烧故障报警、燃气炉的煤气泄漏报警、煤气压力不足报警等自动控制动作。

(3)单机试运转

电机通电之前,用手拨转电机、联轴器,判断转轴无卡死迹象后,才能通电试机。试机时电机转向应正确,转动部件无异常响声,电机不发热(温升不超过允许值)。

单机试运转时,应检查各轴承和齿轮箱的润滑情况,在必要的润滑点加润滑油或润滑脂。轴承和传动部件严禁干运转。

(4)燃烧器的调整

按使用说明书进行调整。

(5)冷油循环操作

①打开热油循环管道各有关阀门,关闭与其无关的阀门,将膨胀槽的导热油通过膨胀管自流补充到工艺系统的管道中,检查有无漏油情况。关小热油循环泵出口阀,启动热油循环泵,同时逐步打开循环泵出口阀门,将导热油注入炉管,输油管及用热设备。同时观察油泵电机工作电流不要超过额定电流。

②当膨胀槽的导热油注入热油管道后,膨胀槽的油位不断下降,会发出低液位报警,这时应继续向膨胀槽补充导热油,直到消除低液位报警为止。

③热油循环泵不断运行,同时检查其压力波动情况,适当开启放空排气阀,将热油管道系统中的气体排出,检查所有管道、设备、阀门有无漏油情况,直至导热油压力平稳,低液位消除报警,导热油系统无泄漏为止。

(6)清洗过滤器

①当冷油循环一段时间,各设备及其管道阀门中的杂质包括安装施工中的焊疤、焊渣等异物可能会损坏高速旋转的离心热油泵的叶轮,必须清洗过滤器清除杂质。

②冷态清洗过滤器时,可停止热油循环泵,关闭过滤器进出口阀门,将过滤器中的导热油通过排放管排入贮油槽,剩余少量的导热油可用铅桶接着。清洗时,先打开过滤器端盖上的螺塞,排放残余积油,然后再松开端盖螺栓,拆开端盖,抽出过滤网筒进行清洗,清洗完毕按相反程序装妥。

③拆洗过滤器时应保护好密封垫,若有损坏应及时更换。

④开始运行时应多清洗几次,当确认系统设备及管道中确无杂质后,方可通过过滤器的旁路阀运行。

⑤若在热态发现过滤器堵塞,影响运行,应及时停炉降温,清洗过滤器。若有特殊情况不允许停炉,则可将过滤器旁路阀打开一部分,然后关闭过滤器进出口阀门,待温度稍低后进行清洗。

4)热态调试

热态调试必须在冷态调试结束后,各有关设备及其工艺系统运行工况正常的情况下进行。

(1)点火操作

点火前必须先启动热油循环泵,并保持连续不断地运转,且要求压力、压差稳定正常的情况下方可进行点火操作。

①检查烟道防爆门,应开启灵活可靠。

②打开燃料供油管阀门,检查燃料供油压力是否正常稳定。

③检查设定导热油温度调节仪,设定风门调节限位开关。按燃烧器说明书检查主副喷嘴及点火电极安装位置是否正确。

④启动燃烧器旋钮开关。

⑤自动关小风门准备点火。

⑥启动燃烧器风机。

⑦吹扫炉膛。

⑧检查有无异常光源。

⑨检查风压是否足够。

⑩调节风门,准备点火。

⑪点火电极放电引火。

⑫主喷嘴电磁阀开启喷油点火引燃。

⑬检查火焰点着与否，如果没有点着，应及时关闭燃油电磁阀，关闭燃烧器，发出燃烧故障报警，此时应正确判断故障原因，重新调节油压、风门位置，点火电极距离，重新吹扫炉膛后再点火。

⑭如果火焰点着，则进行温度检测，导热油温度低于设定值时，自动转大火燃烧（当负荷调节旋钮在大火状态时）。注意首次升温速度不宜过快，最好不要烧大火，且要烧烧停停，设定温度不宜过高。正常燃烧时不应冒白烟和黑烟，否则应重新调整风门位置。

(2)煮炉

①煮炉也称煮油或脱水，目的是把工艺系统及设备、管线中的气体、导热油中的水分（包括空气、水蒸气、轻组分）排除干净，使导热油顺利达到工艺温度，满足生产需要。

②随着烘炉（燃油炉与燃气炉烘炉时间稍短）开始，导热油温度逐步升高。

③当导热油温度超过100℃时，尤其是首次升温，在导热油系统的设备和管路中残余的积水及导热油中残余的积水和轻组分开始挥发，热油循环泵出口压力开始波动。

④当导热油温度升高到100～130℃时，要特别小心，因为这时导热油系统中的水分大量挥发，压力波动很大，热油循环泵的振动和噪声也较大，甚至使热油泵失压，使导热油断流甚至出现喷油现象，气体从放空管排出。这时应严格控制升温速度，甚至必须停炉降温，防止导热油断流、超温和喷油，待压力及压差稳定后再继续缓慢升温。

⑤当导热油压力波动时应暂停升温，并将辅助排气阀打开，逐步排气脱水，待导热油压力稳定后方可关闭辅助排气阀，防止导热油高温氧化变质。

⑥正常运行操作时，系统中的气体可通过膨胀管经膨胀槽排出。

⑦如果膨胀槽温度过高，或排气量过大甚至喷油，这时可适当调节放空阀开度，一部分经贮油槽排气。

⑧当设备检修或更换导热油、添加新油时，也应按煮油程序操作。由低位贮油槽向高位膨胀槽注油时，应先从排污阀清除沉积在贮油槽底部的导热油中所含的水分。

⑨在脱水排气过程中，应根据膨胀槽的液位适当补充导热油。

⑩当导热油压力波动较大，需停炉降温时，热油循环泵一般不停，如有特殊情况可短时间停一下，并尽快恢复运转。

⑪当导热油温度逐步上升到150℃左右，且压力、压差趋于平稳，则意味着大部分水汽已排完，可考虑下一步升温调试。

煮油脱水时，应注意备用泵、贮油槽等死角处的导热油也应参加脱水。

煮油脱水时应检查管道设备的热膨胀情况，管道支承是否稳定，及时排除导热油泄漏情况。

(3)升温

①升温主要是将导油的工作温度在其许用温度下逐步缓慢提高到生产工艺温度，满足生产要求。

②升温必须在煮油脱水完成后进行，随着导热油系统中气体的不断排出和导热油的不断补充，使热油循环泵工作压力及加热炉进出口压差、导热油流量趋于正常平稳，在此前提下方

可逐步提高导热油的工作温度。

③首次升温速度不宜过快，应按升温曲线图进行。

④升温过程中应对下列各项进行巡回检查：

a. 各有关设备及其工艺系统运行工况是否良好，检查其振动、噪声、润滑情况是否正常；

b. 各设备及其管道阀门有无跑冒滴漏现象；

c. 各设备及其工艺系统、管道的支承是否平稳；

d. 各有关设备及其管道的热膨胀情况；

e. 温度、温差、压力、压差、流量等各工况参数是否正常平稳，温差不宜过大，压差不宜过小；

f. 各电气仪表及其控制报警装置动作是否正确。

⑤升温过程中应随时做好加热炉调试操作运行记录。

3.2.3 搅拌设备主机的调试

主机调试质量的高低是生产沥青混合料的前提，是整个沥青搅拌设备全面调试工作的中心任务。

1)调试内容

调试内容主要有以下几项：

(1)冷级配机的调试：主要调试调速电机的激磁电流和测速电压。

(2)振动筛频率的调整：主要调整偏心块的位置度。

(3)集料提升机垂直度的调整。

(4)干燥滚筒燃烧器的调节：调节伺服马达机构，即燃烧器的风油比。

(5)布袋除尘器的调试：主要是进口、出口温度的设定值与实际值的关系，清洗各个布袋的循环时间，以及引风机伺服马达所控制的风门。

(6)集料秤、粉料秤、沥青秤的调试；用标准砝码依次分别称重并精心调试。

(7)称量/搅拌循环时间的设定，小车上、下行程调节，小车卸料时间的设定，考虑搅拌设备本身的性能，一般情况遵循以下原则：

①放集料：12s，因集料秤是每种集料累计称量的，它的称量时间和放料时间大于放沥青、石粉的时间，所以只考虑放集料的时间即可；

②搅拌：22.5s，若料有不均匀或有花料可适当增加，在保证混合料质量的前提下应尽量缩短；

③拌锅开门：4s，以放净料为准；

④小车接料时间：4s；等同拌锅开门时间：4s；

⑤小车上、下行程时间：$2t$(t 为单行程时间)；

⑥小车卸料时间：4s。

2)沥青搅拌设备控制系统的参数设定

沥青搅拌设备的参数设定是一个很重要的操作关键，参数数值的不正确将直接引起配料过程无法正常执行或出现不合格的成品料，主要需要设置以下参数：

(1)各种配合比、总重量

沥青混合料由各种集料及矿粉、沥青组成，每一种料必须严格按一定比例配合才能生产出合格的混合料。如果某种料不使用，可将该种料的配合比设置为零。控制系统将自动检验集料、矿粉的配合比是否为100%，如果有误，应重新输入。硬盘可存储多种配方，每种配方存储在一个文件中，使用时将文件名输入就可将配方调入系统，使系统按这一配方进行工作。

(2)各原料的提前量

由于加料时打开阀门后，有一部分料停留在空中——即飞料，它不能在计算机上显示出来，必须提前关闭阀门，例如1号热料仓需配300kg，提前量设定为20kg，那么系统在称到280kg时关闭阀门，空中的料下来后实际就配了300kg。提前量在热料仓料位变化时也随之变化，所以需在操作过程中要不断修改，主要依据设定配料量与实际配料量进行比较。如果实际配料量大于设定配料量，则应增大提前量；如果实际配料量小于设定配料量，则应减少提前量。系统中如进行自动补偿，则提前量通过计算机运算得出，随时跟踪，使实际配料量与设定配料量最大限度接近。但是，如果进行手动补料将严禁使用自动补偿功能，否则会引起实际配合比的严重偏离。

(3)剩余量

计量仓放料时，经常不能完全放净，仓内会有若干残留料。剩余量就是计量仓内残留料重量小于某一值时就认为仓内物料已经放净，配料过程将进行下一步工作。在实际操作过程中，为发现某个计量仓一直不关闭阀门，且显示的重量大于设定的剩余量，则应将剩余量重新设得比显示重量销大。

(4)其他设定量

①沥青延迟时间：集料放下后 X 秒打开沥青计量仓(X,0～99s，推荐值3s)；

②矿粉延迟时间：集料放下后 X 秒打开矿粉计量仓(X,0～99s可设定，推荐值5s)；

③搅拌时间：集料放下后，X 秒搅拌完成(X,0～99s可设定，推荐值30s)；

④放料时间：料门打开后 X 秒关拌缸门(X,0～99s可设定，推荐值8s)；

⑤烟气温度上限：烟气温度大于上限时打开冷风门；

⑥烟气温度下限：烟气温度小于下限时关闭冷风门。

3)沥青搅拌设备控制系统的数据管理

沥青搅拌设备的生产数据可保存多年，每拌一缸的数据都将保存下来，主要保存的生产数据有1号集料、2号集料、3号集料、4号集料、矿粉、回收粉、沥青的设定配料量和实际配料量、集料温度、当日总生产量等。在计算机上可查询打印任何时候的生产数据，只需输入年、月、日时，就可打印出该一小时的生产数据。如果当时未拌料，则打印机会送出一张空白纸。

实现这一功能使用两种方法：

(1)在VB编程软件中使用数据控件来实现

(2)在RSVIEW32 WORKS组态软件中保存数据，使用FOX PRO编程软件设计一个人机界面，使用ODBC技术实现数据的管理和操作。

4)计量系统的调试及工作过程

(1)调零

各种计量斗的自重在称量显示中都不应出现，在系统正式工作以前，应将其去掉皮重。该操作是由操作人员在“校称”前调整重量显示，使其回零，并使其稳定。

(2)校称

每台新的沥青搅拌设备安装完毕后，或经过一段时间使用以后，都要对计量系统进行准确性的校准，称为“校称”。具体方法是用标准砝码对各个计量系统(集料、粉料、沥青)逐步加载，在计算机上相应的计量显示器上显示出对应的数量值，两者应该吻合或偏差小，若不吻合或者偏差超过规定的误差范围，则应予调整。注意在加载荷过程中要逐步增加并与显示值对照，最后所加载荷重量不能小于其额定载荷的 80%。只有这样才能保证其级配精度。

(3)自动计量过程

①物料量的设定

首先根据道路施工要求确定混合料的级配和油石比要求，然后再根据每锅混合料的重量换算出各种规格料、粉料及沥青的重量，分别输入计算机。

在完成上述步骤后，且热料仓也贮存足够数量的物料时，即可进行自动计量。

②集料的计量

当计量系统处于“自动”状态时，自动计量过程就开始。一号热料仓放料门的气缸在程控器的指令下打开，一号料就放入集料计量斗，此时，计算机上集料计量显示从“0”开始增加，当数字增加到设定的第一种规格物料要求的数量时，程控器发出指令，电磁阀动作，一号放料门气缸工作，将该仓放料门关闭，一号料停止排放。同时，二号料门控制电磁阀门工作，二号料门控制气缸动作，打开二号料放料门，二号料放入集料计量斗，此时集料称量显示的数字继续增加。此时显示的数字为一号料和二号料的数字和，当数字达到预先设定的数量要求时，程控器再次发出指示，二号料门电磁阀工作，气缸复位，料门关闭，二号料停止排放，完成二号料的称量。另外，要注意的是：二号料在进入集料计量斗时，是进入被隔板隔开的另一位置仓体，和一号料不相混合，这是为了以后在放入搅拌器时，大集料和砂料有一个时间差的要求而设置的，这样可以获得良好的拌和效果。

三号和四号料均按上述的工作原理在程控器的指示下，按部就班地完成整个计量过程。

当 4 种规格的料全部计量完毕后，程控器再次发出指示，控制计量斗放料门气缸的电磁阀动作，计量斗放料门气缸工作。1 号料门打开的同时，沥青计量斗门打开，已称好的沥青加入搅拌器内一起进行拌和，约 5min 后，粉料计量斗打开，粉料放入搅拌锅内，均匀地裹覆在已粘有沥青的集料上，作为填充料，再进行拌和，至少 16s 后，完成一次搅拌成品料的拌和过程。

③沥青的计量

按工程需要的油石比计算出每锅料的沥青需要量输入程控器，程控器发出指示，沥青三通阀的控制电磁阀及气缸工作，将三通阀转向计量位置，即沥青流向沥青计量斗。此时沥青显示的数字从“0”开始增加，当沥青的重量达到预先设定的要求值时，程控器发出指示，电磁阀再次动作，使沥青三通阀的气缸再次工作，将三通阀转向“回流”位置，此时流向称量斗的通道关闭，沥青经三通阀、回流管流向沥青保温罐，完成一次沥青计量。在集料计量斗放料门第二个动作开始的同时，转阀转到“开”的位置，延时 2s，已称量好的沥青就通过沥青排放管放入搅拌器内进行拌和。

④粉料的计量

粉料的供给是通过一个斜置的粉料螺旋给料机提供的。粉料螺旋给料机和粉料罐下面的转阀连锁，只有当粉料螺旋给料机工作时，即向粉料计量斗内供料时，粉料罐内的粉料才能向下供料。如果没有该转阀，则粉料螺旋中的粉料容易堵死，造成粉料螺旋过载而无法向上送料。

粉料转阀的起动时间应落后于粉料螺旋给料机一个时间差，这个时间是可以调整的。

按工程需要的粉料需要量计算出每锅所需要的粉料量，并输入程控器。计量开始时，程控器发出指示，粉料螺旋输送机起动，将粉料送入粉料计量斗，这时，粉料显示的数字从“0”开始增加，当粉料的重量达到所需要的重量时，程控器又发出指示，停止向粉料计量斗送粉。

当沥青计量斗门打开后程控器再次发出指示，粉料计量斗门控制电磁阀动作，使粉料计量斗门控制气缸工作，打开粉料计量斗门，向搅拌器内放粉料。此时所有的集料、沥青、粉料一起进行拌和，整个计量过程完成。

3.3　搅拌设备的验收

搅拌设备应符合下列要求：

(1)设备在标准工况下，能以额定生产率连续工作；

(2)燃油消耗率小于 7kg/t 混合料；

(3)静态、动态计量精度符合 JT/T 270—2002 标准要求；

(4)除尘器林格曼黑度小于Ⅰ级，粉尘在大气中的排放浓度小于 100mg/N·m^3。

3.4　原材料管理

铺筑高等级路面的沥青混合料是由级配良好的集料和一定的沥青含量拌和而成，混合料的质量直接取决于材料的好坏。目前我国工程施工中的材料来源很复杂，因此对材料的检验和管理十分重要。

沥青是一种黏稠胶结材料，使用时每批沥青均应按《公路沥青路面施工技术规范》(JTG F40—2004)中表 4.2.1-2 进行检验，不同来源的沥青要分别存放，不能混杂，其贮存温度在施工期不高于 170℃，不低于 150℃，长期存放时应在 80～90℃下进行，应采取措施防止沥青污染。

集料随来源和加工方法不同差异很大，不同来源或每批次的集料均应按《公路沥青路面施工技术规范》(JTG F40—2004)中表 4.8.2 进行检验，并要注意集料的堆放、铲运和取样。

对不同来源，不同规格的集料应分别堆放，防止不同规格料混杂，堆放时应避免发生离析。混合料一旦发生离析，使铺出的路面结构和组织发生变化，严重影响路面压实度、平整度与使用寿命，这是路面早期破坏的主要原因。减小离析要从材料管理上开始控制。各种规格料应分层堆放，每层厚度不应超过 1m，这样可以减小由于粒径的差别造成的离析现象。

在进行集料检验时，取样方法十分重要。由于不可能对整堆材料进行分析检验，因此要求取样具有代表性，取样应分从粒堆的上、中、下进行，且不要在同一条线上取样，取样点上方应使用挡板，以防止上面的料滚入取样斗内。

集料的堆放场地应洁净坚实，以利于排水。对细集料要求有防雨措施，因为细集料的含水率变化很大，最高可达 10%以上。集料含水率高会影响搅拌设备干燥筒的烘干能力，使燃油消耗量增加，在标准状态下，集料平均含水率每增加 1%，燃油消耗量增加约 10%。

矿粉在使用过程中，首先应按JTG F40—2004《公路沥青路面施工技术规范》中表4.10.1进行检验，矿粉堆放时一定要避免雨淋和湿潮，否则矿粉会结块变硬而不能使用。

3.5 沥青混合料的拌制

首先对工程中使用的集料分别进行筛分，确定每种规格料的粒径分布，根据设计级配的要求确定每种规格料的比例与不同的沥青用量进行混合，做成试件进行马歇尔试验，以确定最佳沥青用量。在计算过程中应特别重视4.75mm、2.36mm、0.075mm筛孔的通过百分率，以接近中值为宜。用此试验确定的矿料级配及沥青用量作为目标配合比，并据此作为沥青搅拌设备冷料供给调整的依据。

在目标配合比确定之后，应根据级配类型和各种规格矿料的级配情况，选择各层振动筛筛网尺寸，使设备在连续工作时，各热料仓中的材料比较均衡。在生产混合料之前应对各冷料仓不同带速下产量进行标定以准确确定表显流量与实际流量的对应关系。开机运转后对各热料仓中的热料分别取样进行筛分，然后确定符合级配要求的各仓的下料比例，并进行马歇尔试验，求出最佳沥青含量以确定生产配合比。

搅拌设备是由多个子系统组成的联合作业机组，系统之间有着合理的匹配关系，对各个分系统的调整应建立在发挥整台设备综合效益的基础上，要求设备的生产能力在额定生产率附近工作。

依据由目标配合比确定的各种规格料的供料比例，根据冷料给料器的标定曲线。选择合理的设定流量，在生产过程中观察热料仓的料位变化情况。与缺料的热料仓对应的冷料仓供料量应加大，而与溢料的热料仓对应的冷料供给量相应减小。应进行反复调整、以期设备连续稳定运行。

干燥筒是搅拌设备的重要组成部分，其主要功能是将集料加热到规定的温度，并排出材料中的水分。一般集料加热温度设定值应高于混合料要求出料温度10～15℃，在采用温度自动控制时集料出料温度偏差可控制在±0.8℃以内。冷集料的含水率≤5%时，热集料的残余含水率应控制在0.1%以内，当冷集料含水率＞5%时应降低产量，以确保残余含水率不至过高。

干燥筒的排气温度一般应调整在115～165℃之间，最高不超过200℃，排气温度过高不仅增大了燃油消耗率，而且会影响价格昂贵的袋式除尘器中的过滤袋的寿命。排气温度不得低于115℃，否则除尘器中会结露，使尘土结在过滤袋上，减小气流通过面积，增大了风机负荷。

搅拌设备的计量系统应计量准确，在设备调试过程中进行标定，其静态计量精度：集料≤±0.5%、粉料≤±0.5%、沥青≤±0.25%。设备正常作业时有落差和冲量等影响，动态计量精度：集料≤±2.5%、粉料≤±2.5%、沥青≤±2.0%。

搅拌器是整台设备的关键部分，在确定的充盈率和拌桨转速下应确定一个合理的拌和时间以保证混合料拌和均匀。

3.5.1 冷料仓流量的确定

沥青混合料搅拌设备通常设有4～6个冷料仓，最靠近烘干筒的1号仓装最细集料，依集料粒径从小到大编号，多个冷料仓中不同规格集料的用量比例在目标配合比设计中确定。生产时冷料仓应按设计比例和一定速度向搅拌机供料，即每个冷料仓必须分别保持各自的流速流量，这样才能满足矿料级配和搅拌机生产能力的要求。

各冷料仓的固定流量可根据搅拌机的生产能力(t/h)和目标配合比计算确定。如某搅拌机的生产能力为100t/h，1号仓装有天然砂，在目标配合比中天然砂的用量比例为20%，所拌沥青混合料的沥青用量为5%，则1号仓的固定流量应为100×0.95×0.2=19(t/h)，即1号仓，必须均匀地每小时流出19t。

冷料仓的流量试验，就是要找到流量与集料规格(品种)、出料口开启程度、小皮带转速之间的关系，并用流量关系曲线表示。根据计算的流量，在曲线上查得装有某种规格集料的冷料仓出料口应张开的大小以及小皮带应具备的转速。

在实际生产中，料场进料规格会有变动，含水率也不断变化。这时尚需根据实际情况对冷料仓流量作适当调整，以达到与热料仓供料比相匹配，满足标准级配的要求。细集料含水率变化较大，为保持其相对稳定，宜采取防雨措施。

3.5.2　振动筛筛网的选择

《公路沥青路面施工技术规范》(JTJ 032—94)提供搅拌设备进行二次筛分用的振动筛筛孔与级配曲线用标准筛筛孔(方孔筛)之间的关系如表16-7所示可供选定筛孔时参考。

热料筛分可用振动筛筛孔的等效孔径(单位:mm)　　表16-7

标准筛孔	2.36	4.75	9.5	12	16	19	26.5	31.5	37.5	53
振动筛筛孔	2.5	6	11	15	19	22	30	35	41	60

例如，标称沥青混凝土AC—25的最大粒径是31.5mm，容许粒径大于26.5mm的颗粒5%～10%，热筛分用振动筛的最大筛孔应是35mm；对于标称沥青混凝土AC—16，热料筛分用振动筛的最大筛孔应是22mm；振动筛的最小筛孔通常是2.5mm。

使用间歇式搅拌设备，冷料经烘干筒加热后，提升到振动筛内进行筛分分挡，每挡分别进入各自的热料仓。但由于搅拌塔内的筛子长度有限，更兼有倾角影响，集料不能充分筛分，流进各热料仓的集料不是按照各筛号准确分级。因此还必须从各热料仓中取样进行筛分试验(即二次筛分)，要根据筛分结果再进行矿料配比计算，决定各热料仓的供料比例。

3.5.3　搅拌器拌和时间的确定

搅拌器拌和时间的物理概念为：热集料从计量斗中开始卸料为干拌开始，沥青开始喷射为干拌结束、湿拌开始，搅拌器开门为湿拌结束。干拌时间与湿拌时间之和称拌和时间。拌和时间的确定依据机型的不同和材料的情况而定。间歇式搅拌设备的区别主要在于材料在搅拌器内占活动区的百分比不同。活动区是指搅拌器拌浆所到达的区域减去轴、衬板和浆液的体积。如果材料堆积过满，最上面的材料得不到充分拌和；如果材料太少，搅拌器效率太低。

另外不同规格的混合料，由于拌和难易程度不同(主要是粗细材料的比例、沥青用量的多少以及温度等因素)，一般细集料多则拌和时间长；沥青含量和温度高，拌和时间短。拌和时间越长，拌和均匀性越好；但拌和时间不可过长，时间过长会对混合料质量产生负面影响。因为在搅拌过程中沥青与氧气充分接触而易于老化。

强制间歇式拌和设备的拌和时间为30～60s，其中干拌时间一般为5s，以沥青混合料拌和均匀,所有集料颗粒全部裹覆沥青结合料为度。

3.5.4 搅拌设备的运行

1)搅拌设备运行的注意事项

搅拌设备运行时应注意以下几点:

(1)要求搅拌设备具有自动记录功能,在拌和过程中能逐盘记录沥青和各种集料的用量和温度。集料、沥青用量、温度控制必须满足技术要求。

(2)拌和厂必须设置试验室,配足试验设备和熟悉沥青混合料试验、生产工艺、质量标准的技术人员,并能及时向监理人员提供满意的试验资料。

(3)没有施工配合比通知单和摊铺负责人的指令均不准拌和,雨天也不准拌和。

(4)拌和操作人员无权改变施工配合比。在拌和过程中发现异常时应停机或及时通知搅拌设备技术负责人。

(5)当使用自动操作装置时,操作人员不能采用手动操作。

(6)出厂的沥青混合料应每车签发运料单,记录运料车、质量、出厂时间、出厂温度、混合料类型等,一式三份,一份存拌和厂,二份交摊铺现场,一份交司机。

(7)在搅拌设备运行前,要检查各岗位人员到位情况和设备各个部位情况,确认准备就绪才能启动设备。各个组成部分的启动,应按料流方向顺序进行,待各部分无荷空机运行片刻,确认工作正常时,才开始上料进行负荷运转。

(8)在搅拌设备运行中要经常检查冷料仓中的贮料情况和冷料运输带的运行情况,如果发现各料仓内的贮料严重失衡时,应及时停机,以防满仓或贮料串仓。经常检查振动筛的减振机构,发现有损坏时,要及时更换。贮料仓中的存料要过半后才可开始称量。

(9)搅拌设备在停机前应先停止供给集料,使干燥滚筒空转3~5min,待滚筒内出完余料再停止转动。在筒空转时还应加大喷燃器的风门,尽快驱除筒内的废气,使筒冷却,然后关闭喷燃器的油门和燃油泵的总油门。在停止搅拌前应先停止喷沥青,将进入搅拌器内的余料干拌几分钟后放净,以便刷净搅拌器内的残余沥青。

2)试拌

在拌制一种新配合比的混合料之前,或生产中断一段时间后重新启用,均应根据生产配合比进行试拌。通过试拌及抽样试验确定施工时的质量控制指标。

(1)对间歇式拌和设备,应根据生产配合比的要求确定拌制每盘混合料时各热料仓的出料数量。

(2)沥青混合料应按生产配合比确定的沥青用量进行试拌,试拌后取样进行马歇尔试验和抽提试验,并将其试验值与生产配合比试验结果进行比较,验证沥青用量的合理性,必要时可作适当调整。

(3)确定适宜的拌和时间。在30~60s范围内进行试拌,其中干拌时间不得少于5s,以沥青混合料拌和均匀,所有矿料颗粒全部裹覆沥青结合料为度,从而确定合适的拌和时间。

(4)确定适宜的拌和及出厂温度。控制沥青混合料拌和及出厂温度是混合料质量控制的关键环节之一,应根据不同的沥青品种和不同的沥青混合料确定拌和及出厂温度,使符合《公路沥青路面施工技术规范》的要求。

3)拌制

根据配料单进料,严格控制各种材料用量及其加热温度。拌和后的沥青混合料应均匀一致无花白、无离析和结团成块等现象。每班抽样做沥青混合料性能、矿料级配组成和沥青用量检验。每班拌和结束时,清洁拌和设备,放空管道中的沥青。做好各项检查记录,不符合技术要求的沥青混合料禁止出厂。

在实际施工中,每天提前一定时间(如 1h)开始拌和,使混合料贮于拌和设备的贮料仓中,以防止施工中由于拌和设备的小故障而导致摊铺机停机。

3.5.5 SMA 混合料拌制

对 SMA 混合料来说,与普通热拌沥青混合料有以下不同之处:

(1)施工温度不同,SMA 路面正常施工温度如表 16-8 所示:

SMA 路面的正常施工温度范围(单位:℃) 表 16-8

工　序	不使用改性沥青	使用改性沥青			测量部位
		SBS 类	SBR 类	EVA、PE 类	
沥青加热温度	150～160	160～165	160～165	150～160	沥青加热罐
集料加热温度	185～195	190～200	200～210	180～190	热料提升斗
SMA 混合料出厂温度	160～170	175～185	175～185	170～180	运料车
混合料最高温度(废弃温度)	195	不高于 195			运料车
混合料贮存温度	降低不超过 10				贮料仓及运料车
摊铺温度	不低于 150	不低于 160			推铺机
初压温度	不低于 140	不低于 150			碾压层内部
复压温度	不低于 120	不低于 130			碾压层内部
终压温度	不低于 110	不低于 120			碾压层内部
开放交通温度	不低于 50	不低于 60			路面内部或表面

(2)SMA 与普通密级配沥青混凝土最大不同之处是 SMA 为间断级配,粗集料粒径单一量多,细集料很少,矿粉用量多,这给混合料的拌和带来不少困难。为此应该在料斗、料仓安排上下功夫。首先是冷料仓,粗集料数量多,一个料斗经常不够,可能会发生冷料仓数量不够等问题。热料仓也有类似问题,如果按照通常的方法设置振动筛和热料仓,将会发生粗集料仓经常不足(亏料),而细集料经常溢仓的不正常情况,因此应合理安排冷仓的配置。

(3)SMA 所需的细集料数量很少,太少的细集料使冷料仓的开启成为困难,开口只能很小,稍大一些就会过量;如果细集料因下雨受潮,则可能出现无法下料的现象。为此必须使细集料(尤其是石屑)始终保持干燥状态,不可露天堆放。

(4)SMA 的矿粉需要比一般热拌沥青混合料要增加 2 倍,一个螺旋输送器往往来不及供料,要在矿粉设备及人力安排上特别注意。

(5)从原则上讲,SMA 不能使用回收粉尘,回收粉尘必须废弃。

(6)SMA 必须使用纤维。近几年来,我国铺筑的一些 SMA 工程,基本上是人工将纤维投入搅拌锅内，颗粒纤维采用一个容器定量投入；松散纤维必须预先加工成塑料小包，每拌和一锅投入一包或二包。纤维必须在粗集料放料的同时投入，利用粗集料拌和的打击力将纤维打散。由于改性沥青 SMA 材料较难拌和均匀，因而需要更长的拌和时间。最佳的拌和时间与所用改性剂和纤维的种类、数量、沥青的用量、集料的级配以及温度等多种因素有关，需要通过试拌来确定。一般认为比常规热沥青混合料干拌和湿拌时间应增加 5～10s。根据经验，干拌时间不宜低于 8s，湿拌不宜低于 45s。

(7)SMA 混合料拌和以后，不能贮存太长时间，否则混合料表面将会结成硬壳，而且，会发生沥青的析漏。因此，一般规定了 SMA 混合料的贮存都不能过夜，即当天拌和的料必须当天使用完。

3.6 沥青混合料拌和质量管理和检测

3.6.1 质量管理

沥青混合料拌和质量的管理着重于原材料质量、材料配合比和计量的准确性、温度控制和拌和时间控制等几个方面。

(1)原材料质量：各种粗细集料的质量均需符合材料设计要求的规定，集料的含水率大时，烘干时间就需相应延长。

(2)配合比的计量：各种粗细集料的冷料仓都要按事先确定的配合比供料，在拌和机开始试生产之前必须请计量部门为各个计量装置进行检查和标定，以确保计量正确。在拌和生产过程中要经常注意冷料仓供料是否正常和热料仓受料和供料是否均衡。如发现异常现象，应及时分析研究并进行调整。

(3)温度控制：沥青混合料生产的每个环节都必须特别强调温度控制，沥青、集料的加热温度和沥青混合料的出厂温度应根据沥青品种、标号、黏度、气候条件和铺筑层的厚度确定，沥青的针入度小、黏度大、气温低、铺筑层薄时采用高限。沥青材料应采用导热油加热。集料和沥青都要加热到规定的温度，不能过高或过低。

(4)拌和时间控制：沥青混合料拌和时间应以混合料拌和均匀，所有矿料颗粒全部裹覆沥青结合料为度，并经试拌确定。

3.6.2 拌和质量检测

1)外观检查

在运料车装料和运至摊铺工地过程中，仔细的目测有可能发现混合料中存在的某些严重问题：

(1)如料车装载的混合料中冒黄烟，往往表明混合料的温度过高。

(2)如果混合料在料车中容易坍平(不易堆积)，则可能是因为沥青过量或矿料湿度过大。

(3)如运料车上的沥青混合料能够堆积很高则说明混合料温度偏低或沥青含量过低。

(4)如出现花白料则可能是矿料温度偏低，拌和时间偏短或除尘不理想，无形中造成填充料数量偏多，这时，需根据经检查确定的原因采取措施。

(5)沥青混合料枯料：其原因可能是原材料中细集料的含水率过大，造成在烘干筒中当细集料加热温度达到规定值时，粗集料的温度则已大大超过了规定值，这时，需控制集料进入烘干筒之前的含水率，不允许使用含水率大于7%的细集料。

(6)拌制的沥青混合料没有色泽：其原因是沥青加热温度偏高，造成沥青老化，这时，应根据沥青品种，严格控制沥青加热温度。

(7)混合料颗粒发生明显变化：出现该现象的原因可能是冷料颗粒组成发生了较大变化或振动筛筛网上热料过多，来不及正常筛分就直接进入热料仓。

2)温度测试

沥青混合料的温度通常在运料车上量测，较理想的方法是使用有度盘和铠装枢轴的温度计，将枢轴从车箱一侧的预留孔中插入混合料中至少15cm，混合料直接与枢轴接触，即可测出料温，另一种测量方法是使用枪式红外温度计，这是一种测量表面温度的仪器，由于它仅能测出混合料表面温度，因此应在混合料从拌和机或储料斗出料口卸出时测定，才能迅速获得全面的数据。红外测温仪在使用时应经常校准。

3)沥青混合料取样和测试

取样和测试的主要目的是及时发现问题并纠正解决，以保证沥青混合料的质量，并作为指导后续生产的依据。

取样和测试程序及要求一般在施工合同规范中规定，主要包括抽样频率、规格、位置和试验项目等。取样和测试要严格遵循取样和测试程序，确保所取样品和试验结果能够反映整批混合料的质量和特性。测试的主要内容是马歇尔试验稳定度、流值、空隙率、饱和度、沥青抽提试验、抽提后的矿料筛分试验，必要时进行残留稳定度试验。

测试频率目前尚无统一规定，有些地方的施工合同规范规定每台班或每班次从沥青混合料搅拌机中抽样制备3组试件，一般是在开盘后、每台班中间和终盘前各制备一组，或每250t混合料不少于一组，进行上述内容的测试，并于6h内将提出试验报告。某些高速公路施工工地生产期间每天上午和下午各做一至二次抽提和筛分试验，将每次抽提和筛分试验结果及时填入汇总表中，便于分析沥青混合料的颗粒组成是否在规定的级配范围之内，必要时需及时进行调整。

《公路沥青路面施工技术规范》(JTG F40—2004)规定不同筛孔尺寸通过质量百分率以及沥青用量的容许误差列于表16-9中。

矿料级配和沥青用量允许偏差表 表16-9

项目			允许偏差	
矿料级配	方孔筛(mm)	圆孔筛(mm)	高速公路	一般公路
	0.075	0.075	±2%	±2%
	≤2.36	≤2.50	±6%	±7%
	≥4.75	≥5.0	±7%	±8%
油石比			±0.3%	±0.5%

在实际工程中，特别是高速公路上，矿料级配允许偏差的控制一般均比《公路沥青路面施工技术规范》(JTG F40—2004)严格得多，可参照有关招标文件。

上述容许误差指抽样筛分结果与混合料生产配合比集料的组成相比的误差，如果误差超出容许范围，需要对供料比例进行调整。

3.7 沥青搅拌设备的操作规程

3.7.1 作业前的准备

(1)电动机部分，按通用操作规程的有关规定执行。

(2)清理现场，检查各部位防护装置是否安全可靠，防火用具是否齐全、有效。

(3)检查各部件是否完好，各传动部件有无松动，各部连接螺栓是否坚固可靠。

(4)检查各润滑点润滑油、润滑脂是否充足，减速器内油面是否适当，气动系统的专用油油量是否正常。

(5)检查集料矿粉、沥青、燃料及水的数量、质量或规格及其他技术参数是否达到生产的要求。

(6)检查导热油加热装置，根据不同季节和生产需要，提前将导热油加热至规定温度。

(7)检查振动筛筛网面有无石子、杂物堵塞及破损，并根据生产要求确定是否更换筛网规格。

(8)检查钢丝绳是否完好、成品料斗在轨道上的位置是否正确、行程及限位开关是否灵敏可靠。

(9)检查电源是否符合设备额定电压及频率的要求，偏差不允许大于±5%。

(10)检查各部开关、接触器、继电器、电动机、电缆等电器部件是否正常。

(11)检查并启动空压机，使之达到工作气压。

(12)检查各料仓斗门位置是否正确、开关是否灵活、料位指示是否有效。

(13)检查热料提升机、热集料储仓、搅拌器，将存料全部排净，然后使各门处于关闭状态。

(14)检查各部仪表、微机操作系统是否正常，计量装置是否准确可靠，设定的级配和油石比是否符合工程要求。

(15)检查沥青供给系统及沥青温度，确认正常后开启沥青泵，使其自行循环。

(16)检查传动链条的连接和张紧度，传动皮带的松紧度及磨损、偏磨情况，输送皮带有无跑偏现象。

(17)检查供给系统是否畅通，是否有漏水、漏气、漏油、漏沥青、漏料现象。

3.7.2 作业中的要求

(1)巡视人员检查完毕，确认正常后，工作人员就位。

(2)各部就绪后，按顺序启动并使整机空转，巡视人员检查有无异常，将结果及时反馈给操作人员。

(3)点火用的液化气装置必须有减压阀和压力表。打开阀门，进行点火。点火失败后应充分通风后再点火。点燃后，关闭总阀门。

(4)点火正常后，观察除尘器工作是否正常，保证烘干滚筒在正常负压下燃烧。

(5)烘干滚筒达到一定温度后，方可投料生产，观察实际供料量是否与设定值相符。

(6)根据生产要求，调整燃烧火焰及供料量，稳定后再转入自动控制。

(7)用手动计量配料进行试拌，待工作正常后转入自动控制，及时取样送检。

(8)经常查看冷料供料、仪表显示、热集料储仓料位等情况，并及时调整。

(9)定时在成品料提升斗内喷入雾状清洗油，以免沥青黏附在斗壁上。

(10)操作人员必须了解运输车辆的载重吨位，卸料应保证车辆满载，避免撒漏。

(11)定时巡视检查，发现异常及时采取措施。

(12)操作人员在生产中应经常观察室内外情况，与各岗位人员密切联系，确保设备正常运行和人身安全。

(13)紧急停车按钮只能在紧急情况下使用，严禁用它作为正常停机按钮。一旦使用后再启动时，一定要注意启动顺序。

(14)当电机出现过载引起保护装置动作时，一定要查明原因，排除故障后方可重新投入运转。

3.7.3　作业后的要求

(1)停止供料，逐渐关闭燃烧器，用热细料洗刷搅拌器，排净烘干滚筒至搅拌器内的热料。

(2)除干燥滚筒、鼓风机、除尘系统(包括引风机)外，按启动顺序的反顺序关机。关机后，清除皮带上的残余粒料、除尘器内积物。

(3)干燥滚筒温度降至45～50℃时，停止干燥滚筒、鼓风机、除尘系统的运转，切断操作室总电源，清理现场卫生。

(4)按设备使用说明进行列保作业。

3.7.4　沥青搅拌设备的故障与排除

沥青混合料拌和中搅拌设备可能出现的问题及原因见表16-10。

搅拌设备可能出现的问题及原因　　　表16-10

故障现象	故障原因与排除
1.冷料供给系统 (1)皮带跑偏； (2)给料不畅	调节张紧螺杆，调节跑偏一侧螺杆； 调节皮带下托滚的轴端支座； 料斗内有大料或异物； 放料门开度不合适； 砂仓仓壁振动器工作不正常
2.干燥滚筒 滚筒窜动	调节支撑滚轮和止推滚轮
3.燃烧系统 (1)点火失败； (2)生产中燃烧器熄火	伺服电机未处全闭状态； 温度调节计指示值大于设定值； 点火电极不起作用； 丙烧气压力过低； 光电管表面有污尘； 燃料中水分过大或燃油量不足； 喷嘴口堵塞或风量过大

续上表

故障现象	故障原因与排除
4.热集料提升机 (1)提料斗损坏; (2)料斗倾斜; (3)链条跑偏	机内有异物; 料斗磨损; 链轮轴组装倾斜; 调节链条松紧度
5.振动筛 (1)振动轴轴承温升高; (2)工作时有异声; (3)热集料窜仓	加注润滑油; 检查筛网压板; 筛网损坏
6.热集料储仓 热集料溢料或供料不足	料位器失效
7.计量系统 (1)计量的量不稳定; (2)卸料不动作; (3)放料门夹料或漏料; (4)放料门开关失灵	热集料仓的量不稳定; 计量斗和其他装置有接触; 称重传感器刀口有异物; 卸料门漏料; 称重传感器失效; 放料门未打开,限位开关不动作; 放料门间隙不当; 料门磨损; 气缸行程不到位; 空压机压力下降,气路泄漏; 气缸活塞杆调整不良; 电磁阀失效; 料门变形
8.搅拌器 (1)不能起动; (2)起动后跳闸; (3)卸料门工作不正常	电路故障; 粘锅或异物卡阻; 粘锅有卡料等
9.布袋除尘器 (1)压差计示值过高; (2)压缩空气的量不足; (3)粉尘泄漏; (4)温度高,布袋堵塞	布袋积尘过多,减少冷料供给; 用压缩空气彻底清除灰尘; 空气过滤器堵塞; 气路中有水分,冬季阀易结冰; 布袋破损或烧损; 吹入干燥空气

3.7.5 电气控制系统故障与排除

(1)电气的熔断丝容易烧断,应多备备品。

(2)阀门不能打开,则检查中间继电器是否损坏,线路是否有问题,机械是否卡死。

(3)反吹机构自动控制不正常,则检查反吹到位的开关信号是否有问题。

(4)温度测量不准确,应检查一体化温度变送器及24V直流电源是否损坏,并予更换。

(5)计量不准确,主要由以下几种原因引起:设定计量参数时未消除计量斗自重,线路有问题，传感器、变送器损坏。如系长期停用后第一次使用，则需重新标定。

(6)搅拌器下面的接近开关、小车的接近开关安装要合理。距离在8～10mm之间，如离得太近，极易受撞击损坏，应有备件。

(7)电子秤传感器灵敏度较高，切忌在其附近进行电焊作业。万不得已时，应关闭控制电源、电脑，并且用电线短接在传感器两头或拆下传感器。

(8)为确保工作正常，不得任意在电器柜里乱拉电线。

(9)电脑是整个系统的关键，要仔细谨慎地操作。切忌在电脑中装一些无用的软件。非专业人员严禁乱动电脑的软件，若电脑出故障应及时通知厂家。

(10)稳压电源是保证电脑工作电压的稳定，其熔断丝有时也会烧坏，应有备件。

(11)大功率电机，如引风机、搅拌器电机等其接线端子的螺丝一定要拧紧，并应定期检查，以免松动引起烧毁端子。

(12)开机过程中，若经常出现跳闸情况，则说明有地方漏电，应及时检查，排除故障。

3.8　导热油供给系统操作规程

为了确保导热油供给系统长期稳定安全运行，必须建立必要的管理制度和安全运行操作规程。

3.8.1　准备

(1)检查所有设备系统是否处于良好状态，无泄漏情况。

(2)检查所有传动部位润滑油润滑脂是否充足。

(3)检查电气仪表是否处于良好状态。

(4)检查膨胀槽导热油液位是否正常。

(5)检查除尘器积灰并清理干净。

(6)检查引风机冷却情况。

(7)调节有关阀门，导热油主循环系统畅通，准备点火开炉。

(8)检查各配套附机有无故障，安全保护装置是否有效。

(9)做好清洁卫生工作。

3.8.2　启动、点火、升温

加热炉及其工艺系统经全面检查无故障后，方可进行点火升温。

1)燃油炉的启动

(1)启动热油循环泵，检查烟道防爆门开启是否灵活，打开烟道蝶阀。

(2)检查各温度、压力、压差等参数是否正常。

(3)调节燃油管路阀门，启动燃油泵，检查油压是否正常稳定。

(4)调节导热油温度表的设定。

(5)启动燃烧器，稳定燃烧无浓烟。

2)升温

加热炉应缓慢升温至工艺温度，升温过程中应无漏油现象，设备运转应正常，压力压差应正常。

3)运行

(1)正常运行工况标志

燃油炉正常燃烧时，各温度、压力、压差正常稳定，炉膛火焰呈亮黄色稳定燃烧，烟囱无明显黑烟和白烟，燃烧稳定自动温控负荷调节动作正确可靠。

(2)运行中注意事项

①正常运行时，应巡回检查各有关设备及其工艺系统工况是否良好，其噪声、振动、冷却、润滑情况是否正常。

②随时注意观察各温度、压力、压差等工况参数是否正常稳定，排烟温度不宜过高。

③随时做好操作运行记录。

④根据用热负荷大小调节燃烧量(油气炉自动调节)，油、气炉可通过大小火来调节负荷。

4)正常停炉操作

燃油炉停炉操作步骤如下：

(1)关闭燃烧器。

(2)关闭燃油供应泵。

(3)关闭燃油阀，必要时可将燃烧器翻开，以便自然冷却，防止过热而损坏。

(4)待热油温度降至150℃以下方可停止热油循环泵。

(5)关闭总电源。

(6)做好现场环境卫生工作。

(7)做好交接班记录。

5)紧急停炉

(1)燃油炉紧急停炉操作

①燃油炉紧急停炉时，首先关闭燃烧器。

②关闭燃油供应泵。

③关闭燃油供应阀。

④尽量保持热油泵运转。

⑤如遇突然停电或热油循环泵发生故障，且导热油温度较高时，可冷油置换方法进行操作，但一般情况下，导热油温度不再继续上升就不需冷油置换。

(2)紧急停炉有关注意事项

①紧急停炉时，应尽可能保持热油循环泵运转，如遇停电，热油泵故障或漏油情况例外。

②膨胀槽应有足够的高度和油量，才有足够的冷油置换能力，满足冷油置换需要。

③贮油槽正常运行时不宜多存油，以便随时可接受系统排出的导热油。

④当恢复供电或重新开炉时，应重新注油、脱水、排气，待导热油循环正常，温度、温差、压力、压差稳定后缓慢升温。

6)临时停炉

燃油加热炉临时停炉操作，步骤如下：

(1)关闭燃烧器。

(2)关闭燃油供应泵。

(3)热油循环泵继续保持运转。

7)长时间停炉

燃油加热炉长时间停炉操作步骤如下：

(1)燃油加热炉如遇停产需长时间停炉，除了正常停炉操作外，还应做好设备维护保养工作。

(2)排出系统中的导热油，用油桶封装编号入库。

(3)排出系统中的燃料油。

(4)切断总电源。

(5)对重要部件，传动机构进行防锈、防腐处理。

(6)对易丢失的零部件妥善保管并做好记录。

(7)对有关工具妥善保管并做好记录。

(8)将燃烧器拆下清洗干净，防锈处理，包装入库。

8)安全操作注意事项

(1)紧急停电处理

当设备运行时，如果突然发生停电，则热油循环泵停止运转，导热油停止流动，炉管中的导热油可能因超温过热而发生裂解变质、结焦甚至烧穿炉管造成火灾，因此必须认真对待。

①如果加热炉工作温度较低，则停炉即可。

②如果是计划停电，应预先停炉降温。

③如果是意外停电，则应尽快恢复供电。

④如果经常停电可采用双电源供电。

⑤如果无双电源，可采用自发电。

⑥如果无自发电，可采用柴油机驱动备用泵，保持导热油循环。

⑦如果以上条件都不具备，应采取紧急停炉，和冷油置换。冷油置换时应根据油温控制导热油置换的流量和时间。

(2)安全注意事项

导热油供给系统的使用安全是十分重要的，否则使用不当易发生事故，千万不可自行其是，首次使用时须请生产厂家派员指导，作业过程中必须严格按操作规程进行操作。

①根据各用户具体情况，建立必要的安全操作规程和设备运行管理制度，设备运行台账，运行记录，维修记录，交接班记录。

②排除导热油漏油现象，防止事故隐患。

③配备必要的油电类消防灭火器材。

④导热油最高工作温度不得超过其许用温度。

⑤加热炉运行时，必须保护导热油不断流动。

⑥膨胀槽、贮油槽不得参与系统试压。

⑦贮油槽放空口不得装阀门。

⑧停炉时，必须待导热油温度降至100℃以下时方可停热油泵(燃油、燃气炉降到150℃)。

⑨燃油炉、燃气炉点火时，如果一次点不着火，必须重新吹扫炉膛后方可再次点火。严禁燃油或燃气泄漏。

⑩安全阀必须采用封闭式安全阀。

⑪首次升温或换油、补充新油后重新升温时，应注意排气、脱水缓慢升温，应避免高温状态向系统添加新油。

⑫高温状态避免向外界排放导热油，必要时应采取冷却降温措施。

⑬未经脱水的导热油及其管道、阀门等不得在高温下切换，以免造成事故。

3.8.3 导热油供给系统故障与排除

1)循环系统故障与排除

循环系统故障与排除方法见表16-11。

故障原因及排除方法 表16-11

故障现象	故障原因	排除方法
循环系统管内发出汽锤声，炉进出口压力表大幅度波动，高位槽排汽口冒气	1. 补充新油时混入水分或其他物质。 2. 用热设备的介质混入系统导热油内。 3. 导热油分解	1. 对系统重新煮油、排气。 2. 查到漏点，处理好后，重新排气。 3. 降低温度，更换导热油
加热炉进出口温差过大	1. 热油循环泵供油量下降。 2. 超负荷运行。 3. 导热油变质。 4. 管线及用热设备保温不良	1. 检查过滤器。 2. 减少用热设备。 3. 更换导热油。 4. 重新保温
膨胀槽低液位报警	1. 管路系统脱气后未补充导热油。 2. 管路系统漏油。	1. 补充新油。 2. 排除漏油点后补油
导热油流量低于额定值(低压差报警)	1. 循环泵吸空。 2. 导热油管路中含气(汽)。 3. 管道阻力增大	1. 消除油泵及管路缺陷。 2. 煮油脱气。 3. 清洗过滤器
高位槽导热油温度较高，超出正常值	1. 循环管线通向高位槽的辅助排汽阀门未关死或内漏，造成高位槽的导热油参加循环。 2. 系统内存有气(汽)，从膨胀补偿管道内排出。 3. 安装或设备布置不当，高位槽与用热设备循环管线的位差小于规定值。 4. 导热油质量不好，低挥发物质多。 5. 膨胀管热对流	1. 关闭辅助排汽阀门或更换内漏的阀门，用手触摸该管线应是常温。 2. 待汽(气)排净后温度会恢复正常。 3. 重新布置设备。 4. 更换油品。 5. 膨胀管不应保温，膨胀管的安装角度应合理(应倾斜30℃)，其高度应符合要求
用热设备离炉近或位置低的可以加热，而离炉远或位置较高的则无法加热	1. 导热油的流量分配不合理。 2. 泵的扬程不够，使较远或较高的设备得不到充足的热油	1. 合理调整用热设备阀门开闭程度，适当关小靠炉近的，开大离炉远的进出油阀门。 2. 增加接力泵，或改选扬程较高的泵

2)燃油和燃气炉燃烧系统故障与排除

燃油和燃气炉燃烧系统故障与排除方法见表16-12。

燃油和燃气炉燃烧系统故障原因与排除方法 表16-12

故障现象	故障原因	排除方法
点火棒没有火花放电	1. 点火棒间隙挟有炭渣。 2. 点火棒裂损、潮湿、漏电。 3. 点火棒间隙大宽或无间隙。 4. 点火棒固定太向前，碰到旋风盘。 5. 点火变压器故障	1. 清除积炭。 2. 换新品。 3. 调整间隙在4～5mm。 4. 调整距旋风盘0～10mm之间。 5. 换新品
点火棒有火花但点不着火	1. 旋风盘通风间隙缝被积炭堵塞，通风不良。 2. 油嘴不洁，堵塞或磨损。 3. 风门角度设定太大，被风吹熄。 4. 点火棒尖端距油嘴前缘距离不当，(太突出或太内缩)。 5. 第一电磁阀被阻塞。 6. 油质太黏，流动不易或过滤系统阻塞或油阀未开，使油泵吸油不足，送不出油压。 7. 油泵本身滤网堵塞。 8. 油泵磨损无压力。 9. 油质不对或油内含有水分	1. 清洁旋风盘。 2. 清洗油嘴或换新品。 3. 逐步减小风门角度。 4. 调整距油嘴前缘3～4mm。 5. 拆开清洗电磁阀。 6. 检查滤网及油管保温和油品。 7. 拆开油泵小心取下滤网清洗。 8. 更换油泵。 9. 更换新油
着火约10s又熄灭(第二道火尚未开)	1. 电眼脏或损坏，监视不正常。 2. 油嘴脏，磨损严重。 3. 风门太小或烟道调节关闭	1. 清洁或更换新品。 2. 清洁或更换。 3. 调整风门
第一道火正常，而变为第二道火时就熄灭，或火焰闪烁不稳而回火熄灭	1. 第二道火的风门设定太大。 2. 第二道火的油阀微动开关(风门最外一组)设定不适当(设定得比第二道火的风门量还大)。 3. 第一道油嘴脏损。 4. 油质黏度太高不易雾化。 5. 旋风盘与油嘴距离不当。 6. 第二道油嘴脏损。 7. 燃油加热温度过高有蒸汽，油泵送油不顺。 8. 油质有水分	1. 逐步减小试调。 2. 设定值应比第一道风门(凸轮开关从外向内数第二组)大5°～10°左右，(不可两组相同角度，或第一组小于第二组)。 3. 清洗或更换新品。 4. 更换油品。 5. 调整至0～10mm之间。 6. 清洗或更换。 7. 降低燃油加热温度至50℃左右。 8. 换油
油泵运转时有“吱吱”异声	1. 入油量不足或本身滤网阻塞。 2. 入油温度过高。 3. 入油温度过低，黏度过高	1. 检查油路阀门、滤网，再清洗油泵滤网。 2. 降低油温。 3. 加温或稀释之
燃烧机在正常压力温度到达时自动停止运转，但熄火指示警报灯亮起	表示炉内的耐火材料被烧红或炉膛内有其他物质在燃烧，使红外线感应电眼(光敏电阻)产生不正常感应所致	检查炉内情况并排除(特别注意是否是炉管漏出导热油在炉膛内燃烧)。

续上表

故障现象	故障原因	排除方法
程控器正常转动而电机均不起动	1. 电动机三相电源未加入。 2. 电机热继电器动作	检修恢复正常
程控器不动作	1. 程控器熔断丝断。 2. 控制电源未加入。 3. 连续线路不通	检修恢复正常
电机转动但风门及程控器停留在0°位置不动	风门印刷电路板上的第四组微动开关(由外向内数第四只)设定不准确(比0°位置还小)或开关接点不良	将此开关凸轮重新设定在5°或10°,看其动作是否正常或换新电路板
一切正常而燃烧机不起动	除了前述电源及连锁线路正常外: 1. 如加热器若不热,则是其温度限制开关(红头)元件跳脱。 2. 加热器有热,则是温控开关失灵	1. 红头元件按下即可复原。 2. 拆下测量换新
只点第一道火时,就冒很大黑烟	1. 第一道火风门设定太小。 2. 油嘴磨损雾化不良。 3. 风门第一组微动开关小于第二组微动开关设定角度,两道油嘴都喷油了	1. 逐步增大试调。 2. 更换油嘴。 3. 应使第一组大于第二组5°~10°
冒黑烟,风门调整太小无效	油嘴磨损不能雾化	换油嘴
冒白烟	1. 风门太大。 2. 渗有水分	1. 调整风门。 2. 改善油质

4　沥青混凝土混合料摊铺技术

4.1　摊铺前的准备工作

4.1.1　准备基层

面层铺筑前必须检查基层质量,视其是否符合技术要求。检查时可用重型压路机碾压以检验基层的密实度,如在压路机后轮下出现沉陷或“弹簧”现象,应加强基层或补充压实,并用弯沉仪进行弯沉测量检验。

基层上深3~5cm的不平整,可以先用沥青混凝土混合料找平,并进行压实。大的坑洼应用与基层相同的材料找补。找补前先清除泥土,挖松再添回新料并压实或夯实。碎石基层可用碎石找补后洒1kg/m^2的热沥青以有助于压实。

在铺筑沥青混凝土混合料之前,应根据有关规范要求检查基层的宽度、厚度、密实度、纵坡和横坡。平整度用3m直尺测量,基层的最大不平整不应超过8~10mm。

沥青混凝土面层必须与基层牢固黏结,故应先将基层表面的尘土清除干净,再喷洒沥青透层,以利于面层与基层的黏结。必要时应采取专门措施以提高基层表面粗糙度。

如果面层铺筑在已变形的旧沥青混凝土面层上，除通常的准备工作外（事先校正形变，喷洒透层沥青），还应填塞旧面层上的全部裂缝，并需填满，以减轻裂缝向面层的反射。沥青不能填得过多，以免过多的沥青进入新铺沥青混凝土面层中。

如果沥青混合料铺筑在旧沥青表面处治层上，特别是沥青表面处治中沥青过多时，应采取措施预防过多的沥青进入新沥青混凝土面层使其质量变坏。措施之一是撒布石灰岩细碎石，以吸引多余的沥青，并采用饱水率接近高限，甚至沥青较小的沥青混凝土混合料。

4.1.2　施工放样

施工放样包括高程测定与平面控制两项内容。高程测定的目的是确定基层或面层下层表面高程与原设计高程相差的确切数值，以使在挂线时纠正到设计值或保证施工厚度。应根据标高值设置挂线标准桩来控制摊铺厚度和标高。对无自控装置的摊铺机，应根据所测高程值和本层应铺厚度综合考虑确定实铺厚度，用适当垫块或定位螺旋调整就位。为便于掌握铺筑宽度和方向，还应放出摊铺的平面轮廓线或设置导向线。

高程放样应考虑基层或面层下层的高程差值（设计值与实际高程值之差）厚度和本层应铺厚度。综合考虑后定出挂线桩顶的高程，并打桩挂线。若基层或面层下层厚度不够时应在本层内加入厚度差并兼顾设计高程；若厚度够而高程低时，应根据设计高程放样；若厚度与高程都超过设计值时，应按本层厚度放样；若厚度和高程都不够时，应按差值大的为标准放样。总之，应兼顾面层总厚度及高程的允许范围值，当二者相矛盾时，应以满足厚度为主放样，放样时计入实测的沥青混凝土混合料松散系数。

4.1.3　沥青混合料摊铺机工前检查

施工前的一般准备工作包括：

（1）做好配套机械设备的准备。

（2）对摊铺机各工作装置检查：调整刮板输送器，料斗闸门，螺旋分料器，使其处于良好工作状态；熨平装置安装调整正确，加热装置工作良好，自动调平装置安装正确，各控制器工作正常；安装好熨平板的安全防护栏和脚踏板。

（3）对摊铺机的动力及传动系统检查：调整发动机使其运转正常，离合器和传动系统工作正常，履带松紧适度，轮胎气压正常，电气系统工作可靠，操纵系统灵活可靠，液压系统工作正常。

（4）作业前，用喷油器向料斗、推辊、刮板输送器、螺旋分料器、行走传动链和振动熨平板等各部喷洒薄层柴油。

（5）合理选择摊铺机的工作速度，螺旋分料器转速。

（6）做好摊铺基准的选择与放样等准备工作。

4.2　沥青混合料摊铺机参数的调整与选择

按工程要求确定并调整摊铺机的摊铺宽度、摊铺厚度和拱度3个基本结构参数。对分料螺旋的离地高度、分料螺旋与熨平板的距离、刮料板的离地高度、振捣器行程进行必要的调整。

4.2.1　熨平板宽度的调整

全路幅一次摊铺时，虽能节约人工和机械，无纵向施工缝，本希望得到平整度好的路面，但实际上易使铺面造成离析和压实度不足，因而宽幅摊铺不宜采用。分路幅多次摊铺，虽有纵向接缝，但只要掌握正确的施工工艺，采用多台摊铺机梯队作业的方式，能得到平整密实的路面。

当路幅较宽（如互通立交处的加宽段），摊铺机的最大摊铺宽度不能一次摊铺时，最好用两台摊铺机同时摊铺，两台摊铺机前后相距 10～20m 为宜，两幅放在一起碾压成型。一般一次铺宽为 8～9m 较适宜。《公路沥青路施工技术规范》（JTG F40—2004）规定：铺筑高速公路、一级公路沥青混合料时，一台摊铺机铺筑宽度不宜超过 6m（双车道）～7.5m（三车道以上）。同时还要注意：上下铺层的纵向接缝应错开 20cm 以上；在纵向接缝处应有一定的重叠量（一般为 2.5～5cm）用人工进行修整；接宽熨平板时必须双侧对称地相应接长螺旋摊铺器和振捣梁，并检查接后熨平板底板的拱度和整体刚度。

4.2.2　熨平板初始工作角/摊铺厚度的调整

在一般摊铺机上，装有手动螺旋调节机械（厚度调节器），调节初始工作角。调整方法是将摊铺机停置于水平路段，操纵升降油缸，放下熨平板并使升降油缸处于浮动状态，在熨平板下面垫长度与熨平板宽度等长、厚度等于摊铺厚度加上虚方量的木块，当旋动左右调节螺杆使熨平板完全座落到木块上为止，这时厚度调节器应处于中立位置（即螺旋正反方向均有手感间隙）。然后根据摊铺厚度大小再向右旋动调节螺杆，使熨平板前缘抬高，形成初始工作角。在摊铺厚度小于 100mm 时，初始工作角通常设定在 0°15′～0°40′之间。

自动调平装置工作的摊铺机，熨平板牵引臂用牵引板上的三组连接孔在较大范围内调整初始工作角，即把初始工作角按不同摊铺厚度分为三级：当摊铺厚度在 0～100mm 时，用初始工作角接近于零的那组连接孔。

液压伸缩熨平板在初始工作角度变化调整后，基本元件和左右伸长件须相应调整其高度，以保证后缘离地高度的一致。但每次调整后需通过实际摊铺，多点检测摊铺厚度是否与设定值相符。一般检测距离不小于 5m。不要在未测得实际厚度值之前，做下次调整。

4.2.3　熨平板拱度的调整

熨平板拱度的调整，须在熨平板宽度调整后进行。用拱度调整机构调整熨平板的拱度，调整的拱度值须与施工要求相符。

具有前后拱结构的摊铺机，前拱应略大于后拱，以利于铺层的表面质量和结构密实度。前拱和后拱的差值应控制得当。前拱过大，易出现铺层两侧疏松、中部紧密、表面易拖出亮痕和纵向条纹；前拱过小或小于后拱，容易出现铺层中部疏松。两侧拖出亮痕和纵向条纹。一般前后拱差值对机械加长式熨平板是 3～5mm，对液压伸缩式熨平板是 2～3mm。

4.2.4　熨平板前缘与分料螺旋距离的调整

现代摊铺机上，熨平板与分料螺旋之间的距离是可调的，其主要目的是为了适应不同摊铺厚度、基层强度、拌和料油石比、集料粒度和拌和温度等变化而进行调整的要求。

调整这一距离的原则是：摊铺厚度在 100mm 以下中粒式或粗粒式拌和料，集料最大粒径 30mm 左右，混合料温度正常时，距离适中；摊铺厚度大，集料粒径大，混合料温度较低时，应增大间距；在软质（如稳定土）稳定层摊铺，摊铺厚度较小，混合料粒径较小时，间距要缩小。

4.2.5 布料螺旋离地高度的调整

目前有些摊铺机的布料螺旋的离地高度可以调整，以适应不同摊铺厚度的需要。较大的离地高度，用于厚层摊铺，较小的离地高度用于薄层摊铺，螺旋离地高度的调整范围通常在0～30cm之间。根据经验，螺旋布料器下沿调至高出铺层10～20mm较理想。

4.2.6 振捣器频率和振幅的调整

正确地选择夯锤振幅及频率，能在不同层厚、不同矿料粒径、不同气温条件下，达到各种要求的密实度标准，甚至可达到最终密实度的要求。

一般情况下，薄层、矿料粒径小时宜选用小振幅，反之，层厚、温度低、矿料粒径大时宜选用大振幅。摊铺面层时只能选用小振幅。一般来说，振幅过大，频率太高，会造成集料压碎、细料上浮和"泛油"现象，振幅太小，频率太低，则初密实度低，不利于压实作业的施工。

4.2.7 熨平板刮料板高度的调整

摊铺机熨平板前缘装有刮料板，对其离地高度要根据铺层厚度和混合料集料粒径大小进行调整，刮料板高度的不同，熨平板前混合料的数量不同，混合料对熨平板工作面的抬升力不同，熨平板工作角的变化将影响摊铺厚度和平整度。所以，刮料板的高度要调整得当。

刮料板高度调整的要求是：在薄层摊铺时，刮料板刃部高出熨平板底面10～15mm为宜，对液压伸缩熨平板，此值应予减小。摊铺厚度增加或混合料粒径较大时，此值应适当加大；摊铺厚度减小，混合料集料粒径小时，此值应适当减小。国外资料介绍的刮料板的下缘高出熨平板底平面的前缘：摊铺厚度4～6cm时，选择7～10mm，摊铺厚度7～10cm时，选择10～13mm是合适的。

4.3 运行参数的确定

4.3.1 工作速度的确定

目前，高等级公路施工所使用的沥青混合料摊铺机，都具有较宽的速度变化范围，可从零到每分钟几十米之间进行无级调节，由于采用液压传动和电控技术，速度一经选定，就能够保持恒定匀速地前进。摊铺机能够满足作业效率和摊铺质量的要求，关键是如何正确地选定作业速度，以加快施工进度和提高摊铺质量。

摊铺机作业速度的选择，主要应考虑的因素是工期要求、质量要求、与之配套的拌和机生产能力、压路机生产能力、气候特点、摊铺层次和混合料的类型。摊铺机作业速度太快时，也会出现许多质量缺陷：表面出现大量的拉沟、裂口现象，摊铺层混合料疏密不均匀，预夯实效果降低等。从许多高速公路摊铺机作业速度不同时的观察，当摊铺速度≤4m/min时，表面的拉沟、裂口现象较少，预夯实效果也较好(预压密实度80%～86%)。因此，摊铺作业速度一般不应大于4m/min，最好是不大于3m/min。中下层可以适当放宽，但也不宜超过5m/min。

SMA混合料的摊铺，由于SMA的沥青玛蹄脂黏性较大，为了保证路面的平整度，要按照规范要求做到缓慢、均匀、连续不间断地摊铺。由于SMA生产时拌和机生产效率降低等原因，摊铺机供料不足的问题比较突出，很难保证摊铺机不间断的均匀地摊铺，所以摊铺机的摊铺速度一般不超过 3m/min。

对 SMA 混合料可压实余地很小，松铺系数比普通沥青混合料要小得多，用 ABG 摊铺时，松铺系数有时甚至不超过 1.05。

4.3.2 供料系统供料能力的确定

摊铺机刮板输送器和螺旋分料器两者之中，当其中一个工作参数(如螺旋转速)确定之后，另一个工作参数(刮板的线速度)相应确定，同时，应有一个与之相对应的料斗闸门开度，才能保证有效地控制供料量，以满足摊铺作业的需要。

螺旋分料器的转速应满足：供料系统稳定连续供料；摊铺室内的混合料对螺旋的填充系数稳定在 0.7～0.75；螺旋连续运转的时间是摊铺机工作时间的 80%，即混合料无离析现象发生。

适当的闸门开度使摊铺机作业时保持供料量的稳定连续；刮板输送器和螺旋分料器不过载；螺旋分料器以摊铺机作业时间 80%时间工作时，混合料始终沿熨平板宽度方向均匀分布而无离析。在初期作业中对供料能力各参数进行必要的修正。

4.4 自动调平装置的使用

摊铺机的浮动熨平板具有自动找平功能。但是，由于受熨平板侧臂长度的限制和受熨平板质量惯性所产生的调整滞后的影响，使得这种自动找平功能不能满足高等级公路对平整度的要求。因此摊铺机又附装了一个自动调平装置，由电子传感器来跟踪一个外部基准，使所铺筑的路面平整度保持在该基准所引导的平面内，以此来保证铺筑的平整度。

4.4.1 纵坡基准面的选择

纵坡基准有专设的钢丝绳或现成参照物，如已铺好的路面结构层、路缘石等。相应的基准面控制有：基准线钢丝绳法、滑靴法和浮动梁法。

钢丝绳法是以地球为参照系的绝对基准，从理论上讲是绝对精确的，它能够对基层的高程和横坡进行调整和修正，但无法排除人为的测量误差、打桩误差、钢丝下垂等。所以在使用此法时要严格遵守张拉长度、张拉力、支柱间距等方面的要求，并严格测量、细心保护。如果基层平整度不好，或摊铺机两侧地带不适于拖梁滑行时，就应选用钢丝绳作基准。特别是下面层和中面层，更有必要用钢丝绳作基准，以对下层的高程误差和平整度进行调整。

浮动拖梁基准随摊铺机同步在下层面上滑动或滚动，能将下层的凹凸起伏进行均化、分解或部分消除。浮动梁有两种形式，一种是直梁，它整个面与下层表面接触，由于它的长度加大(3～8m)，可将移动表面凹凸坡长拉大，但不能减少波幅高度，只能因坡长的拉大达到“均化”的目的，故又称“平均梁”。另一种是在其下面装有许多带弹簧的“脚”或小轮子的浮动梁，悬挂在机侧并随机移动，上面置放纵坡传感器的接触件，如图 16-1 所示。各小弹簧的弹力很小，仅仅是“脚”走到凸坡处被压缩，而不能使梁抬起，这样就可保持梁始终处于平坦状态，使铺层调整得十分平整，在下陷处铺层厚些，凸起处铺层薄些，从而将下层表面的起伏被“均化”，并降低了波幅。与钢丝绳法不同，当下层标高误差不大或已经纠正后误差不大，且平整度较好时，应尽量使用浮动梁，带“脚步”的浮动梁更好，以更进一步降低凸凹的起伏程度，提高平整度。因此，浮动梁基准适合于多层铺筑的中面层和上面层，以及平整度较好的单层沥青混凝土路面。一次铺宽在 8～12m 的沥青路面施工，应在摊铺机两侧安装两个平衡基准梁，采用两侧控制；一次铺宽在 8m 的沥青路面施工，可采用单侧基准梁控制，另一侧为横坡控制。两侧控制的基准梁，安装应对称，距摊铺机侧面距离一般为 90～120cm。

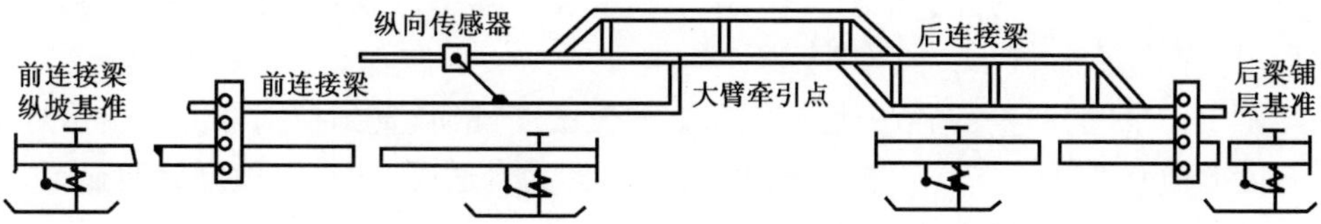

图 16-1　平衡基准梁示意图

用已完工的摊铺层或路缘石作基准，它们所使用的接触件为滑靴，如图 16-2 所示。由于作为基准的已完工路面或路缘石，平整度往往并不理想，所以就限制了滑靴的应用范围。以路缘石作基准多在初始摊铺时使用，以已铺层作基准多为接宽摊铺层时所用。

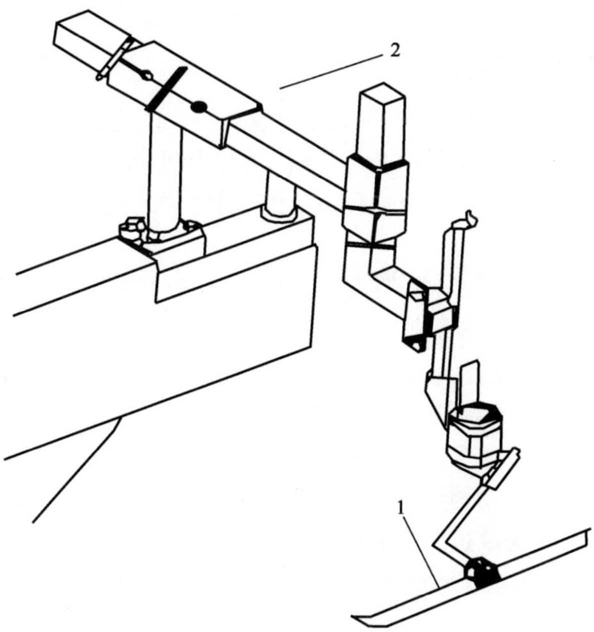

图 16-2　滑靴示意图

1-滑靴；2-传感器

根据施工经验，当下层的平整度标准差大于 1.8mm 时，宜用弦线基准；当标准差在 1.8mm以下时，宜用浮动梁基准。

4.4.2　纵坡控制器与横坡控制器的调整

1)纵坡控制器的调整

(1)将纵坡控制器上的开关推至纵坡工作位置，降落纵坡控制器至传感器与基准面相接触，调节手调装置旋钮，直到控制器上的两个指示灯熄灭，此即为传感器的中立位置。

(2)“不工作带”的调整。

调节纵坡控制器上的灵敏度旋钮，至控制器上的指示灯出现明灭变化（从一只熄灭到另一只点亮）能对导柱高度调整旋轴转动量不超过 1/2 周做出反应，即为灵敏度合适（大约在灵敏度旋钮显示“8”处）。灵敏度调整之后，应将调整旋钮的位置用锁环固定。

2）横坡控制器的调整

（1）将横坡控制器上的开关推至工作，调节横坡控制器手调装置上的旋钮，直到控制器上的两个指示灯都熄灭。

（2）“不工作带”的调整：调节横坡控制器上的灵敏度旋钮，直到控制器上的指示灯明灭变化能对斜度差值 0.03％～0.04％的范围做出反应，即为合适（大约在灵敏度旋钮显示“8”处）。调整灵敏度后，该旋钮即用锁环固定。

（3）熨平板在实际横坡数值与倾斜方向由气泡水准尺检测，熨平板的底子面必须与下层顶面有相同的高差距离。

（4）若横坡控制器的手调整装置上两窗口显示的数值与用水准尺所测的熨平板实际横坡值不相符时，应将手调装置的“重调”按钮按下不放松，同时拨动调节旋钮进行调整，直至二者相符合为止。

4.4.3 纵向传感器的安装位置

纵向传感器的安装位置对纵坡的调平效果也有影响。因为影响浮动熨平板的水平位置的改变来自两个方面：即牵引点随下层凹凸起伏而改变和熨平板受力系统的平衡被破坏。另外，纵坡调平还会出现滞后现象。因此，纵向传感器的安装位置应是使其能同时检测到前后两方面的偏差。

纵向传感器可以有三处安装位置；在牵引点位置、在熨平板位置及在牵引点与熨平板之间的某处。

传感器安装在牵引点的位置上，它对牵引点的升降最敏感，能做出精确的调节，但熨平板的升降不能检测出来。将传感器安装在熨平板的端闸板上，可正确及时地发现熨平板刚发生的变化，但牵引点的变化反应要等到机械向前移动相当距离后才会完全实现，而熨平板在这个过程中也有可能变化，使得自动调平系统反复地变化，铺出的路面将呈搓板状况。

根据以上分析，综合考虑整机调平的有效性、稳定性和精确性，经过有关资料介绍有以下结论：纵向传感器安装在最佳位置是在熨平板之前相当于牵引臂长 1/3～1/9 之处，并将传感器垂直于摊铺螺旋的中心线。

4.4.4 钢绳基准线的敷设

钢绳比钢丝和尼龙绳的张拉强度高，受外界因素影响变化小，所以施工中应优先选用。一个施工作业面要备双侧长 600mm 以上，每个张拉段的长度以 200m 为宜，长度过大时钢绳易下垂，影响铺面的平整度。其张紧力一般需 800～1000N。

基准线的敷设：主杆的长度为 50～70cm，入土深度应不小于 30～40cm，垂直牢固地埋于土中。主杆上套一个可上下移动的钢环，钢环一侧的螺栓孔用螺栓使其能够固定。钢绳的高程通过路缘石的高程量测来定，误差要小于 2mm。钢绳应尽可能地靠近铺层边缘，最多不能大于 20cm。两根立杆的间距一般为 5～10m。敷设基准线时将其一端固定，另一端通过弹簧秤连接于张紧器上。

基准线敷设后，要专人看管，注意保护、检查，特别是在摊铺机前几根立杆的检查更认真仔细。另外，为了避免施工过程中可能发生碰撞，最好在各立杆上做出醒目的标志。

4.5　提高摊铺质量的措施

影响摊铺质量的因素有很多，仅就从摊铺作业工序来讲，除上述已讲过的那些重要影响因素外，还有其他一些因素也影响到摊铺质量，所以要相应地采取措施以提高摊铺质量。

4.5.1　熨平板的加热

摊铺机上配有两罐丙烷加热气，容量不小于33kg，用软管通到熨平板中的喷嘴上，用于对熨平板进行预热。每天施工前或停工后再工作，都应对熨平板进行预热。以减少熨平板与混合料之间的温差，避免混合料冷粘在熨平板底面上，使摊铺层出现拉沟或裂纹。预热时间一般在15～30min，熨平板的表面温度应大于130℃，当温度低时选择较长的加热时间，加热过程不能过快，温度不能过高，以避免熨平板本身的变形，加热的火焰不能过大，火焰过大易使熨平板过热，有可能使混合料中的沥青过热而老化变色，沥青的老化使路面提前损坏。可在熨平板喷火处安装保护铁板，避免火焰直接烧及熨平板。

若使用轻油燃烧器时，必须注意燃油的安全使用，燃烧器若熄火而继续供油时，必须在清除燃油后才能再次点火，不然有爆炸的危险。

4.5.2　铺层厚度调节手柄的正确使用

对于采用了自动调平装置的摊铺机施工过程中的铺层厚度可由该装置自动控制，不必人工调整。对于未采用自动调平装置的摊铺机，则依靠人工转动厚度调节手柄进行调整。由于浮式熨平板本身具有一定的自调平能力，一般在厚度调整过后，施工时可不必多去调整，只是在确有凹凸处才进行调整。由于浮式熨平板的仰角改变要驶过3倍牵引臂长的距离后才能到位，需要调节时，按摊铺机每前进1m转动1/4圈调整，这样经多次调节后方得到较为平整的铺层。每次这样的调整过后。在铺过凹凸处后，要注意按上述同样方式调整回来，以保证铺层厚度。

摊铺机在使用过程中，须经常检查厚度调节机构的磨损情况，如发现有很大的松动必须及时检修排除，否则影响厚度的正常调整。

4.5.3　受料斗翼板的正确操作

料斗翼板依靠其下面的液压缸顶升而进行翻转。汽车在卸料时易使粗粒料聚集在斗两侧，如果待中部较多细料的部分输送到差不多时，才输送侧边的粗料较多的部分，则显然会使得该处铺层的粗粒料较多，出现铺层质量缺陷。因此，在料车驶离料斗后，应及时缓慢地翻转料斗翼板，只要不使料斗内混合料外漏即可。另外，当料斗内存料不多时，所剩下的混合料往往也是粗料较多的部分，因此，摊铺时应使料斗内的混合料尚有一定的存量，不能看到刮板输送器时，就有下部料车及时地卸料。

4.5.4　摊铺机的启动操作

摊铺机的启动，各功能的启动，其本身以及相互之间的配合，都要求按照一定的方式来操作，具体过程如下：

(1)施工中，首先是使主柴油机空转 2～5min，使传送系统和摊铺机的液压系统得到预热；

(2)启动混合料传送系统，将开关置于手动位置，即开始往螺旋分料器送料，至螺旋分料器槽中的料约达螺旋叶片直径的 2/3 高度处，再将物料传送系统调至自动位置；

(3)启动主机行驶驱动机构，在启动开始至提高转速的初始阶段内，由于各液压传动机构尚未达到足够均匀的运行速度，所以不要在启动开始立即进行摊铺作业；

(4)在摊铺机各液压传动机构达到一定的均匀的运行速度后，将控制夯锤的板钮开关和控制振动器的扳扭开关都扳向自动位置；

(5)将前进操纵杆前推，整机开始摊铺作业；

(6)如果摊铺机设备使用自动找平装置，在整机前移大约一个熨平板尺寸的距离时，将熨平板置于“浮动”位置，并用锁定机构将其固定下来。

在熨平板置于浮动位置开启锁定后，再将自动调平板扭开关推至电子检测位置即可。

4.5.5 配合人工辅助是保证质量的必要措施

摊铺机熨平板两侧距路缘石 10～20cm 的距离，常要用人工往两侧分料，并予整平。另外，摊铺过后的铺层，难免会有个别大料或细料集中现象，就应当用人工挖除换料。

在摊铺机前，要有人工清扫底层，清除运料车撒落下来的混合料和其他污物，特别是摊铺机履带板行走的底层上，一定要清除干净，以免自动调平装置产生误调动作，破坏摊铺层的平整度。

4.5.6 运料卡车与摊铺机的配合

运料自卸车应使用 8t 以上自卸汽车，应尽量考虑使用 15t 以上自卸汽车。车辆的性能和车况要好，禁止使用“带病”车辆，以避免因车辆故障使混合料降温废弃。

混合料生产能力与摊铺速度确定后，就能保证摊铺机按一定的速度连续恒定地摊铺。由于运料车速度不一致和故障等原因，均会影响这一目标的实现，因此，要等摊铺机前停有 3～4 车运料车时，再开始摊铺作业。

运料车与摊铺机正确的接触方式，是运料车后车轮倒至距摊铺机推辊 30cm 左右处停车，迅速换入空挡，停止使用制动器，等待摊铺机接近，平稳地顶推料车前进，要坚决杜绝料车倒退时去碰摊铺机，使铺层出现熨平板条痕。另外，在摊铺机顶推料车过程中，不要使用紧急或强力制动，必要时可轻拉手制动器，以能控制料车不致滑溜脱离摊铺机为度。特别是在坡道摊铺时，更应注意运料车和摊铺机的配合，料车卸料要均匀平稳，不要把车箱尾部插入料斗的混合料内，更不要把料卸到地面上，当料车驶离摊铺机而不致有混合料流到地面上时，料车即应及时地驶离摊铺机，以使下一部料车能够迅速地到位。

4.5.7 沥青混合料的摊铺温度

现行《公路沥青路面施工技术规范》中规定施工气温低于 10℃时不宜摊铺热拌沥青混合料，必须摊铺时规定了相应的措施。实践表明，5℃以下施工由于有效压实时间和每个碾压作业段太短，压路机的组合、配合难以维持，摊铺后有挤出胶浆现象，碾压时有粘轮现象，一些轮印和推移现象不能被完全消除，使得平整度难以达到要求。因此，气温 5℃以下应禁止高等级公路沥青混凝土路面施工。沥青混合料的最低摊铺温度见表 16-13。

沥青混合料的最低摊铺温度 表 16-13

下卧层的表面温度(℃)	相应于下列不同摊铺层厚度的最低摊铺温度(℃)					
	普通沥青混合料			改性沥青混合料或 SMA 沥青混合料		
	<50mm	(50～80)mm	>80mm	<50mm	(50～80)mm	>80mm
<5	不允许	不允许	140	不允许	不允许	不允许
5～10	不允许	140	135	不允许	不允许	不允许
10～15	145	138	132	165	155	150
15～20	140	135	130	158	150	145
20～25	138	132	128	153	147	143
25～30	132	130	126	147	145	141
>30	130	125	124	145	140	139

4.5.8 气候对摊铺的影响

沥青混合料铺层温度受气候的影响而逐渐降低。在低温期施工时，为保证在有效压实时间内完成碾压作业，应对摊铺后的温度提出具体要求。沥青混合料的温度从卸车到摊铺这段时间内会下降，下降的幅度受气温的影响而不同，调查结果见表 16-14。

对摊铺温度的要求 表 16-14

气 温(℃)	对摊铺后的温度要求(℃)	摊铺过程中温度散失(℃)	对摊铺温度要求(℃)	备 注
$T_a>20$	130～135	3	133～138	1. 厚度 5cm 中粒式沥青混合料；2. 微风
$15<T_a\leqslant20$	135～140	4	139～144	
$5\leqslant T_a\leqslant15$	140～145	5	145～150	

4.5.9 避免粗细颗粒离析现象

产生离析现象的原因较多，应分析原因，特别是拌和机振动筛网是否破损，出现串料现象或原材料级配变异太大，应立即采取措施予以解决。另外，沥青混合料向自卸车车厢内装载时，混合料下落的高度越大，大碎石越容易流到料堆的四周下部。如果混合料下落到车厢的固定位置，料堆越高，其四周的大碎石越多，故在摊铺机受料斗中，通常两侧大碎石较多。卸料车离开摊铺机后，如摊铺机受料斗两边斗竖起较晚，则边斗上大碎石较多的混合料将集中在仅有很少混合料的送料链板上，此时，如果下一车料又未能及时向受料器喂料，链板将把大碎石较多的混合料输送到分料室。上述种种现象都是产生离析现象的根源。另外铺层越宽两侧极易集中大料产生离析，一般一次铺宽 8～9m 为宜。

条带状离析现象有时只有一条，有时间可能有 2～3 条以上。产生条带状离析现象的根源主要在摊铺机的螺旋分料器和熨平板安装得不协调或出现一些问题(如掉一个螺钉就可能导致产生这种离析现象)，或与螺旋分料器的固定杆有关。

摊铺机后面的离析现象，特别是表面层的离析现象应该及时人工补撒适量的细沥青混合料予以补救。

4.5.10 摊铺机作业时厚度变化的因素

沥青摊铺机具有自调平摊铺的功能，可是当混合料的配合情况及温度等的变化、基础层的凹凸、操作的不良等原因可以使铺设的厚度发生变化，如果没有弄清这些变化的原因就转动厚度调节器，反而有可能做出凹凸更大的铺装面。此时必须先查清它的原因后，再进行必要的调节。

铺设厚度变化的原因有以下几方面：

(1)混合料的组成不稳定及温度的变化；

(2)轮胎或履带正好通过基础上的凹凸部分；

(3)轮胎或履带正好走在撒漏掉的混合料上；

(4)有比铺层厚度大的碎石块混到混合料里；

(5)熨平板周围的混合料过多或过少；

(6)振捣板的频率有变化；

(7)机器的速度有变更。

沥青混合料组成的变化，特别是沥青含量的变化影响较大，当沥青含量（油石比）增加时，在熨平装置自重作用下会有轻微下沉现象，加之温度偏高，下沉现象更为严重。沥青混合料变化的因素主要是配合比不适当、沥青含量过高，石粉用量过多及温度的变化等。

摊铺机熨平板前堆存混合料的量必须经常保持稳定。混合料量的变化会引起熨平板动力的变化。螺旋周围的混合料如果减少，密度也要减少；混合料增加，密度也跟着增加。振捣板切捣部分混合料的密度的变化，关系到混合料内部摩擦阻力的变化，密度小的混合料进入熨平板下面时，内部摩擦阻力不足，混合料不能支持熨平板的重量，所以摊铺厚度就减少。另一方面，因为螺旋周围的混合料多，被螺旋压密的混合料进入熨平板下面时，因内摩擦阻力大，熨平板向上抬，摊铺厚度就增加。为了适应这样的内部阻力的变化，保证熨平板高度一定，每次变化都必须改变熨平板的作业角，这样，熨平板的调节就变得很繁杂。因而，为了保证熨平板高度一定，螺旋周围的混合料的量必须保证一致，这对摊铺层的平整度很重要，因而大型摊铺机已实现螺旋摊铺器供料自动控制。

5 摊铺层接缝施工

接缝包括纵向接缝和横向接缝（工作缝）两种。沥青路面的施工必须接缝紧密，不得产生明显的接缝离析。接缝处理不好，易使接缝处下凹或凸起造成平整度不良，或由于接缝处压实度不够和结合强度不足而产生裂纹。在用宽幅摊铺机全幅摊铺时，可避免纵向接缝，但易产生沥青混合料的离析。接缝的形式有平接缝、斜接缝和阶梯形接缝。

5.1 纵向接缝

纵向接缝有热接缝和冷接缝两种。热接缝施工一般是使用两台以上摊铺机成梯队同步摊铺沥青混合料，此时两条相邻摊铺带的混合料都处于压实前的热状态，所以纵向接缝易于处理，且连接强度好。热接缝施工应注意以下几点：

(1)两台摊铺机的结构参数和运行参数应调整成相等。

(2)接缝两侧摊铺层的横坡和厚度均应一致,搭接重叠应在 5～10cm 之间。

(3)两台摊铺机前后距离宜为 5～10m,使沥青混合料的铺层在高温状态下相接。

(4)后一台摊铺机靠接缝一侧宜拖一热熨斗,后者跨接缝行走,熨平接缝。

(5)上下铺层的纵向接缝,应错开 15cm 以上,表面层的纵缝应顺直,且宜设在路面标线位置上。

当施工中由于设备配备以及场地条件等限制,有时不可避免地形成纵向冷接缝,此时,应在先摊铺带的靠接缝一侧设置挡板,挡板的高度与铺筑层的压实厚度相同,以使压路机能压实边部并形成一个垂直面。在不设置挡板的情况下,碾压后的边部会成为一斜面,在摊铺相邻带之前应将呈斜面部分切割后除去。清除切割用的冷水并干燥后,在切割的垂直面上热涂黏结沥青后再摊铺相邻带的沥青混合料。摊铺时新混合料应重叠在已铺带上 5～10cm,以此加热接缝边部的冷沥青混合料,开始碾压前,用耙子把重叠范围内的大料剔去并铲除大部分重叠的混合料,使纵缝处冷热表面,重叠宽约 2cm 左右的细料(15cm 连接带),然后按规定碾压。

当纵向相邻摊铺层已经成型有纵缝时,可先用钢筒式压路机沿纵缝碾压一遍,其在新铺带上的碾压宽度为 15～20cm,然后再沿横缝作横向碾压,最后进行正常的纵向碾压。

5.2　横向接缝

横向接缝通常指每天的工作缝或由于摊铺中断时间较长,摊铺机后面尚未碾压的沥青混合料的温度已下降到低于规定的温度后再开始摊铺的接缝。

横接缝的处理有三个要点,即正确的接缝位置、接缝方式和施工方法:

1)接缝位置

在施工结束时,摊铺机应在接缝近端部约 1m 处将熨平板稍微抬起驶离现场,用人工将端部混合料铲齐后再予碾压。然后用 3m 直尺检查平整度,并找出表面纵坡或铺层厚度开始发生变化的横断面,趁尚未冷透时用锯缝机将此断面切割成垂直面,并将切缝靠端部一侧已铺的不符合平整度要求的尾部铲除,与下次施工时形成平缝连接。

为了便于铲除混合料,可事先在施工邻近结束时,在预定摊铺段端约 1m 长的摊铺宽度范围内撒一薄细层砂带或铺一层牛皮纸或麻袋,再摊铺沥青混合料,在碾压密实待混合料稍冷却后,找出切割的位置,切割后将尾部混合料铲除。在下段继续摊铺前,要在完全干燥的切割面上涂刷薄层热沥青,以增加接缝处新旧铺筑层间的黏结,并用热沥青混合料将邻近接缝处的已铺沥青混合料加热。

相邻两幅及上、下铺层的横向接缝均应错位 1m 以上。

2)接缝方式

为了保证接缝的质量,沥青面层的各铺层均应采用平接缝,对中、下面层,当受条件限制,也可采用斜接缝。

3)施工方法

在预先处理好的接缝处,要求摊铺机第一次布满料时不前行,用热料预热横向冷接缝至少 10min(最好达到 30min),并用温度最高的一车料开始摊铺,这样有利于提高接缝温度,也有利于整平压实接缝处混合料。新铺面与已铺的冷铺面重叠 5cm,碾压前用耙子剔除重叠部分大料，搂回细料，整平接缝并对齐，趁热横向碾压，压路机大部分钢轮在冷铺面，新铺面第一次压15～20cm，以后逐渐展向新铺面直至全部在新铺层上为止，再改为纵向碾压。在碾压过程中，用3m直尺检验平整度，低凹处用筛子筛出料弥补，料多时用耙子耙松，去掉多余大料，人工整平后再筛细料修饰表面，直至平整致密为止。

6 改性SMA混合料的摊铺

6.1 外界气候和温度的限制

改性SMA混合料不应在气候寒冷、阴雨的季节施工，施工的最佳温度在20℃以上，一般不宜低于15℃，最低不得小于10℃。当外界温度较低时可适当提高混合料的搅拌和摊铺温度。

6.2 SMA混合料的摊铺

SMA混合料的摊铺原则上与常规混合料没有本质的区别，但在摊铺温度等工艺的控制上应更为严格。

摊铺温度宜控制在150～160℃的范围内，在不发生离析的前提下可考虑采用全幅一次摊铺以避免纵接缝的处理。为提高铺层的平整度最好采用跨越式的移动基准。

摊铺速度的选择应根据混合料的及时供应和后续碾压工序的压路机生产能力，以避免摊铺机停工待料和保证压路机能及时进行碾压。摊铺速度在摊铺过程中应严格保持不变。如化临路的施工中采用了1.5～2m/min的摊铺速度。

在摊铺SMA的过程保持连续摊铺作业要比一般的沥青混合料更为重要。根据经验在摊铺常规混合料时停机20～30min只要混合料温度还保持在130℃左右，通常不会严重影响铺层的平整度。但对于SMA的混合料来说停机5～10min，铺层就会出现明显压痕。所以建议停机时间不应超过10min。

摊铺机螺旋布料器应均匀旋转供料，供料高度一定要控制在螺旋布料器纵向2/3高度的位置，这样除了保证混合料的粗细料不离析外，也防止木纤维与石料的离析，不会出现木纤维团。

在进行横向接缝处理时应注意以下几点：

(1)SMA沥青路面的接缝一定要用6m直杆测定平整度后切去下一部分，切削的长度不应是一定值，而应按实测平整度而定。严禁用人工切割，防止接头路面松动，要用无齿锯切削，晾干后，在切削端面涂刷乳化沥青，然后按程序摊铺。摊铺好的接头要用10t双钢轮压路机进行横向碾压，从硬路面向新摊铺的路面按轮宽的1/3宽度进行碾压，静压完毕后进行震压，并随时用6m直尺检查平整度，直到平整度达到要求为止，待温度适当降低后再进行纵向碾压。为防止接头有明显接头印迹，碾压前应顺着接缝用细料适当处理。

(2)新的接头摊铺时，熨平板一定要加热。并采用高频低幅。

(3)新的接头不能靠变换摊铺机的仰角达到松铺厚度，这样会造成波浪形，一定要用实测的松铺系数算出松铺厚度，用垫板法控制松铺厚度。使用跨越式平均梁时，一定也要把平均梁轮子或滑靴垫上垫板。

7 沥青混凝土混合料的压实技术

压实是沥青混凝土面层施工的最后一道工序，其目的是提高混合料的强度、稳定性以及抗疲劳特性。在压实热沥青混凝土混合料时，由于热沥青的黏滞度不大，它起着润滑剂的作用，在碾压时使矿料颗粒更好地位移，同时将部分密闭空气挤出，并使颗粒间的自由沥青在混合料中重新分布。通过碾压，矿料颗粒间互相嵌紧并被沥青黏结在一起，使面层的密度大大增加，并达到必要的密实度、强度和水稳性。如前所述，压实沥青混凝土混合料常用静作用光轮压路机、轮胎压路机和振动压路机，对于静作用光轮压路机，其钢轮工作面应该是磨光的，以免在碾压中从面层上撕下一小块一小块的混合料。同时，粘在非磨光碾轮上的混合料难于清洗。

在压实沥青混凝土混合料之前，应用油水混合液涂刷碾轮的工作面，以防止混合料粘轮，使压路机能正常工作。

7.1 压实作业的工序及注意事项

7.1.1 初压

初压时用6～8t双轴双轮压路机或6～10t振动压路机(关闭振动装置)碾压数遍，初压温度为110～130℃，初压后检查平整度、路拱，必要时予以修整。如碾压时混合料出现推移，可待温度稍低后再压，如出现横向裂纹，应检查原因并及时采取措施纠正。

7.1.2 复压

复压时用10～12t双轴三轮压路机，10t振动压路机或12～15t轮胎压路机进行，碾压4～6遍，直至混合料稳定和无明显轮迹，复压温度为90～110℃。

7.1.3 终压

终压可用6～8t振动压路机(关闭振动装置)或两轮压路机碾压2～4遍，使沥青混凝土面层表面平整，终压温度为70～90℃。

7.1.4 压实过程中的注意事项

(1)碾压时压路机应由路边压向路中，以始终保持压路机将压实后的材料作为支承边。三轮式压路机每次重叠为后轮宽的1/2，这种碾压方式，可减少压路机向前推料、面层起波纹等。双轮压路机每次重叠宜为30cm。

(2)对于不同的碾压工序，应选择适宜的碾压速度。

(3)在碾压过程中，为了保持正常的碾压温度范围，每完成一遍重叠碾压，压路机就要向摊铺机靠近一些，以避免在整个摊铺层的宽度上，在相同横断面因压路机换向造成的压痕。变更碾压带时，要在碾压区内冷的一端进行(振动压路机应停止振动)。

(4)压路机作业中,在平缓路段,单轮驱动的压路机应以驱动轮靠近摊铺机,以减少波纹或热裂缝。碾压中可间断向滚轮上涂抹水(但不应用水量过大),以免混合料黏结在滚轮上而影响碾压质量。

(5)压路机每碾压一遍的末尾,若能稍微转向,就可将铺机后面的压痕减至最小。压路机不得在新铺混合料上转向、掉头、左右移动位置或突然制动和从碾压完毕的路段进出。碾压后的路面在冷却前,任何机械不得在路面上停放,并防止矿料、杂物、油料等落在新铺路面上,路面冷却后才能开放交通。

(6)在实际施工中,要求在摊铺完毕后及时进行碾压。混合料的最佳压实温度为100～120℃之间。

(7)利用振动压路机碾压沥青混凝土混合料时,振动频率在42～50Hz范围内选择;振幅在0.4～0.8mm内选择。当碾压较薄时,应选用高振频、低振幅;碾压层较厚时则相反。

7.2 接缝处的碾压

在接缝的压实中应先碾压横向接缝后再碾压纵向接缝。

7.2.1 横向接缝的碾压

在条件许可的地段,可使用较小型压路机对横向接缝采用横向碾压(条件受限制的地方,也可采用纵向碾压)。横向碾压开始时,压路机轮宽的10～20cm置于新铺的混合料上碾压,然后逐渐横移到整个滚轮驶入新铺层上。需要的话,可先用压路机静压,然后振动压实。

7.2.2 纵向接缝的碾压

热料层与冷料层相接。对这种接缝可采用两种方法碾压。第一种方法是压路机位于热的混合料上,然后进行振动碾压,压实中可将混合料从热边压入相对的冷结合边,从而产生较高的结合密实度;第二种方法是在碾压开始时,只允许轮宽的10～20cm在热料层上,压路机的其余部分位于冷料层上,碾压时,过量的混合料从未压实的料中挤出,以减少结合边缘的料量,这种方法产生的结合密实度较低。压路机无论用哪种方法碾压,其碾压速度都应很低,应以1～1.5km/h的速度进行。

7.3 压实质量的检测

压实质量的检测根据有关技术规范的规定进行。主要检测项目有压实度、厚度、平整度、粗糙度,并要求面层外观密实均匀。沥青混凝土混合料碾压成型后,其缺陷一般很难修整。对一些较大缺陷,如厚度不足,平整度太差、松散、泛油等应及时返工,即使是已成型变硬也要返工。对松散、泛油往往是局部返工;厚度不足或平整度太差则要求一路段全面返工。返工所造成的经济损失是较大的。因此现场压实过程中,压实后质量的检查及出现问题后的及时补救是十分重要的,这可将缺陷率降低到最低限度,尽量避免返工现象。

厚度和压实度一般通过钻取芯样来检测,并用核子密度仪进行辅助检测,钻取芯样可同检测沥青混凝土混合料的级配比和油石比。

8　沥青路面施工质量管理与检查验收

详见《公路沥青路面施工技术规范》。

第17章

公路养护机械化

随着我国现代化建设的发展,公路通车里程越来越长,路面铺装率也越来越高,高等级路面在逐年增加,交通流量和重型车辆增长迅速,使公路养护任务越来越繁重。公路建成后,随着使用时间的推移,在车轮和轴载的作用下,在风沙雨雪、日光温度等气候变化的作用下,公路的使用性能会产生不同程度的退化。为保证公路畅通,公路养护工作必须做到快速、高效、保证质量和安全。养护的目的为:

(1)防止退化,延长公路使用寿命;

(2)使公路网保持良好状态,减少营运者的营运费用;

(3)通过紧急维修,保持公路安全、正常通行。

实现养路机械化对确保工程质量和减轻劳动强度,实现文明生产、提高工效、缩短施工工期、推进技术进步、提高养路工人技术水平,将起着积极和推动作用,因此而提高养护工程的经济效益和社会效益。

1 公路的病害类型及养护特点

高等级公路的设计寿命长,施工质量高,投入使用后,短期内一般不出现病害。经过一段时间使用后,公路路面病害主要是由以下原因造成:

(1)设计时对交通量和车辆轴载质量的发展估计不足;

(2)对超轴载质量的车辆控制不严;

(3)车辆磨损及交通事故;

(4)气候及时间造成的老化;

(5)施工质量不好。

上述原因产生的主要病害如下:

1.1 沥青路面主要病害

(1)变形类:桥头沉陷产生的台阶、车辙、波浪、隆起、沉降等,主要破坏路面平整度;

(2)磨损类:磨耗磨光,降低抗滑能力;

(3)裂缝类:纵向裂缝、横向裂缝、网状裂缝、不规则裂缝,破坏路面防水性能、降低强度;
(4)其他类:泛油、坑槽、搓板、路面面层接缝欠佳,降低行驶性能;
(5)桥梁、附属构造、附属设施的老化和损伤。

1.2　水泥路面主要病害

(1)路面磨光,抗滑能力降低;
(2)纵向裂缝、横向裂缝、交叉裂缝、板角裂缝;
(3)错台或沉陷、路面鼓起;
(4)板边胀裂剥落、板棱角剥落;
(5)接缝填料剥落;
(6)车辙、起皮、浇层裂纹、坑洞;
(7)唧泥;
(8)附属构造及附属设施的损伤。

高等级公路的突出特点是交通量大、车速高、养护工作必须适应这一特点,要求养护质量高,并且快速完成,尽可能减少交通阻塞,为此公路养护必须有先进高效的养护设备和行之有效的安全措施,并尽可能安排在晚上作业。

2　养护工作的范围及分类

2.1　日常巡视与检查

日常巡视与检查内容包括:

(1)路面上是否有明显的坑槽、裂缝、壅包、沉陷、松散、车辙、泛油、波浪、麻面、冻胀、翻浆等病害,其危害程度及趋势;

(2)路面上是否有可能损坏路面或妨碍交通的堆积物等。

按照需要对公路进行日常巡视与检查,包括其附属设施经常进行养护维修,以使公路尽可能地保持原有状况,保证在任何天气情况下都能通行。主要工作范围有:

①清扫和清理车行道、路缘、水沟、排水管道、交通标志、信号、安全护栏等,以及割草、修剪树枝。

②修补行车道、路缘、附属设施及建筑物的轻微损坏部分,以及为恢复正常的交通进行紧急处理。

③更换已损坏的附属设备(标志、标线、栅栏、排水管、照明装置等)。

④冬季养护(清除冰雪及冰雪的预防)。

2.2　小修保养

小修保养可分为日常保养和小修两项工作内容。

(1)日常保养的内容有:

①清扫路面泥土、杂物；

②排除路面积水、积雪、积冰、积砂、铺防滑料等；

③拦水带(路缘石)的刷白、修理；

④清理边沟、维修护坡道、培土等。

(2)小修的内容有：

修补路面的泛油、壅包、轻微裂缝、横向裂缝、坑槽、沉陷、波浪、局部网裂、松散、车辙、麻面、啃边等病害。

沥青路面的小修保养应符合下列要求：

①保证路面平整、横坡适度、线形顺直、清扫整洁、排水良好。

②加强巡路检查，掌握路面情况，及时排除有损路面的各种不良因素，发现路面初期病害应及早维修。及时修补沥青路面的坑槽和裂缝，防止地表水渗入基层；对已渗入基层的积水，应设纵横向盲沟排水，地下水位较高的在排水沟下面设置腹式盲沟；应加强路面排水设施的维修养护，保持良好的排水功能。

2.3 中修工程

中修工程的内容有：

(1)沥青路面整段铺装、罩面或封面(稀浆封层)；

(2)沥青路面局部严重病害处理；

(3)整段更换路缘石、整段维修路肩。

2.4 大修工程

大修工程的内容包括路面的翻修、补强等。

2.5 改建工程

改建工程的工作内容有：

(1)提高路面等级。

(2)补强。

(3)加宽。

(4)局部改线。对不适应交通要求、不符合路线标准的路段，通过局部改线，提高公路等级，使其符合技术标准要求。

2.6 专项养护工程

主要工作范围有：

(1)改善瓶颈路段。

(2)纠正过大或不足的路拱，以改善行车视距；改善和调整交叉路口、公路连接点、出入口，以及消除事故多发点。

(3)特殊路段的防噪声工程，建筑物及其他设施的扩建和改建，增建路旁休息区。

3 养护技术及设备

根据作业内容将养护机械设备分为公路养护管理系统使用设备、面层修复机械、抗滑能力恢复机械、冬季养护机械、经常养护使用机械等五大类。

为了使公路持久地保持良好状况,推迟再建时间,降低公路运输和养护的总费用,对公路养护问题应倍加重视,从投资型向养护型发展。这一趋势促使了养护政策、养护技术和养护设备的发展和提高。

3.1 公路养护管理系统使用设备

随着交通量的增加和科学技术的发展,公路养护的概念不断更新和发展,突破了只对道路结构的缺陷、病害进行养护和修补的界限。要求公路养护既要保证在使用期内道路的各组成部分必须能够连续承担起设计赋予它的使命,而且使公路的运输职能要达到一定的水平,包括高效率的公路使用、高效率的服务水平、高水平的交通安全、良好的环境条件等。近年来,许多国家都在研究利用有限的资金达到最好的养护目的,即研究开发以计算机为基础的公路养护管理和监测系统,以便对路面现状和使用性能做出正确的评价,从而制定正确的养护对策和计划。

路面状况的监测是合理养护、修复的基础,以人工目测为基本手段,并运用路面平整度、抗滑阻力、车辙深度及路面弯沉等项目的测试仪器设备。

(1)人工直接目测是检查路面缺陷和所有设施病害的传统方法。目测分乘车和步行两种。乘车每天检查一次;步行每年检查1～2次,在雨季、台风、地震时,应随时检查。

(2)弯沉仪是测量路面承载能力的设备,分静态法和动态法两种。自动弯沉仪是被许多国家采用的测试设备,它是把检测车轴距加长后制成的车载式检测设备,配有数据纪录和打印输出装置,可同时测左右两轮隙的弯沉,测试速度为4km/h。

(3)路面平整度检测设备是评价路面行驶性能的设备,纵向平整度设备,可分为反应型和断面型两类。反应型的特点是通过测汽车底盘或轴的垂直运动反应平整度的,结构简单,易于普及。断面型的代表设备有法国的APL纵断面分析仪,为双轮迹拖车式,传感轮与路面接触,直接测出路面平整度。

路面的横向不平度主要是反应车辙的深度,目前,多采用直尺静态断面仪。一些国家正在研制高效的设备,其基本发展方向是用非接触式的激光或超声波探测器来测定,或用激光断面录像带来测定。

(4)抗滑移能力是反应行车安全性的指标,分宏观构造和微观构造两部分。宏观构造的数值范围是:水平0.5～50mm,垂直0.2～10mm,它影响公路的安全与路面界面的排水能力。

微观构造的数值范围是:水平0～0.5mm,垂直0～0.2mm,直接测定时用电子显微镜,仅限于个别研究单位,公路监测时多采用摆式摩擦系数测定仪,或用抗滑阻力测试仪,主要测路面附着力的变化。

(5)桥梁检查设备桥梁观察或检查主要是以目测,并配以技术测量为依据,近距离的目测是有效的方法。对于桥梁中目测不到的部位要采用间接方式,大多采用双目望远镜。近年来在桥梁检查中已采用靠近桥梁各部位进行检测和检查，桥梁检测专用车已普遍使用。桥面下操纵的桥梁检测设备一般叫桥梁检测车，载质量 250～500kg(2～4 人)，能达到的高度一般为 10～30m，水平距离可达 20m。能检测的最大桥厚为 3m、6m、7m，由桥梁边沿起可延伸水平距离达 12～16m。

3.2 经常养护使用设备

经常养护是指在每年内按照需要对公路的各部位，包括其附属设施经常进行维修，以使公路在任何时候都能通行。主要工作范围有：清理行车道、路缘、边坡、水沟、排水管道、交通标志、信号、照明装置、安全护栏、修剪树枝、割草、修补路面及附属设施的轻微损坏部分；清除事故车及弃物为恢复正常交通进行的紧急干预。

经常养护的内容非常繁杂，使用的机械设备也是多种多样的，有些养护作业依然靠人工来完成，有些作业是使用小型机具来完成的。

1)路况巡查车

公路必须经常巡视检查，及时发现病害，研究分析病害产生的原因，并及时对病害进行维修处理。

2)路面清扫车

路面清扫车的功能是清除垃圾、脏物、弃物、粉尘等。它不仅能保持路容的清洁美观，更主要的是清除路面的污染物，恢复路面的抗滑能力，恢复标线的可见度，使行车安全得到保证，并减慢路面的磨光速度。清扫机械主要有两种形式：纯扫式和真空吸扫式，清扫速度一般为 3～15km/h，垃圾箱容量为 2～6m^3，清扫宽度 1～3.3m，行驶速度一般大于 60km/h。

3)路面标线划线机

公路标志、标线能起到警告、限制、指示和诱导作用，使车辆减少干扰、绕行和错向行驶，提高路面的通行能力，并可提高驾驶人的注意力，减少驾驶人单调感，从而减少交通事故的发生，因此标线是公路经常性养护的主要内容。

划线机分为普通型和加热型两种，有手扶式、自行式和车载式，规格有大、中、小型等配套产品。

4)多功能养护车

多功能养护车是指用一台主机，换装不同的工作装置，用来完成多种作业内容的养护车型。该车应具有较高的通过能力和良好的牵引性能。机器前后均有机械、液压、气压等动力输出装置和工作机构悬挂装置，可快速更换多种工作装置，在公路养护上可以完成多种作业，如：清扫、除雪、打草、剪枝、洒水、洗刷标牌护栏、钻孔、挖树、推土、装载等，还可以作牵引车使用。

5)沥青路面修补车

沥青路面修补车主要用于修补沥青路面及小面积罩面。

3.3 面层修复技术及设备

面层修复的内容主要是修复或更换磨损、变形、破坏的表面层及路面补强。普遍采用的修复方法有：面层更换法、罩面法、切削罩面法、表面处置法、再生法等，各法的特点及所用机械如下：

1)面层更换法

该方法的特点是把旧路面破碎清除后，其特点是将缺陷部分切除，用新料重新摊铺新的面层。主要使用的机械有破碎机、铣刨机、沥青混合料搅拌机、摊铺机、压路机等。

2)罩面法

该方法是在需要修复或补强的路面上加铺一定厚度的新面层，沥青路面的罩面按其使用功能分为普通型罩面(简称罩面)、防水型罩面(简称封层)和抗滑型罩面(简称抗滑层)。使用的机械设备同新建公路一样，有沥青混合料搅拌机、沥青洒布机、摊铺机、压路机等。

(1)罩面：主要适用于消除破损、完全或部分恢复原有路面平整度、改善路面性能的修复工作；

(2)封层：主要适用于提高原有路面的防水性能、平整度和抗滑性能的修复工作；

(3)抗滑层：主要适用于提高路面抗滑能力的修复工作。

3)再生法

再生法分厂拌再生和就地再生两种。

厂拌再生法是把从旧路面剥离下来的废料运到沥青混合料搅拌厂，破碎筛分后，用再生拌和机重新加热并添加必要的新料及添加剂，搅拌成新的沥青混合料。

厂拌再生设备可分为间歇式强制沥青混合料搅拌机和滚筒式沥青混合料搅拌机。

沥青混合料滚筒式再生搅拌设备是国外盛行的再生设备，旧料再生比例可达到50%。主要机型有：内外双滚筒再生搅拌机、新旧料分开加热的双滚筒再生搅拌机、热扩散型燃烧室再生搅拌机、滚筒中间加旧料再生沥青混合料搅拌机、细腰式滚筒再生沥青混合料搅拌机等。

就地再生是利用移动式路面再生机在需要修复的路面上一次通过，完成面层修复的翻新技术。

3.4 车辙的维修

车道表面因车辆行驶推移而产生车辙，是由塑性变形或带钉轮胎磨损造成的，是沥青路面的主要病害之一。车辙会破坏路面的平整度，形成雨水存留，产生滑溜和水雾等，影响车辆行驶安全。近年来都采用切削填补法，将车辙部分切除，切宽一般为800mm，切深20～50mm，然后再填上新的沥青混合料。在高速公路及一级公路上可采用沥青玛蹄脂碎石混合料(SMA)或SBS改性沥青混合料，或聚乙烯改性沥青混合料来修补车辙。这种方法使用的主要机械有路面加热机、铣刨机、沥青洒布机、摊铺机、压实机械等。

3.5 抗滑能力恢复技术与设备

路面抗滑能力的恢复是公路的重要养护内容。路面抗滑能力的降低主要是由车轮的磨光、气候、泥浆污染、粉尘粘封、雨、雪、冰等因素造成；路面施工不当也会降低抗滑力，如沥青路面的泛油，水泥路面拉毛不够等。这些因素可分成两类，一是路面结构本身抗滑力下降，二是外来物质堆积路面造成滑溜。恢复路面抗滑能力的方法和设备如下：

1)切削凿毛法

该方法的主要特点是用专用路面凿毛机,恢复粗糙的纹理结构。该机对水泥和沥青路面都能适用。

2)刻槽法

该方法的主要特点是用金刚石圆盘刀在路面上切槽,获得纵向或横向的线条形宏观构造,槽的宽度和深度约 4mm 间距 20~25mm,此法主要用于水泥路面,对沥青路面也能适用。

3)高压喷水法

此方法的特点是用一个旋转喷枪,用高压水喷扫路面,将部分表面粒料剥离开,并喷扫出路外。也可用于清除粘封紧密的泥层和刹车痕轨迹等。

4)石屑压入法

该方法主要特点是将路面加热,然后撒石屑或黑色碎石,并及时压入路面。使用的机械均为通用的路面机械,如路面加热机、石屑撒布机、压路机、运料车等。该方法适用于沥青路面。

3.6 冬季养护机械设备

冬季养护的内容主要是指消冰和除雪。

1)除雪机械

除雪机械主要有:旋转式除雪机、除雪卡车、推雪机、雪犁、装雪机等。旋转式除雪机用于清除厚雪,抛雪距离一般为 10~40m,以 20m 左右的居多。

除雪车用于厚度较小的新降雪及清理路面积雪,除雪车上装有扫雪装置、前排雪板、侧向排雪板等装置,可进行多种除雪作业。

其他除雪机械多为推移式,一般是在动力机械及车辆的前边加装推雪铲刀、雪犁等。发动机功率都在 75kW 以上,铲刀宽度 2~4m,最大可达 6m。

2)防滑料撒布机

喷洒和撒布化学融剂主要是消解冰雪,特别是用于 0~－5℃的湿路面、小雪等情况,可防止路面结冰。撒布车的撒布方式有旋转型和平板型,能撒布固体盐、液体盐水或防滑料,最大撒布宽度可达 14m,撒布速度可达 60km/h。撒布量和撒布宽度能准确地控制,技术发展趋势主要是提高设备的自动化程度。

4 公路养护机械的组成形式

4.1 各种单机联合作业

使用的机械包括真空吸尘清洁机、旋风式除雪机、洒水车、装载机等。

4.2 采用一台主机,换用不同的工作装置的多功能养护车

一般可选用适合的拖拉机、汽车、装载机和多功能底盘车为主机。机器的前后应有机械、液压、气动等动力输出装置和工作机构悬挂装置,可方便地换装多种工作装置。在公路养护上

可以用来完成多种作业，如清扫、除雪、打草、剪枝、洒水、洗刷标牌、护栏、钻孔、挖树、推土、挖掘、装载等，还可当牵引车使用。

加强对高等级公路的养护管理，要有一套完整组织机构予以保证，管理体制的设置要适应机械化养路的要求。这个要求包括配备相应的养护机械，并充分发挥其技术经济效益。因而，要求每个养护队承担的路段应有一个合适的距离，一般为40～60km为宜。

5　高速公路养护设备的合理配置

高速公路建设耗费巨大，因此必须倍加珍惜，使其最大限度地发挥应有的作用。合理配备高速公路养护设备，成为管理好高速公路、延长公路使用寿命、保障行车舒适与安全的关键。

5.1　高速公路养护设备应具备的特点

高速公路不同于一般等级公路，不但公路等级高，而且交通附属设施齐全，车流量大，车速高，是现代化公路的标志之一。但近几年随着重型车辆的增加，使运行高速公路车辆的轴载相应增加，超载问题越来越严重，导致高速公路负荷加大，公路磨损及损坏速度加快，使公路养护维修工作量不断增加。与此同时，社会和经济发展要求高速公路不仅要满足车辆通行的需要，还要提供快速、整洁、舒适、优良的交通运输环境。因此，高速公路养护设备必须具备以下特点：

(1)提供全方位养护，既要养护好路基、路面、路肩、桥涵等，又要维护好交通标志和各种防护设施，同时，还要做好绿化和公路巡查等工作。

(2)在高交通流量状态下，养护作业应力求及时、快速、安全，不阻断和影响交通。养护设备要体现机动灵活、转移方便、容易操作的特点。

(3)养护设备要尽可能一机多能，或能换装多种作业装置，以适应高速公路养护作业项目多、工序繁杂的特点，同时还可降低养护成本。

(4)提高环境意识，尽量做到现场回收和利用旧料，减少对环境的污染。

(5)最大限度地降低养护工人的劳动强度改善劳动和作业安全条件。

5.2　高速公路养护设备类型

高速公路养护设备的种类很多，根据养护作业内容，大致可分为：

(1)路容养护设备：如路面清扫车、洒水车、高压清洗设备、护栏、标志、标牌清洗车及服务区、停车场清洗设备。

(2)路面维修设备：如路面修补机、路面铣刨机、切割机、补缝机、沥青路面再生机、乳化沥青稀浆封层机、沥青路面整平机和加热机等。

(3)绿化养护设备：如剪草机、打草机、洒水车等。

(4)冬季养护设备：如推雪抛雪设备、防滑料撒布机、撒盐(水)机等。

(5)交通工程设施维修设备：如打桩拔桩机、高空作业车、埋设管线所需的道路非开挖设备、划线车、路缘成型机等。

(6)排障救护设备:如排障车、汽车吊、标志车等。

(7)公路检测设备:如平整度分析仪、桥梁检测车、摩擦系数测定仪、弯沉仪等。

(8)综合养护设备:如多功能养护车、沥青路面综合养护车等。

5.3 高速公路养护设备配置应考虑的问题

确定某条高速公路应当配置何种机械设备及数量是一项十分复杂的工作,由于我国高速公路建设起步较晚,对已投入营运的高速公路究竟需要哪些养护设备,尚没有足够的经验。根据养护机械研究及管理工作的实践,配置高速公路养护设备应注意考虑以下几个问题:

(1)根据养护工程性质及规模配置:公路养护一般可分为日常巡视与检查、小修保养、中修工程、大修工程、改建工程、专项养护工程。小修保养可分为日常保养和小修,是指对所有工程设施进行预防保养和修补轻微损坏部分,使其经常保持完好状态;中修是指对工程设施的一般性局部损坏进行修补,以及恢复原状的小型工程,包括设施整体表面处理,如路面的表处罩面等;大修是指对公路路面的翻修、补强等;改建工程是提高路面的等级、补强、加宽、局部改线等,以提高公路通行能力的工程。配置设备时要充分考虑养护部门的工作性质和范围,不同的养护任务配置不同的设备。

(2)根据自身的资金实力配置:高速公路养护部门普遍存在资金紧张的状况,因此在选择配置设备时要充分考虑自身的资金实力,把有限的资金用于购买性能好、常用的关键设备,其他不常用的设备可推迟购置。如高速公路路面清扫车,是日常养护必须配备的设备之一,购买时一定要选择质量可靠、容量大、除尘效果好的机型,此类机型价格高一些,但是从高速公路的实际情况看,比购置价格低廉而性能低劣的产品要值得。

(3)投资较大、不经常使用的大型设备宜采取临时租赁和数个养护部门联合购买的办法,如果盲目购买、配置,势必造成设备长期闲置,带来资金的浪费。

(4)配置设备切忌一次性到位:一次性购置到位大多是利用国外金融组织贷款的部门,因为利用贷款必须要遵守贷款方规定,而对于不受贷款约束的部门,尽量不要一次购置到位,这样易造成设备购置的盲目性,使有些设备长期处于闲置状态,不但浪费了巨额资金,同时还增加了相应的设备维修保养人员。因此,配置设备要根据路面的破坏状况和交通量等因素,结合路面养护的规律,科学制订设备购置计划,按照计划分步配置或分几次招标,以全面提高设备的利用率。

(5)根据养护工作量综合考虑设备配置:如路面划线车的配置,目前主要有车载式、自行式和手扶式三种。车载划线车和自行式划线车功能齐全、效率高,但价格昂贵,适合于专业划线队使用。承担日常维修养护的部门,一般配置手扶划线车即可满足日常维修养护需要,若再配置前两种可能会造成设备闲置。配置设备切忌什么性能先进就选什么。最先进、功能最全的不一定最适合自己。因此,要全面、综合考虑,根据自身实际和需要选择配置最适合自己的设备。

(6)慎重选配进口设备:认为凡国外生产的一切设备都一定优于国内设备,这种观点是片面的。国外设备固然有其优越的一面,但并非所有设备都是国外的好。进口设备不但价格昂贵,而且一旦出现故障,维修和配件供应就很不便,而且配件价格相当高,难以承担。因此,配备设备时一定要具体情况具体分析,切忌一味迷信进口设备。

(7)充分考虑本地区的气候状况：如我国东北地区，年降雪量较大，配置大型、专业的冬季养护设备、除雪设备很有必要；对于华北地区，配置此类设备时，一般配置中型除雪装置或利用多功能养护车上的除雪装置也可满足冬季除雪需要；对于南方大部分地区，此类设备则不必配置。

(8)同一地区或同一条公路配置的设备机型应尽量统一，因为公路养护设备种类繁多，如果机型不统一，将会给维修和配件供应带来一定的麻烦和难度，统一设备机型可方便设备管理、配件供应和维修。

(9)充分考虑养护机构的改革趋势：随着养护机械不断发展，以及生产方式、生产手段的改变，必然要求养护组织、养护机构、养护工艺等进行同步改革，公路养护作业朝着集中化、专业化方向发展已是大势所趋，因此，日常养护部门要充分考虑改革趋势，防止盲目配置和引进。

综上所述，高速公路养护设备的合理配置是一项很复杂的工作，不可只从单方面考虑，要深入实际，调查研究，从多方面入手以寻求最佳配置。

6　养护机械的装备通则及要求

机械设备选型应本着技术先进、生产实用、运行可靠、便于维修、经济合理的原则，具体考察的因素有：设备生产率、可靠性、维修性、节能性、易于准备程度、成套性、安全性和环保性。根据公路养护作业的特点，在选择养护机械时必须考虑以下因素：

1)养护内容及养护里程

养护内容包括路面养护、绿地及绿篱养护、道路设施养护等，这些项目的规模及标准决定着需用养护设备的类型及数量。因此，在进行设备配置前，首先要清楚公路的养护内容，然后根据养护内容合理地选择设备类型、规格型号及数量，在保证完成养护任务的前提下选择最理想的配置，以提高设备利用率，避免因闲置时间过长而造成资金的浪费。养护里程的长短决定了配置养护机械的数量。若养护路段长，可适当增加养护机械数量，这样有利于提高养护效率，缩短养护周期，减少因往返时间长而造成不必要的浪费。反之则应减少机械数量。

2)环境

由于我国幅员辽阔，有平原、丘陵、沙漠、山地之分，因地理环境的不同，造成了各地区的道路状况、基础设施之间的差异，因此在配置设备时一定要考虑这些因素。如山区高速公路往往隧道较多，在进行设备配置时，应考虑隧道清洗设备；沙漠地区因缺水，绿化养护难度较大，应适当增加洒水车的数量。高海拔地区空气稀薄，柴油机的燃烧状况恶化，常出现起动困难、燃烧不完全和难以发出标定功率等问题。因此应考虑选择动力装置为增压型柴油机的适用养护机械。

3)气候条件

由于我国南北方的气候条件不同，北方地区气候干燥，冬季较冷、降雪多，而南方气候潮湿，冬季较暖、几乎不降雪。针对这些特点，北方地区应配置清雪设备及洒水设备，而南方地区，除了经常需要的洒水设备外，除雪设备就不必配置。

4)交通量

交通量的大小决定了道路及设施的损坏程度的大小及快慢，进一步影响公路的使用寿命。

为延长使用寿命，就必须增加养护的投入，养护设备的功效和数量要相应增加。由此可见，交通量大的公路养护设备的配置数量要大于交通量小的公路。

5）投资渠道

公路养护设备配置可以有多种投资渠道，如建设期投资、管理期投资、自行集资等。建设期投资的设备往往是根据建设期的需要进行的，多属于配套设备；而管理期及自行集资的设备多是根据公路自身的养护需要来配置，更具实用性。对于这些设备的管理，应根据不同情况采取不同的方法。

6）道路先天质量

由于多种原因，可能会造成公路的先天质量存在这样或那样的缺陷，在进行养护设备配置时，应根据这些缺陷的特点有针对性地进行选择。

设备选型时，一定要遵循预选、细选、决策的步骤，并有详细的调研论证报告，避免盲目性。

在订货时，要签订订货合同，并明确运输方式、到货时间及地点、安装、调试及验收时间、三保时间、付款方式、随车配件、技术培训等内容，以便保护自身的利益。

科学、合理的设备配置标准可以充分发挥设备的性能，提高利用率，保证养护生产能够优质、高效地完成，同时还可以避免浪费，节省配置费用。

为了避免设备配置可能出现的选型、购置的盲目性，不至于使设备长期闲置，造成资金浪费，在进行设备配置时，还应注意以下问题：

1）适用性

在选择养护机械设备时一定要先考虑其是否适合我国的国情及本地区公路的养护生产特点。因为只有适应养护生产，才能充分发挥设备的优势，提高设备的有效利用率，高质量、高效率地完成养护生产任务。在选择设备时，不能认为功能越多越好，性能越先进越好，价格越高越好。首先应考虑到它的适用性。许多进口养护设备往往是根据各自国情设计、制造的，有些功能根本就不适应中国的国情。因此，在进行设备配置时一定要根据自身养护内容的需要，尽量选择适用性强的设备，保证达到物尽其用。

2）设备经济性

设备购置首先是其经济性。为了保证物美价廉，就要进行充分的市场调研，考虑价格比，在功能和性能相同或接近的条件下，应选择价格较低的、离本地较近的公路养护设备，这样可以节省调研及运输等费用，从而减少前期投入。如选择清扫车时，虽然国外的清扫车性能好，但购置一台需 170 万人民币，而国产与其工作装置相同的清扫车只需 70 万元～80 万元。其次是使用的经济性，包括使用的燃润油、零部件等。工作量大、利用率高的设备应以柴油为燃料，因为柴油成本低、热效率高。设备维护经济性包括保养成本要低、配件组织要方便、价格要合理，拆装要方便等。

3）区域性

我国的地区差异较大，这就造成了在设备配置时也存在差别。如平原地区应选择速度快、燃油经济的设备，而山区或丘陵地带则应选择爬坡能力强、高原燃烧效率高的设备；南方夏季温度高，在选择设备时应考虑其耐高温性，北方冬季寒冷，在选择设备时应考虑其低温启动性；北方地区冬季经常下雪，应配置除雪设备，如除雪车及撒盐设备等，而南方地区则不必配置。

4）配套性

在选择设备时，一方面要考虑单台配套性，特别是进口设备更应注意，如在购置设备时未引进与其相配套的附属设备，则可能出现无法正常使用，进而造成浪费。以桥梁检测车为例，若在引进时未购置与其配套的检测仪器，则桥梁检测车就失去了购买的目的，造成了资金的严重浪费。另外，还应考虑成组设备的配套性，如配置了沥青摊铺机，就要配置生产能力与之能适应的沥青混合料搅拌设备，否则沥青摊铺机的性能将无以发挥。

5）可靠性

在选择养护设备时，要充分考虑其可靠性。可靠性包括运行的可靠性和技术性能的可靠性，如果可靠性差，势必会影响正常的养护生产，减少利用率，增加设备的维修成本，甚至会出现机械事故，造成人员伤亡和财产损失。因此，公路的养护机械设备进行配置时要尽量选择技术性能卓越、运行可靠的设备。

6）保障性

选择养护设备不能仅仅考虑适用性、经济性等，有些具有保障性的设备也要考虑配置。有些设备若以利用率来衡量其价值，可能认为配置的意义不大，如道路清障车、起重机以及北方的冬季清雪设备，甚至可以认为是一种浪费，但是一旦缺少了这些设备，可能会影响到高速公路的正常通行及服务质量。这些设备的存在不能单纯以利用率作为衡量其价值的标准，而应以其处理突发事件的能力及完好状态为考核依据。

此外，在功能、性能相同或相近的情况下，应优先考虑购置国产设备，逐步使养护设备国产化。这样，一方面可以节省购置投入，便于维护和管理；另一方面有利于保护民族工业的发展。同时，在配置养护机械设备时，还应尽量选择同一品牌的设备，使其便于更好地管理与维护。

7 养护机械化水平评价指标

公路养护作业应配备相应的机械设备，才能达到高效，优质养护的目的。我国地域辽阔，地理、气候条件均有较大的差异，养护工程也不尽相同。因此，装备什么养护机械和装备多少，一定要根据实际需要，认真研究确定，只有这样，才能使所装备的机械设备既能满足公路养护的需要，又能充分发挥机械设备的作用。

评价养路机械化水平的指标有以下几个方面：

（1）养护机械的总功率，kW；

（2）养护机械的功率装备率，kW/km；

（3）养护机械的技术装备率，万元/km；

（4）养护机械配套率（已有养护机械的数量与公路养护机械全套机械设备的数量的比值），%；

（5）养护机械完好率（处于技术状态良好机械的数量与机械的总数量的比值），%。

实践证明，实现机械化养护是保证和提高工程的养护质量的根本途径。

发展养路机械化，应保证以下几条：

1）科学规划，合理配套

为了确保路面养护质量，养护用机械设备在养护区段内，应予配套，并制定可行的配套和购置计划，进行技术经济效益、技术进步和利用率等预测和论证，使各类机械在公路养护作业中相互协调、平衡、发挥自身的性能,以保证养路机械设备配套的合理性和使用经济性。

2)加强技术培训

公路养护人员的素质是实现养护机械化过程中一个十分重要的因素。现代公路养护机械是多种门类技术结合的产物,对管理、操作、维修人员的素质要求较高,必须组织技术培训,从人员素质上保证各类机械能发挥出较高的生产效率。

3)加强科学管理、提高经济效益

公路养护机械化的特点是养护作业的整体性、连续性和高效率。随着养护机械化水平的提高,怎样管理好、使用好机械已成为一个重要课题,没有先进科学的管理,先进的机械设备亦不能发挥其作用。

结合实际、制定和完善各种规章制度,使机务管理工作规范化、制度化,认真抓好机械设备全过程管理(管、用、养、修)。充分调动起机务、驾驶人员管好、用好、爱护好机械设备的积极性,使机械设备的完好率、利用率、使用效益显著提高。

改革传统的养护方式,实现养护分工专业化。

养护机械化是公路养护生产力的发展和提高。随着养护机械化发展的进程、生产方式、生产手段的改变,必然要求养护组织、养护工艺进行同步改革。实行养护工人的重新组合,把分散作业的养护工人,分别集中编为机械化养护和日常维护作业两部分。前者主要通过养护机械完成年度公路大、中修工程等任务;后者主要完成日常养护作业,如清除路面杂物、整修路肩和行道树等。

使公路养护作业朝着集中化、专业化方向发展,较好地发挥出机械养护的优势。

8 公路养护机具配备

公路养护每 100km 机具配备见表 17-1。

机具配备表(JTJ 073.2—2001) 表 17-1

项目	机械设备名称	规　格	参考配备数量(台、辆)	备　注
日常养护机械	割草除草机	$30m^2/s$,1.84kW	1～3	背携式
	路面划线机	线宽 80～300mm	0.25～0.5	手推式或自行式
	车载升降机	高度 6～8m	0.5	构造物,沿线设施,行道树用
	除雪机	除雪宽度 2.2m	1～3	根据地区需要配备
	路面清扫车	清扫宽度 2～3m	1～2	真空吸扫车,按需配备
	洒水车	5000L	2	可带喷药装置
	多功能养护机	26kW	1	按需配置,可换装挖掘,挖护
	推土机(或装载机)	>56kW		挖坑、挖沟等十多种常用装置
	水泵	扬程 25m,吸程 6m	0.5	清塌方,堆雪用
	摩托车	三轮	1～2	
	巡路车	3～6 座	2	

续上表

项目	机械设备名称	规　格	参考配备数量(台、辆)	备　注
路面面层修复机械	路面破碎机械	宽度 0.5～2.1m	1	液压或气压破碎装置
	路面铣刨机	宽度 0.5～1.1m	1	按需配置
	沥青路面加热机	汽车底盘	1	用于热铣或铲油包；按需配置壅包等病害的维修
	沥青路面综合养护车	汽车底盘	1	具有破碎洒布、拌和、压实等功能，按需配置
	沥青路面热养护修补车	PM-400-48TRK PM-200-36TLR	2	用于沥青路面坑槽、裂缝
	沥青洒布机	500～2000L	1	
	沥青洒布车	3500～8000L	0.5	
	稀浆封层机	厚度 3～12mm	0.5	拖式或自行式，按需配置
	沥青混合料摊铺机	宽度 2.5～8m	0.25	按需配置
	路缘石成型机	25cm×25cm	0.5	按需配置
	回砂机	宽度 1.8～3m		
	石屑撒布机	宽度 1～3m	0.5	按需配置
	砂浆拌和机	7～12m³/h	0.5	包括钻孔机械，压浆泵等
	装载机	1～2m³	1～3	
	稳定土拌和机	宽度 2m	0.5	
压实机械	夯实机械	100kg～200kg	1～3	平板振动夯或冲击夯
	静作用压路机	4～6t/8～10t/12～15t	2/1/1	用于日常修补
	轮胎压路机	9～16t	1	或振动压路机
材料准备机械	沥青加热设备	800～1500kg	1	太阳能、远红外加热装置或导热油锅
	沥青储罐	200t	1～3	
	沥青混合料拌和机	10～30t/h	0.5～1	
	水泥混合料拌和机	10～25m³/h	0.5	
	沥青路面旧料再生机械	200kg	1	按需配备
	凿岩机	钻孔深 3～9m	0.5	配空压机
	碎石机械	8～10m³/h	2	或碎石筛分机组，按需配备
	地磅	10～30t	0.5	按需配备
	皮带运输机	带宽 500～800	2	
	卷扬机	3～5t	1	按需配备
	发电机组	30～75kW	1	
其他机械	小型拖拉机	＜15kW	3	或翻斗车
	中型拖拉机	＜37kW	1.5	
	大型拖拉机	＞37kW	0.5	或轻型汽车

续上表

项目	机械设备名称	规　　格	参考配备数量(台、辆)	备　　注
其他机械	自卸汽车	5～8t	2	
	沥青运输油罐车	5～10t	1	
	抢险排障车	起吊 5t,拖力 10t	0.5	
	汽车式起重机	5t	0.5	

参考文献

[1] 何挺继,朱文天,邓世新. 筑路机械手册[M]. 北京:人民交通出版社,1998.

[2] 陈元基. 压实机械与路面机械设计[M]. 北京:机械工业出版社,1987.

[3] 拾方治,马卫民. 沥青路面再生技术手册[M]. 北京:人民交通出版社,2006.

[4] 中国公路学会筑路机械学会. 稳定材料拌和机[M]. 北京:人民交通出版社,1983.

[5] 中国公路学会筑路机械学会. 沥青路面施工机械与机械化施工[M]. 北京:人民交通出版社,1999.

[6] 贾长海,展朝勇,郑忠敏. 公路养护机械与养护机械化[M]. 北京:人民交通出版社,2004.

[7] 中华人民共和国行业标准. JTG H10—2009 公路养护技术规范[S]. 北京:人民交通出版社,2009.